2022

CHRISTIANO
CASSETTARI

DIVÓRCIO, EXTINÇÃO DE UNIÃO ESTÁVEL E INVENTÁRIO POR ESCRITURA PÚBLICA

TEORIA E PRÁTICA

DÉCIMA EDIÇÃO
REVISTA E ATUALIZADA

2022 © Editora Foco
Autor: Christiano Cassettari
Diretor Acadêmico: Leonardo Pereira
Editor: Roberta Densa
Assistente Editorial: Paula Morishita
Revisora Sênior: Georgia Renata Dias
Revisora: Simone Dias
Capa Criação: Leonardo Hermano
Diagramação: Ladislau Lima e Aparecida Lima
Impressão miolo e capa: FORMA CERTA

Dados Internacionais de Catalogação na Publicação (CIP) de acordo com ISBD

C344d Cassettari, Christiano
Divórcio, extinção de união estável e inventário por escritura pública: teoria e prática / Christiano Cassettari. - 10. ed. - Indaiatuba, SP : Editora Foco, 2022.

304 p. ; 17cm x 24cm.

Inclui bibliografia e índice.
ISBN: 978-65-5515-398-9

1. Direito. 2. Direito familiar. 3. Divórcio. 4. União estável. 5. Inventário I. Título.

2021-4113   CDD 342.16   CDU 347.61

Elaborado por Vagner Rodolfo da Silva - CRB-8/9410
Índices para Catálogo Sistemático:
1. Direito familiar 342.16
2. Direito familiar 347.61

DIREITOS AUTORAIS: É proibida a reprodução parcial ou total desta publicação, por qualquer forma ou meio, sem a prévia autorização da Editora FOCO, com exceção do teor das questões de concursos públicos que, por serem atos oficiais, não são protegidas como Direitos Autorais, na forma do Artigo 8º, IV, da Lei 9.610/1998. Referida vedação se estende às características gráficas da obra e sua editoração. A punição para a violação dos Direitos Autorais é crime previsto no Artigo 184 do Código Penal e as sanções civis às violações dos Direitos Autorais estão previstas nos Artigos 101 a 110 da Lei 9.610/1998. Os comentários das questões são de responsabilidade dos autores.

NOTAS DA EDITORA:

Atualizações e erratas: A presente obra é vendida como está, atualizada até a data do seu fechamento, informação que consta na página II do livro. Havendo a publicação de legislação de suma relevância, a editora, de forma discricionária, se empenhará em disponibilizar atualização futura.

Erratas: A Editora se compromete a disponibilizar no site www.editorafoco.com.br, na seção Atualizações, eventuais erratas por razões de erros técnicos ou de conteúdo. Solicitamos, outrossim, que o leitor faça a gentileza de colaborar com a perfeição da obra, comunicando eventual erro encontrado por meio de mensagem para contato@editorafoco.com.br. O acesso será disponibilizado durante a vigência da edição da obra.

Impresso no Brasil (11.2021) – Data de Fechamento (11.2021)

2022
Todos os direitos reservados à
Editora Foco Jurídico Ltda.

Avenida Itororó, 348 – Sala 05 – Cidade Nova
CEP 13334-050 – Indaiatuba – SP

E-mail: contato@editorafoco.com.br
www.editorafoco.com.br

A Deus, pois sem Ele nada é possível.
À minha esposa Cristina, pelo infinito amor gratuitamente me ofertado.
Aos meus filhos Júlia e João Vítor, minhas fontes de inspiração.
Amo vocês!
A memória do saudoso e inesquecível Zeno Veloso, professor, tabelião, amigo e quem me incentivou na carreira como registrador.
Meu carinho e gratidão eternos.

AGRADECIMENTOS

Agradeço à minha família, que sempre me apoiou em todos os meus projetos e que, direta ou indiretamente, contribuiu muito para a minha formação humana.

Aos meus cunhados Eduardo Pansano Rodrigues e Humberto Luiz Maia da Costa, verdadeiros amigos que a vida me deu há mais de 20 anos, pela amizade, carinho e orientação espiritual. Obrigado por me ampararem em um dos momentos mais difíceis que tive que atravessar, e por ajudarem na minha recuperação para que eu pudesse voltar a ser quem realmente sou.

À Francisco José Cahali, meu professor, orientador e amigo, meu agradecimento por me conceder valorosas observações sobre este trabalho.

Ao professor Arruda Alvim, por abrir a mim as portas do curso de mestrado na PUC-SP. Sua passagem em 2021 nos deixa uma enorme lacuna, mas suas lições estarão sempre em nossa memória.

Ao professor Carlos Alberto Dabus Maluf, por me permitir realizar o grande sonho de poder cursar o doutorado na Faculdade de Direito da USP, nas arcadas do Largo São Francisco. Meu carinho gratidão e amizade.

À Eduardo Tomasevicius Júnior, pela amizade e por me conduzir como supervisor no pós-doutorado da Faculdade de Direito da USP.

Ao amigo Zeno Veloso, por ter elaborado um maravilhoso prefácio para este livro, e por ter sido um grande divulgador desta obra por todo o país. Mesmo após sua prematura partida, ainda o tenho no meu coração.

Ao Mário Luiz Delgado Régis, o meu agradecimento por ter me incentivado a publicar esta obra desde o início.

Antonio Herance Filho, Arthur Del Guércio Neto, Calixto Wenzel, Cássio Namur, Cláudio Roberto Bley Carneiro, Cristiane Kroeff, Edirleu Ximenes de Amorin Júnior, Felipe Leonardo Rodrigues, Francisco Rezende dos Santos, Fredie Didier Jr., Hércules Benício, João Pedro Câmara, João Pedro Lamana Paiva, José Antonio Teixeira Marcondes, Laura Vissotto, Leonardo Brandelli, Lucas Abreu Barroso, Maria Berenice Dias, Marcelo Salaroli, Mário de Carvalho Camargo Neto, Nei Farinazzo Borges de Sá, Paulo Quintela Almeida, Paulo Risso, Pedro Lenza, Rafael Depieri, Rainey Marinho, Renaldo Bussière, Ricardo Basto da Costa Coelho, Ricardo Augusto de Leão, Rodrigo Toscano de Brito, Rogério Cury, Rubens Harumy Kamoi, Sérgio Luiz José Bueno, Sérgio Marques da Cruz Filho, Tânia Faga, Ubiratan Guimarães, Válber, Azevêdo e Wladimir Alcibíades Marinho Falcão da Cunha.

Agradeço, especialmente, à advogada Fernanda Soler, pela preciosa ajuda na compilação dos diversos posicionamentos que originaram as tabelas deste livro.

Quero, ainda, agradecer aos notários, registradores, escreventes e aos estudiosos do tema, que contribuíram, e muito, para as discussões práticas existentes neste livro, seja nas aulas que ministrei nos cursos de pós-graduação, seja nas inúmeras palestras que proferi.

Agradeço, também, à ANOREG-BR, ao Colégio Notarial de São Paulo, ao IRIB, ao IEPTB-BR e ao IRTDPJ Brasil, por sempre abrirem as portas de seus congressos para a discussão de questões jurídicas.

Minha gratidão a diretoria da ARPEN-BR que me recebeu de braços abertos quando aceitei o convite do meu querido amigo Arion Toledo Cavalheiro Jr. para ser diretor desta renomada instituição da classe que com orgulho e alegria passei a integrar. Obrigado Arion por sua generosidade em me convidar a fazer parte deste time de feras do RCPN e saiba que foi uma honra e enorme alegria poder estar ao seu lado durante os seus dois mandatos como presidente.

Meu eterno agradecimento e carinho ao Instituto de Estudos dos Notários e Registradores do Paraná (INOREG), onde sempre fui muito bem tratado e recebido, divulgando sempre todos os livros que publiquei. Obrigado aos queridos Ana Cláudia Porfírio e Romualdo Miura pelo carinho e pela amizade.

Externo, ainda, o meu agradecimento à Escola Nacional de Direito Notarial e Registro (ENNOR), onde tive a grata satisfação de ser convidado para compor o Conselho Consultivo como coordenador, na pessoa do seu presidente, Francisco Rezende.

O meu agradecimento a dois grandes amigos, Rogério Portugal Bacellar e Fernanda Castro, ambos da ANOREG-BR, pela acolhida e receptibilidade às minhas ideias. Obrigado por estarmos juntos nos Congressos do Rio de Janeiro (2009), Punta Del Leste (2011 e 2012), Maceió (2011), Salvador (2012), Natal (2013), Gramado (2014), Assunção (2015), Balneário Camboriú (2015) e Maceió (2016).

Não poderia deixar de agradecer ao querido amigo Cláudio Marçal Freire, presidente da ANOREG-BR a partir de 2017, pela generosidade com que me acolheu no congresso da Anoreg-BR de Fortaleza (2017) e pelas conversas que tivemos no Conarci de Recife (2017).

Também agradeço aos amigos Paulo Roberto Gaiger Ferreira, tabelião de notas do 26.º Tabelionato da capital do estado de São Paulo, e Patrícia de Souza Rosa, funcionária do mesmo cartório, pela valiosa contribuição ao me transmitir, sempre em memoráveis almoços, os principais problemas práticos que encontram no dia a dia.

Devo, ainda, um agradecimento especial a todos os diretores e colaboradores da ANOREG-MT, que faço em nome da querida amiga, presidente dessa instituição, Maria Aparecida Bianchin Pacheco, pela forma carinhosa como sempre fui tratado nas inúmeras vezes que lá estive lecionando. Lá me sinto em casa, motivo pelo qual agradeço, também, a todos os notários e registradores daquele Estado.

Aos amigos do corpo diretivo do curso Damásio Educacional, inclusive do setor de pós-graduação bem como aos meus alunos de todos os cursos dessa prestigiada instituição.

Agradeço aos meus alunos de todo o País, das diversas instituições em que leciono, pelo carinho e pela convivência diária. Por fim, agradeço a todos os leitores, principalmente àqueles que se empenharam na divulgação deste livro, aos alunos e amigos e àqueles que me enviaram preciosas manifestações via *e-mail*.

Christiano Cassettari

NOTA DO AUTOR À 10.ª EDIÇÃO

É com enorme alegria que trago aos nossos leitores a 10ª edição do nosso livro.

Depois da 9ª edição ter se esgotado, da pandemia de COVID-19 ter assolado o mundo nos anos de 2020 e 2021, levando milhões de pessoas em todo o mundo, e meu querido e eterno amigo Zeno Veloso, prefaciador dessa obra e grande divulgador da mesma, trazemos essa nova edição em casa nova: a Editora Foco.

Agradeço, imensamente, aos amigos Roberta Densa e Leonardo Pereira por acreditar em mais esse projeto, que contribuirá para que essa querida editora possa se tornar referência no universo notarial e registral, pois já conta com nossa querida Coleção Cartórios.

Toda vez que escrevo a apresentação desse livro, e é a décima vez que faço isso, nunca esqueço dos pessimistas que me diziam que essa obra não iria prosperar, por ser fruto de uma "lei de momento".

A receptividade que esse livro teve no país foi impressionante, e agradeço, imensamente, o carinho de todos que batalharam para que o mesmo se tornasse um sucesso editorial. Durante essa pandemia percebi como esse livro é querido, pois perdi a conta das mensagens que recebi pedindo a nova edição.

Continuamos com o propósito de, a cada edição, torná-lo mais completo com novos pontos importantes, que serão de grande valia ao leitor, e com as atualizações necessárias que as modificações legislativas, jurisprudenciais e doutrinárias estabeleceram recentemente.

Foi por esse motivo que com a mudança integral do Código de Processo Civil, a alteração de leis e da jurisprudência nasceu uma vida nova e, com isso, **nome novo!**

Após nove anos de vigência da Lei 11.441/2007, completados em 05.01.2016, que criou a possibilidade de o divórcio e o inventário serem feitos por escritura pública, ela nos deu adeus definitivamente, isso porque o Código de Processo Civil de 1973, no qual os artigos dela estão inseridos, vigeu até 17 de março de 2016, pois no dia seguinte, 18 de março de 2016, entrou em vigor um novo Código de Processo Civil, que trouxe uma nova normatização para o divórcio e o inventário extrajudiciais, e, também, regras sobre a extinção de união estável por escritura pública, que já defendíamos que poderia ser feita desde a 1ª edição deste livro (2007), mesmo não havendo regra expressa na ocasião, mas que agora é incorporada à nossa legislação.

Foi por esse motivo que, após sete edições, mudamos o nome desta obra, que estamos mantendo nesta décima edição.

Com a inclusão de regra expressa para a extinção da união estável por escritura pública e com a solidificação da posição jurisprudencial de que o instituto da separação não mais existe em nosso ordenamento jurídico, vimo-nos obrigados a tomar tal atitude.

Dessa forma, surgiu o *Divórcio, extinção de união estável e inventário por escritura pública*: **teoria e prática**, como continuação de nossa obra *Separação, divórcio e inventário por escritura pública*: teoria e prática, publicado em 2007 pela Editora Método, que na 10ª edição teve seu título alterado, e foi totalmente adaptado e reformulado ao Código de Processo Civil de 2015, ao Estatuto da Pessoa com Deficiência, que impactou muito nas escrituras públicas, e ao atual posicionamento da jurisprudência sobre os diversos temas aqui tratados.

Assim, acreditamos que este livro continuará sendo útil aos notários e registradores, bem como aos seus funcionários e prepostos, aos advogados e aos que se preparam para o difícil concurso de ingresso ou remoção na atividade cartorial.

Portanto, preparamos esta nova edição, totalmente atualizada, que conta com novos assuntos importantes. São eles:

- As regras do Novo Código de Processo Civil sobre as escrituras de divórcio e inventário.
- As regras do Estatuto da Pessoa com Deficiência (Lei 13.146/2015), que mudou as regras de capacidade civil em 03.01.2016, quando entrou em vigor.
- As novas decisões judiciais dos Tribunais de Justiça Estaduais, que confirmam nossa tese de que o instituto da separação, judicial e extrajudicial, foi abolida do nosso sistema pela EC 66/2010, e as decisões do STJ que reabrem a discussão sobre o tema.
- O posicionamento jurisprudencial atual sobre os temas tratados neste livro.

As críticas e sugestões continuam sendo, sempre, muito bem-vindas.

Boa leitura a todos!

Salvador/BA setembro de 2021

Christiano Cassettari

Instagram – @profcassettari
Fan page no Facebook – profcassettari
Twitter – @profcassettari
Site – www.professorchristiano.com.br

PREFÁCIO

Nada será como dantes! A Lei 11.441, de 4 de janeiro de 2007, não é somente mais uma lei, não veio imprimir uma simples reforma, mas revolucionou – no melhor sentido da expressão – os temas que regula: inventário, partilha, separação, divórcio.

Abriu-se a possibilidade de essas graves questões serem resolvidas por via administrativa, sem intervenção, portanto, do distribuidor, do oficial de justiça, do escrivão, do contador, do partidor, do promotor, do juiz, enfim, sem participação obrigatória do Poder Judiciário.

Ocorreu a desjudicialização dessas matérias ou, pelo menos, as partes têm a faculdade de escolher o caminho. O objetivo do legislador foi baratear, desburocratizar, facilitar, simplificar a vida das pessoas.

Observados os requisitos que a própria Lei 11.441 menciona, e são poucos – como a capacidade das partes, o acordo entre os interessados, não haver filhos incapazes, a assistência de advogado –, por uma simples escritura pública, perante o tabelião, as pessoas, em poucos instantes, numa questão de horas, resolvem problemas que, outrora, levavam um tempo incalculável, idas e vindas intermináveis e muitas angústias para chegar a uma definição. O panorama está começando a melhorar, mas uma prestação jurisdicional eficiente e rápida, no Brasil, ainda é um sonho, uma quimera.

Com a citada lei, os interessados, por acordo de vontades, por meio de um negócio jurídico, formalizado numa escritura pública, decidem soberanamente sobre matérias da maior gravidade, de profunda repercussão pessoal e patrimonial. O Estado não precisa se imiscuir, nesses casos, ou, pelo menos, a intervenção do Estado-juiz não é mais indispensável.

Por todo o País, a Lei 11.441 vem sendo largamente aplicada. Quase não se vê mais pedido de separação judicial amigável ou inventário judicial, quando é possível a utilização do acordo das partes, da solução por meio de escritura pública. Quem, em sã consciência, quererá o demorado, dispendioso e complicado, se pode escolher o barato, facilitado e simples? Entre nós, e no atual estágio de nosso desenvolvimento (ou "sub"), há leis que "pegam" e leis que "não pegam". A lei de que estamos falando veio para ficar, para ser francamente aplicada. É uma lei que "pegou". Já representa, com poucos meses de vigência, um dos mais profícuos e importantes diplomas legislativos do Brasil – e deve-se observar que não são poucos; somos um dos campeões de produção legislativa no mundo; se o número enormíssimo de leis servisse para alguma coisa, seríamos a nação mais desenvolvida e feliz do planeta.

A Lei 11.441 tem poucos artigos. O legislador foi econômico, singelo, e até por isso merece ser enaltecido. Entretanto, à medida que vem sendo estudada, analisada, aplicada, a mencionada lei se estende a muitos casos, tem um efeito multiplicador, e quem a redigiu não poderia imaginar que tais situações seriam abrangidas.

O grande mérito deste livro é que ele não é uma repetição de doutrina, uma variação sobre o que já foi dito, uma reprodução do sabido e ressabido. Esta obra é de grande valor e utilidade para os que querem saber tudo sobre a nova legislação, e o jovem e talentoso autor soube conjugar a teoria e a prática, a pura doutrina e a aplicação dos temas regulados.

Fiquei muito honrado com o convite para prefaciar o livro. E não escrevi estas linhas como um mero favor, um simples obséquio. Ao contrário, estou convicto de que uno meu nome a um trabalho sério e criativo sobre a separação, o divórcio, o inventário e a partilha por escritura pública. "Porto por fé, subscrevo e assino": Christiano Cassettari é um escritor excelente, um professor de grande mérito, um jurista respeitável.

Belém, Pará, Amazônia, Brasil, agosto de 2007.

Zeno Veloso
Professor de Direito Civil e Constitucional. Doutor *Honoris Causa* da Universidade da Amazônia. Notório Saber reconhecido pela Universidade Federal do Pará.
Membro da Academia Brasileira de Letras Jurídicas.
1.º Tabelião de Notas de Belém do Pará.

SUMÁRIO

AGRADECIMENTOS V

NOTA DO AUTOR À 10.ª EDIÇÃO VII

PREFÁCIO IX

1. BREVES COMENTÁRIOS SOBRE A POSSIBILIDADE DE SE FAZER DIVÓRCIO, EXTINÇÃO DE UNIÃO ESTÁVEL E INVENTÁRIO POR ESCRITURA PÚBLICA 1

2. BREVES COMENTÁRIOS ACERCA DA EMENDA CONSTITUCIONAL 66, DE 2010, QUE COLOCOU FIM AOS PRAZOS PARA O DIVÓRCIO EXTRAJUDICIAL E JUDICIAL E ACABOU (OU NÃO) COM O INSTITUTO DA SEPARAÇÃO 7
   1. A Emenda Constitucional 66 e seus efeitos práticos 7
   2. Notícia histórica sobre a separação e as espécies de divórcio 16

3. DIVÓRCIO CONSENSUAL POR ESCRITURA PÚBLICA: QUESTÕES POLÊMICAS 29
   1. O divórcio consensuaL no Código de Processo Civil de 2015: uma análise dos seus requisitos de validade 29
   2. A facultatividade da norma que permite a realização do divórcio por escritura 43
   3. A escolha do tabelionato de notas para lavrar a escritura 47
   4. O local e o momento da realização da escritura 50
   5. Os documentos exigidos para a realização da escritura de divórcio 51
   6. A indicação do advogado pelo tabelião 55
   7. A gratuidade das escrituras de separação e divórcio 58
   8. O divórcio de cônjuge relativamente incapaz 62
   9. O divórcio por escritura pública de cônjuge analfabeto 63
   10. A representação do cônjuge na escritura de divórcio 63
   11. Qual escritura fazer se o casal é separado judicialmente, extrajudicialmente ou de corpos? 70
   12. A reconciliação das pessoas que já se separaram ainda pode ser escriturada? 71
   13. A desnecessidade de fazer partilha de bens na escritura 76
   14. Das disposições sobre alimentos nas escrituras públicas 77
   15. A escritura de separação e divórcio que fixa alimentos, se precisar ser executada, é título executivo judicial ou extrajudicial? 81

16.	A cláusula relativa AO uso do nome de casado ou solteiro	86
17.	A possibilidade de separação de corpos consensual por escritura pública	89
18.	O divórcio de cônjuges BRASILEIROS casados no estrangeiro	90
19.	Os efeitos da escritura de divórcio de cônjuges brasileiros, feita no estrangeiro	90
20.	Da Lei 12.874, de 29 de outubro de 2013, que alterou o art. 18 do Decreto-Lei 4.657, de 4 de setembro de 1942 (Lei de Introdução às Normas do Direito Brasileiro – LINDB), para possibilitar às autoridades consulares brasileiras celebrarem o divórcio consensual de brasileiros no exterior	93
21.	O estado civil do separado extrajudicialmente	95
22.	Do segredo de justiça das informações constantes na escritura	96
23.	Da extensão do sigilo das escrituras aos registradores de imóveis e civis, e não somente aos tabeliães	100
24.	Recusa do tabelião de realizar a escritura de divórcio ou extinção de união estável	101
25.	Do pagamento da meação ao cônjuge no divórcio	102

4. DISSOLUÇÃO DE UNIÃO ESTÁVEL POR ESCRITURA PÚBLICA: QUESTÕES POLÊMICAS 105

1.	Da evolução no tempo da união estável	105
2.	Do conceito de união estável	106
3.	Do contrato de namoro em virtude da dificuldade de diferenciação com a união estável	106
4.	Da aplicação da regra do regime de separação obrigatória na união estável	108
5.	Da união estável envolvendo menores de idade	110
6.	Da possibilidade de a pessoa com deficiência constituir união estável	113
7.	Da necessidade ou não de outorga convivencial na união estável	113
8.	Da possibilidade de se dar publicidade da união estável por meio de registro no Cartório de Registro Civil das Pessoas Naturais que faz surgir um estado civil aos conviventes	114
9.	Do reconhecimento e da dissolução da união estável	117
10.	A possibilidade de se fazer reconhecimento, dissolução e partilha de bens de pessoas que vivem em união estável por escritura pública	118
11.	Dos requisitos para se fazer a dissolução da união estável por escritura pública	119
12.	A possibilidade de se fazer reconhecimento, dissolução e partilha de bens de pessoas que vivem em união homoafetiva por escritura pública	120
13.	A gratuidade das escrituras de dissolução da união estável	123
14.	Do sigilo nas escrituras de dissolução de união estável	126

5. DO INVENTÁRIO POR ESCRITURA PÚBLICA: QUESTÕES POLÊMICAS 127

1.	O inventário por escritura pública no Código de Processo Civil de 2015: uma análise dos seus requisitos	127

2. Da impossibilidade de se escriturar o inventário no tabelionato de notas, quando a viúva estiver grávida.. 141
3. O local da realização da escritura.. 142
4. A gratuidade das escrituras de inventário... 147
5. Os documentos exigidos para a realização da escritura de inventário 151
6. A representação dos herdeiros na escritura de inventário extrajudicial.................. 156
7. A mudança do prazo para abrir o inventário e a derrogação do art. 1.796 do Código Civil 163
8. A denominação dada pelo legislador: inventário ou arrolamento sumário (arts. 660 a 663 do Código de Processo Civil)? 167
9. A possibilidade de desistência de inventário judicial em curso para a celebração de escritura pública, bem como da opção pela via judicial após o início do procedimento administrativo. a facultatividade da norma do art. 610 do CPC............. 168
10. A possibilidade de inventariar – por escritura pública – bens de sucessão aberta antes do início da vigência do código de processo civil 173
11. A desnecessidade de homologação judicial da escritura pública de inventário 175
12. O inventário por escritura pública de herdeiros analfabetos 177
13. A possibilidade de o inventário negativo ser feito por escritura pública............... 177
14. A necessidade da nomeação de interessado com poderes de inventariante no inventário extrajudicial e a possibilidade de se fazer escritura autônoma de nomeação do inventariante.. 179
15. A escritura como título hábil para transferir bens móveis, imóveis e levantamento de dinheiro 184
16. A possibilidade de fazer sobrepartilha por escritura pública................................. 186
17. O inventário extrajudicial por escritura pública no caso de união estável 188
18. A possibilidade de se fazer inventário de pessoas que viviam em uniões homoafetivas e em casamento homoafetivo 192
19. A cessão dos direitos hereditários... 193
20. A incidência de tributo na hipótese de cessão dos direitos hereditários 197
21. A possibilidade de inventário extrajudicial conjunto... 197
22. Recusa do tabelião de realizar a escritura de inventário 198
23. Do segredo de justiça das informações constantes na escritura 199
24. Da atribuição de valores para certos direitos na escritura de inventário, principalmente o que decorre de conta bancária do falecido 203
25. Da não incidência do itcmd e da desnecessidade de se inventariar valores recebidos a título de seguro de vida 205
26. Da necessidade de se registrar o direito real de habitação do cônjuge e do companheiro descrito na escritura pública e inventário extrajudicial............................ 207
27. Da declaração de renda do espólio 208

6. DOS MODELOS DE ESCRITURAS 211
   1. Divórcio com bens – Com cessão gratuita – Dívidas e cães 211
   2. Divórcio com bens – Com cessão onerosa 215
   3. Divórcio com bens – Partilha igualitária 219
   4. Divórcio sem bens 223
   5. Procuração pública – Para divórcio com bens 225
   6. Procuração pública – Para divórcio sem bens 227
   7. Dissolução de união estável – Com cessão gratuita – Com ITCMD e ITBI – Com indenização e cães 229
   8. Dissolução de união estável – Sem bens – Com pensão e cães 234
   9. Inventário – Com cessão gratuita 237
   10. Inventário – Partilha igualitária 244
   11. Inventário negativo 249
   12 Procuração pública – Modelo inventário + venda de imóvel 252
   13. Procuração pública – Modelo inventário e cessão (ceder e receber) 254
   14. Procuração pública – Modelo inventário e cessão (recebimento – cessionário) 256
   15. Procuração pública – Modelo inventário e cessão de direitos gratuita (cedente) 258
   16. Procuração pública – Modelo inventário e cessão de direitos onerosa (cedente) 260

7. ANEXOS 263
   1. Conselho Nacional de Justiça (CNJ) – Resolução 35, de 24 de abril de 2007 263
   2. Recomendações gerais do Colégio Notarial do Brasil 268
   3. Conclusões da Corregedoria-Geral de Justiça do Estado de São Paulo, publicadas em 5 de fevereiro de 2007, referentes à Lei 11.441/2007 272
   4. Conclusões aprovadas pelo grupo de estudos instituído pela Portaria CG n. 01/2007, quanto à prática dos atos notariais relativos à Lei Federal n. 11.441/2007 273
   5. Decreto 56.686, de 21 de janeiro de 2011, do Governo do Estado de São Paulo 282

8. REFERÊNCIAS BIBLIOGRÁFICAS 287

OBRAS DO AUTOR 289

1
BREVES COMENTÁRIOS SOBRE A POSSIBILIDADE DE SE FAZER DIVÓRCIO, EXTINÇÃO DE UNIÃO ESTÁVEL E INVENTÁRIO POR ESCRITURA PÚBLICA

Em *04.01.2007*, foi promulgada a *Lei 11.441/2007*, que entrou em vigor no dia *05.01.2007*, e que estabeleceu normas acerca da separação e do divórcio consensuais e do inventário, todos realizados extrajudicialmente em tabelionato de notas.

Tratou-se de uma excelente inovação, muito esperada pela sociedade, que chegou em boa hora, visto que teve por objetivo facilitar a realização de separações e divórcios consensuais em que não havia filhos menores ou incapazes do casal, bem como do inventário quando os interessados fossem capazes e concordes.

Em Portugal isto já era uma realidade, dado que o artigo 1773.º do Código Civil[1] daquele país estabelece que o divórcio pode ser realizado extrajudicialmente no Registro Civil.

Silvio Rodrigues[2] noticia que o Código Civil Mexicano de 1928, prevê no art. 272[3] que o divórcio administrativo é feito perante o Juiz do Registro Civil do domicilio dos cônjuges.

---

1. **Artigo 1.773.º**
   1. O divórcio pode ser por mútuo consentimento ou sem consentimento de um dos cônjuges. 2. O divórcio por mútuo consentimento pode ser requerido por ambos os cônjuges, de comum acordo, na conservatória do registo civil, ou no tribunal se, neste caso, o casal não tiver conseguido acordo sobre algum dos assuntos referidos no n.º 1 do artigo 1775.º. 3. O divórcio sem consentimento de um dos cônjuges é requerido no tribunal por um dos cônjuges contra o outro, com algum dos fundamentos previstos no artigo 1781.º.
2. Rodrigues, Silvio. O divórcio e a lei que o regulamenta. São Paulo: Saraiva, 1978. p. 30-31.
3. **Artículo 272** Cuando ambos consortes convengan en divorciarse y sean mayores de edad, no tengan hijos y de común acuerdo hubieren liquidado la sociedad conyugal, si bajo ese régimen se casaron, se presentarán personalmente ante el Juez del Registro Civil del lugar de su domicilio; comprobarán con las copias certificadas respectivas que son casados y mayores de edad y manifestarán de una manera terminante y explícita su voluntad de divorciarse. El Juez del Registro Civil, previa identificación de los consortes, levantará un acta en que hará constar la solicitud de divorcio y citará a los cónyuges para que se presenten a ratificarla a los quince días. Si los consortes hacen la ratificación, el Juez del Registro Civil los declarará divorciados, levantando el acta respectiva y haciendo la anotación correspondiente en la del matrimonio anterior. El divorcio así obtenido no surtirá efectos legales si se comprueba que los cónyuges tienen hijos, son menores de edad y no han liquidado su sociedad conyugal, y entonces aquéllos sufrirán las penas que establezca el Código de la materia. Los consortes que no se encuentren en el caso previsto en los anteriores párrafos de este artículo, pueden divorciarse por mutuo consentimiento, ocurriendo al Juez competente en los términos que ordena el Código de Procedimientos Civiles.

O artigo 255 do Código Civil[4] francês estabelece que o juiz pode nomear um notário, a fim de elaborar um projeto de liquidação do regime matrimonial e da formação dos lotes de bens que serão partilhados. Na França o divórcio deve começar judicialmente, e no curso do processo o notário pode ser nomeado para fazer a partilha dos bens, que deverá ser homologada pelo juiz.

Já a partilha extrajudicial está prevista no direito de muitos povos.

O Código Civil francês, estabelece no art. 819[5] que se todos os herdeiros estão presentes e são capazes, a partilha pode ser feita na forma e pelo ato que as partes julguem conveniente.

O Código Civil português, art. 2.102,1, afirma que a partilha pode fazer-se extrajudicialmente, quando houver acordo de todos os interessados, ou por inventário judicial nos termos previstos na lei do processo; a partilha extrajudicial deve ser feita por escritura pública se na herança existirem bens imóveis, como exige o Código do Notariado.

Já o Código Civil espanhol, no art. 1.058, permite que a partilha da herança seja feita extrajudicialmente, se os herdeiros forem maiores, tiverem a livre administração de seus bens e houver acordo unânime (*nemine discrepante*) de todos eles. O art. 3.462 do Código Civil argentino, reformado pela Lei n. 17.711/68, admite a partilha extrajudicial ou privada, que pode ser feita pelos herdeiros presentes e capazes, desde que haja acordo entre eles. Na Suíça, o art. 607,2 do Código Civil estabelece o princípio da liberdade da convenção em matéria de partilha. No mesmo sentido: art. 2.530 do Código Civil paraguaio; art. 853 do Código Civil peruano; art. 907,1, do Código Civil japonês; art. 838, al.1, do Código Civil de Québec. O art. 2.048 do Código Civil alemão (BGB) e o art. 733, II, do Código Civil italiano afirmam que o testador pode determinar que a partilha seja feita segundo o critério (que deve ser equitativo, justo) de um terceiro.

Entendemos que a possibilidade de se resolverem tais assuntos extrajudicialmente veio para reforçar a natureza negocial do casamento, permitindo que este seja dissolvido pela resilição bilateral (ato de vontade de ambas as partes), também chamada de distrato, prevista no art. 472 do Código Civil.

A Lei 11.441/07 teve origem no *Projeto de Lei do Senado n.º 155 de 2004*, de autoria do senador baiano César Borges, que na ocasião justificou o seu objetivo, como permitir a desburocratização do procedimento de inventário, agilizando-o e reduzindo custos. Originalmente, o Projeto 155 de 2004 tinha a finalidade de, somente, criar a possibilidade de se fazer o inventário extrajudicialmente.

Depois de tramitar no Congresso Nacional, o Projeto 155, de 2004, foi modificado na Câmara dos Deputados no sentido de ampliar o seu conteúdo, para que, também, fosse permitido fazer separações e divórcios consensuais por escritura pública, quando

---

4. "**Art. 255.** Le juge peut notamment:
   (...)
   10.º Désigner un notaire en vue d'élaborer un projet de liquidation du régime matrimonial et de formation des lots à partager."
5. **Art. 819** Si tous les héritiers sont présents et capables, le partage peut être fait dans la forme et par tel acte que les parties jugent convenables"

não houvesse filhos menores e incapazes. Após a modificação, surgiu o *Projeto Substitutivo da Câmara dos Deputados ao Projeto de Lei do Senado Federal n. 155 de 2004*, que recebeu o número *6.416 de 2005*.

Possuem suma importância as justificativas dos autores do projeto e do substitutivo ao projeto, haja vista que com elas se consegue entender a real vontade do legislador, a fim de efetuar uma interpretação histórica. O legislador desejou, com o referido projeto, *facilitar a realização dos procedimentos de separações e divórcios consensuais sem menores e incapazes, e de inventário quando os interessados fossem concordes e capazes, permitindo a sua realização extrajudicialmente por escritura pública em tabelionato de notas.*

A referida lei incluiu quatro novos artigos no Código de Processo Civil de 1973. O art. 1.124-A estabelecia regras para a separação e o divórcio consensuais extrajudiciais; já os arts. 982 e 983 cuidavam do inventário extrajudicial, e o art. 1.031 tratava da partilha amigável.

A citada lei causou uma série de conflitos práticos no dia a dia, e por isso nos obrigou a buscar o exato significado dos dispositivos legais nela existentes, o que se denomina *interpretação*, para que possamos compreendê-la e estabelecer os parâmetros para sua aplicação aos casos concretos. Entendemos que não devemos nos restringir a uma interpretação *literal*, ou *gramatical*, da referida lei, mas sim conjugá-la com uma interpretação *teleológica*, pela qual pretenderemos investigar a finalidade social dela, isto é, os interesses predominantes ou os valores que, com ela, se pretende realizar: a justiça, a segurança, o bem comum, a liberdade, a igualdade, a paz social, conforme determina o art. 5.º Lei de Introdução às Normas do Direito Brasileiro (LINDB).[6]

Para Francisco Amaral[7] a interpretação atualmente mais aceita é a que se preocupa em buscar a real vontade da lei (*voluntas legis*), ou seja, o sentido da norma jurídica, que é denominada de interpretação objetiva.

Assim, como já afirmamos anteriormente, a real intenção da norma era tornar mais ágeis e céleres a separação e o divórcio quando estes fossem consensuais, inexistindo filhos menores e incapazes do casal, e também o inventário quando não houvesse incapazes, testamento e litígio, para que se evitassem os transtornos de espera que uma ação judicial de separação ou divórcio consensual e também a de inventário geram para os jurisdicionados, permitindo, assim, que o Poder Judiciário ganhe um tempo maior para se dedicar às decisões de questões mais complexas.

Dessa forma, abria-se uma possibilidade de duplo favorecimento para ambos os lados: o jurisdicionado ganhava uma nova forma de realizar separação, divórcio e inventário muito mais ágil, e o Judiciário ganha mais tempo para se dedicar às questões complexas, com a redução da tramitação desses processos.

Entretanto, muitas dúvidas surgiram quanto a problemas práticos que apareceram no dia a dia, o que nos obrigou a interpretar a referida legislação de forma sistemática, ou seja, conjuntamente com as já existentes.

---

6. Art. 5.º Na aplicação da lei, o juiz atenderá aos fins sociais a que ela se dirige e às exigências do bem comum.
7. AMARAL, Francisco. *Direito civil*: introdução. 6. ed. Rio de Janeiro: Renovar, 2006. p. 95.

Muitos destes problemas se deram em virtude de o legislador não estabelecer um prazo de *vacatio legis* para a citada lei, determinando que esta entrasse em vigor na data da sua publicação, contrariando, expressamente, o que determina o art. 8.º da Lei Complementar 95/98, que só permite esta prática quando a lei for de pouca repercussão, o que não é o caso. O prazo de *vacatio legis* seria benéfico para estimular a discussão sobre as dúvidas geradas pela referida norma.

Esse erro não foi reproduzido com a norma que veio substituí-la, ou seja, o Código de Processo Civil de 2015. Em 5 de janeiro de 2016, a Lei 11.441/2007 completou 9 de anos de existência como uma norma de vanguarda e que foi muito bem aceita pela sociedade, haja vista o crescente número de escrituras dessa natureza, que são realizadas diariamente em nosso país.

O novo Código de Processo Civil (2015) reproduz a possibilidade de se realizarem o divórcio e o inventário por escritura pública, o que já existia, mas com algumas modificações, motivo pelo qual se faz necessário efetuar uma análise jurídica da citada norma, para auxiliar a interpretação dos dispositivos legais nela descritos, bem como propor soluções para os problemas práticos do dia a dia que já estão causando dúvidas nos advogados, tabeliães e na sociedade em geral.

Além disso, a novel legislação processual, confirmando o que já estava escrito na 1ª edição desta obra, de 2007, previu, expressamente, que a união estável também pode ser extinta por escritura pública.

Até hoje, muitas são as referências a Lei 11.441/07, que dão entender que ela ainda está vigente e normatiza os procedimentos ainda. É de se entender esse saudosismo, até por conta do caráter inovador da norma, porém essa conclusão é equivocada.

A Lei 11.441/07 instituiu a possibilidade de se fazer separação, divórcio, inventário e partilha amigável por escritura pública, incluindo no Código de Processo Civil vigente à época (1973), os artigos 982, 983 1.031 e 1.124-A.

Ocorre que o CPC73 foi revogado expressamente pelo CPC15 (art. 1.046), que trouxe nova roupagem aos procedimentos por ela normatizados, sem retirá-los do sistema.

Com isso, fica óbvio e ululante que a Lei 11.441/2007 **está revogada**, ainda que conste até hoje no site do Planalto[8] (muito usado para consulta de leis) sem essa observação.

A maior prova disso é que a Resolução 326 de 26.06.2020 do CNJ, alterou o art. 1º da Resolução 35 de 2017 do CNJ, norma que apresenta uma série de regras para a realização dos procedimentos em comento, exatamente nesse ponto. Vejamos a redação antiga e a nova, comparadas na tabela abaixo:

---

8. Disponível em: http://www.planalto.gov.br/ccivil_03/_ato2007-2010/2007/lei/l11441.htm. Acesso em: 03 set. 2021.

VELHA REDAÇÃO ART 1º RESOLUÇÃO 35 CNJ	NOVA REDAÇÃO ART. 1 RESOLUÇÃO 35 CNJ
Art. 1º Para a lavratura dos atos notariais de **que trata a Lei 11.441/07**, é livre a escolha do tabelião de notas, não se aplicando as regras de competência do Código de Processo Civil.	Art. 1º Para a lavratura dos atos notariais **relacionados a inventário, partilha, separação consensual, divórcio consensual e extinção consensual de união estável por via administrativa**, é livre a escolha do tabelião de notas, não se aplicando as regras de competência do Código de Processo Civil. (Redação dada pela Resolução nº 326, de 26.6.2020)

É de notar que a norma do CNJ não quis mais reproduzir no artigo o número ou nome da lei (CPC15), mas sim seu conteúdo, pois em caso de nova alteração a regra da Resolução fica atualizada.

Por todos esses argumentos, verifica-se que a Lei 11.441/07 está revogada, e que os procedimentos agora são regidos pelo CPC15.

A nossa análise jurídica dos institutos será feita, ainda, conjuntamente com a Resolução 35 do Conselho Nacional de Justiça – que servirá como alicerce para nossa reflexão, já que o objetivo da mesma foi o de tentar uniformizar os procedimentos em todos os Estados do nosso país, e que, em nossa posição, continua em vigor com o CPC de 2015, o que se comprova com a sua atualização citada anteriormente, pela Resolução 326/2020 do CNJ.

É neste sentido que entendemos ser necessário caminhar, mostrando que será preciso, ao interpretar os dispositivos da referida lei, preocupar-se com os valores da justiça, da segurança, do bem comum, da liberdade, da igualdade e da paz social.

Isto será fundamental para que a lei continue sendo muito utilizada pela sociedade, como acontece em vários outros países que já contemplam tal possibilidade em seus ordenamentos há tempos.

A título de exemplo, Fábio Ulhoa Coelho[9] noticia que no Japão 90% dos divórcios são consensuais e feitos no cartório (a legislação japonesa determina que o cartório que tem competência para tal ato é o Registro Civil).

O sucesso desta lei, no nosso sentir, está na interpretação dada pelos Tribunais Estaduais, de igualar os seus efeitos jurídicos aos das modalidades judiciais. Como muitas questões de ordem prática ainda trazem preocupação na hora de realizar as escrituras, passaremos a abordar algumas delas nas próximas páginas deste livro.

---

9. COELHO, Fábio Ulhoa. *Curso de direito civil*. São Paulo: Saraiva, 2006. v. 5, p. 98.

2
BREVES COMENTÁRIOS ACERCA DA EMENDA CONSTITUCIONAL 66, DE 2010, QUE COLOCOU FIM AOS PRAZOS PARA O DIVÓRCIO EXTRAJUDICIAL E JUDICIAL E ACABOU (OU NÃO) COM O INSTITUTO DA SEPARAÇÃO

1. A EMENDA CONSTITUCIONAL 66 E SEUS EFEITOS PRÁTICOS

A separação dissolvia a sociedade conjugal sem extinguir o vínculo, ou seja, punha fim ao regime de bens do casamento e aos deveres de fidelidade e coabitação. A jurisprudência admite que a separação de fato também extingue o regime de bens.[1] O problema é que na ação de separação os advogados devem comprovar a real data da separação de fato, e essa prova não é fácil de fazer. Quando há separação de fato, o ideal é a propositura de ação cautelar de separação de corpos para documentar a data precisa da separação de fato, pois a aquisição patrimonial posterior a ela não gera comunicação de bens.

A PEC do Divórcio (413-C, de 2005), sugerida pelo IBDFAM (Instituto Brasileiro de Família) e encampada pelo Deputado Antonio Carlos Biscaia (PT-RJ) e depois por Sérgio Barradas Carneiro (PT-BA), foi, finalmente, promulgada pelo Congresso Nacional em 13 de julho de 2010 e publicada no *Diário Oficial da União* em 14 de julho de 2010, tornando-se a Emenda Constitucional 66/2010, que alterou a redação do § 6.º do art. 226 da Constituição Federal, retirando do texto a referência à separação judicial e aos requisitos temporais para a obtenção do divórcio. Vejamos a comparação do texto antigo com o novo:

---

1. "Agravo de instrumento. Declaratória. Casal separado de fato. Imóveis objeto de doação pelos pais de um dos consortes. Falecimento do cônjuge-mulher. Inventário. Descabe a inclusão no acervo partilhável em autos de inventário dos bens imóveis doados a um dos consortes, pelos pais, após a separação fática do casal, embora casados pelo regime da comunhão universal de bens. A separação de fato extingue o regime de bens entre o casal, deixando de integrar o espólio conjugal, os bens adquiridos por qualquer dos separandos a qualquer título. Pendente de decisão judicial acerca do controvertido direito alegado, impõe-se sobrestar o andamento do inventário até solução da questão. Negaram provimento ao agravo de instrumento" (**TJRS, AgI 70032729444, 7ª Câmara Cível, rel. Des. André Luiz Planella Villarinho, j. 16.12.2009,** *DJERS* **04.01.2010**).

ANTIGA REDAÇÃO DO § 6.º DO ART. 226 DA CONSTITUIÇÃO FEDERAL	NOVA REDAÇÃO DO § 6.º DO ART. 226 DA CONSTITUIÇÃO FEDERAL
"§ 6.º O casamento civil pode ser dissolvido pelo divórcio, após prévia separação judicial por mais de um ano nos casos expressos em lei, ou comprovada separação de fato por mais de dois anos."	"§ 6.º O casamento civil pode ser dissolvido pelo divórcio."

A festejada Emenda colocou fim às causas objetivas da separação judicial e extrajudicial, que era a exigência de se aguardar um determinado lapso para a sua concessão, ou seja, o divórcio exigia um ano de separação formalizada por sentença ou escritura ou dois anos de separação de fato.

Tal questão é indiscutível, haja vista que, se não bastasse a análise dos textos antigo e novo da referida norma constitucional, quando a Emenda Constitucional 66 foi publicada no Diário Oficial nela veio descrito que o seu objetivo é dar "nova redação ao § 6.º do art. 226 da Constituição Federal, que dispõe sobre a dissolubilidade do casamento civil pelo divórcio, *suprimindo o requisito de prévia separação judicial por mais de 1 (um) ano ou de comprovada separação de fato por mais de 2 (dois) anos*" (grifamos).

Porém, a questão que vem sendo debatida é se a separação judicial ou extrajudicial ainda persiste ou se foi revogada pela citada Emenda Constitucional. Esse é o ponto que queremos enfrentar a partir de agora.

No sentido de que a separação judicial e extrajudicial foi extirpada do ordenamento por conta da citada norma constitucional, a Assessoria Jurídica da Defensoria Pública do Estado do Rio de Janeiro já emitiu parecer ao seu corpo de defensores, explicando que não é mais possível juridicamente o exercício da pretensão de separação judicial, motivo pelo qual devem os Defensores Públicos em atuação perante os Núcleos de Primeiro Atendimento optar pela deflagração da pretensão de divórcio, sequer havendo necessidade de a separação de fato ocorrer pelo período de dois anos, como até então prescrevia a redação primitiva do § 6.º do art. 226 da Constituição Federal.[2]

Da mesma maneira, o Departamento de Notas da Serjus-ANOREG/MG já emitiu orientação[3] no sentido de que a Emenda Constitucional 66 tem eficácia imediata, alterando a disciplina constitucional do tema divórcio, e que, com isso, a separação judicial ou extrajudicial não foi recepcionada pela Emenda Constitucional. A orientação menciona, ainda, que a legislação infraconstitucional a que se refere o divórcio continua em vigor, ressalvando apenas a exigência do prazo de um ano para conversão e de dois anos para o divórcio direto, motivo pelo qual não há impedimento para que os notários lavrem as escrituras públicas de divórcio com base na EC 66, desde que observados todos os demais requisitos da legislação infraconstitucional.

---

2. Disponível em: <http://www.ibdfam.org.br/_img/artigos/RIO%20DE%20JANEIRO%20-%20APLICAÇÃO%20DA%20NOVA%20LEI%20DO%20DIVÓRCIO.pdf>. Acesso em: 08 fev. 2018.
3. Disponível em: <http://www.arpenbrasil.org.br/index.php?option=com_content&task=view&id=4316&Itemid=83>. Acesso em: 25 jul. 2010.

Em igual posicionamento já escreveram Maria Berenice Dias, Paulo Luiz Netto Lôbo, Rodrigo da Cunha Pereira e Waldir Grisard, em excelentes artigos publicados no *site* do IBDFAM.[4]

Já o desembargador gaúcho Luiz Felipe Brasil Santos,[5] manifestando seu posicionamento em sentido diverso, afirmou que "tal modificação (do Código Civil) é imprescindível e, enquanto não ocorrer, o instituto da separação judicial continua existente, bem como os requisitos para a obtenção do divórcio. Tudo porque estão previstos em lei ordinária, que não deixou de ser constitucional. E isso basta!".

Em nosso entendimento, a separação judicial e extrajudicial não mais sobrevive no nosso ordenamento. Não por ter sido revogada expressamente, ou pelo fato de a Constituição Federal ter proibido a sua ocorrência, o que não o fez e a lei infraconstitucional até permite, mas por acreditarmos que o motivo pelo qual isso tenha acontecido é a sua completa inutilidade prática, no argumento que reputo ser o maior de todos: *se alguém se separar judicial ou extrajudicialmente não poderá converter a separação em divórcio, já que não terá de aguardar nenhum prazo ou respeitar quaisquer requisitos, motivo pelo qual, ao buscar o que antigamente se chamava de conversão, na verdade irá realizar um divórcio, como já poderia ter feito anteriormente pela inexistência de observância de quaisquer regras que pudessem caracterizar um empecilho para a sua realização. Ou seja, em vez de converter essa hipotética separação os cônjuges irão realizar um divórcio autônomo, que com a separação anterior não mantém nenhuma correlação. O divórcio indireto, ou por conversão, exige lastro, origem, sentença ou escritura de separação, o que não ocorrerá atualmente, já que, pela nova lei, o divórcio não exige requisito nem tampouco uma prévia separação.*

Por ser fato controvertido, esse posicionamento é sujeito a críticas, como a que fez o meu amigo e notável jurista paraense Zeno Veloso, em uma de nossas conversas telefônicas, argumentando corretamente que poderiam os cônjuges, por qualquer motivo, quiçá religioso, não desejar o fim do vínculo matrimonial, mas somente o fim da sociedade conjugal, como era permitido antes da Emenda, para que pudessem melhor refletir sobre o fim do casamento, por ainda pairar dúvida.

Porém, nesse caso, respondi dizendo que o meio adequado seria o da separação de corpos, medida satisfativa que, segundo Benedito Silvério Ribeiro,[6] tem como finalidade fazer cessar os deveres conjugais, o que impossibilita o adultério. Contudo, se quiserem os cônjuges pensar melhor na decisão que estão tomando, afirma o referido doutrinador que eles podem continuar habitando na mesma casa ou prédio, sem que haja convivência conjugal.[7] Afirma, ainda, o ilustre magistrado que, por se tratar de medida satisfativa, e não cautelar genuína, seus efeitos deverão se estender até a realização do divórcio (seja ele judicial ou extrajudicial), bem como que não existe o ônus de propor a ação principal (ou realizar a escritura) no prazo de 30 dias,[8] consoante os arts. 308 e 309 do Código de Processo Civil de 2015. Por fim, também ressalta Benedito Silvério que essa

---

4. Disponíveis em: <http://www.ibdfam.org.br>. Acesso em: 25 jul. 2010.
5. Disponível em: <http://www.ibdfam.org.br/?artigos&artigo=648>. Acesso em: 25 jul. 2010.
6. RIBEIRO, Benedito Silvério. *Cautelares em família e sucessões*. São Paulo: Saraiva, 2009. p. 138.
7. Idem, p. 138 e 139.
8. Idem, p. 140.

medida satisfativa de separação de corpos pode ser requerida por ambos os cônjuges,[9] o que não impede a sua realização no sentido por nós proposto. No que tange ao regime de bens, a jurisprudência do STJ comunga do entendimento de que a separação de corpos o extingue, não havendo comunicação de bens adquiridos após a sua concessão.[10] Ademais, defendemos, em livro sobre as escrituras de separação, divórcio e inventário,[11] há três anos, a possibilidade de a separação de corpos ser feita por escritura pública, na hipótese de ser consensual e de não haver filhos menores ou incapazes do casal, hipótese em que a assistência de um advogado será obrigatória.

Um dos motivos do fim da separação é que a mesma perdeu totalmente sua utilidade, e a sociedade não mais a utiliza, pois entendeu que o objetivo da norma foi facilitar o final de relacionamentos conjugais, eliminando o sistema dúplice que vigorava até então.

Prova disso é o expressivo aumento de divórcios feitos no país depois da emenda, e a redução drástica dos números de separações.

Enquanto aconteceu 1,1 milhão de casamentos em 2014, foram 341,1 mil pessoas desfazendo os laços conjugais. Apesar disso, a quantidade de divórcios cresceu 161,4% em dez anos, segundo as estatísticas do Registro Civil de 2014, divulgadas pelo Instituto Brasileiro de Geografia e Estatística (IBGE) em 01/12/2015.[12]

As mudanças na legislação do País ao longo dessa década contribuíram para aumentar as taxas, como a lei sancionada em 2007, que desburocratizou os trâmites relativos processo de separação. Foi a partir daí que passou a ser permitida a formalização de divórcios em cartórios, sem necessidade de processo judicial, desde que não haja conflito entre as partes e não envolva o interesse de menores.

Assim sendo, tomando como premissa que a separação, seja ela judicial ou extrajudicial, não mais sobrevive com a Emenda Constitucional 66, passaremos a tratar dos seus principais efeitos.

A) O fim da discussão sobre a culpa na extinção do casamento

O Código Civil admite a discussão da culpa pelo fim do casamento em sede de ação litigiosa de separação. O objetivo da norma é estabelecer as seguintes sanções: a) de acordo com o art. 1.704 do Código Civil, o cônjuge culpado na separação perde o direito de pleitear alimentos, exceto se estiver inapto ao trabalho ou se precisar de pensão e não houver nenhum outro parente capaz de pensionar, hipótese em que os alimentos

---

9. Idem, p. 141.
10. "Direito civil. Família. Sucessão. Comunhão universal de bens. Sucessão aberta quando havia separação de fato. Impossibilidade de comunicação dos bens adquiridos após a ruptura da vida conjugal. 1. O cônjuge que se encontra separado de fato não faz jus ao recebimento de quaisquer bens havidos pelo outro por herança transmitida após decisão liminar de separação de corpos. 2. *Na data em que se concede a separação de corpos, desfazem-se os deveres conjugais, bem como o regime matrimonial de bens*; e a essa data retroagem os efeitos da sentença de separação judicial ou divórcio. 3. Recurso Especial não conhecido" (**STJ, REsp 1.065.209, Proc. 2008/0122794-7, São Paulo, Quarta Turma, rel. Min. João Otávio de Noronha, j. 08.06.2010, DJE 16.06.2010**).
11. CASSETTARI, Christiano. *Separação, divórcio e inventário por escritura pública*: teoria e prática. 4. ed. São Paulo: Método, 2010. p. 90-91.
12. Disponível em: <http://www.cnbsp.org.br/index.php?pG=X19leGliZV9ub3RpY2lhcw==&in=MTEyMDc=&filtro=1>. Acesso em: 08 fev. 2018.

serão os indispensáveis à subsistência; b) de acordo com o art. 1.578 do Código Civil, o cônjuge declarado culpado na ação de separação perde o direito de continuar utilizando o sobrenome do outro, exceto se a alteração não acarretar prejuízo evidente para a sua identificação, ou manifesta distinção entre seu nome e o dos filhos da união dissolvida, ou, ainda, dano grave reconhecido na decisão judicial; c) de acordo com o art. 1.830 do Código Civil, o cônjuge separado de fato há mais de dois anos estará excluído da sucessão do seu consorte, se tiver sido culpado pela separação.

Será culpado pela separação o cônjuge que pratique algum ato que importe grave violação dos deveres do casamento e torne insuportável a vida em comum (art. 1.572 do Código Civil). Porém, o art. 1.573 do referido Código determina, também, que podem caracterizar a impossibilidade da comunhão de vida o adultério, a tentativa de morte, a sevícia ou injúria grave, o abandono voluntário do lar conjugal, durante um ano contínuo, a condenação por crime infamante e a conduta desonrosa.

Com o fim da separação, a culpa não poderá ser discutida na ação de divórcio. Assim sendo, a discussão sobre culpa fica mitigada com a modificação constitucional, pois ela será discutida em sede de ação de alimentos, para que o réu possa se defender quando buscar a improcedência do pedido com base no art. 1.704 do Código Civil, e em ação indenizatória, quando um cônjuge causar danos materiais, morais e estéticos ao outro, já que a culpa é elemento da responsabilidade civil. Porém, cumpre lembrar que, no caso dos alimentos, as sanções do citado artigo podem ser relativizadas, como já explicado anteriormente.

Na sucessão, a mudança era muito aguardada, pois a jurisprudência já tinha firmado entendimento no sentido de que a separação de fato põe fim ao regime de bens. Dessa forma, como a norma do art. 1.830 do Código Civil poderia admitir a legitimação sucessória, havendo separação de fato há muito mais de dois anos, apenas porque a culpa pela sua ocorrência foi do falecido?

Assim sendo, não poderá o cônjuge sobrevivente ser excluído da sucessão porque foi o culpado pela separação se não houver sentença transitada em julgado nesse sentido. Quem já tem sentença desfavorável nesses termos pode ser excluído, mas a tendência é que isso, com o tempo, venha a desaparecer, motivo pelo qual teremos que debater qual será, depois disso, o real alcance da norma.

No nosso sentir, a lei se tornará de difícil aplicação prática, e explicaremos por quê. Por uma questão de coerência com o que já foi exposto, defendemos que a culpa não poderá ser discutida em ação de divórcio, mas ainda poderá ser em sede de ação autônoma, como, por exemplo, a ação de alimentos. Ocorre, porém, que, no caso da sucessão, a ação em que isso deveria ser discutido é a de inventário. Contudo, se analisarmos os arts. 610 e segs. do Código de Processo Civil de 2015, que estabelecem o procedimento especial de tal ação judicial, verifica-se que será incompatível com o seu rito a discussão da culpa se a prova exigir alta indagação.

Essa tese é adotada no trecho do voto do Ministro Moura Ribeiro, do STJ, ao relatar o **REsp n.º 1.483.841 – RS, julgado em 17/03/2015**, a saber: *"Como se vê, a nova redação*[13]

---

13. Do art. 226 da Constituição Federal, dada pela EC 66/2010.

afastou a necessidade de arguição de culpa, presente na separação, não mais adentrando nas causas do fim da união e expondo desnecessariamente e vexatoriamente a intimidade do casal, persistindo tal questão apenas na esfera patrimonial quando da quantificação dos alimentos".

De acordo com o art. 612 do Código de Processo Civil de 2015, o juiz decidirá no inventário todas as questões de direito, desde que os fatos relevantes estejam provados por documento, só remetendo para as vias ordinárias as questões que dependerem de outras provas, ou seja, somente nesses casos é que poderia haver a discussão de culpa em sede do inventário. Assim sendo, não há como ser proposta uma ação ordinária apenas para discutir a culpa, motivo pelo qual comungamos do entendimento de que, sendo questão de alta indagação, o art. 1.830 do Código Civil será ineficaz, por não ser possível a discussão da culpa em sede de inventário, nem a propositura de ação judicial autônoma somente para discutir a culpa.

B) O estado civil do separado judicial ou extrajudicialmente

Quem já é separado judicial ou extrajudicialmente continua com o estado civil de separado de direito, pois com a EC 66/2010 não passará a ser divorciado automaticamente. Como acreditamos que acabou o instituto da conversão de separação em divórcio, já que não há mais prazo nem requisitos para que isso ocorra, essas pessoas deverão se divorciar. No entanto, para pôr fim ao vínculo conjugal, essas pessoas deverão propor uma ação de divórcio direto (consensual ou litigioso) ou realizar uma escritura de divórcio, se preenchidos os requisitos do art. 733 do Código de Processo Civil de 2015. Em ambos os casos, não haverá necessidade de mencionar a separação que foi formalizada antes da EC 66/2010.

C) A reconciliação de quem já é separado

Como o Código Civil admite a reconciliação de pessoas que já estão separadas judicial ou extrajudicialmente, no art. 1.577, quem já era separado antes do início da vigência da EC 66 poderá se reconciliar judicialmente, ou por escritura pública, se preenchidos os requisitos do art. 733 do Código de Processo Civil de 2015. Quem ainda estiver na dúvida sobre a extinção da sociedade conjugal deve se socorrer da separação de corpos, como já afirmamos anteriormente.

D) A averbação da separação no assento do casamento e da reconciliação

As pessoas já separadas judicial ou extrajudicialmente antes do início da vigência da EC 66 (14.07.2010) devem, antes de buscar o divórcio, averbar no assento do casamento a sentença ou escritura de separação. Isso se deve ao fato de ser necessário atender ao comando do art. 10, I, do Código Civil, e do princípio da continuidade registral, segundo o qual todos os atos atinentes ao registro devem nele estar retratados, para que nenhum fato da vida de uma pessoa fique sem ser de conhecimento público. Assim, mesmo já não sendo possível a realização da separação de direito, não pode o registrador civil se negar a realizar esse registro.

O mesmo raciocínio deve ser feito quanto à reconciliação. Como é possível ocorrer a reconciliação de pessoas que já estão separadas, deve o registrador civil, também, averbá-la no assento do casamento, por força do referido artigo, que determina tal providência nesse caso.

E) As escrituras de separação extrajudicial

Acreditamos, pelas razões já expostas, que os notários estão proibidos de realizar escrituras de separação extrajudicial após o início da vigência da EC 66 (14.07.2010), sob pena de estas serem nulas, por contrariarem lei imperativa, conforme art. 166, VI, do Código Civil.

Poderá o notário lavrar somente escrituras de divórcio, sendo vedado celebrar a de separação, se preenchidos os requisitos do art. 733 do Código de Processo Civil de 2015, ou de separação de corpos consensual, também seguindo os mesmos requisitos do citado artigo, somente se o casal tiver dúvida sobre o fim do vínculo conjugal, devendo essa informação estar expressa na escritura.

Assim sendo, ousamos discordar do Colégio Notarial de São Paulo,[14] que, por meio da Circular 1.131/2010, emitiu orientações aos notários sobre a EC 66, no sentido de que *"Para a lavratura de escritura de separação consensual deve-se observar o prazo referido no art. 1.574 do Código Civil, pois muito embora a EC n. 66 tenha suprimido os prazos para realização do divórcio, não fez referência à separação judicial ou extrajudicial"*, bem como do Colégio Notarial do Rio Grande do Sul,[15] que também firmou posicionamento no sentido de que, "Tomando por base a Emenda Constitucional 66, de 13.07.2010, e respeitando os requisitos da Lei 11.441/2007, na lavratura de escritura pública de divórcio direto não é mais necessário exigir comprovação de lapso temporal nem a presença de testemunhas. Já para lavratura de escritura pública de separação consensual, nada muda, sendo necessário observar o prazo referido no art. 1.574 do Código Civil Brasileiro", e do Colégio Notarial do Rio de Janeiro,[16] que, por meio do Enunciado 3, manifestou posicionamento de que: "Tendo em vista que a separação (consensual ou judicial) não é tão somente uma etapa prévia do divórcio, mas possui efeitos diferentes do mesmo (como a manutenção, por qualquer motivo, do vínculo matrimonial) e o fato de que dela não tratou a Emenda Constitucional 66/2010, continua sendo possível, como uma faculdade concedida aos cônjuges, a lavratura de escrituras de separação consensual, desde que assim requeiram, alertados que sejam pelo tabelião ou escrevente da possibilidade de realização do divórcio direto, tudo a ser consignado no corpo da escritura".

Uma derrota para o fim do instituto da separação foi a aprovação na V Jornada de Direito Civil do enunciado 514, que contempla a manutenção do citado instituto no sistema:

---

14. Disponível em: <http://www.arpensp.org.br/principal/index.cfm?tipo_layout=SISTEMA&url=noticia_mostrar.cfm&id=11847>. Acesso em: 08 fev. 2018.
15. Disponível em: <http://www.colegionotarialrs.org.br/site/index.php?option=com_content&view=article&id=611:divorcio&catid=58:colegio-notarial-do-brasil-secao-rs-&Itemid=187>. Acesso em: 25 jul. 2010.
16. Disponível em: <http://www.colegionotarial-rj.org.br>. Acesso em: 25 jul. 2010.

"**ENUNCIADO 514 CJF:** A Emenda Constitucional n.º 66/2010 não extinguiu o instituto da separação judicial e extrajudicial".

Também discordamos do referido enunciado que, para nós, representa um retrocesso em nossa sociedade.

Comungamos do entendimento esposado pelo Departamento de Notas da Serjus da Anoreg/MG, que, como já afirmamos, emitiu orientação[17] no sentido de que a Emenda Constitucional 66 tem eficácia imediata, alterando a disciplina constitucional do tema divórcio, e que com isso a separação judicial ou extrajudicial não foi recepcionada pela Emenda Constitucional. A orientação menciona, ainda, que a legislação infraconstitucional a que se refere o divórcio continua em vigor, ressalvando apenas a exigência do prazo de um ano para conversão e de dois anos para o divórcio direto, motivo pelo qual não há impedimento para que os notários lavrem as escrituras públicas de divórcio, com base na EC 66, desde que observados todos os demais requisitos da legislação infraconstitucional.

F) Os processos de separação judicial em curso

Para os processos de separação que já estão em curso, entendemos que deve o magistrado intimar as partes para se manifestarem sobre o desejo de modificar o pedido da ação para o de divórcio, por força do art. 329, inciso II, do Código de Processo Civil de 2015.

Contudo, caso as partes – ou apenas uma delas – não concordem com a modificação do pedido, o processo deverá ser extinto sem julgamento do mérito, consoante o art. 485, VI, do Código de Processo Civil de 2015, por ausência de interesse processual.

Cumpre salientar que, se uma das partes não quiser modificar o pedido, deverá fundamentar o motivo, já que isso pode ocorrer com o cônjuge que deseja criar obstáculos para o fim da sociedade conjugal, pois entendemos que se a justificativa não for plausível, caberá ação indenizatória para que ele venha a ressarcir as perdas e os danos com tal atitude, custas processuais, honorários advocatícios, e outros danos que deverão ser comprovados, por se configurar nítido abuso de direito, consoante os arts. 187 e 927, ambos do Código Civil.

G) Cumulação de pedidos na ação de divórcio e a matéria de defesa

Na ação de divórcio não há matéria de defesa a ser alegada com relação à extinção do vínculo conjugal (prazo de casamento, como permitia na separação o art. 1.574 do Código Civil, a culpa do outro cônjuge, ou a existência de amor por alguma das partes). Porém, será possível cumular o pedido de divórcio com partilha de bens, alimentos, guarda dos filhos e direito de visita. Assim sendo, a discussão no divórcio litigioso será

---

17. Disponível em: <http://www.arpenbrasil.org.br/index.php?option=com_content&task=view&id=4316&Itemid=83>. Acesso em: 25 jul. 2010.

limitada apenas a tais questões, mas sempre objetivando o melhor interesse da criança, que deverá prevalecer sobre o interesse particular dos cônjuges, lembrando que o juiz pode conceder o divórcio sem prévia partilha de bens, conforme o art. 1.581 do Código Civil.

H) O fim dos prazos para o divórcio extrajudicial e judicial

Para comprovar que não há mais prazos para o divórcio, colacionaremos, abaixo, alguns julgados de vários tribunais, inclusive do STJ, confirmando o nosso posicionamento:

1.º Acórdão favorável: Superior Tribunal de Justiça – STJ

Homologação de sentença estrangeira. Dissolução de casamento. EC 66, de 2010. Disposições acerca da guarda, visitação e alimentos devidos aos filhos. Partilha de bens. Imóvel situado no Brasil. Decisão prolatada por autoridade judiciária brasileira. Ofensa à soberania nacional. 1. A sentença estrangeira encontra-se apta à homologação, quando atendidos os requisitos dos arts. 5.º e 6.º da Resolução STJ n.º 9/2005: (i) a sua prolação por autoridade competente; (ii) a devida ciência do réu nos autos da decisão homologanda; (iii) o seu trânsito em julgado; (iv) a chancela consular brasileira acompanhada de tradução por tradutor oficial ou juramentado; (v) a ausência de ofensa à soberania ou à ordem pública. 2. *A nova redação dada pela EC 66, de 2010, ao § 6.º do art. 226 da CF/1988 tornou prescindível a comprovação do preenchimento do requisito temporal outrora previsto para fins de obtenção do divórcio.* 3. Afronta a homologabilidade da sentença estrangeira de dissolução de casamento a ofensa à soberania nacional, nos termos do art. 6.º da Resolução n.º 9, de 2005, ante a existência de decisão prolatada por autoridade judiciária brasileira a respeito das mesmas questões tratadas na sentença homologanda. 4. A exclusividade de jurisdição relativamente a imóveis situados no Brasil, prevista no art. 89, I, do CPC,[18] afasta a homologação de sentença estrangeira na parte em que incluiu bem dessa natureza como ativo conjugal sujeito à partilha. 5. Pedido de homologação de sentença estrangeira parcialmente deferido, tão somente para os efeitos de dissolução do casamento e da partilha de bens do casal, com exclusão do imóvel situado no Brasil. (**SEC 5.302/EX, Sentença Estrangeira Contestada n.º 2010/0069865-9, julgado pela Corte Especial em 12.05.2011 e publicado em 07.06.2011, Rel. Min. Fátima Nancy Andrighi**)

2.º Acórdão favorável: Tribunal de Justiça do Espírito Santo

Família e processual civil. Apelação cível. Divórcio. EC 66/2010. Artigo 226, § 6.º, da CF. Aplicação imediata. Separação. Insubsistência. Requisitos do artigo 1.580 do CC. Comprovação. Inexigência. Recursos providos. 1. A nova redação do § 6.º do artigo 226 da CF não repetiu a exigência de prazo mínimo de separação do casal para a dissolução do vínculo matrimonial. A partir da EC **66/2010**, a exigência deste prazo não subsiste como requisito para a decretação do divórcio. 2. O artigo 226, § 6.º, da CF, com a redação dada pela EC 66/2010, tem aplicação imediata e deve prevalecer diante das disposições infraconstitucionais em contrário, que se consideram tacitamente revogadas. 3. A partir da EC 66/2010, o pedido de divórcio deve ser apreciado sem que se perquira o lapso temporal da separação de fato do casal ou quaisquer outras causas do fim da sociedade conjugal, porquanto estes elementos não subsistem como condição ou requisito para o deferimento do pedido. 4. Recursos providos para anular a sentença. (**AC 005100004604, Quarta Câmara Cível, Rel. Des. Subst. Willian Silva,** *DJES* **26.09.2011**)

---

18. Atual art. 23, inciso I, do Código de Processo Civil de 2015.

3.º Acórdão favorável: Tribunal de Justiça do Mato Grosso

Ação de divórcio direto consensual. Advento da Emenda Constitucional n.º 66/2010. Supressão da exigência de lapso temporal de separação de fato ou judicial. Decretação do divórcio. Aplicação Imediata. Norma constitucional. Recurso provido. Procedência do divórcio. Com a entrada em vigor da Emenda Constitucional n.º 66, deu-se nova redação ao § 6.º do art. 226 da Constituição Federal, que dispõe sobre a dissolubilidade do casamento civil pelo divórcio, restando suprimida a exigência de prévia separação judicial do casal por mais de 1 (um) ano ou da comprovação da separação de fato por mais de 2 (dois) anos, razão pela qual, havendo pedido, deve ser decretado, de imediato, o divórcio do casal. Mesmo que a ação tenha sido proposta antes do início da vigência do citado diploma constitucional, nada obsta sua aplicação, na medida em que a norma constitucional tem eficácia imediata, sendo certo que os processos em curso devem se adaptar à novel realidade constitucional. (APL 114.928/2010, Arenápolis, Segunda Câmara Cível, Rel. Des. Marilsen Andrade Addário, j. 31.08.2011, *DJMT* 12.09.2011)

4.º Acórdão favorável: Tribunal de Justiça do Rio Grande do Sul

Agravo de instrumento. Conversão de separação em divórcio. Emenda Constitucional n.º 66/2010. Nova redação dada ao art. 226, § 6.º, da CF/88 que elimina os requisitos à sua decretação anteriormente previstos. Com o advento da EC n.º 66/2010 não mais subsistem os pressupostos da separação de fato por mais de dois anos ou da separação judicial por mais de um ano para a decretação do divórcio, bem como de antecedente partilha de bens do casal. Precedentes jurisprudenciais. Agravo de instrumento provido. (TJRS, AI 289.897-65.2011.8.21.7000, Porto Alegre, Oitava Câmara Cível, Rel. Des. Ricardo Moreira Lins Pastl, j. 18.08.2011, *DJERS* 26.08.2011)

5.º Acórdão favorável: Tribunal de Justiça do Distrito Federal

Civil. Conversão de separação judicial em divórcio. Emenda Constitucional n.º 66/2010. Aplicação imediata. Ademais, decorrido o lapso temporal de um ano do trânsito em julgado da sentença que homologou a separação. 1. A Emenda Constitucional n.º 66/2010 possui aplicação imediata, possibilitando o divórcio direto, sem que seja necessária a decretação da separação judicial. 2. Ainda que assim não fosse, no caso, também decorrido o lapso temporal de um ano de separação judicial, reforçando a conversão da separação judicial em divórcio. 3. O art. 36, II, da Lei n.º 6.151/1977 (Lei do Divórcio), que condiciona a conversão da separação em divórcio no cumprimento das obrigações assumidas, não foi recepcionado pela Constituição Federal (RE 387.271/SP). 4. Negou-se provimento ao apelo da ré. (Rec. 2010.01.1.012983-2, Ac. 528.777, Segunda Turma Cível, Rel. Des. Sérgio Rocha, *DJDFTE* 23.08.2011)

2. NOTÍCIA HISTÓRICA SOBRE A SEPARAÇÃO E AS ESPÉCIES DE DIVÓRCIO

Assim, como a questão ainda é polêmica e não há um posicionamento definitivo do STJ, em que pese a quantidade de decisões judiciais dos tribunais estaduais favoráveis ao fim do instituto da separação ser consideravelmente maior que as em sentido contrário, trataremos a seguir do instituto da separação apenas como uma notícia histórica, por acreditarmos que ela foi extirpada do nosso sistema, mesmo que o novo Código de Processo Civil ainda faça menção ao instituto no art. 733, pois a lei processual, que é meramente instrumental, não poderia repristinar o instituto da separação que fora retirado do sistema pela Constituição Federal, com o advento da EC 66/2010.

Aliás, sobre o tema, recomendamos a leitura dos excelentes artigos escritos pelo brilhante constitucionalista gaúcho Lenio Luiz Streck, intitulados "Por que é inconstitucional 'repristinar' a separação judicial no Brasil", publicado no *site* Consultor Jurídico,[19] e "Mantenho a tese: é inconstitucional repristinar a separação", publicado no mesmo *site*,[20] após algumas pessoas escreverem criticando o primeiro artigo. Gostaríamos de frisar que concordamos, integralmente, com os argumentos expostos em ambos.

Porém, nossos leitores precisam saber quais as características do instituto, até mesmo para poder formar uma opinião sobre o tema.

A separação podia ser:

A-) CONSENSUAL: ocorria quando não havia litígio entre os cônjuges. A separação consensual só podia ocorrer se os cônjuges fossem casados há mais de um ano e podia ser:

A1-) Extrajudicial – quando ocorria por escritura pública no Tabelionato de Notas. Essa modalidade foi incluída pela Lei 11.441/2007, que exigia para sua ocorrência, além da consensualidade, que o casal não tenha filhos menores e incapazes, e que estivesse assistido por advogado.

De acordo com o art. 8.º da Lei 8.935/94 (Lei dos Notários e Registradores), a escritura pública de separação e divórcio pode ser feita em qualquer Tabelionato de Notas do País, independentemente do domicílio das partes e da localização dos bens.

A2-) Judicial – quando ocorria por meio de ação judicial, em que os cônjuges deviam manifestar sua vontade perante o juiz de direito, para este homologar o pedido. O juiz podia recusar a homologação e não decretar a separação judicial se apurasse que a convenção não preservava suficientemente os interesses dos filhos ou de um dos cônjuges.

B-) LITIGIOSA: que ocorria quando havia litígio entre os cônjuges. A separação litigiosa só podia ocorrer judicialmente e dividia-se em:

B1-) Com apuração de culpa – ocorria quando havia adultério, tentativa de morte, sevícia ou injúria grave, abandono voluntário do lar conjugal, durante um ano contínuo, condenação por crime infamante, conduta desonrosa, outros fatos que o juiz entendesse relevantes, ou a infringência de algum dos impedimentos matrimoniais, que tornasse insuportável a vida em comum. Nessa hipótese, o cônjuge inocente buscava a declaração de culpa do outro para que ele tivesse algumas sanções. A lei estabelece que o cônjuge declarado culpado na separação perca o direito de usar o nome de casado (exceto se houver prejuízo de identificação na sociedade ou com os filhos) e de pleitear alimentos (exceto se não houver mais ninguém capaz de pensionar). O cônjuge inocente na ação de separação judicial poderia renunciar, a qualquer momento, ao direito de usar o sobrenome do outro, e nos demais casos caberia a opção pela conservação do nome de casado.

B2-) Sem apuração de culpa – ocorria quando ninguém podia ser considerado culpado. Duas são as hipóteses: separação-falência e separação-remédio. A separação-

---

19. Disponível em: <http://www.conjur.com.br/2014-nov-18/lenio-streck-inconstitucional-repristinar-separacao--judicial#author>. Acesso em: 08 fev. 2018.
20. Disponível em: <http://www.conjur.com.br/2014-nov-25/lenio-streck-mantenho-inconstitucional-repristinar--separacao>. Acesso em: 08 fev. 2018.

-falência dava-se com o rompimento da vida conjugal há mais de um ano. Já a separação-remédio dava-se quando um dos cônjuges estivesse acometido de doença mental grave, há mais de dois anos, manifestada após o casamento, e que fosse reconhecida como de cura improvável. Neste último caso, revertia ao cônjuge enfermo, que não houvesse pedido a separação judicial, o remanescente dos bens que levou para o casamento e, se o regime dos bens adotado o permitisse, a meação dos adquiridos na constância da sociedade conjugal.

O procedimento judicial da separação cabia somente aos cônjuges, e, no caso de incapacidade, eram representados pelo curador, pelo ascendente ou pelo irmão.

A sentença de separação judicial importava a separação de corpos e a partilha de bens, porém ela poderia não ocorrer, se os cônjuges preferissem realizá-la quando do divórcio. A partilha de bens podia ser feita mediante proposta dos cônjuges e homologada pelo juiz, ou por este decidida.

Independentemente da causa da separação judicial e do modo como esta se fizesse, era lícito aos cônjuges restabelecer, a todo tempo, a sociedade conjugal, por ato regular em juízo. A reconciliação em nada prejudicava o direito de terceiros, adquirido antes e durante o estado de separado, seja qual fosse o regime de bens.

A principal diferença entre divórcio e separação é que o divórcio extingue o vínculo conjugal, o que permitirá um novo casamento. Como já vimos, a separação não extinguia o vínculo conjugal, apenas punha fim ao regime de bens e extinguia os deveres de fidelidade e coabitação. Por isso a alteração realizada com a EC 66 foi bem-vinda, já que acabou com o sistema dúplice (separação e divórcio), para adotar um sistema uno (somente o divórcio), sem a observância de prazos.

O divórcio pode ser:

A-) CONSENSUAL: ocorre quando não há litígio entre os cônjuges. O divórcio consensual pode ser:

A1-) Extrajudicial – quando ocorrer por escritura pública no Tabelionato de Notas. Essa modalidade foi incluída pela Lei 11.441/2007, que exigia para sua ocorrência, além da consensualidade, que o casal não tivesse filhos menores e incapazes, e que estivesse assistido por advogado.

A2-) Judicial – quando ocorrer por meio de ação judicial, em que os cônjuges devem manifestar a sua vontade perante o juiz de direito, que irá homologar o pedido.

B-) LITIGIOSO: ocorre quando houver litígio entre os cônjuges.

O divórcio consensual, tanto extrajudicial quanto judicial, podia ser direto ou indireto.

Com a Emenda Constitucional 66, que eliminou os prazos para o divórcio, essa classificação não mais existe, pois hoje não falamos mais em divórcio direto ou indireto, apenas em "divórcio", já que não existe mais prazo a ser obedecido para a sua concessão.

Porém, apenas como notícia histórica, explicaremos como funcionava o divórcio indireto e direto, até que se tenha uma unanimidade na doutrina com relação ao fim da separação do nosso sistema.

O divórcio direto era aquele que exigia separação de fato há mais de dois anos, ou seja, sem uma prévia separação formalizada (judicial ou extrajudicial), pois, nesse caso, partia-se diretamente para o divórcio. A separação de fato é aquela que não é de direito, ou seja, a pessoa simplesmente sai de casa.

Já o divórcio indireto, também chamado de divórcio por conversão, era aquele que exigia separação formalizada (judicial ou extrajudicial). A conversão em divórcio da separação dos cônjuges podia ser decretada por sentença, da qual não constava referência à causa que a determinou.

O prazo para converter uma separação formalizada em divórcio era de um ano. Esse prazo era contado do trânsito em julgado da sentença que houvesse decretado a separação judicial, ou da decisão concessiva da medida cautelar de separação de corpos, ou da data da lavratura da escritura de separação extrajudicial.

O divórcio não modifica os direitos e deveres dos pais com relação aos filhos, nem mesmo o novo casamento modifica essa relação. O novo casamento de qualquer um dos pais, ou de ambos, não poderá importar restrições aos direitos e deveres referentes aos filhos.

O divórcio pode ser concedido sem prévia partilha de bens, mas é interessante fazer a partilha de bens no momento do divórcio para que não se forme um condomínio romano, ou seja, frações de patrimônio entre os cônjuges.

A legitimidade para o pedido de divórcio é somente dos cônjuges, ou seja, é uma ação personalíssima. Contudo, se o cônjuge for incapaz, o curador, ascendente ou irmão poderá propor o divórcio ou defendê-lo.

Dissolvido o casamento pelo divórcio direto ou por conversão, o cônjuge poderá manter o nome de casado, salvo se, no segundo caso, houver disposição em contrário na sentença de separação judicial.

Depois de realizadas, as escrituras de separação e divórcio devem ser averbadas no Cartório de Registro Civil onde foi lavrado o casamento (art. 10 do CC). Se houver partilha de bens imóveis, deve, também, ser registrada no Cartório de Registro de Imóveis.

Se os requisitos da modalidade extrajudicial de separação e divórcio forem preenchidos, as partes terão a faculdade de fazê-la no Tabelionato de Notas, podendo optar pela via judicial se assim acharem melhor. Dessa forma vem decidindo a nossa jurisprudência.[21]

Porém, em razão de todos os argumentos expostos anteriormente, entendemos que a Emenda Constitucional 66 retirou do sistema a separação, seja judicial ou extrajudicial, motivo pelo qual acreditamos que os notários estão proibidos de lavrar escrituras de separação. Nosso posicionamento foi seguido pelo Departamento de Notas da Serjus

---

21. "Separação consensual. Lei 11.441/2007. Opção pela via judicial ou extrajudicial. A Lei 11.441/2007 prevê a possibilidade de separações e divórcios consensuais serem realizados extrajudicialmente, por escritura pública, desde que os cônjuges não tenham filhos menores ou incapazes, o que, contudo, não retira a opção dos cônjuges pela via judicial. Apelação não provida" (**TJDF, Rec.** 2008.01.1.108701-6, Ac. 387.670, 6ª **Turma Cível,** rel. **Des. Jair Soares,** *DJDFTE* 05.11.2009).

da Anoreg/MG, que já emitiu orientação[22] no sentido de que a Emenda Constitucional 66 tem eficácia imediata, alterando a disciplina constitucional do tema divórcio, e que com isso a separação judicial ou extrajudicial não foi recepcionada pela Emenda Constitucional. A orientação menciona, ainda, que a legislação infraconstitucional a que se refere o divórcio continua em vigor, ressalvada apenas a exigência do prazo de um ano para conversão e de dois anos para o divórcio direto, motivo pelo qual não há impedimento para que os notários lavrem as escrituras públicas de divórcio com base na EC 66, desde que observados todos os demais requisitos da legislação infraconstitucional.

Respeitosamente, não concordamos com o posicionamento do Colégio Notarial de São Paulo, do Rio de Janeiro e do Rio Grande do Sul, que entenderam ser a separação facultativa e que os cônjuges poderiam optar em fazer uma escritura de separação ou de divórcio. Não há previsão de opção na norma, e temos que lembrar que o objetivo da emenda constitucional foi eliminar a separação do sistema, motivo pelo qual, se os cônjuges quiserem apenas colocar fim ao regime de bens e aos deveres de coabitação e fidelidade, deverão fazer uma escritura de separação de corpos, como defendemos há tempos nessa obra, conforme poderá ser visto no próximo capítulo.

Porém, por se tratar de tema polêmico, não pode ser o tabelião punido por lavrar a escritura de separação, apesar de entendermos que isso não deve ser feito. Para ilustrar, colacionamos, abaixo, quatro acórdãos favoráveis e outros quatro contrários ao fim da separação, assim o leitor poderá ver como pensa o Tribunal de Justiça do seu estado, vejamos:

ACÓRDÃOS FAVORÁVEIS AO FIM DA SEPARAÇÃO
(SP, MG, PR, RJ, DF, SC, PB, RO, CE, PE, SE e MS)

1.º Acórdão favorável: Tribunal de Justiça de São Paulo

APELAÇÃO CÍVEL. SEPARAÇÃO JUDICIAL CUMULADA COM PARTILHA DE BENS, GUARDA E VISITAS DE FILHOS COMUNS. SENTENÇA DE PARCIAL PROCEDÊNCIA. Partilha igualitária de bens amealhados na constância do casamento e fixação de guarda materna. Irresignação do genitor em relação a partilha de imóvel (matrícula nº 3399) e veículo (GM/Astra. Placas EXX 0203). Alegação de incomunicabilidade. Aplicação do princípio *tantum devolutum quantum apellatum*. Preliminar. **Sentença decretando separação judicial do casal com reconhecimento de culpa recíproca. Instituto jurídico extirpado do ordenamento pátrio a partir da EC 66/2010.** Ausência de justificativa das partes para requerimento de decretação de separação judicial. De qualquer modo, não mais se discute culpa em ações de dissolução do casamento. De ofício, decretado divórcio do casal. Mérito. Comunhão parcial de bens. Divisão igualitária de bens adquiridos na constância do casamento. Imóvel litigioso adquirido com numerário proveniente ação trabalhista do réu. Observação feita em escritura e matrícula de que o imóvel também pertence à parte autora. Partilha devida em 50% (cinquenta por cento) para cada consorte. Veículo automotor: Não evidenciada aquisição por sub-rogação. Questão resolvida à luz do art. 373, II, CPC/2015. Sentença mantida integralmente. Motivação do decisório adotado como julgamento em segundo grau. Inteligência do art. 252 do RITJ Honorários recursais. Aplicação da regra do artigo 85, §11, CPC/2015. Verba honorária majorada para R$2.000,00 (dois mil reais), observada a gratuidade da justiça concedida ao réu em sentença. Resultado. Recurso não provido, com determinação. (**TJSP; AC 1000185-60.2018.8.26.0076; Ac. 14599756; Bilac; Nona Câmara de Direito Privado; Rel. Des. Edson Luiz de Queiroz; Julg. 03/05/2021; DJESP 10/05/2021**).

---

22. Disponível em: <http://www.arpenbrasil.org.br/index.php?option=com_content&task=view&id=4316&Itemid=83>. Acesso em: 25 jul. 2010.

2.º Acórdão favorável: Tribunal de Justiça de Minas Gerais

APELAÇÃO CÍVEL. AÇÃO ORDINÁRIA. PENSÃO POR MORTE. CÔNJUGE DO FALECIDO SEGURADO. SEPARAÇÃO DE FATO. COMPROVAÇÃO. DEPENDÊNCIA ECONÔMICA. COMPROVAÇÃO. AUSÊNCIA. INCLUSÃO COMO BENEFICIÁRIA. IMPOSSIBILIDADE. A separação de fato, tal como **a separação judicial, instituto existente no ordenamento jurídico Brasileiro até a EC n 66/2010,** marca o fim da sociedade conjugal entre os cônjuges, bem como o fim da condição de dependente. O fato dos cônjuges estarem separados de fato há alguns anos retira do sobrevivente o direito de receber pensão por morte independentemente da comprovação da dependência econômica. Ausente a demonstração pelo cônjuge supérstite da dependência financeira em relação ao falecido, impõe-se o indeferimento do pedido de pensão por morte. V.V. A jurisprudência do Superior Tribunal de Justiça é firme no sentido de que a vigência de matrimônio não obsta a caracterização da união estável, desde que reste comprovada a separação de fato entre os ex-cônjuges. Nesses casos, admite-se o rateio do benefício previdenciário entre a ex-esposa e a companheira. *(*TJMG; APCV 1.0024.14.220315-7/001; Rel. Des. Gilson Soares Lemes; Julg. 26/09/2018; DJEMG 25/10/2018*)*.

3.º Acórdão favorável: Tribunal de Justiça do Paraná

Processual Civil. Apelação cível. Ação de separação judicial litigiosa convertida em divórcio. Reconvenção. Escorreita determinação em sentença de conversão da separação judicial em divórcio. Ec n.º 66/2010. Banido o instituto da separação. Norma de aplicação imediata. Alcance das ações em andamento, inclusive em grau de recurso. Irresignação contra a determinação de pensão alimentícia em favor da apelada. Observância do trinômio necessidade, possibilidade e proporcionalidade. Necessidade da alimentanda comprovada frente aos elementos lançados aos autos. Pensão alimentícia devida à apelada. Inconformismo acerca do patrimônio a ser partilhado. Bens imóveis adquiridos na constância do casamento. Presunção legal do esforço comum. Observância das regras atinentes ao regime de comunhão parcial de bens. Comprovado pela apelada nos autos a partilha extrajudicial dos valores acumulados como aplicações financeiras em pecúnia pelas partes na constância do casamento. Manutenção da partilha conforme determinado em sentença. Apelação cível conhecida e não provida. 1. **Com a vigência da Emenda Constitucional n.º 66/2010, que conferiu nova redação ao § 6º, do art. 226 da Constituição Federal, o instituto da separação foi abolido da ordem jurídica, sendo o divórcio única ação para dissolução do casamento.** 2. A fixação da obrigação alimentar deve ser realizada com observância de seu trinômio formador: necessidade, possibilidade e proporcionalidade. 3. O princípio da proporcionalidade, norteador da obrigação alimentar, consubstancia-se em ideias de justiça, equidade, bom senso, prudência, moderação, guardando relação com a capacidade econômica do alimentante e necessidade do alimentando. (TJPR; ApCiv 1107299-8; Campo Largo; Décima Segunda Câmara Cível; Relª Juíza Conv. Ângela Maria Machado Costa; *DJPR* 05.06.2014)

4.º Acórdão favorável: Tribunal de Justiça do Rio de Janeiro

Apelação. Ação de divórcio direto. Direito potestativo. Cerceamento de defesa não configurado. Desprovimento do recurso. 1. Trata-se de ação de divórcio direto em que o recorrente busca a anulação da sentença de procedência, alegando vício de consentimento ou de vontade da recorrida, além de cerceamento de defesa. 2. Cerceamento de defesa não configurado, tendo em vista a desnecessidade, para a solução do litígio, da produção de outras provas além daquelas já carreadas aos autos. 3. Manifestação do Ministério Público no sentido de inexistir interesse público a justificar sua intervenção no feito. 4. **Com a entrada em vigor da Emenda Constitucional nº 66/2010**, para ingressar com o pedido de divórcio não se faz necessário qualquer requisito legal ou lapso temporal. **Com a alteração, suprimiu-se a separação judicial**, desaparecendo, igualmente, o requisito temporal para o divórcio, que passou a ser exclusivamente direto, tanto por consentimento dos cônjuges, quanto na modalidade litigiosa, como na hipótese dos autos. 5. Impossibilidade de conciliação entre as partes demonstrada nos autos. 6. Aplicação dos princípios da intervenção mínima no Direito de Família e da ruptura do afeto.

7. Desprovimento do recurso. **(TJRJ; Apelação 0001218-75.2013.8.19.0043, Rel. Des. Elton Martinez Carvalho Leme, Décima Sétima Câmara Cível, Data de julgamento: 15.04.2015)**

5.º Acórdão favorável: Tribunal de Justiça do Distrito Federal

APELAÇÃO CÍVEL. AÇÃO DE COBRANÇA. REVELIA. INTEMPESTIVIDADE DA CONTESTAÇÃO NÃO CONFIGURADA. SEGURO DE VIDA. COBERTURA EM CASO DE MORTE DE CÔNJUGE. CASAL SEPARADO JUDICIALMENTE NO CURSO DA RELAÇÃO CONTRATUAL. RECUSA DA SEGURADORA. PREVISÃO CONTRATUAL. HONORÁRIOS ADVOCATÍCIOS. BASE DE CÁLCULO. BENEFÍCIO ECONÔMICO EXTRAORDINÁRIO. ARTIGO 85, §§ 2º E 8º, DO CPC. ARBITRAMENTO POR EQUIDADE. APELAÇÕES CONHECIDAS. DESPROVIDA A DO AUTOR. PARCIALMENTE PROVIDA A DA RÉ. 1. Conforme os artigos 224 e 335, inciso I do CPC, o prazo para apresentação de contestação inicia-se da audiência de conciliação, com exclusão do dia do começo e inclusão do dia do vencimento. 2. Realizada a audiência em 12/07/2018, o prazo de 15 dias úteis para defesa iniciou-se em 13/07/2018 (excluindo-se o dia de início) e seu termo final em 02/08/2018, ocasião em que apresentada tempestivamente a defesa. 3. Na interpretação das cláusulas do contrato, o intérprete deve buscar a verdadeira intenção das partes. O seguro de vida contratado exigiu, para pagamento da indenização por morte, que a dependente do segurado ostentasse a condição de cônjuge ao tempo do sinistro. A sociedade conjugal fora extinta há cerca de 15 anos e por força da separação judicial, o que afasta o direito ao recebimento da indenização. 4. **A separação judicial, instituto existente no ordenamento jurídico Brasileiro até a EC n 66/2010,** marca o fim da sociedade entre os cônjuges, bem como o fim da condição de dependente, o que exclui o direito ao benefício contratual. 5. Nas causas de valor extraordinário ou inestimável, o Julgador não deve adotar simplesmente o critério automático definido no § 2º do art. 85 do CPC, principalmente quando sua aplicação malferir os princípios da razoabilidade e proporcionalidade. Nesses casos, deve-se se socorrer de outro parâmetro igualmente estabelecido pelo legislador, estampado no § 8º do art. 85 do CPC, como forma de garantir direitos constitucionais fundamentais, como o de petição e da inafastabilidade da jurisdição, sob pena de figurarem tão somente no plano formal. 6. RECURSOS CONHECIDOS. DESPROVIDO O DO AUTOR E PARCIALMENTE PROVIDO O DO RÉU. **(TJDF; Proc 07044.39-96.2018.8.07.0006; Ac. 119.9903; Quarta Turma Cível; Rel. Des. Luís Gustavo Barbosa de Oliveira; Julg. 11/09/2019; DJDFTE 18/09/2019).**

6.º Acórdão favorável: Tribunal de Justiça da Santa Catarina

Apelação cível. Família e processual civil. Ações de separação litigiosa convertida em divórcio e de alimentos. Parcial e total procedência na origem. Recurso do varão. (1) conversão em divórcio. EC 66/2010. Investigação da culpa. Discussão incabível. "(...) ingressar na subjetividade dos separandos para tentar identificar quem foi que deixou de amar em primeiro lugar ou porquê deixou de amar certamente não é o papel da justiça, pois viola o direito à privacidade e à intimidade das partes, mostrando-se inadequada a interferência do Estado em área tão subjetiva e privada" (TJRS, AC nº 70021725817, rela. Desa. Maria Berenice Dias, j. Em 23.04.2008), notadamente **após a vigência da Emenda Constitucional nº 66, que, na melhor interpretação, fez desaparecer a separação,** ao retirar-lhe suporte constitucional. (2) partilha. Comunhão parcial. Bens móveis incontroversos. Imóvel edificado em terreno de terceiro. Doação ao casal não demonstrada. Quinhão comum. Aferição em liquidação. Acolhimento. Se as próprias partes concordam quanto à aquisição dos bens móveis durante o enlace, e não há demonstração da suposta doação do terreno em que, juntos, edificaram a residência familiar, deve ser partilhado em partes iguais todo o patrimônio comum, do qual se exclui o terreno em nome do pai do varão. Sendo impossível aferir o montante relativo à meação de cada cônjuge, de rigor determinar a liquidação de sentença (3) alimentos entre cônjuges. Pretendida exoneração. Virago. Depressão e problemas de pele. Longa e exclusiva dedicação à família. Necessidades e possibilidades verificadas. Manutenção. Na fixação da verba alimentar deve o julgador atentar para as necessidades de quem pleiteia e as possibilidades do alimentante, atendendo, assim, ao binômio previsto no § 1º do artigo 1.694 do Código Civil. Frente às possibilidades do varão/alimentante, de rigor a manutenção da verba alimentar (de 15% sobre os ganhos) em favor da cônjuge acometida de transtorno depressivo recorrente e de enfermidade de pele, e que se dedicou à família por 24 (vinte e quatro) anos. (4) Assistência Judiciária Gratuita e justiça gratuita. Agraciados sucumbentes. Exegese do art. 12 da Lei n.º 1.060/50. Alteração ex *officio*. "Ainda que seja o litigante beneficiário da assistência judiciária, por restar sucumbente, sobre ele deve recair a obrigação de pagar a verba honorária, com observância ao disposto no artigo 12 da Lei n. 1.060/50" (TJSC; AC n. 2007.046335-1, Rel. Des. Marcus Tulio Sartorato, j. em 6.11.2007). Sentença alterada. Corrigenda de ofício. Recurso parcialmente provido. **(TJSC; AC 2013.069020-1; Urussanga; Quinta Câmara de Direito Civil; Rel. Des. Henry Petry Junior; Julg. 19.02.2015;** *DJSC* **03.03.2015)**

7.º Acórdão favorável: Tribunal de Justiça da Paraíba

Processual civil. Apelação cível. Separação judicial. Cerceamento de defesa. Preclusão. Rejeição. Bem adquirido na constância do casamento. Regime de bens. Comunhão parcial. Presunção de esforço comum. Partilha do bem. Alimentos. Mulher jovem e capaz. Aplicação do artigo 1.695 do Código Civil. Conversão da separação judicial em divórcio. Comando legal da Emenda Constitucional n.º 66/2010. Reforma da sentença. Provimento parcial do recurso. "A nulidade dos atos deve ser alegada na primeira oportunidade em que couber à parte falar nos autos, sob pena de preclusão". Correto o entendimento firmado na sentença recorrida, devendo ocorrer a partilha do bem descrito na exordial, uma vez que foi adquirido na constância do casamento, cujo regime adotado era o da comunhão parcial de bens. "São devidos os alimentos quando quem os pretende não tem bens suficientes, nem pode prover, pelo seu trabalho, à própria mantença, e aquele, de quem se reclamam, pode fornecê-los, sem desfalque do necessário ao seu sustento" verifica-se que **após o advento da EC n.º 66/2010, não há que se falar mais em separação judicial**, por impossibilidade jurídica do pedido, tampouco há que se perquirir acerca de prazos para a concessão do divórcio. **(AC 200.2005.034133-4/002, Terceira Câmara Cível, Rel. Des. Genésio Gomes Pereira Filho,** *DJPB* **21.07.2011)**

8.º Acórdão favorável: Tribunal de Justiça de Rondônia

Divórcio. Lapso temporal. Desnecessidade. **Com o advento da Emenda Constitucional n.º 66/2010, o divórcio passou a ser única medida para a dissolução da sociedade conjugal**, não havendo que se falar em lapso temporal para conseguir o intento. **(APL 0000086-63.2011.8.22.0012, Rel. Des. Marcos Alaor Diniz Grangeia, j. 21.09.2011,** *DJERO* **27.09.2011)**

9.º Acórdão favorável: Tribunal de Justiça do Ceará

Apelação cível. Ação de separação judicial litigiosa com pedido de alimentos. Emenda Constitucional 66/2010. Alteração do art. 226, § 6.º, da CF/1988. Abolição do instituto da separação judicial. Não anuência da autora na conversão do feito em divórcio. Extinção do pleito de separação judicial sem resolução de mérito (art. 267, VI, do CPC).[23] Pensão alimentícia arbitrada em favor apenas da filha menor do casal. Redução do quantum para 2,5 (dois vírgula cinco) salários mínimos. Adequação ao caso concreto. Recurso parcialmente provido. 1. **Após o advento da EC 66/2010, que alterou o art. 226, § 6.º, da Constituição Federal, a separação judicial foi eliminada do ordenamento jurídico pátrio.** 2. A Juíza de 1.º Grau, buscando adequar o feito aos termos da EC 66/2010, designou audiência para consultar as partes a respeito do assunto, havendo a Autora rejeitado a conversão da separação judicial em divórcio, de modo que, embora tenha havido a concordância do Demandado, a Magistrada *a quo*, acertadamente, ante a recusa manifestada pela Demandante, extinguiu o pedido de separação judicial sem examinar o seu mérito, por reputá-lo juridicamente impossível (art. 267, VI, do CPC),[24] na medida em que cabia unicamente à Autora aceitar, ou não, a conversão do litígio em divórcio. 3. Considerando-se que os alimentos estipulados na sentença destinam-se exclusivamente à filha menor

---

23. Atual art. 485, inciso VI, do Código de Processo Civil de 2015.
24. Atual art. 485, inciso VI, do Código de Processo Civil de 2015.

dos litigantes, o montante deve ser reduzido para 2,5 (dois vírgula cinco) salários mínimos, quantum que se afigura razoável e compatível com a realidade dos autos. 4. Apelação conhecida e parcialmente provida. **(TJCE, AC 008474847.2005.8.06.0001, Terceira Câmara Cível, Rel. Des. Rômulo Moreira de Deus,** *DJCE* **07.08.2012)**

10.º Acórdão favorável: Tribunal de Justiça de Pernambuco

Recurso de agravo em apelação cível. Terminativa com fulcro no art. 557, *caput*, do CPC[25] que manteve a sentença que decretou o divórcio. Cerceamento de defesa por ausência de oitiva de testemunhas e audiência de instrução e julgamento. Inocorrência. Preliminar rejeitada. Decisões mantidas quanto ao mérito. Negado provimento ao agravo. À unanimidade de votos. Em se tratando de divórcio, e a partir das alterações introduzias no § 6º da Carta Magna, não mais é exigida a comprovação do tempo de separação do casal, quer seja judicial ou de fato, para decretação do divórcio. *In casu*, o agravado manifestou veementemente, que não tem mais condições e vontade de manter o casamento. Dessa união não resultaram filhos nem bens a partilhar. Também não cabe mais discussão sobre culpa, vez que **a EC 66/10 suprimiu o instituto da separação**, o que restou impossibilitada a reversão do Decreto do divórcio. Ausente, pois qualquer fundamento que ampare a preliminar de cerceamento de defesa, que formulou pedido para que seja restabelecido o contraditório antes da concessão do divórcio. Atualmente o que prevalece é a vontade, ainda que seja apenas de uma das partes, como no presente caso. Sentença que decretou o divórcio de acordo com a nova ordem jurídica que reger o instituto. **(TJPE; Rec. 0017124-89.2013.8.17.0810; Sexta Câmara Cível; Rel. Des. Fernando Martins; Julg. 02.10.2014;** *DJEPE* **14.10.2014)**

11.º Acórdão favorável: Tribunal de Justiça de Sergipe

Apelação cível. Ação de divórcio direto litigioso. Menor com necessidades especiais. Pensão alimentícia. Majoração que não se impõe. Pleito de concessão em favor da apelante. Cabimento. Inclusão da apelante como dependente do plano de saúde do apelado pelo período de um ano. Manutenção do nome de casada. Faculdade do cônjuge que passou a adotar o patronímico do seu consorte. Recurso conhecido e parcialmente provido. **(TJSE; Apelação nº 201300223853, 2ª Câmara Cível, Relator Des. José dos Anjos, Julg. 05.05.2014)**

Apesar de não estar destacada na ementa citada acima, a posição do Tribunal Sergipano, de que a separação foi abolida do sistema, pode ser verificada no trecho do voto do Desembargador relator Dr. José dos Anjos, proferido no julgamento do referido recurso. São suas palavras: *"A propósito, desde o advento da Emenda Constitucional 66/2010 que, atribuindo nova redação ao § 6º do artigo 226 da CR/1988, autorizou a dissolução do casamento pelo divórcio, sem os requisitos anteriormente exigidos,* ***eliminou-se o instituto da separação judicial****, passando-se a desconsiderar qualquer discussão a respeito de culpa pela dissolução do matrimônio, in verbis: (...)".*

12.º Acórdão favorável: Tribunal de Justiça do Mato Grosso do Sul

Ação rescisória. Citação por edital em ação de divórcio. Alegação de induzimento à revelia e pedido de rescisão da sentença com base no inc. III do art. 485 do CPC.[26] Ausência de interesse processual. Inocorrência do binômio necessidade e utilidade. Processo extinto sem resolução do mérito. I) Afigura-se o interesse de agir sempre que se constatar que o meio utilizado pelo autor haverá de ser necessário e útil à pretensão por ele deduzida. II) Não se vislumbra melhoria da situação jurídica da autora e, portanto, utilidade da ação, com o acolhimento do pedido rescindendo, que redundará na

---

25. Atual art. 932 do Código de Processo Civil de 2015.
26. Atual art. 966 do Código de Processo Civil de 2015.

mesma situação atual, que é o próprio divórcio entre as partes, já que a alteração do § 6° do artigo 206 da CF, dada pela **EC n°. 66/2010, colocou FIM à separação judicial.** III) Quanto à partilha dos bens, ao constatar que, no divórcio, não houve provimento jurisdicional encerrando a questão, é de se ver que a pretensão contraria o teor do *caput* do artigo 485 do CPC,[27] segundo o qual o cabimento da ação rescisória está, necessariamente, atrelado à uma decisão definitiva de mérito, com a conseguinte formação da coisa julgada material a respeito da questão. IV) A necessidade se dirige ao ingresso de ação própria e independente para discutir o aspecto patrimonial do divórcio, ainda não decidido. Manobra perfeitamente possível à luz do art. 1.581 do CC e da jurisprudência contemporânea. V) Processo extinto sem resolução do mérito, com fundamento no art. 267, VI, do Código de Processo Civil,[28] de acordo com o parecer ministerial. **(TJMS; AR 4012110-02.2013.8.12.0000; Campo Grande; Segunda Seção Cível; Rel. Des. Dorival Renato Pavan;** *DJMS* **19.05.2014)**

13.° Acórdão favorável: Tribunal de Justiça de Goiás

Apelação cível. Conversão litigiosa de separação em divórcio após EC n. 66/10. Mudança de paradigma. Art. 226, § 6°, CR/88. Norma constitucional de eficácia plena e aplicabilidade direta, imediata e integral fim do instituto da separação judicial. Princípio da intervenção mínima do Estado na vida privada. Autonomia da vontade do casal. Inexistência de requisito temporal ou cumprimento de obrigações ajustadas em processo de separação para decretação do divórcio. Direito potestativo. Com o advento da Emenda Constitucional n. 66/2010, foi alterada a redação do § 6° do artigo 226 da CF/88, suprimindo o requisito da prévia separação judicial por mais de um ano ou separação de fato por mais de dois anos, diante do que o divórcio passou a independer de restrição temporal ou causal, tornando-se simples exercício de um direito potestativo das partes. Assim, a decretação do divórcio não se condiciona ao cumprimento de decurso de prazo e de obrigações ajustadas em acordo homologado em separação consensual quanto à partilha de bens e alimentos à cônjuge virago. Apelação conhecida e improvida **(TJGO, AC 0024233-73.2015.8.09.0175, Goiânia, 1ª Câmara Cível, rel. Des. Orloff Neves Rocha,** *DJGO* **7-7-2016).**

ACÓRDÃOS CONTRA O FIM DA SEPARAÇÃO (RS, ES e MT)

1.° Acórdão contrário: Tribunal de Justiça do Rio Grande do Sul

Apelação. Direito Processual Civil. Família. Ação de separação. Divórcio. **A emenda constitucional n° 66/2010 não revogou a legislação que regula a matéria**, apenas deu nova redação ao art. 226, § 6.°, da Constituição Federal, tornando desnecessário o decurso do prazo para o divórcio. Recurso provido. **(TJRS; AC 0346778-23.2015.8.21.7000; Rio Pardo; Sétima Câmara Cível; Relª Desª Liselena Schifino Robles Ribeiro; Julg. 30.09.2015;** *DJERS* **06.10.2015)**

2.° Acórdão contrário: Tribunal de Justiça do Espírito Santo

Ação de separação judicial. Sentença de extinção do processo sem resolução do mérito (art. 267, inc. VI, do CPC).[29] Carência da ação. Possibilidade jurídica do pedido reconhecida. Emenda Constitucional 66/2010. Reforma. Precedentes do TJES. Recurso conhecido e provido. 1. A Emenda Constitucional de n.° 66/2010 conferiu nova redação ao art. 226, § 6.°, da Constituição Federal para estabelecer que o casamento civil pode ser dissolvido pelo divórcio. 2. A pretensão de separação judicial não constitui caso de impossibilidade jurídica do pedido, a despeito da nova redação do art. 226, § 6.°, da Constituição Federal. 3. **Os dispositivos do Código Civil relativos à separação judicial não foram revogados**. Desse

---

27. Atual art. 966 do Código de Processo Civil de 2015.
28. Atual art. 485, inciso VI, do Código de Processo Civil de 2015.
29. Atual art. 485, inciso VI, do Código de Processo Civil de 2015.

modo, a separação continua disciplinada em nosso sistema normativo. 4. O legislador constituinte derivado, com a Emenda Constitucional 66/2010, em nenhum momento vedou a possibilidade de separação judicial dos cônjuges, situação que se harmoniza com o amplo conteúdo dos direitos da personalidade. 5. Recurso conhecido e provido. Sentença anulada. **(Apelação 48090104406, Terceira Câmara Cível, Rel. Des. Dair José Bregunce De Oliveira, j. 06.11.2012)**

3.º Acórdão contrário: Tribunal de Justiça do Mato Grosso

RECURSO DE APELAÇÃO CÍVEL. AÇÃO DE SEPARAÇÃO CONSENSUAL. HOMOLOGAÇÃO DE ACORDO. DECRETAÇÃO DO DIVÓRCIO. SENTENÇA ULTRA PETITA. REDUÇÃO AOS LIMITES DO ACORDO. RECURSO PROVIDO. A sentença que ao homologar acordo o faz de maneira diversa daquela firmada pelas partes caracteriza-se como *ultra petita*, competindo ao tribunal, nessa circunstância adequá-la aos termos do acordo. <u>A EC n° 66/2010 possibilitou a dissolução do casamento pelo divórcio independentemente da prévia separação judicial ou do lapso temporal para separação de fato, sem que tenha ocorrido a revogação tácita do instituto da separação judicial.</u> Assim, se as partes pugnaram pela homologação da separação judicial de forma consensual, há que ser homologado o pedido dentro dos limites pleiteados pelas partes. **(TJMT; APL 7358/2016; Tangará da Serra; Relª Desª Marilsen Andrade Addário; Julg. 04/05/2016; DJMT 10/05/2016)**

Analisando as decisões mencionadas anteriormente, verifica-se que o pensamento majoritário nos tribunais estaduais, atualmente, é no sentido de que não existe mais o instituto da separação em nosso ordenamento jurídico.

Ocorre, porém, que no ano de 2017, duas decisões do STJ surpreenderam a comunidade jurídica, pois nelas o entendimento foi de que a separação ainda existe no sistema já que não foi revogada expressamente, contrariando o entendimento majoritário que se formou nos tribunais estaduais com longo de 07 anos, como vimos nas ementas acima.

A primeira decisão ficou ementada da seguinte forma:

RECURSO ESPECIAL. DIREITO CIVIL. FAMÍLIA. EMENDA CONSTITUCIONAL N° 66/10. DIVÓRCIO DIRETO. SEPARAÇÃO JUDICIAL. SUBSISTÊNCIA. 1. A separação é modalidade de extinção da sociedade conjugal, pondo fim aos deveres de coabitação e fidelidade, bem como ao regime de bens, podendo, todavia, ser revertida a qualquer momento pelos cônjuges (Código Civil, arts. 1571, III e 1.577). O divórcio, por outro lado, é forma de dissolução do vínculo conjugal e extingue o casamento, permitindo que os ex-cônjuges celebrem novo matrimônio (Código Civil, arts. 1571, IV e 1.580). São institutos diversos, com consequências e regramentos jurídicos distintos. <u>**2. A Emenda Constitucional n° 66/2010 não revogou os artigos do Código Civil que tratam da separação judicial.**</u> 3. Recurso especial provido. **REsp n° 1.247.098- MS (2011/0074787-0). Rel. Min. MARIA ISABEL GALLOTTI, 4 Turma, j. 14/03/2017.**

Em 14 de setembro de 2017 o site do STJ publicou notícia intitulada "Divórcio e separação coexistem no ordenamento jurídico mesmo após EC 66", divulgando a segunda decisão sobre o tema.

Segundo a notícia, a Emenda à Constituição 66/2010, que suprimiu do texto constitucional o prazo como pré-requisito para o divórcio, não eliminou do ordenamento jurídico o instituto da separação judicial, que continua sendo instrumento hábil para pôr fim ao matrimônio.

Esse entendimento do Superior Tribunal de Justiça (STJ) foi reafirmado pela Terceira Turma ao julgar caso em que o Tribunal de Justiça de São Paulo, confirmando decisão do juízo de primeiro grau, não converteu uma separação em divórcio porque uma das partes se opôs expressamente. O cônjuge que pediu a conversão em divórcio alegou que o instituto da separação judicial havia sido extinto pela EC 66/10.

De acordo com o ministro Villas Bôas Cueva, o texto constitucional original condicionava, como requisito para o divórcio, a prévia separação judicial por mais de um ano ou a separação de fato por mais de dois anos. Com o advento da emenda, o texto passou a ser: "O casamento civil pode ser dissolvido pelo divórcio." Entretanto, conforme explicou o relator, tal emenda apenas excluiu os requisitos temporais para facilitar o divórcio, sem, contudo, revogar o instituto da separação.

O ministro afirmou que "a supressão dos requisitos para o divórcio pela emenda constitucional não afasta categoricamente a existência de um procedimento judicial ou extrajudicial de separação conjugal, que passou a ser opcional a partir da sua promulgação".

Segundo Villas Bôas Cueva, a opção pela separação faculta às partes uma futura reconciliação, podendo a relação ser restabelecida a qualquer momento. Já o divórcio dissolve definitivamente o casamento.

O ministro disse que a dissolução da sociedade conjugal pela separação não se confunde com a dissolução definitiva do casamento pelo divórcio, por serem institutos completamente distintos. Ele considera que a emenda "apenas facilitou a obtenção do divórcio", mas não excluiu outros institutos do direito de família.

Villas Bôas Cueva explicou que o atual sistema brasileiro se adapta ao sistema dualista opcional, que "não condiciona o divórcio à prévia separação judicial ou de fato".

Assim, é possível concluir que a ruptura do casamento pode ocorrer pela via judicial ou extrajudicial das seguintes formas: a partir da dissolução simultânea do vínculo matrimonial e da sociedade conjugal pelo divórcio ou com a dissolução restrita à sociedade conjugal pela separação legal.

A turma negou provimento ao recurso, pois considerou que como uma das partes se opôs expressamente à conversão da separação em divórcio, estava correta a sentença que deu prosseguimento ao processo de separação.

Infelizmente o número deste processo não foi divulgado em razão de segredo judicial.

Assim sendo, a posição majoritária na doutrina e na jurisprudência dos Tribunais Estaduais (como visto) é que a separação não mais persiste no ordenamento jurídico brasileiro. Porém, temos dois julgados do STJ, de ambas as turmas que julgam Direito Civil, que afirmam que a separação ainda persiste no ordenamento.

Para resolver esse impasse, o Supremo Tribunal Federal – STF irá analisar se a separação judicial é requisito para o divórcio e se ela se mantém como instituto autônomo no ordenamento jurídico brasileiro, após a Emenda Constitucional (EC) 66/10.

O Plenário Virtual da Corte, em votação unânime, reconheceu a existência de repercussão geral da matéria discutida no **Recurso Extraordinário (RE) 1167478**.

O RE foi interposto contra acórdão do Tribunal de Justiça do Estado do Rio de Janeiro (TJ-RJ), que decidiu que a EC 66/2010 afastou a exigência prévia da separação de fato ou judicial para o pedido de divórcio. O TJRJ entendeu, ao manter a sentença, que com a mudança na Constituição, se um dos cônjuges manifestar a vontade de romper o vínculo conjugal, o outro nada pode fazer para impedir o divórcio.

No Supremo, a alegação de um dos cônjuges diz que o artigo 226, § 6º, da Constituição Federal, apenas tratou do divórcio, mas seu exercício foi regulamentado pelo Código Civil, que prevê a separação judicial prévia. Sustenta que seria equivocado o fundamento de que o artigo 226 tem aplicabilidade imediata, com a desnecessária edição ou observância de qualquer outra norma infraconstitucional. A outra parte, nas contrarrazões defende a inexigibilidade da separação judicial após a alteração constitucional. Em seu entendimento, não haveria qualquer nulidade na sentença que decretou o divórcio.

O ministro Luiz Fux, relator da matéria, manifestou-se pela existência de repercussão geral da questão constitucional, ao considerar que a discussão transcende os limites subjetivos da causa e afeta diversos casos semelhantes. Para ele, a alteração constitucional deu origem a várias interpretações na doutrina e a posicionamentos conflitantes no Poder Judiciário sobre a manutenção da separação judicial no ordenamento jurídico e a exigência de observar prazo para o divórcio.

O RE, que tramita em segredo de justiça, será submetido a posterior julgamento pelo Plenário físico do STF.

O debate ainda não acabou, mas em breve irá acabar!!!

3
DIVÓRCIO CONSENSUAL POR ESCRITURA PÚBLICA: QUESTÕES POLÊMICAS

1. O DIVÓRCIO CONSENSUAL NO CÓDIGO DE PROCESSO CIVIL DE 2015: UMA ANÁLISE DOS SEUS REQUISITOS DE VALIDADE

A normatização do divórcio consensual por via administrativa era feita pelo art. 1.124-A do Código de Processo Civil de 1973, alterado pela Lei 11.965/2009.

Com o início da vigência do Código de Processo Civil de 2015, a regra aplicável é o artigo 733. Segue, no quadro abaixo, como era e como ficou a redação do citado dispositivo:

COMO FICOU	COMO ERA
Art. 733 do CPC/15. O divórcio consensual, a separação consensual e a extinção consensual de união estável, não havendo nascituro ou filhos incapazes e observados os requisitos legais, poderão ser realizados por escritura pública, da qual constarão as disposições de que trata o art. 731.	Art. 1.124-A do CPC/73. A separação consensual e o divórcio consensual, não havendo filhos menores ou incapazes do casal e observados os requisitos legais quanto aos prazos, poderão ser realizados por escritura pública, da qual constarão as disposições relativas à descrição e à partilha dos bens comuns e à pensão alimentícia e, ainda, ao acordo quanto à retomada pelo cônjuge de seu nome de solteiro ou à manutenção do nome adotado quando se deu o casamento.
§ 1.º A escritura não depende de homologação judicial e constitui título hábil para qualquer ato de registro, bem como para levantamento de importância depositada em instituições financeiras.	§ 1.º A escritura não depende de homologação judicial e constitui título hábil para o registro civil e o registro de imóveis.
§ 2.º O tabelião somente lavrará a escritura se os interessados estiverem assistidos por advogado ou por defensor público, cuja qualificação e assinatura constarão do ato notarial.	§ 2.º O tabelião somente lavrará a escritura se os contratantes estiverem assistidos por advogado comum ou advogados de cada um deles ou por defensor público, cuja qualificação e assinatura constarão do ato notarial. (Alterado pela Lei 11.965, de 2009).
DISPOSITIVO SEM CORRESPONDENTE NO CPC/15	§ 3.º A escritura e demais atos notariais serão gratuitos àqueles que se declararem pobres sob as penas da lei.

As modificações que foram introduzidas com o CPC15 foram:

- Inclusão do nascituro como fato proibitivo da lavratura escritura;
- Supressão da palavra "menores", para deixar como fato proibitivo da lavratura da escritura a existência de filhos incapazes, assim se termina com a discussão quando há filho emancipado, que é menor, mas capaz.
- Supressão da expressão "do casal" no requisito dos filhos, dando início a uma polêmica para saber se a mesma ocorreu por ser óbvio ou se a parentalidade socioafetiva, reconhecida atualmente, traria importância se o filho incapaz não fosse do casal.
- Inclusão expressa da união estável, para que sua dissolução formal passe pelos mesmos requisitos do divórcio.
- Inclusão na norma da escritura ser título hábil, também, para o levantamento de dinheiro nas instituições financeiras.
- Supressão, ao mencionar o advogado, da palavra "comum" e da expressão "de cada um deles", por se tratar de questão óbvia, considerando ser o ato consensual.
- Supressão do parágrafo da gratuidade da escritura, eixando dúvida se ela persiste ou não.

Passaremos a fazer uma análise dos requisitos da lei vigente, mas comparando-a com a lei anterior (11.441/2007), para que seja possível identificar o que mudou com o Código de Processo Civil de 2015.

a) ser consensual, ou seja, as partes concordarem com a sua realização;

Iremos, no decorrer deste livro, examinar qual é o real significado da expressão "ser consensual", já que deve ser analisado se a consensualidade do casal está em querer pôr fim à sociedade conjugal pelo divórcio, ou se está, também, no acordo sobre a partilha de bens, na fixação da pensão alimentícia do cônjuge e da continuidade, ou não, do uso do nome de casado.

Para Paulo Luiz Netto Lôbo,[1] "diferentemente do divórcio e da separação judiciais, a partilha dos bens comuns não poderá ser feita posteriormente. A lei determina expressamente sua inclusão na escritura pública, tendo em vista que a via administrativa pressupõe acordo do casal sobre todas as questões decorrentes da separação, não podendo haver pendências remetidas à decisão judicial".

Já para o Colégio Notarial do Brasil e para alguns Tribunais de Justiça de vários Estados é possível fazer a partilha de bens, a fixação dos alimentos e a normatização quanto ao uso do nome posteriormente, judicial ou extrajudicialmente.

---

1. LÔBO, Paulo Luiz Netto. Divórcio e separação consensuais extrajudiciais. Disponível em: <http://www.cnj.gov.br/index.php?option=com_content&task=view&id=2724&Itemid=129>. Acesso em: 18 jun. 2007.

Defendemos[2] que a consensualidade exigida pelo art. 733 do Código de Processo Civil de 2015 está na concordância das partes em pôr fim à sociedade conjugal pelo divórcio.

Não podemos misturar as coisas, sob pena de obrigar duas pessoas, que não mais nutrem o mínimo de afeto uma pela outra, a permanecer casadas somente pela divergência na partilha dos bens, na fixação dos alimentos ou na questão do uso do nome.

Entendemos que, havendo o consenso das partes em pôr fim à sociedade conjugal, a escritura deverá ser feita, mencionando que, por exemplo, a partilha de bens será efetuada posteriormente, ou por escritura pública, ou por ação judicial, ou até mesmo por arbitragem.

Porém, no caso disso ser feito dessa forma, a futura escritura apenas de partilha terá que ter, **obrigatoriamente, a assistência do advogado**, pois, mesmo não existindo mais o vínculo de direito de família, o ato é um desdobramento daquele normatizado pelo art. 733 do CPC, que exige a participação do causídico.

Cumpre destacar que, até que a partilha de bens seja realizada, **os bens comunicáveis ficarão em condomínio**, trazendo as regras desse instituto previstas no Código Civil, nos artigos 1.314 a 1.330, que impõe, inclusive, divisão nas despesas que os mesmos geram, tais como IPTU, IPVA, contribuição condominial etc.

E, ainda que já divorciados, pendente a partilha dos bens os divorciados não poderão escolher o regime de bens em um novo casamento, pois **será imposto as regras da separação obrigatória** (art. 1.641 CC), que poderá ser modificado após a sua realização (art. 734 CPC), mediante ação judicial.

b) **não haver filhos incapazes e nem nascituro (do casal?), hipótese em que a via judicial é obrigatória;**

O CPC73 permitia a adoção do procedimento somente *quando não houvesse filhos menores ou incapazes do casal*. Como o legislador era abrangente, entendíamos que a emancipação voluntária dos filhos maiores de 16 e menores de 18 anos (inciso I do parágrafo único do art. 5.º do Código Civil) não era suficiente para permitir que o divórcio pudesse ser realizado por escritura pública, já que nesse caso haveria a aquisição da capacidade de direito, mas não da maioridade, que se dá aos 18 anos (idade em que se alcança a maioridade civil, segundo o art. 5.º do Código Civil). Ao ser emancipado voluntariamente pelos pais, o filho se torna *capaz*, mas continua sendo *menor* até completar 18 anos.

A relevância do assunto se deve ao fato de não vermos a emancipação como algo bom para o menor, em regra, visto que ele deixa de contar com a proteção que a dependência dos pais estabelecida na Lei determina. Em razão disso, temíamos que vários casais, no

---

2. CASSETTARI, Christiano. A abrangência da expressão "ser consensual" como requisito para a separação e para o divórcio extrajudiciais: a possibilidade de realizar escritura pública somente para dissolver o casamento e discutir judicialmente outras questões. *Revista Brasileira de Direito de Família*, Porto Alegre, n. 41, p. 15-24, abr.-maio 2007.

intuito de se divorciar mais rapidamente, prejudicassem seus filhos emancipando-os, o que não seria aceitável.

Esse entendimento mudava quanto à realização do inventário extrajudicial, já que o legislador exigia apenas capacidade civil, sendo isso comentado mais adiante.

Porém, cumpre salientar que o art. 47 da Resolução 35 do CNJ, com o qual não concordamos pelas razões já expostas, já permitia antes do CPC15 que o tabelião lavre a escritura de divórcio, caso haja filhos menores emancipados:

> "Art. 47. São requisitos para lavratura da escritura pública de separação consensual: a) um ano de casamento; b) manifestação da vontade espontânea e isenta de vícios em não mais manter a sociedade conjugal e desejar a separação conforme as cláusulas ajustadas; c) *ausência de filhos menores não emancipados* ou **incapazes do casal**; e d) assistência das partes por advogado, que poderá ser comum." (grifo nosso)

Agora, se um dos cônjuges tivesse filhos menores com outra pessoa (exemplo: filho menor de um outro relacionamento anterior), não estaria impedido de realizar a escritura de extinção deste novo relacionamento, dado que o impedimento descrito na lei era para **filhos comuns do casal** que estivesse se separando ou divorciando, **salvo se houvesse formação da parentalidade socioafetiva**.

Esse é o motivo que justifica o *caput* do art. 34 da Resolução 35 do CNJ, que dispõe:

> "Art. 34. As partes devem declarar ao tabelião, no ato da lavratura da escritura, que não têm filhos comuns ou, havendo, que são absolutamente capazes, indicando seus nomes e as datas de nascimento".

Desta forma, é fundamental que o tabelião faça constar, expressamente, na escritura pública, declaração das partes, sob as penas da lei, de que não possuem filhos incapazes no momento da lavratura.

Porém, esse panorama muda totalmente com a vigência do art. 733 do Código de Processo Civil de 2015, já que na nova norma não mais se exige que **não existam filhos menores** ou incapazes do casal, bastando que **não tenham filhos incapazes** (conforme os artigos 3º e 4º do CC, alterado pela Lei 13.146/2015 – Estatuto da Pessoa com Deficiência).

NOVO ROL DOS ABSOLUTAMENTE INCAPAZES (ART. 3.º DO CC), APÓS A ALTERAÇÃO PROMOVIDA PELA LEI 13.146/2015 – ESTATUTO DA PESSOA COM DEFICIÊNCIA	NOVO ROL DOS RELATIVAMENTE INCAPAZES, (ART. 4.º DO CC), APÓS A ALTERAÇÃO PROMOVIDA PELA LEI 13.146/2015 – ESTATUTO DA PESSOA COM DEFICIÊNCIA
Art. 3.º São absolutamente incapazes de exercer pessoalmente os atos da vida civil os menores de 16 (dezesseis) anos.	Art. 4.º São incapazes, relativamente a certos atos ou à maneira de os exercer: (Redação dada pela Lei n.º 13.146, de 2015) I – os maiores de dezesseis e menores de dezoito anos; II – os ébrios habituais e os viciados em tóxico; (Redação dada pela Lei n.º 13.146, de 2015) III – aqueles que, por causa transitória ou permanente, não puderem exprimir sua vontade; (Redação dada pela Lei nº 13.146, de 2015) IV – os pródigos. Parágrafo único. A capacidade dos indígenas será regulada por legislação especial. (Redação dada pela Lei n.º 13.146, de 2015)

Assim sendo, a discussão apontada anteriormente não mais existe com o início da vigência do novo Código de Processo Civil de 2015, pois como a norma exige que **não existam filhos incapazes**, sendo eles emancipados tornam-se capazes, motivo pelo qual não seriam mais um empecilho para a realização da escritura de divórcio.

Por tais motivos, perde a razão de ser a frase contida no **art. 47 da Resolução 35 do CNJ**, que menciona ser requisito da escritura de divórcio a *ausência de filhos menores não emancipados*. Dessa maneira, é necessário que o referido artigo seja alterado, para adaptá-lo ao Código de Processo Civil de 2015.

A **Recomendação n. 22, de 6 de junho de 2016, do CNJ**, assinada pela então Corregedora Nacional de Justiça, Ministra Fátima Nancy Andrighi, recomenda aos Tabelionatos de Notas de todo país que lavrem escrituras de divórcio, extinção de união estável, inventário, partilha, não havendo nascituro ou filhos incapazes, e que, se houver menores emancipados, que isso não obsta a realização de tais escrituras.

O que causou estranheza foi a **retirada da expressão filhos incapazes do casal**, que era indicativo de que se houvesse filho incapaz que não fosse de ambos, o divórcio poderia ser realizado por escritura pública.

A pergunta que surge com a vigência do Código de Processo Civil 2015 é: havendo filhos incapazes de um dos divorciandos, que não seja comum, mas de outro relacionamento, impediria a lavratura da escritura de divórcio?

Numa leitura apressada do dispositivo, poderíamos dizer que sim, pois se houve a retirada da expressão que permitia que isso ocorresse, seria um indício de que não mais poderia ocorrer.

Mas tal interpretação seria um verdadeiro absurdo, pois, se não há filhos incapazes do casal, mesmo que um deles tenha filhos incapazes de outro relacionamento, não haveria necessidade de discutir, para esse filho, guarda, visita e alimentos, que exigiria a ação judicial pela necessária intervenção do Ministério Público, motivo pelo qual o divórcio poderia ocorrer por escritura pública.

Dessa forma, acreditamos que a retirada da frase se deu por conta de o legislador ter entendido que a mesma seria óbvia demais, e não que havendo filhos incapazes de outro relacionamento impediria a lavratura da escritura de divórcio.

Defendemos, portanto, a manutenção da parte do art. 47 da Resolução 35 do CNJ que determina ser requisito da escritura de divórcio a ausência de filhos incapazes *do casal*.

Para colaborar, entendemos que o art. 47 da Resolução 35 do CNJ deveria passar a ter a seguinte redação, com o início da vigência do Código de Processo Civil de 2015:

> "**Art. 47**. São requisitos para lavratura da escritura pública de divórcio consensual: a) manifestação da vontade espontânea e isenta de vícios em não mais manter a sociedade conjugal e desejar o divórcio conforme as cláusulas ajustadas; b) ausência de filhos incapazes *do casal*; e c) assistência das partes por advogado, que poderá ser comum" (grifo nosso).

Uma questão interessante a esse respeito é que 9.ª Sessão Virtual do CNJ (Conselho Nacional de Justiça), no dia **22/03/2016**, julgou o Procedimento de Competência de

Comissão n.º 0002625-46.2014.2.00.0000, e deu nova redação ao art. 34 da Resolução 35, que passou a dispor o seguinte:

> "**Art. 34** As partes devem declarar ao tabelião, no ato da lavratura da escritura, que não têm <u>filhos comuns</u> ou, havendo, que são absolutamente capazes, indicando seus nomes e as datas de nascimento.
>
> **Parágrafo único.** As partes devem, ainda, declarar ao tabelião, na mesma ocasião, que o cônjuge virago não está grávido ou, ao menos, que não têm conhecimento sobre tal condição".

No *caput* da referida norma nós temos a indicação do que já havíamos colocado anteriormente, sobre a necessidade de as partes declararem ao tabelião que não possuem <u>filhos comuns</u>, ou, havendo, que são capazes, indicando seus nomes e datas de nascimento.

Como se trata de uma alteração promovida após o início da Código de Processo Civil de 2015[3], entendemos que esta regra vem resolver a questão, pois estabelece, expressamente, que não podem existir filhos incapazes do **casal** (comuns) para se fazer o divórcio por escritura pública, ou seja, "tudo como dantes no quartel de Abrantes", e continua a ser permitida a modalidade, quando houver filhos incapazes de apenas um do casal.

Esta alteração no art. 34 da **Resolução 35/2007 do CNJ**, se deve ao fato de que, como o CPC/15 inova e estabelece, expressamente, algo que já defendíamos desde 2007, que não pode a escritura de divórcio ser lavrada **se existir nascituro**, é necessário que as partes declarem ao tabelião que a mulher que pretende se divorciar não está grávida, ou que não tem conhecimento desta condição, pois, se estiver, a escritura de divórcio é nula, mas não poderá o tabelião de notas ser responsabilizado por isso, já que não é possível exigir exame negativo de gravidez para a lavratura desta escritura. A alínea "d" do art. 47 da citada resolução também prevê tal hipótese.

Se a mulher tiver receio de declarar que não está grávida, porque não realizou um exame de gravidez, a norma permite que ela declare que desconhece gravidez, para que isso não gere nenhum embaraço no momento da declaração.

Na hipótese de a escritura de divórcio ser feita para **extinguir o casamento de duas mulheres** (homoafetivo), **ambas terão que fazer a declaração** que não estão grávidas, ou desconhecem gravidez.

Se a mulher, durante o seu casamento, se reconhecer como homem e realizar o procedimento de **alteração de prenome e gênero** no Registro Civil das Pessoas Naturais (**Provimento 73/2018 CNJ**), também terá que declarar que não está grávida, ou que desconhece gravidez, pois existem notícias de várias mulheres transgêneras que engravidaram, ainda que se reconhecendo como homem, muitas delas para facilitarem a realização do sonho de terem filhos.

---

3. O CPC/15 entrou em vigor em 18/03/2016, e a Resolução 220/2016 do CNJ, que alterou o art. 34 da Resolução 35/2017, começou a vigorar no dia 27/04/2016.

O art. 1.124-A do Código de Processo Civil de 1973 estabelecia ser proibida a realização da escritura de separação e divórcio quando existissem filhos menores ou incapazes do casal, mas nada falava sobre o nascituro.

Desde a 2.ª edição[4] deste livro já alertávamos sobre o problema, e afirmávamos desde então que NÃO era possível escriturar o divórcio quando a mulher estivesse grávida.

O objetivo da Lei 11.441/2007, que criou a possibilidade de se fazer o divórcio por escritura pública, ao proibir que ele ocorresse quando existissem filhos menores ou incapazes do casal, devia-se ao fato de que há interesses destes filhos que devem ser protegidos, hipótese em que, inclusive, deve haver a intervenção do Ministério Público, conforme preceitua o art. 178, II, do Código de Processo Civil de 2015. Por isso, havendo incapazes ou menores, obrigatoriamente o divórcio deveria ser judicial.

Essa conclusão, a nosso sentir, já valia para o caso de a mulher estar grávida, já que segundo o Código Civil o nascituro tem os seus direitos protegidos desde o momento da concepção:

"**Art. 2.º** A personalidade civil da pessoa começa do nascimento com vida; mas a lei põe a salvo, desde a concepção, os direitos do nascituro".

Há muito tempo se discute se o nascituro é pessoa ou não, mas atualmente, de forma majoritária, entende-se que sim, visto que ele possui os direitos da personalidade, como o direito à vida, aos alimentos, à imagem, entre outros.

A jurisprudência já admite que o nascituro possa pleitear alimentos antes do seu nascimento com vida para que este fato possa ocorrer. Isto demonstra que o nascituro possui direitos a serem tutelados, motivo pelo qual se faz necessária a utilização da via judicial, uma vez que a intervenção do Ministério Público será obrigatória neste caso (**art. 178, II, do Código de Processo Civil**).

Foi por esse motivo, e pelo nosso alerta desde 2007, já que era o único autor que enfrentou o problema na literatura jurídica nacional, que, com a mudança do Código de Processo Civil, a norma de 2015 colocou, expressamente, no art. 733, regra de que, havendo nascituro, o divórcio deve ser judicial.

E não cumpre ao tabelião auferir quem seria o pai do nascituro, já que, não havendo filhos incapazes do casal, a escritura de divórcio pode ser lavrada. Mesmo que na absurda hipótese de o casamento estar se desfazendo pela traição da mulher, que ficou grávida de outra pessoa, não cabe no cartório esse tipo de discussão, pois qualquer prova nesse sentido deve ser produzida judicialmente.

Não deve o tabelião pedir exame negativo de gravidez para a mulher divorcianda, como requisito para lavratura da escritura de divórcio, pois isso pode acarretar responsabilização civil pela atitude de constrangimento. Basta que se coloque na escritura uma frase, no sentido de indicar que as partes declaram, sob as penas da lei, que desconhecem a existência de gravidez da mulher que está se divorciando, e que saem cientes de que,

---

4. CASSETTARI, CHRISTIANO. *Separação, Divórcio e Inventário por Escritura Pública: Teoria e Prática*. São Paulo: Método, 20017. p. 32.

se a mulher estiver grávida naquele momento, a escritura será nula por desrespeitar um requisito de validade descrito na norma.

Essa cautela se deve ao fato de que muitas mulheres só aparentam estar grávidas e só descobrem a gravidez depois de um longo tempo. Mas, se for de fácil percepção a existência de gravidez, deve o tabelião, obrigatoriamente, se recusar a celebrar a escritura, sob pena de responsabilização civil e administrativa pelo ato nulo que está sendo praticado.

A inexistência de filhos incapazes deve ser **verificada no momento da celebração da escritura** (*tempus regit actum*), pois se o casal já estiver separado de fato há algum tempo, e os filhos só se tornaram capazes agora, a escritura poderá ser celebrada.

Isso responde à pergunta sobre a questão da adoção. Se o casal tem um **procedimento de adoção de pessoa menor em curso**, mas que ainda não foi concluído, poderiam se divorciar por escritura? Entendemos que sim, pois a proibição só nasceria com a sentença, exceto se o casal já tiver guarda fática da criança/adolescente, pois nesse caso seus direitos teriam que ficar resguardados, e nesse caso a participação do Ministério Público seria obrigatória.

Importante destacar que **pessoa com deficiência não é incapaz**, motivo pelo qual é necessário lembrar disso caso o casal tenha filhos com deficiência.

O art. 2.º do Estatuto da Pessoa com Deficiência (Lei 13.146/15) define como pessoa com deficiência aquela que tem impedimento de longo prazo de natureza física, mental, intelectual ou sensorial, o qual, em interação com uma ou mais barreiras, pode obstruir sua participação plena e efetiva na sociedade em igualdade de condições com as demais pessoas, ou seja, a norma igualou todo e qualquer tipo de deficiência para efeitos de proteção do estatuto.

Com isso, todos os deficientes adquiriram capacidade civil, consoante regra do **art. 84** da referida norma, para quem a pessoa com deficiência tem assegurado o direito ao exercício de sua capacidade legal em igualdade de condições com as demais pessoas.

O **art. 6.º, I**, da referida norma afirma que a deficiência não afeta a plena capacidade civil da pessoa, inclusive para casar-se e constituir união estável, ou seja, se algum filho do casal ou até mesmo um deles, tiverem algum tipo de deficiência, isso não impede a lavratura da escritura.

O interdito, hoje pessoa curatelada, poderá casar e constituir união estável, mesmo que o **art. 85, § 1.º**, do Estatuto da Pessoa com Deficiência não tenha indicado isso expressamente, silenciando-se quanto à união estável.

Como o *caput* do citado dispositivo estabelece que a curatela afetará tão somente os atos relacionados aos direitos de natureza patrimonial e negocial, o § 1.º fez questão de ressaltar que a definição da curatela não alcança o direito ao matrimônio, sem nada falar em união estável.

Ora, se o interdito pode casar, entendemos que poderá também constituir união estável, nos mesmos moldes e por aplicação analógica.

Mas, no caso de **divórcio ou extinção de união estável estando um dos cônjuges em curatela, a escritura só poderá ser feita se não houver bens a partilhar**, desde que não haja problema para colher a manifestação de vontade. Existindo bens, será necessária a participação do curador, e não sendo possível colher a vontade, o procedimento terá que ser feito judicialmente. Essa é a leitura atualizada que fazemos do parágrafo único do art. 1.576 do CC, após as modificações legislativas que ocorreram depois da vigência dessa lei, em janeiro de 2003.

Cristiano Chaves de Farias e Nelson Rosenvald[5] entendem que, mesmo existindo filhos incapazes, ou nascituro, se as questões à eles relativas já tiverem sido resolvidos na via judicial (através de ação de alimentos, guarda e visita, por exemplo), a escritura de divórcio e de extinção de união estável poderá ser lavrada, para tratar dos interesses particulares e disponíveis do casal, considerando que dos filhos menores já foi objeto de decisão do Poder Judiciário. Concordamos com esse posicionamento dos brilhantes membros do Ministério Público, da Bahia e de Minas Gerais, respectivamente.

c) **a presença do advogado de ambos os cônjuges, ou um que represente o interesse de ambos;**

O advogado é indispensável à administração da justiça, conforme estabelece o art. 133 da Constituição Federal, motivo pelo qual andou bem o legislador ao estabelecer tal requisito para que o profissional da advocacia possa auxiliar as partes na realização desta escritura e resguardar os seus direitos.

Segundo o **§ 2.º do art. 733 do Código de Processo Civil**, as partes podem ser representadas não só pelo advogado, mas também pelo defensor público.

Entendemos que tal inclusão realizada em 2009 foi desnecessária, haja vista que o defensor público é um advogado concursado, e que defende os interesses do Estado em diversos segmentos, tal como na assistência jurídica aos necessitados. Por esse motivo é que o **art. 8.º da Resolução 35 do CNJ** já determinava ser isso possível:

> "**Art. 8.º** É necessária a presença do advogado, dispensada a procuração, ou do defensor público, na lavratura das escrituras aqui referidas, nelas constando seu nome e registro na OAB. (Redação dada pela Resolução nº 326, de 26.6.2020)".

A redação do § 2.º do art. 733 do Código de Processo Civil de 2015 não é igual à do § 2.º do art. 1.124-A do Código de Processo Civil de 1973, pois afirma a norma vigente que os interessados devem estar assistidos por advogado ou por defensor público, cuja qualificação e assinatura constarão do ato notarial. Sumiu a expressão *advogado comum ou de cada um deles*, constante na norma anterior.

Como isso pergunta-se: podem ainda as partes ser assistidas por advogado comum ou de cada um deles? **Entendemos que sim.**

---

5. FARIAS, Cristiano Chaves; ROSENVALD, Nelson. *Curso de Direito Civil: Famílias*. 13 ed. Salvador: Juspodium, 2021. v. 6. p. 441

Deve o tabelião, antes de lavrar a escritura, consultar a inscrição do advogado que se apresenta para participar da escritura, no site do Conselho Federal da OAB, para se cientificar que:

a-) a inscrição existe, é verídica e o documento apresentado é autêntico;

b-) que ele está apto a exercer a profissão, pois o Estatuto da OAB permite a aplicação de penas de suspensão e exclusão, hipótese em que a pessoa não pode advogar;

c-) que a pessoa não pediu cancelamento de sua inscrição, hipótese que também não pode advogar.

Para nós a mudança da lei se deu, novamente, por conta da obviedade, já que, por ser o ato consensual, as partes podem estar assistidas por um único advogado; caso queiram ter advogados distintos, não há óbice legal para tanto.

Mais adiante iremos analisar alguns pontos polêmicos acerca deste requisito em tópico próprio, inclusive falaremos do **Provimento 118/2007 do Conselho Federal da OAB**.

d) observar os requisitos legais:

Não há mais na lei a regra de que devem ser observados os requisitos legais quanto **a prazos**, pois a norma atual preferiu determinar que devem ser respeitados os requisitos legais.

Como entendemos que a separação não mais persiste em nosso ordenamento, concluímos que esse requisito quanto à observância de prazos já tinha sido revogado pela Emenda Constitucional 66, de 2010, que modificou o § 6.º do art. **226 da Constituição Federal**, retirando dele os prazos para o divórcio.

Vejamos a modificação:

ANTIGA REDAÇÃO DO § 6.º DO ART. 226 DA CONSTITUIÇÃO FEDERAL	**NOVA** REDAÇÃO DO § 6.º DO ART. 226 DA CONSTITUIÇÃO FEDERAL
§ 6.º O casamento civil pode ser dissolvido pelo divórcio, após prévia separação judicial por mais de um ano nos casos expressos em lei, ou comprovada separação de fato por mais de dois anos.	§ 6.º O casamento civil pode ser dissolvido pelo divórcio.

Assim sendo, ficam revogados os seguintes prazos para separação e divórcio, constantes do Código Civil:

I) mínimo de 1 (um) ano de casados para o casal separar-se consensualmente (art. 1.574 do Código Civil);

II) ter decorrido um ano do trânsito em julgado da sentença que houver decretado a separação judicial, ou da decisão concessiva da medida cautelar de separação de corpos, para que os cônjuges possam realizar a sua conversão em divórcio (art. 1.580 do Código Civil);

III) a comprovação da separação de fato por mais de dois anos, para que os cônjuges possam realizar o divórcio direto (art. 1.580, § 2.º, do Código Civil).

O item III refere-se ao divórcio direto, modalidade que não existe mais, haja vista que não há mais prazo para se realizar o divórcio, consoante se verifica na nova redação do art. 226 da Constituição Federal, apresentado anteriormente.

Essa é a posição da nossa jurisprudência (recomendamos a leitura do capítulo próprio nessa obra sobre a EC 66, de 2010):

> Homologação de sentença estrangeira. Dissolução de casamento. EC 66, de 2010. Disposições acerca da guarda, visitação e alimentos devidos aos filhos. Partilha de bens. Imóvel situado no Brasil. Decisão prolatada por autoridade judiciária brasileira. Ofensa à soberania nacional. 1. A sentença estrangeira encontra-se apta à homologação, quando atendidos os requisitos dos arts. 5.º e 6.º da Resolução STJ n.º 9/2005: (i) a sua prolação por autoridade competente; (ii) a devida ciência do réu nos autos da decisão homologanda; (iii) o seu trânsito em julgado; (iv) a chancela consular brasileira acompanhada de tradução por tradutor oficial ou juramentado; (v) a ausência de ofensa à soberania ou à ordem pública. 2. *A nova redação dada pela EC 66, de 2010, ao § 6.º do art. 226 da CF/88 tornou prescindível a comprovação do preenchimento do requisito temporal outrora previsto para fins de obtenção do divórcio.* 3. Afronta a homologabilidade da sentença estrangeira de dissolução de casamento a ofensa à soberania nacional, nos termos do art. 6.º da Resolução nº 9, de 2005, ante a existência de decisão prolatada por autoridade judiciária brasileira a respeito das mesmas questões tratadas na sentença homologanda. 4. A exclusividade de jurisdição relativamente a imóveis situados no Brasil, prevista no art. 89, I, do CPC, afasta a homologação de sentença estrangeira na parte em que incluiu bem dessa natureza como ativo conjugal sujeito à partilha. 5. Pedido de homologação de sentença estrangeira parcialmente deferido, tão somente para os efeitos de dissolução do casamento e da partilha de bens do casal, com exclusão do imóvel situado no Brasil. (**STJ, SEC 5.302/EX, Sentença Estrangeira Contestada nº 2010/0069865-9, julgado pela Corte Especial em 12.05.2011 e publicado em 07.06.2011, Rel. Min. Fátima Nancy Andrighi**)

Para os que acreditam que o instituto da separação ainda persiste, os prazos dos itens I e II, anteriormente expostos, ainda continuam em vigor. Assim sendo, como a norma exige, expressamente, os requisitos apontados, a sua não observância acarreta nulidade, conforme o art. 166, VII, do Código Civil. A ação declaratória de nulidade é imprescritível (art. 169 do Código Civil) e poderá ser proposta por pessoa interessada, ou pelo representante do Ministério Público (art. 168 do Código Civil).

O efeito da escritura pública de divórcio, inicialmente, é *inter partes,* dependendo a sua eficácia *erga omnes* da averbação no Cartório de Registro Civil onde foi lavrado o assento do casamento, conforme interpretação analógica dos **arts. 10, I, do Código Civil e 29, § 1º, "a", da Lei 6.015/73**.

Neste sentido, o **art. 40 da Resolução 35 do CNJ** estabeleceu que:

> "**Art. 40.** O traslado da escritura pública de separação e divórcio consensuais será apresentado ao Oficial de Registro Civil do respectivo assento de casamento, para a averbação necessária, independente de autorização judicial e de audiência do Ministério Público".

Entendemos que o tabelião deve fazer constar da escritura de divórcio que as partes foram orientadas sobre a necessidade de averbar a escritura no assento de casamento no RCPN. Em São Paulo há previsão expressa nas normas da Corregedoria sobre isso:

> "**Item 94 do Capítulo XIV.** Na escritura pública deve constar que as partes foram orientadas sobre a necessidade de apresentação de seu traslado no Registro Civil do assento de casamento, para a averbação devida."

Com o advento do Código de Processo Civil de 2015, a novel legislação trouxe expressamente, no art. 733, § 1.º, que a escritura de divórcio constitui título hábil para qualquer ato de registro, o que inclui os registros extrajudiciais (Civil das Pessoas Naturais e Jurídicas, de Imóveis e de Títulos e Documentos), e os de outras entidades, tais como as Juntas Comerciais estaduais e o DETRAN (Departamento Nacional de Trânsito).

e) **todos os bens estarem situados no Brasil:**

Apesar de ser possível a aplicação da lei brasileira na partilha de bens localizados no exterior, já decidiu o STJ, nesse caso, que pode ser realizada no Brasil, por conta de regra expressa prevista na LINDB; ela, porém, deve ser realizada judicialmente:

> Direito Processual Civil e Direito Internacional Privado. Competência para reconhecimento de direito a meação de bens localizados fora do Brasil. Em ação de divórcio e partilha de bens de brasileiros, casados e residentes no Brasil, a autoridade judiciária brasileira tem competência para, reconhecendo o direito à meação e a existência de bens situados no exterior, fazer incluir seus valores na partilha. O Decreto-lei 4.657/1942 (Lei de Introdução às normas do Direito Brasileiro) prevê, no art. 7.º, § 4.º, que o regime de bens, legal ou convencional, deve obedecer "à lei do país em que tiverem os nubentes domicílio, e, se este for diverso, a do primeiro domicílio conjugal". E, no art. 9.º, que, para qualificar e reger as obrigações, aplicar-se-á a lei do país em que se constituírem. As duas regras conduzem à aplicação da legislação brasileira, estando diretamente voltadas ao direito material vigente para a definição da boa partilha dos bens entre os divorciantes. Para o cumprimento desse mister, impõe-se ao magistrado, antes de tudo, a atenção ao direito material, que não excepciona bens existentes fora do Brasil, sejam eles móveis ou imóveis. Se fosse diferente, para dificultar o reconhecimento de direito ao consorte ou vilipendiar o disposto na lei brasileira atinente ao regime de bens, bastaria que os bens de raiz e outros de relevante valor fossem adquiridos fora das fronteiras nacionais, inviabilizando-se a aplicação da norma a determinar a distribuição equânime do patrimônio adquirido na constância da união. A exegese não afronta o art. 89 do CPC, pois esse dispositivo legal disciplina a competência internacional exclusiva do Poder Judiciário brasileiro para dispor acerca de bens imóveis situados no Brasil e para proceder a inventário e partilha de bens (móveis e imóveis) situados no Brasil. Dele se extrai que a decisão estrangeira que viesse a dispor sobre bens imóveis ou móveis (estes em sede de inventário e partilha) mostrar-se-ia ineficaz no Brasil. O reconhecimento de direitos e obrigações relativos ao casamento, com apoio em normas de direito material a ordenar a divisão igualitária entre os cônjuges do patrimônio adquirido na constância da união, não exige que os bens móveis e imóveis existentes fora do Brasil sejam alcançados, pela Justiça Brasileira, a um dos contendores, demanda apenas a consideração dos seus valores para fins da propalada equalização. (**STJ, REsp 1.410.958-RS, Rel. Min. Paulo de Tarso Sanseverino, j. 22.04.2014**)

Acreditamos que o **art. 29 da Resolução 35/2007 do CNJ**, que veda a lavratura de escritura pública de inventário e partilha referente a bens localizados no exterior, deve ser aplicado **analogicamente** as escrituras de divórcio, pelos motivos descritos no julgado acima.

Porém o STJ entende que o ordenamento jurídico pátrio adota **o princípio da pluralidade de juízos sucessórios** (Informativo 563 de 2015), ao formar entendimento que mesmo o autor da herança não ter domicilio no Brasil, aplica-se a lei estrangeira da situação da coisa – e não a lei brasileira – na sucessão de bem imóvel situado no exterior.

O argumento é de que a LINDB, inegavelmente, elegeu o domicílio como relevante regra de conexão para solver conflitos decorrentes de situações jurídicas relacionadas a mais de um sistema legal (conflitos de leis interespaciais), porquanto consistente na própria sede jurídica do indivíduo. Assim, a lei do país em que for domiciliada a pessoa determina as regras sobre o começo e o fim da personalidade, o direito ao nome, a capacidade jurídica e dos direitos de família (art. 7º). Por sua vez, a lei do domicílio do autor da herança regulará a correlata sucessão, nos termos do art. 10 da lei sob comento.

Em que pese a prevalência da lei do domicílio do indivíduo para regular as suas relações jurídicas pessoais, conforme preceitua a LINDB, esta regra de conexão não é absoluta. Como bem pondera a doutrina, outros elementos de conectividade podem, a depender da situação sob análise, revelarem-se preponderantes e, por conseguinte, excepcionar a aludida regra, tais como a situação da coisa, a faculdade concedida à vontade individual na escolha da lei aplicável, quando isto for possível, ou por imposições de ordem pública. Esclarece, ainda, que "a adoção de uma norma de direito estrangeiro não é mera concessão do Estado, ou um favor emanado de sua soberania, mas a consequência natural da comunidade de direito, de tal forma que a aplicação da lei estrangeira resulta como imposição de um dever internacional.

Especificamente à lei regente da sucessão, pode-se assentar, de igual modo, que o art. 10 da LINDB, ao estabelecer a lei do domicílio do autor da herança para regê-la, não assume caráter absoluto. A conformação do direito internacional privado exige, como visto, a ponderação de outros elementos de conectividade que deverão, a depender da situação, prevalecer sobre a lei de domicílio do de *cujus*. Além disso, outras duas razões – a primeira de ordem legal; a segunda de ordem prática – corroboram com a conclusão de relatividade do disposto no art. 10, *caput*, da LINDB. No tocante ao primeiro enfoque, o dispositivo legal sob comento deve ser analisado e interpretado sistematicamente, em conjunto, portanto, com as demais normas internas que regulam o tema, em especial o art. 8º, *caput*, e § 1º do art. 12, ambos da LINDB e o art. 23 do CPC.

E, o fazendo, verifica-se que, na hipótese de haver bens imóveis a inventariar situados, simultaneamente, aqui e no exterior, o Brasil adota o princípio da pluralidade dos juízos sucessórios. Como se constata, a própria LINDB, em seu art. 8º, dispõe que as relações concernentes aos bens imóveis devem ser reguladas pela lei do país em que se encontrem. Inserem-se, inarredavelmente, no espectro de relações afetas aos bens imóveis aquelas destinadas a sua transmissão/alienação, seja por ato entre vivos, seja *causa mortis*, cabendo, portanto, à lei do país em que situados regê-las. Por sua vez, o CPC, em seu art. 23 (abrangendo disposição idêntica à contida no § 2º do art. 12 da LINDB), é expresso em reconhecer que a jurisdição brasileira, com exclusão de qualquer outra, deve conhecer e julgar as ações relativas aos imóveis situados no país, assim como proceder ao inventário e partilha de bens situados no Brasil, independente do domicílio ou da nacionalidade do autor da herança.

Sobressai, no ponto, a insubsistência da tese de que o Juízo sucessório brasileiro poderia dispor sobre a partilha de bem imóvel situado no exterior. Como assinalado, não resta sequer instaurada a jurisdição brasileira para deliberar sobre bens imóveis situados no estrangeiro, tampouco para proceder a inventário ou à partilha de bens imóveis sitos no exterior. O solo, em que se fixam os bens imóveis, afigura-se como expressão da própria soberania de um Estado e, como tal, não pode ser, sem seu consentimento ou em contrariedade ao seu ordenamento jurídico, objeto de ingerência de outro Estado.

No ponto, já se pode antever a segunda razão – esta de ordem prática – a justificar a assertiva de que o art. 10 da LINDB encerra, de fato, regramento que comporta exceções. É que um provimento judicial emanado do juízo sucessório brasileiro destinado a deliberar sobre imóvel situado no exterior, além de se afigurar inexistente, pois, como visto, não instaurada sequer sua jurisdição, não deteria qualquer eficácia em outro país, destinatário da "ordem" judicial.

Aliás, dentre os princípios que regem o Direito Internacional Privado, ganha cada vez mais relevo o da eficácia das decisões ou do Estado com melhor competência, informador da competência da *lex rei sitae* (lei da situação da coisa) para regular as relações concernentes aos bens imóveis, pois esta é a lei, inarredavelmente, que guarda melhores condições de impor a observância e o acatamento de seus preceitos. Assim, em havendo bens imóveis a serem inventariados ou partilhados simultaneamente no Brasil e no estrangeiro, a premissa de que a lei do domicílio do *de cujus*, sempre e em qualquer situação, regulará a sucessão, somente poderia ser admitida na remota – senão inexistente – hipótese de o Estado estrangeiro, cujas leis potencialmente poderiam reger o caso (em virtude de algum fator de conexão, v.g., situação da coisa, existência de testamento, nacionalidade etc.), possuir disposição legal idêntica à brasileira.

Mais do que isso. Seria necessário que, tanto o Brasil, em que domiciliado o autor da herança, assim como o país estrangeiro, país em que situado o imóvel a ser inventariado, adotassem o princípio da unidade ou universalidade do juízo da sucessão e que, em ambos os países, o juízo sucessório fosse (com prejuízo de qualquer outra regra de conexão) o do domicílio do autor da herança. Todavia, em se tratando de bem imóvel situado no estrangeiro, circunstância que se relaciona diretamente com a própria soberania do Estado, difícil, senão impossível, cogitar a hipótese de este mesmo Estado estrangeiro dispor que a sucessão deste bem, nele situado, fosse regulada pela lei de outro país.

No ordenamento jurídico nacional (art. 8º, *caput*, da LINDB, em conjunto com o art. 23 do CPC – abrangendo disposição idêntica à contida no § 2º do art. 12 da LINDB), tal hipótese seria inadmissível. A exegese ora propugnada, encontra ressonância na especializada doutrina, que bem esclarece a inidoneidade (e mesmo ineficácia) do critério unitário para reger a sucessão de bens imóveis situados em mais de um Estado, em claro descompasso com as demais normas internas que tratam do tema.

Ademais, a jurisprudência do STJ, na linha da doutrina destacada, já decidiu que, "Adotado no ordenamento jurídico pátrio o princípio da pluralidade de juízos sucessórios, inviável se cuidar, em inventário aqui realizado, de eventuais depósitos bancários existentes no estrangeiro" (REsp 397.769-SP, Terceira Turma, DJ 19-12-2002); **REsp 1.362.400-SP, Rel. Min. Marco Aurélio Bellizze, julgado em 28-4-2015, DJe 5-6-2015)**.

Assim, não poderá o tabelião incluir na escritura de divórcio bens do casal que estejam localizados no exterior.

f) **o divórcio por escritura se aplica tanto no casamento entre heterossexuais quanto homossexuais:**

Não podemos esquecer que com a Resolução 175/2013 do CNJ, o casamento, com ou sem prévia união estável, passou a ser realizado entre pessoas do mesmo sexo. Assim sendo, como não há hierarquia entre casamento heterossexual ou homossexual, as regras que ora estudamos se aplicam em ambos os casos, devendo ser levado, ainda, em consideração, se o casal tem filhos incapazes, algo muito comum atualmente entre casais do mesmo sexo.

2. A FACULTATIVIDADE DA NORMA QUE PERMITE A REALIZAÇÃO DO DIVÓRCIO POR ESCRITURA

Outro ponto controvertido que merece nossa análise é saber se a referida lei é de aplicação facultativa ou obrigatória nas separações e divórcios consensuais e nos inventários em que inexiste testamento ou incapaz.

Existem casos conhecidos na cidade de São Paulo, que ocorreram no início da vigência da Lei 11.441/2007, em que o distribuidor judicial negou-se a receber a ação judicial de separação e divórcio quando consensuais, sob a alegação que deverão ser feitas, obrigatoriamente, por escritura pública.

Discordamos desse posicionamento. Primeiro porque seria inconstitucional impedir que os jurisdicionados possam se socorrer do Poder Judiciário para a solução de um conflito, em razão de a **Constituição Federal** estabelecer uma garantia fundamental, no **art. 5.º**, ao dispor no **inciso XXXV** que *a lei não excluirá da apreciação do Poder Judiciário lesão ou ameaça a direito*.

Um segundo argumento seria o de que o legislador tomou o cuidado de incluir no § 1º do art. 610 do CPC que *o inventário poderá ser feito por escritura pública*, e no art. 733 do mesmo diploma legal que *a separação, o divórcio consensual e a dissolução consensual de união estável poderão ser feitos por escritura pública*.

Essa interpretação é histórica, pois o Senador César Borges, autor do Projeto de Lei 155 de 2004 do Senado Federal, ao apresentar sua proposta a justificou afirmando que *as providências legislativas preconizadas tornarão mais simples e menos onerosos os procedimentos, sem eliminar a possibilidade de sua realização pelos meios judiciais já previstos em lei*.

Assim, concordamos com o **Conselho Nacional de Justiça**, que na **Resolução 35** firmou entendimento no **art. 2.º** que *é facultado aos interessados a opção pela via judicial ou extrajudicial*.

Na cidade de São Paulo há relatos de que muitos advogados foram impedidos de distribuir a ação judicial de separação e divórcio consensuais quando não há filhos menores, sob a alegação de que teriam que realizar o procedimento no Tabelionato de Notas.

Muitos, também, foram surpreendidos com a extinção de separações e divórcios que estavam em andamento sem julgamento do mérito, em razão de a Lei 11.441/2007 ter entrado em vigor, o que, segundo os magistrados, fundamentaria a extinção pela perda do interesse de agir, que é uma das condições da ação judicial, já que a realização do ato extrajudicialmente seria obrigatória.

Discordamos deste entendimento por vários motivos.

O **primeiro** é que, como já vimos, a utilização da via extrajudicial é facultativa, e não obrigatória.

O **segundo** é que a extinção do processo com base no art. 485, VI, do Código de Processo Civil, sem o julgamento do mérito, determinando a realização do procedimento extrajudicialmente, estabelece, nitidamente, prejuízo para o casal, dado que o valor das custas judiciais não seria reembolsado às partes, que teriam que, também, arcar com o custo da confecção da escritura. Ou seja, já haviam pago pela prestação jurisdicional e esta não seria dada. Absurdo tal situação!

O **terceiro** motivo é que, enquanto não for solucionado o problema acerca do segredo de justiça nestas escrituras (matéria esta que abordaremos mais adiante), as partes podem ter interesse em realizar tal ato judicialmente e não extrajudicialmente, para que as informações não fiquem acessíveis a qualquer pessoa.

Para que isto não ocorresse mais, o **Tribunal de Justiça do Estado de São Paulo** emitiu, no Comunicado da Corregedoria-Geral de Justiça, que ganhou o **número 236/2007**, no dia 14.03.2007, a seguinte orientação:

> "Tendo em vista que, a despeito dos termos do artigo 3.º da Lei n. 11.441/07 ('A separação consensual e o divórcio consensual, não havendo filhos menores ou incapazes do casal e observados os requisitos legais quanto aos prazos, **poderão** ser realizados por escritura pública, da qual constarão as disposições relativas à descrição e à partilha dos bens comuns e à pensão alimentícia e, ainda, ao acordo quanto à retomada pelo cônjuge de seu nome de solteiro ou à manutenção do nome adotado quando se deu o casamento'), inúmeras reclamações têm chegado à Corregedoria-Geral, derivadas da extinção de processos de separação e divórcio consensuais, o Desembargador Gilberto Passos de Freitas, Corregedor-Geral da Justiça, *alerta* os Meritíssimos Juízes de Direito que o interesse dos cônjuges em recorrer à via judicial pode consistir na preservação do *segredo de justiça* assegurado pelo artigo 155, II, do Código de Processo Civil. Fixado o entendimento de que escrituras de separação e divórcio consensuais não podem ser lavradas sob sigilo (Conclusão 5.11 do Grupo de Estudos instituído pela Portaria CG n. 01/2007 – D.O. de 08/02/07), extinções de processos sem resolução do mérito provocarão situação **insolúvel** para as partes, vez que impedidas de, sob sigilo, utilizar tanto a via judicial quanto a extrajudicial."

Sábia foi a decisão do Desembargador Corregedor do Tribunal de Justiça de São Paulo, Dr. Gilberto Passos, no intuito de coibir estes problemas, que estavam causando transtornos para os jurisdicionados.

Posteriormente ao citado comunicado da CGJSP, o art. 2.º da Resolução 35 do CNJ esclareceu a questão, afirmando ser facultativa a opção pela via extrajudicial, vejamos:

> "**Art. 2.º** É facultada aos interessados a opção pela via judicial ou extrajudicial; podendo ser solicitada, a qualquer momento, a suspensão, pelo prazo de 30 dias, ou a desistência da via judicial, para promoção da via extrajudicial".

Não entendemos que a Lei 11.441/2007 nasceu para desafogar o Poder Judiciário, como alguns juízes e promotores argumentam, mas sim para facilitar a vida da população que deseja se separar ou divorciar consensualmente, quando não há filhos menores e incapazes do casal, já que o próprio Senador César Borges, autor do projeto, em suas justificativas, vistas anteriormente, explica que o objetivo da lei é facilitar a realização do procedimento (e não desafogar o Poder Judiciário).

Acreditamos que se a Lei for bastante utilizada, consequentemente irá reduzir o número de processos em trâmite no Judiciário, mas isto se dará por decisão das partes, e não por imposição judicial.

Ademais, após ampla discussão no Congresso Nacional, o art. 733 do Código de Processo Civil 2015, que no projeto original dispunha que preenchidos os requisitos o divórcio **deverá** ser feito por escritura, na redação aprovada e que está vigendo a norma mantém o verbo **poderá**, motivo pelo qual verifica-se, de fato, que houve uma opção pela facultatividade, e não obrigatoriedade de aplicação da norma, já que segundo a Constituição Federal ninguém pode ser impedido de ter acesso ao Poder Judiciário e à justiça.

São estes os motivos que nos fazem crer ser facultativa a realização do divórcio por escritura. A seguir veremos que são partidários da facultatividade da citada Lei o Conselho Nacional de Justiça, o Colégio Notarial do Brasil, a Anoreg e os Tribunais de Justiça de São Paulo, Acre, Bahia, Minas Gerais, Mato Grosso, Pará, Paraíba, Paraná e Rio Grande do Sul.

DA FACULDADE DE OPÇÃO PELA VIA JUDICIAL OU EXTRAJUDICIAL	
Resolução 35 Conselho Nacional de Justiça	Art. 2.º É facultada aos interessados a opção pela via judicial ou extrajudicial; podendo ser solicitada, a qualquer momento, a suspensão, pelo prazo de 30 dias, ou a desistência da via judicial, para promoção da via extrajudicial.
Recomendações do Colégio Notarial do Brasil	A possibilidade de lavrar escrituras de separação, divórcio, inventário e partilha não impede que os atos sejam também feitos judicialmente. Um destes atos pode começar judicialmente e as partes desistirem, optando pela via notarial. Também, ao inverso, iniciados os procedimentos para a escritura, as partes podem desistir e optarem pela via judicial.
Manual preliminar Anoreg	A possibilidade de lavrar escrituras de separação, divórcio, inventário e partilha não impede que os atos sejam também feitos judicialmente. Um destes atos pode começar judicialmente e as partes desistirem, optando pela via notarial. Também, ao inverso, iniciados os procedimentos para a escritura, as partes podem desistir e optarem pela via judicial.
Orientações Corregedoria-Geral de Justiça do Estado de São Paulo	1.1 Ao criar inventário e partilha extrajudiciais, separações e divórcios também extrajudiciais, ou seja, por escrituras públicas, mediante alteração e acréscimo de artigos do Código de Processo Civil, a Lei n.º 11.441, de 04 de janeiro de 2007, não obsta a utilização da via judicial correspondente.
Provimento do Tribunal de Justiça do Estado do Acre	CAPÍTULO I [...] 1. A possibilidade de lavrar escrituras de separação, divórcio, inventário e partilha não impede que os atos sejam feitos judicialmente, podendo começar pela via judicial e, desistindo as partes, reiniciarem pela via notarial, bem como, iniciados os procedimentos para a escritura, as partes podem desistir e ingressarem com ação competente pela via judicial.

DA FACULDADE DE OPÇÃO PELA VIA JUDICIAL OU EXTRAJUDICIAL	
Provimento do Tribunal de Justiça do Estado da Bahia	Art. 2.º Em se tratando dos atos previstos na Lei 11.441/07, é facultada aos interessados a opção pela via judicial ou extrajudicial, sendo-lhes autorizado, quando oportuno, desistir de uma para promoção da outra, vedada a simultaneidade. § 1.º A existência de processo judicial em andamento, em cuja sede tenha sido proferida sentença, objetivando a Separação Consensual, o Divórcio Consensual, o Restabelecimento da Sociedade Conjugal, o Inventário ou a Partilha, impede que o mesmo ato seja feito por escritura pública, circunstância que deve, quando for o caso, ser confirmada pelo Tabelião, mediante apresentação, pelo interessado, de certidão emitida pelo cartório da unidade jurisdicional competente, informando a fase em que o processo judicial se encontra. § 2.º Havendo processo judicial em andamento com a mesma finalidade, em que não tenha sido proferida sentença, deverá o Tabelião, sob pena de responsabilidade, no prazo de 15 (quinze) dias do ato, comunicar ao órgão jurisdicional competente a sua respectiva lavratura.
Provimento do Tribunal de Justiça do Estado de Minas Gerais	Art. 9.º A existência de processo judicial em andamento, desde que ainda não tenha sido proferida a sentença objetivando a separação consensual, o divórcio consensual, o inventário ou a partilha, não impede que o mesmo ato seja feito por escritura pública. Parágrafo único. Havendo processo judicial, constará da escritura o juízo onde tramita o feito, o qual será comunicado pelo tabelião, no prazo de 30 (trinta) dias do ato, sobre sua lavratura.
Provimento do Tribunal de Justiça do Estado do Mato Grosso	9.7.1 – A possibilidade de lavrar escrituras de separação, divórcio, inventário e partilha e, por extensão, de sobrepartilha e de restabelecimento da sociedade conjugal, na separação, antes do divórcio, não impede que os respectivos atos sejam realizados judicialmente, podendo começar pela via judicial e, desistindo as partes, reiniciarem pela via notarial, bem como, iniciados os procedimentos para a escritura, as partes podem desistir e ingressar com a ação competente pela via judicial.
Provimento do Tribunal de Justiça do Estado Pará	Art. 2.º É facultado aos interessados optar pela via judicial ou extrajudicial. A qualquer momento podem desistir de uma para promoção da outra. É vedada a simultaneidade. Parágrafo único. Existindo processo judicial, as partes oferecerão declaração ao notário, que fará constar na escritura e após, observado o prazo de 15 (quinze) dias procederá o tabelião comunicação ao Juízo por onde tramita o feito sobre a respectiva lavratura.
Provimento do Tribunal de Justiça do Estado da Paraíba	Art. 11. A existência de processo judicial em andamento, desde que ainda não tenha sido proferida a sentença objetivando a separação consensual, o divórcio consensual, o inventário ou a partilha, não impede que o mesmo ato seja feito por escritura pública. Parágrafo único. Havendo processo judicial, constará da escritura o juízo onde tramita o feito, o qual será comunicado pelo tabelião, no prazo de 30 (trinta) dias do ato, sobre sua lavratura.
Provimento do Tribunal de Justiça do Estado do Paraná	Capítulo 11 – Tabelionato de Notas Seção 11 – Escrituras Públicas de Inventários, Separações, Divórcios e Partilha de bens [...] 11.11.2 – A escolha da via judicial ou administrativa para a lavratura dos atos notariais de que trata esta Seção é faculdade dos interessados, que poderão desistir de uma para ingressarem na outra, vedada a simultaneidade.

DA FACULDADE DE OPÇÃO PELA VIA JUDICIAL OU EXTRAJUDICIAL	
Recomendações do Colégio Notarial do Rio Grande do Sul	[...] Feitas essas ressalvas iniciais, é interessante observar que a Lei 11.441/07, que alterou o Código de Processo Civil, estabeleceu inovações de grande utilidade ao sistema legal brasileiro, possibilitando a realização de inventário, partilha, separação e divórcio consensual, por via administrativa e/ou extrajudicial. A intenção do legislador não foi excluir os procedimentos judiciais, mas oferecer forma alternativa para os casos em que a lei permite, até porque, nos termos da Carta Magna, a lei não excluirá da apreciação do Poder Judiciário lesão ou ameaça a direito.

3. A ESCOLHA DO TABELIONATO DE NOTAS PARA LAVRAR A ESCRITURA

Não há competência territorial dos Tabelionatos de Notas, como há, por exemplo, no Registro de Imóveis e no Registro Civil, o que permite que as escrituras públicas possam ser lavradas em qualquer tabelionato que esteja localizado em qualquer parte do nosso país.

Mas existia uma dúvida quanto à aplicação desta regra em razão de disposição processual que estabelecia, no art. 100, I, do Código de Processo Civil de 1973, como foro competente para a propositura de ações judiciais de separação e divórcio o local do domicílio da mulher.

Assim, perguntava-se se a escritura pública deveria ser feita no Tabelionato de Notas do domicílio da mulher, em razão do disposto na legislação processual revogada. Negativa era a resposta que dávamos a essa pergunta.

A justificativa inicial era de que, há muito tempo, nossos Tribunais já pregavam a inconstitucionalidade do referido dispositivo:

"AÇÃO DE SEPARAÇÃO JUDICIAL – Propositura no foro de domicílio de seu autor, o varão – Exceção declinatória foi apresentada pelo cônjuge feminino, com base no art. 100, *caput*, I, do Código de Processo Civil – O foro privilegiado da mulher não mais subsiste, ante a atual Constituição Federal – Mas a exceção havia que ser acolhida à luz da norma geral do art. 94, *caput*, do Código de Processo Civil – Agravo de instrumento do autor insistindo no processamento da causa no foro de seu domicílio que se improvê, tornando insubsistente a liminar da fls. 61" (**Tribunal de Justiça de São Paulo, 9.ª Câmara de Direito Privado, Agravo de Instrumento 358.2502-4/1, Rel. Marco César, 15.03.2005 – v.u.**).

"COMPETÊNCIA – Ação de conversão de separação consensual em divórcio – Propositura pela mulher em seu alegado foro de domicílio, distinto o foro de domicílio do réu – Exceção de incompetência apresentada por este, declinando pelo foro de seu domicílio, a par de sustentar ser este o real domicílio da autora – Acolhimento em primeiro grau que se mantém, desprovido agravo de instrumento da autora. O art. 100, *caput*, I, do CPC não foi recepcionado pela Constituição Federal de 1988, e resolve-se a matéria pela regra geral do art. 94, importando apenas perquirir qual o foro de domicílio do réu, aqui incontroverso" (**TJSP, 9.ª Câmara de Direito Privado, Agravo de Instrumento 328.152-4/0/Campinas, Rel. Sérgio Gomes, 11.05.2004 – v.u.**).

Sempre concordamos com o entendimento jurisprudencial de inconstitucionalidade do citado dispositivo legal, assim como fez Flávio Tartuce.[6]

---

6. TARTUCE, Flávio *Direito civil*. Direito de família. 9. ed. São Paulo: Método, 2014, v. 5, p. 17.

Um outro argumento da desnecessidade de impor regra de competência territorial ao tabelionato de notas no caso em questão é de que, por se tratar de incompetência relativa (*RSTJ* 3/741; *RT* 492/101; *RJTJSP* 47/233), poderia se processar o feito em local diverso do indicado por acordo entre as partes (art. 111 do Código de Processo Civil de 1973[7]), em que o obrigatório consenso que deve haver em entre elas estabelece a presunção da existência desse acordo.

Assim pensava, também, Daniel Amorim Assumpção Neves[8] ao afirmar que, em razão do art. 100, I, do Código de Processo Civil de 1973, estabelecendo-se regra de competência relativa, mesmo prevendo foro especial, pode a mulher renunciar expressamente a esse privilégio, ou tacitamente, se não oferecer, no curso do processo iniciado em outro foro, exceção de incompetência.

Essa era a nossa justificativa para mostrar que, no caso de divórcios extrajudiciais, sempre foi livre a escolha do Tabelionato de Notas em razão do consenso existente entre as partes, que demonstrava uma renúncia da mulher a qualquer foro que porventura a lei pudesse oferecer a ela, o que afastava a aplicação do art. 100, I, do Código de Processo Civil de 1973 e acarretava a incidência **do art. 8.º da Lei 8.935/94**, que estabelece:

> "**Art. 8º** É livre a escolha do tabelião de notas, qualquer que seja o domicílio das partes ou o lugar de situação dos bens objeto do ato ou negócio.

Por esses motivos, sempre entendemos correto o entendimento do Conselho Nacional de Justiça, descrito no art. 1.º da Resolução 35, que estabelece:

> "Art. 1º Para a lavratura dos atos notariais relacionados a inventário, partilha, separação consensual, divórcio consensual e extinção consensual de união estável por via administrativa, é livre a escolha do tabelião de notas, não se aplicando as regras de competência do Código de Processo Civil. (Redação dada pela Resolução nº 326, de 26.6.2020)".

Ocorre, porém, que a norma contida no art. 100, I, do Código de Processo Civil de 1973 não foi reproduzida no Código de Processo Civil de 2015, motivo pelo qual entendemos que com isso a referida discussão fica superada, e que as escrituras de divórcio podem ser celebradas em qualquer lugar do País, consoante o art. 8.º da Lei 8.935/94, até porque não podemos esquecer que norma especial (Lei 8.935/94) prevalece sobre a geral (CPC).

Abaixo veremos que já eram partidários da livre escolha do Tabelionato de Notas para se realizar a escritura o Conselho Nacional de Justiça, o Colégio Notarial do Brasil, do Rio Grande do Sul, a Anoreg, a OAB/MG e os Tribunais de Justiça de São Paulo, Acre, Amapá, Bahia, Mato Grosso, Pará, Paraíba, Paraná e Santa Catarina.

---

7. Atual art. 63 do Código de Processo Civil de 2015.
8. NEVES, Daniel Amorim Assumpção. *Competência no processo civil*. São Paulo: Método, 2005. p. 88.

3 • DIVÓRCIO CONSENSUAL POR ESCRITURA PÚBLICA: QUESTÕES POLÊMICAS

DA COMPETÊNCIA DOS TABELIONATOS PARA LAVRATURA DAS ESCRITURAS DE SEPARAÇÃO E DIVÓRCIO	
Resolução n. 35 do Conselho Nacional de Justiça	Art. 1º Para a lavratura dos atos notariais relacionados a inventário, partilha, separação consensual, divórcio consensual e extinção consensual de união estável por via administrativa, é livre a escolha do tabelião de notas, não se aplicando as regras de competência do Código de Processo Civil. (Redação dada pela Resolução nº 326, de 26.6.2020)
Recomendações do Colégio Notarial do Brasil	Não há competência territorial. É livre a escolha do tabelião de notas para a lavratura destas escrituras. Há competência territorial para os atos averbatórios do registro civil.
Manual preliminar Anoreg	Não há competência territorial. É livre a escolha do tabelião de notas para a lavratura destas escrituras. Há competência territorial para os atos averbatórios do registro civil.
Orientações da Corregedoria-Geral de Justiça do Estado de São Paulo	1.4. Para a lavratura dos atos notariais de que trata a Lei n.º 11.441/07 (artigo 8.º da Lei n.º 8.935/94), é livre a escolha do tabelião de notas, não se aplicando as regras de competência do Código de Processo Civil.
Uniformização de procedimentos OAB/MG	Art. 1.º [...] II – Da Competência Territorial Segundo dispõe o art. 8.º da Lei 8.935 de 18.11.1994, é livre a escolha do tabelião de notas para a lavratura de atos, qualquer que seja o domicílio das partes ou o lugar de situação dos bens objeto do ato ou negócio, desde que respeitada a competência territorial a que se refere o art. 9.º da mesma lei.
Provimento do Tribunal de Justiça do Estado do Acre	CAPÍTULO I [...] 3. Não há competência territorial, sendo livre a escolha pelas partes do Tabelionato de Notas a lavratura das escrituras, existindo territorialidade somente para os atos averbatórios do Registro Civil e do Registro de Imóveis.
Provimento do Tribunal de Justiça do Estado do Amapá	Art. 1.º As escrituras públicas de inventário e partilha, de separação e de divórcio, bem como, por extensão, de sobrepartilha e de restabelecimento de sociedade conjugal, poderão ser lavradas por qualquer Tabelião, independentemente do domicílio ou do local do óbito do autor da herança e da residência dos separandos ou divorciandos.
Provimento do Tribunal de Justiça do Estado da Bahia	Art. 1.º As partes poderão escolher livremente o Tabelionato, para a lavratura da escritura de Inventário, Partilha ou Adjudicação, Separação, Divórcio e de Restabelecimento da Sociedade Conjugal, independentemente do domicílio dos interessados ou do lugar de situação dos bens objeto do ato, não se aplicando as regras de fixação de competência previstas no Código de Processo Civil, para os processos judiciais de mesma finalidade. Parágrafo único. Deve ser observada, no entanto, a competência territorial, para os atos averbatórios pertinentes ao registro imobiliário, assim como para o registro civil.
Provimento do Tribunal de Justiça do Estado do Mato Grosso	9.7.1.2 – As partes escolherão livremente o Tabelionato de Notas onde desejam lavrar as escrituras, devendo ser observados os critérios de territorialidade somente para os atos averbatórios do Registro Civil e do Registro de Imóveis.
Provimento do Tribunal de Justiça do Estado do Pará	Art. 1.º Na lavratura dos atos notariais de que trata a Lei n.º 11.441/07 é livre a escolha do tabelião de notas, devendo ser observado os critérios de territorialidade somente para os atos averbatórios do Registro Civil, e do Registro de Imóveis.

DA COMPETÊNCIA DOS TABELIONATOS PARA LAVRATURA DAS ESCRITURAS DE SEPARAÇÃO E DIVÓRCIO	
Provimento do Tribunal de Justiça do Estado da Paraíba	Art. 4.º Não há competência territorial, sendo livre a escolha pelas partes do Tabelionato de Notas a lavratura das escrituras referidas neste provimento, existindo territorialidade somente para os atos de averbatórios e de registro no registro civil e de imóveis.
Provimento do Tribunal de Justiça do Estado do Paraná	Capítulo 11 – Tabelionato de Notas Seção 11 – Escrituras Públicas de Inventários, Separações, Divórcios e Partilha de bens [...] 11.11.1 – É livre a escolha do tabelião de notas para a lavratura dos atos previstos nesta Seção, independentemente do domicílio ou do local do óbito do autor da herança, da localização dos bens que a compõe, da residência e do local dos bens dos cônjuges.
Recomendações do Colégio Notarial do Rio Grande do Sul	Tratando-se de competência territorial relativa, não se há de questionar a incidência ou não do artigo 100, inciso I do Código de Processo Civil, pois o chamado foro privilegiado, consagrado no Código, tem cabimento apenas nos processos judiciais, e foi instituído em benefício da mulher. Já a competência do Notário é regulada pelo artigo 8.º da Lei n. 8.935/94, a qual preconiza a livre escolha das partes, qualquer que seja seu domicílio ou lugar de situação de bens objeto do ato ou negócio.
Provimento do Tribunal de Justiça do Estado de Santa Catarina	As escrituras públicas de inventário e partilha, de separação e divórcio – bem como, por extensão, de sobrepartilha e de restabelecimento de sociedade conjugal – poderão ser lavradas por qualquer tabelião ou escrivão de paz, independentemente do domicílio ou local do óbito do autor da herança e da residência dos separandos ou divorciandos.

4. O LOCAL E O MOMENTO DA REALIZAÇÃO DA ESCRITURA

Inicialmente a escritura deve ser feita nas dependências do tabelionato de notas, onde o tabelião, analisando o caso concreto, irá escriturá-la no livro de notas.

Entendemos ser necessário que os tabeliães disponibilizem uma sala ou um ambiente reservado e discreto para o atendimento das partes, já que, neste caso, os divorciandos necessitam de privacidade para estabelecer o regramento da separação e do divórcio que envolve muitas questões a serem resolvidas como: partilha de bens, utilização do uso do nome, pensão alimentícia para o ex-cônjuge, entre outras, assim como os herdeiros que realizam um inventário.

Entretanto, entendemos que inexiste óbice para que a escritura seja lavrada no escritório do advogado das partes, onde, em diligência, o tabelião até lá se dirigiria com o livro de notas para a sua realização, se assim as partes preferirem, por entender, por exemplo, que lá teriam mais privacidade. Cumpre salientar que é prática comum a diligência do tabelião para lavrar testamentos ou outras escrituras, quando assim as partes desejam.

Para nós, inclusive, não haveria empecilho de as partes assinarem a escritura de divórcio em momentos diferentes, por exemplo, por impossibilidade ou para não se encontrarem no mesmo local, seja estabelecendo horários diversos de comparecimento no tabelionato, seja o tabelião diligenciando nos diferentes escritórios do advogado das partes.

Abaixo veremos que são partidários da tese de ser necessária a disponibilização de uma sala ou ambiente reservado para o atendimento das partes o Colégio Notarial do Brasil, a Anoreg e os Tribunais de Justiça de São Paulo, Amapá e Santa Catarina.

DA DISPONIBILIZAÇÃO DE SALA OU AMBIENTE RESERVADO PARA O ATENDIMENTO DAS PARTES	
Recomendações do Colégio Notarial do Brasil	Recomenda-se disponibilizar uma sala ou um ambiente reservado e discreto para o atendimento das partes.
Manual preliminar Anoreg	Recomenda-se disponibilizar uma sala ou um ambiente reservado e discreto para o atendimento das partes.
Orientações da Corregedoria-Geral de Justiça do Estado de São Paulo	5.1. Recomenda-se que o Tabelião disponibilize uma sala ou um ambiente reservado e discreto para atendimento das partes em escrituras de separação e divórcio consensuais.
Provimento do Tribunal de Justiça do Estado do Amapá	Art. 7.º Os notários e registradores deverão assegurar às partes interessadas atendimento que lhes preserve a privacidade, dada a natureza dos atos disciplinados pela Lei n.º 11.441/07.
Provimento do Tribunal de Justiça do Estado de Santa Catarina	10. Considerando a natureza dos atos disciplinados pela Lei 11.441/07, os notários deverão assegurar às partes interessadas atendimento que lhes preserve a privacidade.

5. OS DOCUMENTOS EXIGIDOS PARA A REALIZAÇÃO DA ESCRITURA DE DIVÓRCIO

Analisando tudo o que foi publicado até então, tanto por parte do Conselho Nacional de Justiça como pelas Corregedorias-Gerais de Justiça dos Tribunais Estaduais, concluímos ser necessária a apresentação dos seguintes documentos ao tabelião para a escrituração:

1) certidão de casamento atualizada dos cônjuges (90 dias);

2) documento de identidade oficial e CPF/MF de ambos os cônjuges;

3) pacto antenupcial, se houver;

4) certidão de nascimento ou outro documento de identidade oficial dos filhos absolutamente capazes, se houver;

5) certidão de propriedade de bens imóveis e direitos a eles relativos se for feita a partilha, ou declaração de inexistência de bens a serem partilhados;

6) documentos necessários à comprovação da titularidade dos bens móveis e direitos se for feita a partilha, ou declaração de inexistência de bens a serem partilhados;

7) declaração de que os bens serão partilhados posteriormente, se for o caso;

8) comprovante do pagamento do imposto de transmissão *inter vivos* (se for o caso);

> 9) no restabelecimento de sociedade conjugal, certidão de casamento com averbação da separação feita no Registro Civil;
>
> 10) identificação do(s) advogado(s) assistente(s) por meio da carteira da OAB;
>
> 11) na transformação de uma separação em divórcio deve ser apresentada, também, certidão da sentença de separação judicial, ou da liminar em separação de corpos, ou da escritura de separação extrajudicial, para comprovação do lapso temporal;
>
> 12) se os divorciandos já estiverem separados juridicamente, deve ser apresentada, também, a averbação da separação no respectivo assento do casamento;
>
> 13) valor da pensão alimentícia, ou a renúncia dos cônjuges, ou, ainda, a declaração de que isto será discutido posteriormente;
>
> 14) declaração do cônjuge se retomará, ou não, o nome de solteiro (para quem adotou o patronímico do outro quando do casamento).

O rol apresentado acima é exemplificativo, podendo ser exigidos outros que se acharem necessários.

Para tentar unificar essa questão, o art. 33 da **Resolução 35 do CNJ** estabelece:

> "Art. 33. Para a lavratura da escritura pública de separação e de divórcio consensuais, deverão ser apresentados: a) certidão de casamento; b) documento de identidade oficial e CPF/MF; c) pacto antenupcial, se houver; d) certidão de nascimento ou outro documento de identidade oficial dos filhos absolutamente capazes, se houver; e) certidão de propriedade de bens imóveis e direitos a eles relativos; e f) documentos necessários à comprovação da titularidade dos bens móveis e direitos, se houver".

Contudo, cumpre lembrar que, por força da **Recomendação 3 do CNJ, de 15.03.2012**, os tabeliães de notas devem comunicar as partes envolvidas em transações imobiliárias e partilhas de bens imóveis sobre a possibilidade de obtenção da Certidão Negativa de Débitos Trabalhistas (CNDT) dos proprietários. O objetivo é estender a efetividade da CNDT a situações além da prevista na Lei 12.440/2011, que exige a certidão pelas empresas interessadas em participar de licitações públicas.

A recomendação tem o intuito de tornar a CNDT instrumento de combate às fraudes à execução, geralmente configuradas por meio da venda de imóveis e da transferência de bens para cônjuges para evitar sua penhora para pagamento de dívidas trabalhistas. **"A maior transparência sobre a real situação jurídica dos alienantes contribui para que sejam evitadas discussões sobre eventuais fraudes à discussão"**, afirma o texto da recomendação.

A segurança é um dos pontos considerados pelo CNJ ao aprovar a recomendação. **"O princípio constitucional da segurança jurídica contempla a necessidade de o Estado propiciar instrumentos para garantia do cidadão, a ser prestigiada pelo Judiciário, pelos serviços auxiliares e pelos agentes dos serviços notariais"**, diz o texto. A recomendação ressalta ainda a amplitude nacional da CNDT, emitida gratuitamente no site do Tribunal Superior do Trabalho.

A jurisprudência do TST considera fraude à execução os casos em que, na existência de um processo em andamento que possa levar o empregador à insolvência, ele aliena bens para evitar a sua perda – simulando sua venda para um terceiro ou transferindo-o para o ex-cônjuge em um processo de separação judicial realizado com esta finalidade.

Há, ainda, transações feitas regularmente com um comprador desavisado, que mais tarde pode ter de provar judicialmente que adquiriu o imóvel de boa-fé. Nesses casos, a existência da certidão emitida pela Justiça do Trabalho atestando a existência de dívidas, embora não impeça a conclusão da transação, permitirá ao comprador fazê-la ciente dos riscos e implicações que podem recair sobre o imóvel.

Na **Resolução 35 do Conselho Nacional de Justiça** há mais 3 artigos que estabelecem regras relativas à qualificação e aos documentos que devem ser apresentados, nos seguintes termos:

> "**Art. 20.** As partes e respectivos cônjuges devem estar, na escritura, nomeados e qualificados (nacionalidade; profissão; idade; estado civil; regime de bens; data do casamento; pacto antenupcial e seu registro imobiliário, se houver; número do documento de identidade; número de inscrição no CPF/MF; domicílio e residência).
>
> (...)
>
> **Art. 23.** Os documentos apresentados no ato da lavratura da escritura devem ser originais ou em cópias autenticadas, salvo os de identidade das partes, que sempre serão originais.
>
> **Art. 24.** A escritura pública deverá fazer menção aos documentos apresentados".

Cumpre salientar que a qualificação descrita no art. 20 da Resolução 35 do CNJ, acima, não se estende ao advogado, por não ser ele parte na escritura. Assim sendo, basta identificá-lo com o seu nome e número da OAB (art. 8.º com alteração da Resolução 326/2020 CNJ), ficando os outros dados, como, por exemplo, a idade, dispensados, senão essa regra valeria, também, para o tabelião, e isso seria um verdadeiro absurdo.

Assim sendo, verifica-se que tais questões abordadas na Resolução 35 do Conselho Nacional de Justiça devem ser observadas no momento da lavratura de escritura.

Além disso, se houver certidões de documentos de outras comarcas, deve-se reconhecer o sinal público do tabelião para se evitar falsidades, e se existir suspeita de fraude, deve-se exigir o reconhecimento de firma do magistrado em alvarás de outras comarcas.

O Colégio Notarial do Brasil criou a Central Brasileira de Sinal Público (CNSIP), um sistema informatizado que racionaliza o tráfego de sinais públicos dos tabeliães brasileiros. Estes são obrigados a remeter o seu sinal público para todos os colegas em território nacional que o solicitem. Quando há alguma alteração na equipe, novamente este ciclo se inicia, indefinida e irracionalmente, com dispêndio de horas/trabalho e alto custo em remessas postais.

O tabelião remete o seu sinal público para a Central, que o digitaliza e disponibiliza na internet. Quando um colega necessitar consultá-lo, bastará buscá-lo na Central. Se houver mudança na equipe, o tabelião não necessitará renovar todos os sinais, bastando incluir ou excluir o sinal público alterado. Ao consultar a Central, o tabelião poderá baixar o sinal público para o seu banco de dados. Além da assinatura, o tabelião indicará as atribuições de cada funcionário e a data de início. Junto com as fichas, deve ser remetida a carta de delegação e cópia do RG e CPF do tabelião e de seus prepostos.

Como o tráfego de documentos entre cidades aumentou exponencialmente, e, também, são muito frequentes as alterações nas equipes de funcionários, a internet possibilita agilidade e segurança na manutenção de uma central de sinais públicos.

As consultas são feitas no sítio www.censec.org.br, mas essas informações estão disponíveis somente para delegados dos serviços notariais, pois terceiros não têm acesso à tais dados.

Os Registradores Civis das Pessoas Naturais possuem uma central idêntica, mas que contém os dados dos titulares e seus prepostos dos cartórios de Registro Civil das Pessoas Naturais de todo país, na CRC, a central do RCPN, disponível no sítio sistema.registrocivil.org.br, onde a consulta é restrita somente aos titulares de cartório desta especialidade, e o objetivo é consultar as assinaturas apostas nas certidões emitidas por este cartório, para vários fins, inclusive apostilamento e casamento, onde se recebem certidões emitidas por outros cartórios.

Por fim, na hipótese de documentos estrangeiros, deve o mesmo estar apostilado no país de origem, se o mesmo for signatário da **Convenção da Apostila**, como o Brasil, pois, caso contrário, deve ser reconhecida nestes documentos a firma do tabelião que os autenticar no consulado do Brasil.

Devem, também, estar acompanhados de tradução feita por tradutor juramentado, se estiver escrito em outro idioma, bem como ter sido a tradução registrada em RTD (Cartório de Registro de Títulos e Documentos, consoante o **art. 129, item 6.º, da Lei 6.015/73** – Lei de Registros Públicos), vejamos:

> "**Art. 129.** Estão sujeitos a registro, no Registro de Títulos e Documentos, para surtir efeitos em relação a terceiros: (Renumerado do art. 130 pela Lei 6.216, de 1975).
>
> (...)
>
> **6.º)** todos os documentos de procedência estrangeira, acompanhados das respectivas traduções, para produzirem efeitos em repartições da União, dos Estados, do Distrito Federal, dos Territórios e dos Municípios ou em qualquer instância, juízo ou tribunal;"

Cumpre salientar que a Súmula 259 do STF determina que:

> "**Súmula 259 do STF** – Para produzir efeito em juízo não é necessária a inscrição, no registro público, de documentos de procedência estrangeira, autenticados por via consular".

Lendo a referida súmula verifica-se que, para produzir efeito em juízo, o documento estrangeiro não precisa de registro, mas apenas da autenticação consular ou da Apostila de Haia (**Resolução 228 de 2016 do CNJ**). Com relação aos efeitos perante terceiros, continua sendo necessário o registro da tradução em RTD.

Ante o exposto, segue, na tabela abaixo, o posicionamento do CNJ sobre o tema.

DAS QUESTÕES RELATIVAS À QUALIFICAÇÃO DAS PARTES E DOS DOCUMENTOS QUE DEVEM SER APRESENTADOS NO ATO DA ESCRITURA DE SEPARAÇÃO E DIVÓRCIO	
Resolução n. 35 do Conselho Nacional de Justiça	Art. 20. As partes e respectivos cônjuges devem estar, na escritura, nomeados e qualificados (nacionalidade; profissão; idade; estado civil; regime de bens; data do casamento; pacto antenupcial e seu registro imobiliário, se houver; número do documento de identidade; número de inscrição no CPF/MF; domicílio e residência).
Resolução n. 35 do Conselho Nacional de Justiça	Art. 22. Na lavratura da escritura deverão ser apresentados os seguintes documentos: a) certidão de óbito do autor da herança; b) documento de identidade oficial e CPF das partes e do autor da herança; c) certidão comprobatória do vínculo de parentesco dos herdeiros; d) certidão de casamento do cônjuge sobrevivente e dos herdeiros casados e pacto antenupcial, se houver; e) certidão de propriedade de bens imóveis e direitos a eles relativos; f) documentos necessários à comprovação da titularidade dos bens móveis e direitos, se houver; g) certidão negativa de tributos; e h) Certificado de Cadastro de Imóvel Rural – CCIR, se houver imóvel rural a ser partilhado.
Resolução n. 35 do Conselho Nacional de Justiça	Art. 23. Os documentos apresentados no ato da lavratura da escritura devem ser originais ou em cópias autenticadas, salvo os de identidade das partes, que sempre serão originais.
Resolução n. 35 do Conselho Nacional de Justiça	Art. 24. A escritura pública deverá fazer menção aos documentos apresentados.
Resolução n. 35 do Conselho Nacional de Justiça	Art. 33. Para a lavratura da escritura pública de separação e de divórcio consensuais, deverão ser apresentados: a) certidão de casamento; b) documento de identidade oficial e CPF/MF; c) pacto antenupcial, se houver; d) certidão de nascimento ou outro documento de identidade oficial dos filhos absolutamente capazes, se houver; e) certidão de propriedade de bens imóveis e direitos a eles relativos; e f) documentos necessários à comprovação da titularidade dos bens móveis e direitos, se houver.

6. A INDICAÇÃO DO ADVOGADO PELO TABELIÃO

Como a lei em estudo exige, para a realização da escritura de divórcio, a presença de um advogado, questão tormentosa que aparece é se o tabelião poderia indicar o profissional aos cônjuges, ou se poderia manter um advogado de plantão no tabelionato, como funcionário, para atender a todos os cônjuges que queiram separar-se ou divorciar-se.

Entendemos que isso é impossível, antiético e atenta contra a advocacia brasileira. Se isso ocorrer, perde completamente a finalidade pretendida pelo legislador, de exigir a presença do advogado para que fiscalize o cumprimento da legislação.

O art. 9.º da **Resolução 35 do Conselho Nacional de Justiça** estabelece que:

> "Art. 9.º É vedada ao tabelião a indicação de advogado às partes, que deverão comparecer para o ato notarial acompanhadas de profissional de sua confiança. Se as partes não dispuserem de condições econômicas para contratar advogado, o tabelião deverá recomendar-lhes a Defensoria Pública, onde houver, ou, na sua falta, a Seccional da Ordem dos Advogados do Brasil".

Com isto, enaltece a citada resolução que as partes deverão estar assistidas por profissional da sua confiança, não cabendo ao tabelião efetuar qualquer tipo de indicação.

Se as partes não dispuserem de condições econômicas para contratar advogado, o tabelião deverá recomendar-lhes a Defensoria Pública, onde houver, ou, na sua falta, a Seccional da Ordem dos Advogados do Brasil.

Reverencia-se a atitude do Conselho Nacional de Justiça, em preocupar-se, de antemão, com essa questão, pela respeitabilidade que possui com os notários de todo o Brasil.

O **Estatuto da Advocacia, Lei 8.906/94**, estabelece em seu art. 28, IV, que _a advocacia é incompatível, mesmo em causa própria, com a atividade de ocupantes de cargos ou funções vinculados direta ou indiretamente a qualquer órgão do Poder Judiciário e os que exercem serviços notariais e de registro._

Dessa forma, é inconcebível que um tabelionato de notas possa ter um advogado como funcionário de plantão para atender as partes que não estejam acompanhadas de um profissional da advocacia, já que se trata de conduta profissional incompatível com a advocacia.

Cumpre salientar que o **parágrafo único do art. 4.º do Estatuto da Advocacia** estabelece _serem nulos os atos praticados por advogado que passar a exercer atividade incompatível com a advocacia._

Causará ansiedade, na comunidade jurídica, saber o posicionamento que o Tribunal de Ética da OAB irá adotar relativamente à penalidade estabelecida ao advogado que for indicado pelo tabelião para participar de uma escritura pública de separação ou divórcio.

Entendemos que aceitar esse tipo de indicação também corresponde a uma conduta antiética.

O **art. 34** do referido diploma legal estabelece que constitui infração disciplinar, no **inciso IV**, _angariar ou captar causas, com ou sem a intervenção de terceiros_, e no **inciso XXV**, _manter conduta incompatível com a advocacia._ Neste caso, determinam os **arts. 36 e 37** do referido Estatuto que a sanção disciplinar corresponde à pena de censura no primeiro caso e, de suspensão, no segundo caso.

Como a fiscalização é muito difícil de ser realizada, recomendamos a criação de um órgão fiscalizador, tanto dos notários como dos advogados, para que tal prática não aconteça. Uma sugestão seria uma análise por uma comissão fiscalizadora acerca da quantidade de escrituras que é feita com a presença de um mesmo advogado em um único cartório. Por esse motivo é que a criação de um Registro Central de Inventários e outro de Divórcios, para concentrar dados e informações dos atos notariais lavrados, conforme recomendação 1.5 da Corregedoria-Geral de Justiça do Estado de São Paulo, seria de grande valia para essa fiscalização.

Aliás, seria muito oportuno que houvesse uma inclusão na legislação ética dos advogados, bem como dos notários, de um artigo que proibisse expressamente tal prática, inclusive cominando sanção que fosse suficiente para inibir que isso ocorra.

Pensando nisso, o Conselho Federal da Ordem dos Advogados do Brasil (OAB) publicou no *Diário da Justiça*, em 20.06.2007, o texto do **Provimento nº 118/2007**, que trata da aplicação da Lei 11.441/2007 (agora CPC15) e disciplina as atividades profissionais dos advogados em escrituras públicas de inventários, partilhas e divórcios.

A preocupação principal da entidade é acompanhar e regulamentar a atividade da advocacia nos cartórios, tendo em vista que chegaram à entidade denúncias de que irregularidades estariam ocorrendo desde a entrada em vigor da nova lei. Entre tais irregularidades, estão captações indevidas e antiéticas que vão desde a indicação desleal de separações de alguns cartórios para determinados advogados, bem como dos próprios profissionais, que têm cometido infrações éticas ao canalizarem serviços escriturais para determinados cartórios.

Segue, abaixo, o texto do citado provimento:

"**Art. 1.º** Nos termos do disposto na Lei 11.441, de 04.01.2007, é indispensável a intervenção de advogado nos casos de inventários, partilhas, separações e divórcios por meio de escritura pública, devendo constar do ato notarial o nome, o número de identidade e a assinatura dos profissionais.

§ 1.º Para viabilizar o exercício profissional, prestando assessoria às partes, o advogado deve estar regulamente inscrito perante a Ordem dos Advogados do Brasil.

§ 2.º Constitui infração disciplinar valer-se de agenciador de causas, mediante participação nos honorários a receber, angariar ou captar causas, com ou sem intervenção de terceiros, e assinar qualquer escrito para fim extrajudicial que não tenha feito, ou em que não tenha colaborado, sendo vedada a atuação de advogado que esteja direta ou indiretamente vinculado ao cartório respectivo, ou a serviço deste, e lícita a advocacia em causa própria.

Art. 2.º Os Conselhos da OAB ou as Subseções poderão, de ofício ou por provocação de qualquer interessado, na forma do disposto no art. 50 da Lei 8.906, de 04.07.1994, requisitar cópia de documentos a qualquer tabelionato, com a finalidade de exercer as atividades de fiscalização do cumprimento deste Provimento.

Art. 3.º As Seccionais e Subseções divulgarão a mudança do regime jurídico instituído pela lei citada, sublinhando a necessidade da assistência de advogado para a validade e eficácia do ato, podendo, para tanto, reivindicar às Corregedorias competentes que determinem a afixação, no interior dos Tabelionatos, de cartazes informativos sobre a assessoria que deve ser prestada por profissionais da advocacia, ficando proibida a indicação ou recomendação de nomes e a publicidade específica de advogados nos recintos dos serviços delegados.

Art. 4.º Os Conselhos Seccionais deverão adaptar suas tabelas de honorários, imediatamente, prevendo as atividades extrajudiciais tratadas neste Provimento.

Art. 5.º Os Conselhos Seccionais poderão realizar interlocuções com os Colégios Notariais, a fim de viabilizar, em conjunto, a divulgação do regime jurídico instituído pela lei citada.

Art. 6.º Este Provimento entra em vigor na data de sua publicação.

Brasília, 7 de maio de 2007.

Cezar Britto, presidente.

Lúcio Flávio Joichi Sunakozawa, relator."

Abaixo veremos que comungam do entendimento de que não cabe ao notário indicar nenhum advogado para as partes o Conselho Nacional de Justiça, o Colégio Notarial do Brasil, a Anoreg e os Tribunais de Justiça de São Paulo e Bahia.

DA VEDAÇÃO DE INDICAÇÃO DE ADVOGADO PELO TABELIÃO	
Resolução n. 35 do Conselho Nacional de Justiça	Art. 9.º É vedada ao tabelião a indicação de advogado às partes, que deverão comparecer para o ato notarial acompanhadas de profissional de sua confiança. Se as partes não dispuserem de condições econômicas para contratar advogado, o tabelião deverá recomendar-lhes a Defensoria Pública, onde houver, ou, na sua falta, a Seccional da Ordem dos Advogados do Brasil.
Recomendações do Colégio Notarial do Brasil	Se as partes comparecerem sem advogado, o tabelião não deverá indicar um profissional. Deve recomendar às partes que procurem um advogado de sua confiança ou, se não tiverem, recorram à OAB. Se ademais, as partes alegarem não terem condições econômicas para contratar advogado, o tabelião deverá recomendar a Defensoria Pública, onde houver, ou a OAB.
Manual preliminar Anoreg	Se as partes comparecerem sem advogado, o tabelião não deverá indicar um profissional. Deve recomendar às partes que procurem um advogado de sua confiança ou, se não tiverem, recorram à OAB. Se ademais, as partes alegarem não terem condições econômicas para contratar advogado, o tabelião deverá recomendar a Defensoria Pública, onde houver, ou a OAB.
Orientações da Corregedoria-Geral de Justiça do Estado de São Paulo	3.2. É vedado aos Tabeliães a indicação de advogado às partes, que deverão comparecer, para o ato notarial, acompanhadas de profissional de sua confiança. 3.3. Se não dispuserem de condições econômicas para contratar advogado, o Tabelião deverá recomendar-lhes a Defensoria Pública, onde houver, ou, na sua falta, a OAB.
Provimento do Tribunal de Justiça do Estado da Bahia	Art. 4.º [...] § 3.º É expressamente vedada aos Tabeliães a indicação de advogado às partes, que deverão comparecer, para a lavratura do ato notarial, acompanhadas de profissional de sua confiança. § 4.º Se as partes não dispuserem de condições econômicas para contratar advogado, o Tabelião deverá recomendar-lhes a Defensoria Pública, onde houver, ou, na sua falta, a Ordem dos Advogados do Brasil.

7. A GRATUIDADE DAS ESCRITURAS DE SEPARAÇÃO E DIVÓRCIO

O § 3.º do art. 1.124-A do Código de Processo Civil de 1973 estabelecia que:

"Art. 1.124-A. [...]

§ 3.º A escritura e demais atos notariais serão gratuitos àqueles que se declararem pobres sob as penas da lei".

Previa o legislador, expressamente, que as escrituras de divórcio deveriam ser gratuitas para as pessoas que não possuem condições financeiras de arcar com o seu custo.

Com o presente dispositivo o legislador mantinha-se coerente, já que o art. 1.512 do Código Civil estabelece a gratuidade para o casamento, e assim deve ser também para a sua dissolução. Vejamos o que determina o citado artigo:

"Art. 1.512. O casamento é civil e gratuita a sua celebração.

Parágrafo único. A habilitação para o casamento, o registro e a primeira certidão serão isentos de selos, emolumentos e custas, para as pessoas cuja pobreza for declarada, sob as penas da lei".

Analisando o dispositivo do Código Civil, verifica-se que a celebração, a habilitação, o registro e a primeira certidão do casamento não são cobrados das pessoas que se declararem pobres.

Já a Lei 11.441/2007 estabelecia que a escritura de divórcio seria gratuita também para as pessoas que se encontrarem nas mesmas condições.

Com isto, tanto o casamento quanto a sua dissolução não serão cobrados das pessoas que se declararem pobres.

Mas a grande questão que surge com o advento do Código de Processo Civil de 2015 é se a gratuidade das escrituras de divórcio permanece, considerando que o dispositivo do Código de Processo Civil de 1973 (§ 3.º do art. 1.124-A) não foi reproduzido na novel legislação processual.

Em uma análise apressada, poder-se-ia concluir que a gratuidade das escrituras de divórcio aos pobres não existe mais, o que acreditamos não ser a melhor interpretação a se fazer.

Apesar de o Código de Processo Civil de 2015 não mais trazer, no artigo que trata do divórcio extrajudicial, a previsão de gratuidade a quem dele necessita, permanece em vigor por disposição expressa do **art. 6.º da Resolução 35/2017 do CNJ**, modificado pela **Resolução 326/2020** também do CNJ, editada 4 anos após o início da vigência do CPC15, após vários debates, decisões judiciais e normas das Corregedorias estaduais nesse sentido:

> "Art. 6º da Resolução n. 35 do Conselho Nacional de Justiça. A gratuidade prevista na norma adjetiva compreende as escrituras de inventário, partilha, separação e divórcio consensuais."

Como exemplo de Tribunal de Justiça que normatizou o tema nas normas de serviço do extrajudicial, citamos o caso de São Paulo, que possui regra expressa determinando a gratuidade das escrituras de divórcio:

> "Item 79 do Capítulo XIV (Notas). A escritura pública e os demais atos notariais relativos à separação e ao divórcio consensuais, ao inventário e à partilha serão gratuitos àqueles que se declarem pobres sob as penas da lei.
>
> 79.1. A obtenção da gratuidade dependerá de simples declaração dos interessados de que não possuem condições de arcar com os emolumentos, ainda que as partes estejam assistidas por advogado constituído.
>
> 79.2. Se o Tabelião de Notas, motivadamente, suspeitar da verossimilhança da declaração de pobreza, comunicará o fato ao Juiz Corregedor Permanente, por escrito, com exposição de suas razões, para as providências pertinentes".

Assim sendo, embora o CPC15 não tenha repetido a previsão de gratuidade das escrituras, a mesma continua existindo e tendo que ser aplicada, conforme regra expressa do art. 6.º da Resolução n. 35 do Conselho Nacional de Justiça, atualizado pela **Resolução 326 de 26.06.2020** do próprio CNJ.

A Resolução 326 do CNJ modificou, ainda o **art. 7º da Resolução 35 do CNJ** expressamente determinar que basta a simples declaração dos interessados que não possuem condições de arcar com os emolumentos para que ela seja concedida:

> "Art. 7.º da Resolução n. 35 do Conselho Nacional de Justiça: Para a obtenção da gratuidade pontuada nesta norma, basta a simples declaração dos interessados de que não possuem condições de arcar com os emolumentos, ainda que as partes estejam assistidas por advogado constituído. (Redação dada pela Resolução nº 326, de 26.6.2020)".

Cumpre lembrar que, judicialmente, qualquer pessoa pode requerer ao magistrado os benefícios da gratuidade da justiça, conforme permite o art. 98 do CPC. Assim, não poderia o legislador ter afastado a gratuidade das escrituras de divórcio, sob pena de esta modalidade excluir as pessoas pobres, o que, em plena época do Estado Social descrito na Constituição Federal, seria uma temeridade.

O **art. 98 do CPC** estabelece, no seu caput, que *"a pessoa natural ou jurídica, brasileira ou estrangeira, com insuficiência de recursos para pagar as custas, as despesas processuais e os honorários advocatícios tem direito à gratuidade da justiça, na forma da lei."*

A lei inovou ao permitir que estrangeiros também pudessem ter tal benefício, o que ganha importância com a grande quantidade de refugiados que temos em nosso país, em condições paupérrimas, bem como as pessoas jurídicas.

Apesar da norma se referir ao tema como "gratuidade da justiça", o que pode dar a falsa ideia de que não contempla atos extrajudiciais, o **inciso IX do § 1º do art. 98 do Código de Processo Civil**, deixa claro que ela compreende *"os emolumentos devidos a notários ou registradores em decorrência da prática de registro, averbação ou qualquer outro ato notarial necessário à efetivação de decisão judicial ou à continuidade de processo judicial no qual o benefício tenha sido concedido."*

Os **§ § 7º e 8º do art. 98 do Código de Processo Civil**, estabelecem que se aplicam ao custeio dos emolumentos dos cartórios extrajudiciais, observada a tabela e as condições da lei estadual ou distrital respectiva, as seguintes regras:

a-) as obrigações decorrentes da concessão da gratuidade dos emolumentos ficarão sob condição suspensiva de exigibilidade e somente poderão ser executadas se, nos 5 (cinco) anos subsequentes ao ato praticado, o credor demonstrar que deixou de existir a situação de insuficiência de recursos que justificou a concessão de gratuidade, extinguindo-se, passado esse prazo, tais obrigações do beneficiário.

b-) a gratuidade poderá ser concedida em relação a algum ou a todos os atos notariais e registrais, ou consistir na redução percentual do seu valor respectivo;

c-) conforme o caso, o Juiz Corregedor Permanente poderá conceder direito ao parcelamento do valor do respectivo ato;

d-) havendo dúvida fundada quanto ao preenchimento atual dos pressupostos para a concessão de gratuidade, o notário ou registrador, **após praticar o ato** (essa dúvida não impede que o mesmo seja praticado), pode requerer, ao juízo competente para decidir questões notariais ou registrais (Vara de Registros Públicos), a revogação total ou parcial do benefício ou a sua substituição pelo parcelamento tratado acima, caso em que o beneficiário será citado para, em 15 (quinze) dias, manifestar-se sobre esse requerimento.

Vale a pena salientar que o fato de os cônjuges terem um advogado particular não é impedimento para a obtenção da gratuidade, já que a assistência deste é imprescindível segundo o art. 733 do Código de Processo Civil vigente, como estabelece o art. 7.º da Resolução 35 do Conselho Nacional de Justiça.

Entretanto, cabe ao tabelião evitar abusos, devendo, inicialmente, acreditar na declaração da parte, mas, podendo se recusar a lavrar a escritura se verificar algum indício fraudulento, como a partilha de bens valiosos ou, ainda, a fixação de pensão alimentícia para o cônjuge de valor elevado.

Havendo recusa do tabelião em lavrar a escritura em decorrência do pedido de gratuidade, deverá aquele fundamentar por escrito o motivo da recusa, para que a parte, caso queira, possa ingressar com o *writ* constitucional do mandado de segurança, com o objetivo de proteger direito líquido e certo. Outra saída seria suscitar dúvida para a corregedoria, como permite o **art. 198 da Lei de Registros Públicos**.

Agora, caso os cônjuges estejam assistidos por defensores públicos, procuradores do Estado ou por algum advogado ligado aos escritórios-modelo de universidades ou até mesmo da OAB, entendemos que a gratuidade deve ser automática, em decorrência da rígida triagem que é feita para que se aceite o assistido como cliente.

Esta tese pode ser até reforçada pela Função Social do Tabelionato de Notas, que deve ser cumprida segundo o art. 3.º, I, da Constituição Federal, que traz a solidariedade social como regra matriz do direito, fazendo com que a função social seja do direito como um todo, e não de algum instituto específico.

Cumpre salientar que será desnecessária a assinatura de declaração de pobreza, como é feito no Poder Judiciário, bastando a simples declaração sob as penas da lei.

Infelizmente, há outro problema com relação ao convênio mantido pelas seccionais da OAB de todo o Brasil com os respectivos Tribunais de Justiça, no intuito da prestação do serviço de assistência judiciária.

A burocracia para o advogado inscrito neste convênio receber os seus honorários é demasiada. Estando inscrito no convênio, a OAB controla as indicações para todos os participantes, em forma de rodízio. Feita a nomeação, a OAB oficia para indicar o eleito, que atuará no caso, e que, quando do término, terá direito a receber honorários pelos serviços prestados, de acordo com a tabela descrita no convênio celebrado.

No entanto, para receber os honorários é necessário obter uma certidão, que deve ser preenchida nos moldes do convênio, sob pena de não ser aceita. Infelizmente, os honorários chegam a demorar até 45 dias para ser pago, desde que a documentação esteja em ordem.

O problema é que existe uma grande dificuldade de ordem burocrática para incluir tal possibilidade no convênio, o que vem impedindo que as pessoas atendidas pela Defensoria Pública, ou Procuradoria Estadual, ou escritórios-modelos, possam realizar o divórcio extrajudicialmente.

Assim, para que a lei se efetive também para estas pessoas que não merecem ficar excluídas do seu alcance, bem como para que os advogados inscritos nestes convênios, muitos deles que dependem disto para sobreviver e sustentar suas famílias, possam receber os seus honorários, precisa-se, *urgentemente*, ser tomada tal providência pelos Tribunais de Justiça e pela OAB.

Por fim, cumpre salientar que não tem condições de arcar com o custo de confecção da escritura, também não poderá arcar com o pagamento das despesas no Registro Civil para averbação, nem tampouco no Registro de Imóveis para o registro da mesma, motivo pelo qual a gratuidade se estende a todas as serventias registrais e notariais, em veneração ao mandamento constitucional descrito no **art. 5.º, LXXVII, da Constituição Federal**, que estabelece como garantia fundamental a gratuidade dos atos necessários ao exercício da cidadania.

Infelizmente, tal gratuidade não se estende aos tributos incidentes, já que cada qual terá legislação específica que cuidará das hipóteses de imunidades e isenções tributárias.

A seguir veremos como deve se proceder a gratuidade no entendimento do Conselho Nacional de Justiça e dos Tribunais de Justiça de São Paulo, Minas Gerais e Bahia.

	DA OBTENÇÃO DA GRATUIDADE
Resolução n. 35 do Conselho Nacional de Justiça	Art. 7.º Para a obtenção da gratuidade pontuada nesta norma, basta a simples declaração dos interessados de que não possuem condições de arcar com os emolumentos, ainda que as partes estejam assistidas por advogado constituído. (Redação dada pela Resolução nº 326, de 26.6.2020)
Orientações da Corregedoria-Geral de Justiça do Estado de São Paulo	2.3. Para a obtenção da gratuidade de que trata o § 3.º do artigo 1.124-A, basta, sob as penas da lei e ainda que estejam as partes assistidas por advogado constituído, a declaração de pobreza.
Provimento do Tribunal de Justiça do Estado da Bahia	Art. 7.º Para a obtenção da gratuidade de que trata a Lei n.º 11.441/07, basta a simples declaração do(s) interessado(s), na forma da Lei 1.060/50, ainda que estejam as partes assistidas por advogado(s) constituído(s). § 1.º A declaração de pobreza será apresentada pelo interessado diretamente ao notário e ao registrador, devendo constar, expressamente, na escritura solicitada. § 2.º Caso o notário discorde da gratuidade requerida pelo(s) interessado(s), não poderá se negar a lavrar a escritura, mas deverá, neste caso, encaminhar expediente circunstanciado e devidamente instruído à Gerência Financeira e de Arrecadação do IPRAJ, que deverá, se for o caso, adotar as providências necessárias e apropriadas à respectiva cobrança. § 3.º A gratuidade por assistência judiciária concedida em escritura pública não isenta a parte do recolhimento da obrigação fiscal incidente na espécie, devendo, em qualquer caso, ser observada a legislação própria a respeito do tema.
Provimento do Tribunal de Justiça do Estado das Minas Gerais	Art. 7.º [...] Parágrafo único. A declaração de pobreza será apresentada pelo interessado diretamente ao notário e ao registrador.

8. O DIVÓRCIO DE CÔNJUGE RELATIVAMENTE INCAPAZ

O art. 733 do Código de Processo Civil limita-se a impedir o divórcio de casais que tenham filhos incapazes, mas nada menciona sobre a possibilidade, ou não, de realizar tal procedimento quando um dos cônjuges for incapaz.

O parágrafo único do **art. 1.576 do Código Civil** permite a separação do cônjuge incapaz, desde que *o procedimento seja judicial e que o mesmo seja representado pelo curador, ascendente ou irmão.*

Acreditamos que esse dispositivo, apesar de se referir ao instituto da separação, deve ser aplicado analogicamente ao divórcio por ausência de regra nesse sentido.

Entendemos que deva ser dessa forma, já que o **art. 178, II, do Código de Processo Civil** estabelece que o Ministério Público deve intervir no processo em que houver interesses de incapazes.

Assim, conclui-se ser impossível o divórcio por escritura pública, quando algum dos cônjuges for incapaz, já que o mesmo deve ser feito judicialmente por conta da necessidade de intervenção do Ministério Público no processo.

Cumpre observar, porém, que pessoa com deficiência não é incapaz, pois tem capacidade civil plena, conforma art. 6.º do Estatuto da Pessoa com Deficiência.

Assim sendo, o cônjuge incapaz que será fator impeditivo para que o divórcio seja feito por escritura, é aquele que não tem condições de manifestar sua vontade, hipótese em que o procedimento deverá ser judicial, com assistência do Ministério Público, como explicado no começo desse capítulo.

9. O DIVÓRCIO POR ESCRITURA PÚBLICA DE CÔNJUGE ANALFABETO

Feita a escritura de divórcio, os cônjuges deverão assiná-la perante o tabelião. Dúvida que surge é o que deve ser feito se um deles, ou ambos, for analfabeto.

No nosso entendimento, deve o tabelião declarar este fato na escritura, bem como colher a impressão digital do cônjuge, além de solicitar que alguém a assine a rogo.

Tal posicionamento foi referendado pelo Tribunal de Justiça do Maranhão, que estabeleceu o seguinte:

> "**Art. 3.º** Sendo a parte analfabeta ou não podendo assinar, o Notário declarará, colhendo a impressão digital do herdeiro, cônjuge supérstite, separando ou divorciando impossibilitado, caso em que pessoa qualificada assina a seu rogo".

Assim, verifica-se que a assinatura a rogo é possível na hipótese de o cônjuge ser analfabeto.

10. A REPRESENTAÇÃO DO CÔNJUGE NA ESCRITURA DE DIVÓRCIO

Primeira questão que merece reflexão é se um ou ambos os cônjuges podem ser representados na lavratura da escritura. Importante ressaltar que nossa jurisprudência, há tempos, já admite a realização da separação e do divórcio consensual por procuração:

> "Divórcio – Cônjuge varão estrangeiro. Não compareceu o cônjuge varão à audiência de conciliação, mas supriu tal ausência por procuração. Embora a lei exija o comparecimento pessoal, a lei manda aplicar ao divórcio consensual o procedimento dos arts. 1.120 a 1.124 do Código de Processo Civil, que regem o processo de jurisdição voluntária. À luz deste processo pode o juiz adotar critério que não o da legalidade escrita, podendo adotar a solução que refutar mais conveniente, no caso a decretação do divórcio" (**TJRS, 8.ª Câm. Cível, Apelação Cível 593090210, Rel. Des. Antônio Carlos Stangler Pereira**).

"Civil – Família – Separação judicial consensual – Dificuldade extraordinária e inexigível do comparecimento pessoal de um dos cônjuges à audiência de ratificação do pedido, por encontrar-se residindo e trabalhando no exterior – Representação por meio de mandatário constituído especialmente para o fim – Admissibilidade – Orientação principiológica – Petição inicial indeferida – Condições de procedibilidade presentes – Recurso provido para anular a sentença. A circunstância de um dos cônjuges encontrar-se residindo e trabalhando no exterior caracteriza dificuldade extraordinária e inexigível de seu comparecimento pessoal à audiência de ratificação do pedido de separação judicial consensual. Nestes casos, à luz dos princípios gerais de direito, mormente o de que ninguém está obrigado ao impossível (*ad impossibilia nemo tenetur*), a petição inicial deve ser subscrita diretamente por ambos os cônjuges, com as firmas reconhecidas por quem de direito, e o separando ausente far-se-á representar por mandatário, com poderes especialíssimos para atuar em todos os atos e termos do procedimento de separação por mútuo consentimento. Daí ser nula a sentença indeferitória da exordial e extintiva do processo, à míngua da possibilidade jurídica do pedido" (**TJSC, Apelação Cível. 2002.010996-2, Rel. Des. Luiz Carlos Freyesleben**).

Mesmo sendo restrita a jurisprudência em permitir separação e divórcio consensual por procuração consularizada – que deve conter todos os termos da petição inicial da ação de separação ou divórcio – quando um dos cônjuges reside em outro país, entendemos que por uma questão de igualdade o procedimento também deve ser adotado quando uma das partes residir em outro Estado ou município. Só para exemplificar a desigualdade em interpretar essa questão de forma diferente, citamos o caso do marido que mora em Cidade de Leste no Paraguai estar mais próximo da sua mulher que reside em Foz do Iguaçu no Brasil, do que o marido que mora em Manaus da mulher que está domiciliada em Porto Alegre. No primeiro exemplo o marido mora no exterior, e no segundo, não.

Aliás, cumpre mencionar, inclusive, a tendência jurisprudencial de admitir a procuração em divórcio litigioso, como fez a 4.ª Câmara Cível do Tribunal de Justiça do Estado de Goiás, ao julgar a **Apelação Cível 89.409-3/188 – 200501172496, em 04.04.2006**.

Certíssima a posição dos Tribunais Estaduais, haja vista que aceitar o divórcio consensual por procuração com poderes especiais outorgada por cônjuge residente no exterior é conceder o direito à igualdade (direito fundamental previsto no *caput* do art. 5.º da Constituição Federal) do cônjuge que ainda reside no País e que possui condições de iniciar a ação judicial, com aquele que alcançou uma nova oportunidade em outro país. Exigir o contrário, a propositura do divórcio litigioso, é retirar o precioso tempo daquele que permaneceu no País, já que a modalidade litigiosa é muito mais demorada do que a consensual, o que atenta contra a sua dignidade humana (um dos fundamentos da República previsto no inciso III do art. 1.º da Constituição Federal).

Dessa forma, não permitir que o divórcio possa ser feito por escritura porque um dos cônjuges será representado por procuração é um retrocesso, bem como inconstitucional, por violar preceitos fundamentais da Constituição Federal.

Assim, entendemos que não é indispensável o comparecimento pessoal das partes à lavratura de escritura pública de divórcio consensual, sendo admissível ao(s) divorciando(s) se fazer(em) representar por mandatário constituído, desde que por instrumento público, para que se respeite o conteúdo do art. 657 do Código Civil, com poderes especiais para a realização do ato.

Segundo o **art. 657 do Código Civil** *a outorga do mandato está sujeita à forma exigida por lei para o ato a ser praticado*. Neste caso, como o divórcio deverá ser feito por escritura pública, a procuração também assim o será.

Contudo, cabe pensar qual seria o prazo de eficácia desta procuração, que tem por objetivo a dissolução da sociedade conjugal.

Entendemos que o referido prazo não poderia ser muito longo, já que poderia, durante o período de eficácia do mandato, ocorrer inúmeras situações, por exemplo, a reconciliação do casal ou até mesmo a morte de um dos cônjuges.

Se o prazo fosse muito elevado, por cautela, seria necessária a exibição de uma certidão de nascimento atualizada do mandante, para que se comprove que este não é falecido, visto que isso acarreta a extinção do mandato, consoante o **art. 682, II, do Código Civil**.

Essa providência justifica-se em razão da comunicação do óbito que o cartório que o registra deve fazer à serventia em que foi registrado o nascimento, para que seja feita uma averbação, que permite a verificação da sua ocorrência, com o objetivo de evitar, também, uma fraude sucessória, excluindo-se, dolosamente, o cônjuge sobrevivente da sucessão, realizando-se uma separação *post mortem*.

Com isto, entendemos que a mencionada procuração tenha prazo de eficácia de 30 dias. O objetivo desse prazo é, justamente, evitar a dissolução da sociedade conjugal após um longo período da lavratura do instrumento de procuração, em que se abre a possibilidade para uma eventual reconciliação.

É por esse motivo, e concordando com nosso posicionamento, que Paulo Gaiger Ferreira e Felipe Leonardo Rodrigues[9], ao comentarem a reconciliação antes do divórcio, afirmam que tais procurações possuem prazo máximo de 30 dias, quando celebradas no país, e de 90 dias, quando provenientes do exterior.

Essa posição quanto ao prazo de eficácia da procuração, acabou sendo adotada no art. 36 da **Resolução 35 do Conselho Nacional de Justiça**.

Cumpre ressaltar que o prazo indicado para esse ato é diferente do prazo de eficácia da procuração para a celebração do casamento, que, segundo o **art. 1.542, § 3.º, do Código Civil**, é de 90 dias.

Assim, sendo viável o divórcio extrajudicial por procuração, cabe questionar qual seria o conteúdo necessário para esta procuração. No nosso sentir entendemos que na procuração deve conter:

a) a declaração de que não possui filhos incapazes;

b) sendo mulher a declaração de que não está grávida, ou que desconhece eventual gravidez;

c) declaração de impossibilidade de reconciliação do casal;

d) as informações de livro, folha, termo e cartório de onde foi registrado o casamento.

---

9. FERREIRA, Paulo Roberto Gaiger e RODRIGUES, Felipe Leonardo. *Tabelionato de Notas*. 4 ed. Indaiatuba: Ed. Foco, 2021, p. 349.

Estas são as declarações que devem constar nas procurações, porém, caso nela não estejam presentes, não vejo como um empecilho para que a escritura não seja lavrada, pois estamos falando da boa prática notarial em se lavrar procurações, mas, nesta hipótese, tais declarações terão que ser feitas pelo mandatário na escritura de divórcio ou de extinção de união estável, sob as penas da lei, e de uma invalidade do negócio jurídico se mentir.

Existem, ainda, outras cláusulas facultativas que podem ser colocadas na procuração para esse fim, porém, se não estiverem presentes, isso não impede a lavratura da escritura de divórcio ou extinção de união estável, pois são assuntos que se referem aos poderes concedidos ao mandatário, são elas:

a) a descrição dos bens e a forma da partilha;

b) decidindo-se que não será feita a partilha de bens conjuntamente na escritura, indicar que o mandante deseja que a mesma seja feita posteriormente;

c) individualização do montante que será pago a título de pensão alimentícia;

d) declaração de que não será paga pensão alimentícia ao outro cônjuge;

e) declaração de que renuncia pensão alimentícia para si;

f) se irá, ou não, retomar o nome que tinha antes do casamento, ou se tal discussão será judicial.

Outro ponto polêmico e importante é saber se as partes podem ser representadas pelo mesmo procurador.

Entendemos ser negativa a resposta, haja vista que os interesses de ambos não são coincidentes, o que exige a fiscalização de pessoas separadas.

Ademais, entendemos que não deverá ser mandatário, nesse caso, para evitar uma insegurança jurídica:

a) o advogado de uma das partes;

b) o tabelião;

c) qualquer funcionário do tabelionato de notas;

d) o outro cônjuge.

O CNJ modificou o art. 12 da Resolução 35, atendendo a um pedido da AASP (Associação dos Advogados de SP) num pedido de providências por ela protocolado, para permitir que o advogado possa ser mandatário nas escrituras de inventário.

Porém, como tal artigo se aplica apenas as escrituras de inventário, ficou a dúvida se nas de divórcio e extinção de união estável poderia, já que nada disse? **Entendemos que não pode**, pelas razões acima já esposadas, e por não ter sido alterada, também, norma sobre esse assunto na parte dedicada as escrituras de divórcio.

Essa nossa posição não se aplica ao estado de SP, onde a Corregedoria-Geral de Justiça, adequou seu Código de Normas do Extrajudicial, para fazer nele constar que o advogado pode acumular a função de causídico e mandatário nas escrituras de inventário, divórcio e extinção de união estável.

Pelo rol que apresentamos acima, observamos que existem pessoas que não podem ser mandatários, sob pena de contaminar a vontade do ato.

Uma delas é o próprio cônjuge. Seria possível que um dos cônjuges outorgasse a procuração para o outro para que realizasse a separação e/ou o divórcio?

Negativa deve ser a resposta, sob pena de cairmos num absurdo jurídico, de delegar para uma mesma pessoa o destino da sociedade conjugal, que pode ter enganado o outro para obter a procuração.

O que teríamos na hipótese seria o instituto do autocontrato, previsto no art. 117 do **Código Civil**, que assim estabelece:

> "Art. 117. Salvo se o permitir a lei ou o representado, é anulável o negócio jurídico que o representante, no seu interesse ou por conta de outrem, celebrar consigo mesmo".

Esse instituto é referendado pelo art. 685 do **Código Civil**, que autoriza a procuração em causa própria nos seguintes termos:

> "Art. 685. Conferido o mandato com a cláusula 'em causa própria', a sua revogação não terá eficácia, nem se extinguirá pela morte de qualquer das partes, ficando o mandatário dispensado de prestar contas, e podendo transferir para si os bens móveis ou imóveis objeto do mandato, obedecidas as formalidades legais".

Um exemplo que podemos citar é do vendedor de um imóvel que outorga procuração para o comprador transmitir a propriedade do imóvel vendido para ele mesmo.

Mostra o citado dispositivo que o autocontrato em regra é anulável, somente sendo permitido quando a lei ou o representado autorizarem. Desta forma, seria válida somente a escritura de compra e venda assinada apenas pelo comprador (como adquirente e representando o alienante) se o mandante fizesse menção a tal possibilidade expressamente no mandato.

Entretanto, entendemos impossível o cônjuge outorgar procuração para o outro, mesmo que com poderes especiais, para que promova o divórcio. Isto porque os interesses de ambos são conflitantes.

Assim sendo, é permitida a representação dos cônjuges na escritura de divórcio, o que está autorizado, também, no art. 36 da **Resolução 35 do Conselho Nacional de Justiça**, que assim dispõe:

> "Art. 36. O comparecimento pessoal das partes é dispensável à lavratura de escritura pública de separação e divórcio consensuais, sendo admissível ao(s) separando(s) ou ao(s) divorciando(s) se fazer representar por mandatário constituído, desde que por instrumento público com poderes especiais, descrição das cláusulas essenciais e prazo de validade de trinta dias".

Questão que irá provocar muita celeuma é **"o que são poderes especiais"**, previsto na redação do citado artigo?

Se uma pessoa estiver munida de procuração que determine expressamente "**o meu cônjuge tem poderes para promover o nosso divórcio por escritura pública,**

bem como estabelecer as regras decorrentes desse ato", podemos falar que há poderes especiais?

Ou para se falar em tais poderes é preciso constar na procuração TODAS as condições que serão estabelecidas na escritura, tais como partilha de bens, pensão alimentícia e a retomada, ou não, do nome de solteiro?

Parece-nos que em ambas as hipóteses existem poderes especiais, mas que o primeiro exemplo (que concede poderes para lavrar escritura de divórcio sem estabelecer as regras do ato), seja o usual, o normal, por conta da natureza jurídica do contrato de mandato.

O **art. 653 do CC** conceitua o mandato, que é instrumentalizado pela procuração, como sendo o contrato em que uma pessoa recebe de outrem poderes para, em seu nome, praticar atos ou administrar interesses, ou seja, não apenas para assinar um documento que deve ter, obrigatoriamente, apenas cláusulas que estejam previstas no instrumento, sem que o mandatário possa solicitar a inclusão ou exclusão de alguma delas.

Está é, inclusive, a conclusão que se chega com a leitura do **art. 663 do CC**, que dá poderes para o mandatário estipular negócios expressamente, que vinculem o mandante.

Dizer que TODAS as cláusulas das escrituras de divórcio devem estar expressas na procuração, não podendo o mandatário dispor sobre nada, apenas assinar, é uma idiossincrasia gigante, que nega o conceito e a natureza jurídica desse contrato, o que não pode prosperar sob hipótese nenhuma.

É por tudo isso, inclusive, que o mandatário deve prestar contas da sua gestão ao mandante.

Assim sendo, tendo poderes especiais, como previsto no art. 661 do CC, sem a necessidade de indicar todas as regras e cláusulas da escritura, a procuração deverá ser aceita pelo tabelião, pois a mesma permite ao mandatário estabelecer as regras que achar convenientes.

O **art. 36 da Resolução 35 do Conselho Nacional de Justiça** (já citado anteriormente) nada menciona sobre o caso, mas exige, sempre, que no mandato venham descritas as cláusulas essenciais.

Porém, parece-me que o referido artigo estabelece norma de recomendação ao tabelião no momento de lavrar a escritura de procuração e não para proibir a parte de lavrar a escritura de divórcio se essas cláusulas essenciais não estiverem descritas no instrumento de mandato, desde que haja neste poderes especiais expressos.

Mas, mesmo respeitadas todas essas regras, seria possível outorgar poderes de representação para o outro cônjuge que terá que participar do negócio como parte?

Entendemos que não, em razão da existência de conflito de interesses entre mandante e mandatário, que contraria o conceito do contrato de mandato, que impede o contrato de mandato.

Mas, se mesmo assim o ato for praticado, será este anulável (**art. 117 do Código Civil**) no prazo de dois anos a contar da data da sua realização (**art. 179 do Código Civil**).

Continuando a análise da representação dos cônjuges nas escrituras de divórcio, questionamos qual a consequência de o mandatário realizá-la de forma diferente da determinada pelo mandante. Por exemplo, concedendo pensão alimentícia altíssima ao outro cônjuge, ou dividindo o patrimônio de forma errada.

Neste caso, estaríamos diante do excesso de mandato, que faz com que o ato seja anulável no prazo de 180 dias, consoante regra do **art. 119 do Código Civil**.

No entanto, para isto, é necessário sempre que os limites impostos ao mandatário estejam descritos na própria procuração, que deverá fazer parte do ato notarial de separação e divórcio.

Por fim, cumpre analisar o que ocorreria com a escritura se o mandato fosse invalidado.

Entendemos que a invalidação do mandato acarreta, por via de consequência, a invalidação da escritura de separação ou divórcio, sem prejudicar os direitos de terceiro.

Por exemplo, com a invalidação do mandato não seria possível invalidar uma alienação feita pelo cônjuge após ser realizada e registrada a partilha de bens.

Caso um dos cônjuges venha a se casar novamente com outra pessoa, após o divórcio, a invalidação do mandato e, consequentemente, da escritura tornaria nulo o casamento, já que as partes retornariam ao estado de casados?

Entendemos ser negativa a resposta, uma vez que a quebra do afeto já dissolveu a sociedade conjugal, o que inviabilizaria que a sentença, que invalida o mandato, possa impor novamente a união dos ex-cônjuges.

No nosso entendimento, a invalidação do mandato obrigaria a rediscussão sobre a partilha de bens, a respeito da pensão alimentícia do cônjuge, sobre a questão da manutenção ou não do nome de casado, mas não da relação conjugal, que já se apresenta deteriorada.

Assim, buscamos normatizar as regras para que se tenha segurança na realização do ato notarial por procuração, a fim de evitar a burocratização que dificulte a realização do ato quando os cônjuges estão distantes um do outro.

Abaixo veremos que compartilham do entendimento de que é possível a escrituração da separação e do divórcio por procuração o Conselho Nacional de Justiça e os Tribunais de Justiça de São Paulo, Minas Gerais, Mato Grosso, Pará, Paraíba e Bahia.

DA POSSIBILIDADE DE REPRESENTAÇÃO DAS PARTES POR PROCURADOR EM QUAISQUER ATOS REFERENTES À LEI 11.441/2007 E REQUISITOS PARA TANTO	
Resolução n. 35 do Conselho Nacional de Justiça	Art. 36. O comparecimento pessoal das partes é dispensável à lavratura de escritura pública de separação e divórcio consensuais, sendo admissível ao(s) separando(s) ou ao(s) divorciando(s) se fazer representar por mandatário constituído, desde que por instrumento público com poderes especiais, descrição das cláusulas essenciais e prazo de validade de trinta dias.
Orientações da Corregedoria-Geral de Justiça do Estado de São Paulo	5.5. O comparecimento pessoal das partes não é indispensável à lavratura de escritura pública de separação e divórcio consensuais, sendo admissível ao(s) separando(s) ou ao(s) divorciando(s) se fazer representar por mandatário constituído, desde que por instrumento público (artigo 657 do CC), com poderes especiais e prazo de validade de 30 (trinta) dias. Segue-se o mesmo raciocínio da habilitação (artigo 1.525, *caput*, do CC) e da celebração (artigo 1.535 do CC) do casamento, que admite procuração *ad nupcias*. Não poderão as duas partes, entretanto, ser representadas no ato pelo mesmo procurador.

DA POSSIBILIDADE DE REPRESENTAÇÃO DAS PARTES POR PROCURADOR EM QUAISQUER ATOS REFERENTES À LEI 11.441/2007 E REQUISITOS PARA TANTO	
Provimento do Tribunal de Justiça do Estado de Minas Gerais	Art. 4.º As partes poderão ser representadas por procurador em quaisquer dos atos descritos no art. 1.º e §§ 1.º e 2.º deste Provimento, desde que munido de procuração pública com poderes específicos para o ato, outorgada há no máximo 90 (noventa) dias. Parágrafo único. Se a procuração mencionada no *caput* deste artigo houver sido outorgada há mais de 90 (noventa) dias, deverá ser exigida certidão do serviço notarial onde foi passado o instrumento público do mandato, dando conta de que não foi ele revogado ou anulado.
Provimento do Tribunal de Justiça do Estado do Mato Grosso	9.7.1.3 – Para lavratura da escritura, as partes deverão comparecer acompanhadas de advogado. Na ausência de condições econômicas para a contratação do profissional, o tabelião deverá orientá-las a buscar assistência da Defensoria Pública ou dos Núcleos Jurídicos das Faculdades de Direito. As partes deverão comparecer pessoalmente. Porém, excepcionalmente, quando for impraticável fazê-lo, poderão fazer-se representar por procuração por instrumento público, com poderes específicos para o ato.
Provimento do Tribunal de Justiça do Estado do Pará	Art. 5.º As partes poderão ser representadas por procuradores, desde que através de procuração pública, com poderes especiais para o ato. Parágrafo único. No caso do instrumento de procuração datar de mais de 90 (noventa) dias, necessário apresentação de certidão do notário competente certificando sobre a não ocorrência de revogação.
Provimento do Tribunal de Justiça do Estado da Paraíba	Art. 6.º As partes poderão ser representadas por procurador em quaisquer dos atos descritos no art. 1.º e §§ 1.º e 2.º deste Provimento, desde que munido de procuração pública com poderes específicos para o ato, outorgada há no máximo 90 (noventa) dias. Parágrafo único. Se a procuração mencionada no *caput* deste artigo houver sido outorgada há mais de 90 (noventa) dias, deverá ser exigida certidão do serviço notarial onde foi passado o instrumento público do mandato, dando conta de que não foi ele revogado ou anulado.
Provimento do Tribunal de Justiça do Estado da Bahia	Art. 11. [...] § 2.º O comparecimento pessoal das partes é dispensável à lavratura de escritura pública de Separação e Divórcio consensuais, sendo admissível ao(s) separandos ou ao(s) divorciando(s) se fazer representar por mandatário constituído, desde que por instrumento público (art. 657, do Código Civil), com poderes especiais. Nesta hipótese, o mandatário, se advogado habilitado e regularmente constituído, poderá atuar também como assistente das partes.

11. QUAL ESCRITURA FAZER SE O CASAL É SEPARADO JUDICIALMENTE, EXTRAJUDICIALMENTE OU DE CORPOS?

Como já foi dito anteriormente, em capítulo específico que trata da Emenda Constitucional 66, de 2010, entendemos que não existe mais o instituto da separação, e com o seu fim não há que se falar mais em divórcio por conversão (pois ele exigia prazos), mas somente em divórcio direto (sem prazos e requisitos prévios).

Assim sendo, se um casal for separado judicialmente, extrajudicialmente, ou tiver uma liminar de separação de corpos, a escritura que deve ser feita é a de DIVÓRCIO, sem qualquer outra denominação (direto ou indireto).

O tabelião deve fazer a escritura de divórcio, nesse caso, como se não existisse a separação judicial, extrajudicial ou de corpos, mas, *ad cautelam*, apenas mencionar, no começo do ato notarial, sobre a sua existência, sem que esse fato modifique qualquer questão na realização do divórcio.

12. A RECONCILIAÇÃO DAS PESSOAS QUE JÁ SE SEPARARAM AINDA PODE SER ESCRITURADA?

Permite o *caput* do **art. 1.577 do Código Civil** que:

> "**Art. 1.577.** Seja qual for a causa da separação judicial e o modo como esta se faça, é lícito aos cônjuges restabelecer, a todo tempo, a sociedade conjugal, por ato regular em juízo.
>
> **Parágrafo único.** A reconciliação em nada prejudicará o direito de terceiros, adquirido antes e durante o estado de separado, seja qual for o regime de bens."

Lendo o referido dispositivo percebe-se que os cônjuges *separados judicialmente* podem se reconciliar, hipótese esta que não é permitida ao divorciado em razão da extinção do vínculo conjugal, já que, se quiserem se "reconciliar", deverão se casar novamente.

Assim, surge outro ponto controvertido que se refere à possibilidade, ou não, da reconciliação se dar por via administrativa, por meio de escritura pública, visto que o referido dispositivo cita que a reconciliação deve ocorrer em juízo.

A questão merece nossa reflexão. Sabemos que o **art. 10 do Código Civil** estabelece que deve ser feita a averbação em registro público das sentenças que decretarem:

> a) a nulidade ou anulação do casamento;
> b) o divórcio;
> c) a separação judicial;
> d) o restabelecimento da sociedade conjugal.

A leitura do referido dispositivo nos mostra que as sentenças que decretam a separação, o restabelecimento da sociedade conjugal, ou o divórcio, não possuem oponibilidade *erga omnes* antes de averbadas no Cartório de Registro Civil onde se realizou o casamento, o que demonstra a existência de efeitos, somente, *inter partes*.

Dessa forma, em face da existência de regulamentação específica, percebe-se que, novamente nos socorrendo da analogia, a escritura que estabelece a separação ou o divórcio também possui efeito *inter partes* dependendo do registro para produzir efeito *erga omnes*.

O mesmo raciocínio deve ser aplicado para a reconciliação do casal. Não há impedimento algum para que os separados judicialmente possam se reconciliar extrajudicialmente, tampouco para os que são separados extrajudicialmente a possibilidade de se reconciliarem por escritura pública.

Por produzir efeito, somente *inter partes* no início, não haveria nenhum prejuízo algum para qualquer dos cônjuges, haja vista que, em caso de uma futura extinção da sociedade conjugal por alguma das causas previstas no **art. 1.571 do Código Civil**, não haveria risco de sonegação da informação, considerando que um deles levaria ao conhecimento de todos a existência da escritura de reconciliação.

Para o efeito *erga omnes*, em razão da necessidade de se proceder ao registro, independe para o terceiro como foi feita essa reconciliação, se judicialmente ou extrajudicialmente, já que produzirá os mesmos efeitos.

Aliás, cumpre ressaltar que o terceiro nunca seria prejudicado com a reconciliação do casal, seja ela judicialmente ou extrajudicialmente (hipótese em que, novamente, é necessário fazer interpretação analógica), visto que o **parágrafo único do art. 1.577** estabelece que *a reconciliação em nada prejudicará o direito de terceiros, adquirido antes e durante o estado de separado, seja qual for o regime de bens*.

Portanto, somos favoráveis à possibilidade de se fazer a reconciliação por escritura pública, independentemente de como tenha sido realizada a separação do casal (judicialmente ou extrajudicialmente).

O Conselho Nacional de Justiça firmou entendimento, no art. 48 da **Resolução 35**, no sentido de que:

> "**Art. 48.** O restabelecimento de sociedade conjugal pode ser feito por escritura pública, ainda que a separação tenha sido judicial. Neste caso, é necessária e suficiente a apresentação de certidão da sentença de separação ou da averbação da separação no assento de casamento".

Discordamos da conjunção "ou" no final do cotado artigo, quando teria que ser 'e", pois o que dá publicidade a uma forma de dissolução da sociedade conjugal não é a sentença, mas a sua averbação no assento de casamento, motivo pelo qual a sua apresentação é obrigatória para a lavratura de escritura de reconciliação, inclusive, para preservação do princípio da verdade registral.

A proibição de reconciliação extrajudicial na hipótese de inexistência de filhos incapazes contribuiria para a formação de uma união estável entre ex-cônjuges, haja vista que, em razão da dificuldade de se formalizar a reconciliação judicialmente, as partes iriam optar por reconciliar apenas faticamente, fazendo com que as normas vigentes na relação do casal sejam aquela descrita nos **arts. 1.723 e seguintes do Código Civil**.

Questiona-se, ainda, se esta escritura exige a presença de advogado comum das partes, como um requisito de validade.

Entendemos que sim, considerando que neste momento as partes, também, deverão ser orientadas pelo profissional da advocacia, assim como ocorre no caso do divórcio extrajudicial.

Entretanto, entendemos que o tabelião deverá exigir do casal que deseja se reconciliar uma certidão de casamento atualizada que conste a averbação da separação. Para auxiliar no cumprimento do disposto no **art. 10 do Código Civil**, deve o tabelião, por medida de cautela, somente aceitar fazer a escritura se a separação estiver averbada no Registro Civil. Se o casal ainda não tiver providenciado a averbação, deverá o tabelião orientá-los a tomar tal atitude, sob pena de não ser realizada a referida escritura.

Esse é o entendimento do art. 51 da **Resolução 35 do Conselho Nacional de Justiça**, que possui a seguinte redação:

> "**Art. 51.** A averbação do restabelecimento da sociedade conjugal somente poderá ser efetivada depois da averbação da separação no registro civil, podendo ser simultâneas".

Ao realizar a reconciliação extrajudicial, não poderá a sociedade conjugal ser restabelecida com modificações, exceto quanto à questão do uso do nome. Na escritura de reconciliação, se uma das partes decidir (a decisão cabe somente a ela, dado que o sobrenome do outro cônjuge, quando adotado, gera direito da personalidade) voltar a utilizar o nome de solteira, poderá o tabelião incluir na escritura tal manifestação de vontade. Comunga desse entendimento Carlos Alberto Dabus Maluf e Adriana Caldas do Rego Freitas Dabus Maluf.[10]

Mas, quanto à questão da modificação do regime de bens, ela se torna impossível extrajudicialmente, haja vista que o **§ 2.º do art. 1.639 do Código Civil** autoriza a modificação do regime de bens somente mediante autorização judicial, em pedido motivado de ambos os cônjuges.

Também pensa dessa forma Rolf Madaleno[11], para quem a escritura pública de reconciliação e restabelecimento da sociedade conjugal não comporta ser cumulada com formulação conjunta de alteração do regime de bens, diante da expressa proibição contida no Código Civil.

Desta forma, verifica-se que, se o casal desejar se reconciliar modificando o regime de bens, deverá adotar, obrigatoriamente, a via judicial.

Esse é o posicionamento descrito no art. 50 da **Resolução 35 do Conselho Nacional de Justiça**, vejamos:

> "**Art. 50.** A sociedade conjugal não pode ser restabelecida com modificações".

A abordagem deste assunto tem cabimento em razão da necessidade de saber se haverá, ou não, comunicação dos bens adquiridos pelo casal, durante o período compreendido entre a separação e a reconciliação.

Entende Rolf Madaleno[12] que:

> "Essa massa de bens advindos do casamento reside na união afetiva do casal e na comunidade dos seus esforços dirigidos para um único objetivo, representado pelo crescimento econômico de sua sociedade afetiva. _Dissolvido o casamento ou a união estável pela perda de sua affectio societattis e não mais coabitando os sócios conjugais, também desaparece o direito de comunidade de bens, que justamente emerge da comunidade de esforços e interesses, enfim, de uma convivência que nada mais produz porque deixou de existir_" (grifamos).

---

10. MALUF, Carlos Alberto Dabus e MALUF, Adriana Caldas do Rego Freitas Dabus. *Curso de Direito de Família*. São Paulo, Saraiva, 2013. p. 312.
11. MADALENO, Rolf. *Curso de Direito de Família*. 5º ed. Rio de Janeiro: Forense, 2013. p. 312-313.
12. MADALENO, Rolf. Do regime de bens entre os cônjuges. In: DIAS, Maria Berenice; PEREIRA, Rodrigo da Cunha (Coord.). *Direito de família e o novo Código Civil*. 4. ed. Belo Horizonte: Del Rey, 2005, p. 164.

Concordamos, plenamente, com o posicionamento acima descrito. Se ocorreu uma separação de fato, que retrata a perda do afeto entre os cônjuges, não há que cogitar a comunicação de bens somente porque ainda há reminiscências cartorárias neste casamento.

Ademais, este já era o posicionamento da jurisprudência, antes mesmo da entrada em vigor do Código Civil vigente. Só para mencionar um exemplo, citamos conhecidíssimo acórdão[13] proferido pela 3.ª Turma do Tribunal de Justiça de São Paulo, relatado pelo Desembargador Benedito Silvério, no seguinte sentido:

> "[...] não coaduna com os princípios de Justiça efetuar a partilha de patrimônio auferido por apenas um dos cônjuges, sem a ajuda do consorte, em razão de separação de fato prolongada, situação que geraria enriquecimento ilícito àquele que de forma alguma não teria contribuído para a geração de riqueza. O fundamental no regime da comunhão de bens – prossegue o acórdão famoso – é o *animus societatis* e a mútua contribuição para a formação de um patrimônio comum. Portanto, sem a ideia de sociedade e sem a união de esforços do casal para a formação desse patrimônio, afigurar-se-ia injusto, ilícito e imoral proceder ao partilhamento de bens conseguidos por um só dos cônjuges, estando o outro afastado da luta para a aquisição dos mesmos".

Pelos motivos acima expostos, comungamos do entendimento de que os bens adquiridos por cada cônjuge durante o período compreendido da separação até a reconciliação não se comunicam.

Ocorrendo, porém, a reconciliação extrajudicial, deverão as partes, a exemplo da reconciliação judicial, proceder à averbação da escritura à margem do assento do casamento no Cartório de Registro Civil, conforme determina o **art. 10, IV, do Código Civil** e **art. 101 da Lei de Registros Públicos** (Lei 6.015/73).

Isso consta, inclusive, no art. 49 da **Resolução 35 do Conselho Nacional de Justiça**, vejamos:

> "Art. 49. Em escritura pública de restabelecimento de sociedade conjugal, o tabelião deve: a) fazer constar que as partes foram orientadas sobre a necessidade de apresentação de seu traslado no registro civil do assento de casamento, para a averbação devida; b) anotar o restabelecimento à margem da escritura pública de separação consensual, quando esta for de sua serventia, ou, quando de outra, comunicar o restabelecimento, para a anotação necessária na serventia competente; e c) comunicar o restabelecimento ao juízo da separação judicial, se for o caso".

Cumpre salientar que mesmo com o fim da separação em razão da Emenda Constitucional 66, de 2010, muitas pessoas separadas ainda permanecerão nesse estado civil por muito tempo. Assim sendo, é possível que um casal nessa situação procure o tabelião de notas para lavrar uma escritura de reconciliação, o que é plenamente possível de se fazer. Essa posição não contraria o nosso entendimento de que a separação acabou, pois acreditamos ser possível fazer a escritura de reconciliação para quem já está separado, e que novas escrituras de separação não devem ser feitas.

A seguir veremos que compartilham do entendimento de que é possível o restabelecimento da sociedade conjugal por escritura pública, ainda que a separação tenha

---

13. TJSP, 3.ª C., AC 188.670-1/4, j. 11.05.1993, v.u.

sido judicial, o Conselho Nacional de Justiça e os Tribunais de Justiça de São Paulo, Pará e Bahia.

DA POSSIBILIDADE DE RESTABELECIMENTO DA SOCIEDADE CONJUGAL POR ESCRITURA PÚBLICA, AINDA QUE A SEPARAÇÃO TENHA SIDO JUDICIAL	
Resolução n. 35 do Conselho Nacional de Justiça	Art. 48. O restabelecimento de sociedade conjugal pode ser feito por escritura pública, ainda que a separação tenha sido judicial. Neste caso, é necessária e suficiente a apresentação de certidão da sentença de separação ou da averbação da separação no assento de casamento.
Orientações da Corregedoria-Geral de Justiça do Estado de São Paulo	6.3. Restabelecimento de sociedade conjugal: 6.3.1. Pode ser feita por escritura pública. 6.3.2. Ainda que a separação tenha sido judicial. 6.3.3. Nesse caso (6.3.2), necessária e suficiente a apresentação de certidão da sentença de separação ou da averbação da separação no assento de casamento. 6.3.4. Nesse caso (6.3.2), o Tabelião deve comunicar o Juízo e as partes apresentar a escritura ao Oficial de Registro Civil em que constar o assento de casamento, para a averbação necessária.
Provimento do Tribunal de Justiça do Estado da Bahia	Art. 27 Poderão ser lavrados por escritura pública o Restabelecimento da Sociedade Conjugal e a conversão da Separação Consensual em Divórcio, desde que, para esta, seja observado o que segue: I – decurso de um ano do trânsito em julgado de sentença que houver decretado a separação judicial, ou da decisão concessiva de medida cautelar de separação de corpos; II – decurso de um ano da lavratura da escritura pública de separação judicial. § 1.º A comprovação dos requisitos exigidos por este dispositivo será feita mediante apresentação de certidão da sentença de separação, ou da averbação da separação no assento de casamento.
Provimento do Tribunal de Justiça do Estado Pará	Art. 23. O restabelecimento da sociedade conjugal pode ser feito por escritura, ainda que a separação tenha sido judicial, mediante a apresentação de certidão da sentença de separação ou da averbação da separação no assento de casamento.

Na próxima tabela, veremos que compartilham do entendimento de que é impossível o restabelecimento da sociedade conjugal por escritura pública com modificações o Conselho Nacional de Justiça e os Tribunais de Justiça de São Paulo e Bahia.

DA IMPOSSIBILIDADE DE RESTABELECIMENTO DA SOCIEDADE CONJUGAL COM MODIFICAÇÕES	
Resolução n. 35 do Conselho Nacional de Justiça	Art. 50. A sociedade conjugal não pode ser restabelecida com modificações.
Orientações da Corregedoria-Geral de Justiça do Estado de São Paulo	6.3.7. A sociedade conjugal não pode ser restabelecida com modificações, salvo no que se refere ao uso do nome.
Provimento do Tribunal de Justiça do Estado da Bahia	Art. 27. [...] § 2.º A sociedade conjugal não pode ser restabelecida com modificações, salvo no que se refere ao uso do nome.

No tocante à necessidade de averbação do restabelecimento da sociedade conjugal, depois da averbação no cartório de registro civil, veremos abaixo serem partidários de tal posicionamento o Conselho Nacional de Justiça e os Tribunais de Justiça de São Paulo e Bahia.

DA NECESSIDADE DE AVERBAÇÃO DO RESTABELECIMENTO DA SOCIEDADE CONJUGAL DEPOIS DA AVERBAÇÃO DA SEPARAÇÃO NO CARTÓRIO DE REGISTRO CIVIL. POSSIBILIDADE DE AVERBAÇÕES SIMULTÂNEAS	
Resolução n. 35 do Conselho Nacional de Justiça	Art. 51. A averbação do restabelecimento da sociedade conjugal somente poderá ser efetivada depois da averbação da separação no registro civil, podendo ser simultâneas.
Orientações da Corregedoria-Geral de Justiça do Estado de São Paulo	6.3.9. A averbação do restabelecimento da sociedade conjugal depende da averbação da separação no registro civil, podendo os dois atos ser averbados simultaneamente.
Provimento do Tribunal de Justiça do Estado da Bahia	Art. 27. [...] § 4.º A averbação do restabelecimento da sociedade conjugal depende da averbação da separação no Registro Civil, podendo os dois atos ser averbados simultaneamente.

13. A DESNECESSIDADE DE FAZER PARTILHA DE BENS NA ESCRITURA

Muitas pessoas estão indagando se a partilha de bens é requisito para que o tabelião lavre a escritura de divórcio, já que o **art. 733 do Código de Processo Civil** estabelece que da referida escritura deve constar a partilha dos bens comuns.

Entendemos que a *partilha de bens pode ser feita e não que deva ser realizada* quando a escritura for lavrada. O argumento para tal afirmação é que o **art. 1.581 do Código Civil** estabelece que o divórcio pode ser concedido sem prévia partilha de bens.

Não é recomendado que os cônjuges, em regra, deixem a partilha de bens para momento posterior ao divórcio. Todavia, não se pode proibir que isto ocorra por inexistência de empecilho legal expresso. Não podemos esquecer que muitos cônjuges não formalizam o divórcio em razão da complexidade que a divisão de certos patrimônios envolve.

Assim, a escritura que realiza o divórcio deve conter cláusula expressa que indique que a partilha de bens será feita em outro momento, judicialmente ou por escritura pública, devendo, somente se for possível, descrever os bens que estão em condomínio. Ressalte-se que essa frase não gera uma proibição para que essa partilha venha a ser realizada no futuro por escritura pública, desde que haja consenso entre as partes.

O Colégio Notarial do Brasil também entendeu em suas recomendações que, neste caso, o tabelião deve descrever os bens, inclusive direitos, e as partes declararão que farão a partilha dos bens em outro momento.

Dessa forma, verifica-se ser possível a realização de uma escritura somente para partilhar os bens do casal separados (antes da EC 66/2010) ou divorciados, por escritura ou judicialmente, desde que haja consenso entre as partes.

Já defendemos,[14] inclusive, que a partilha de bens, após dissolvida a sociedade conjugal, pode ser feita por **arbitragem**, como permite a **Lei 9.307/96**, já que a questão que será discutida versará sobre direitos patrimoniais disponíveis.

Entretanto, a dúvida que passa a existir com esta interpretação é se a **presença do advogado** também é requisito de validade para a realização do ato. Entendemos que afirmativa será a resposta, haja vista que se trata de ato que foi autorizado pelo art. 733 do Código de Processo Civil de 2015, que é taxativo ao exigir a presença do profissional da advocacia.

A seguir veremos como o Colégio Notarial do Brasil, o Colégio Notarial do Rio Grande do Sul e a Anoreg entendem que deve ser feita a escritura de divórcio sem partilha de bens.

DA DECLARAÇÃO SOBRE A EXISTÊNCIA DE BENS DO CASAL E DECLARAÇÃO DAS PARTES SOBRE POSTERIOR PARTILHA DOS REFERIDOS BENS	
Recomendações do Colégio Notarial do Brasil	6 – Bens: As partes devem declarar não serem proprietárias em comum de bens. Ou, se tiverem bens, as partes assim declaram. Neste caso, o tabelião pode optar entre descrever os bens, inclusive direitos e as partes declararão que farão a partilha dos bens em outro momento.
Recomendações do Colégio Notarial do Rio Grande do Sul	A partilha de bens não necessita ser efetuada concomitantemente a lavratura da escritura, eis que o artigo 1.581 expressamente prevê a possibilidade de ser realizada futuramente. Agora, optando as partes em realizarem a partilha de bens no mesmo ato – o que recomendamos – deverá o Notário atentar-se para o artigo 1.108 do Código de Processo Civil e artigos 613 e seguintes do Provimento 32/06-CGJ, que exige a manifestação prévia da fazenda pública para proceder-se à partilha. Além disso, ao Titular da serventia notarial caberá mensurar o quinhão de cada parte em relação ao todo, face ao regime de bens adotado. Se for o caso de acréscimo patrimonial por transferência por ato *inter vivos* deverá ser exigido o respectivo pagamento do ITBI ou ITCD conforme as peculiaridades do caso.
Manual preliminar Anoreg	6 – Bens: As partes devem declarar não serem proprietárias em comum de bens. Ou, se tiverem bens, as partes assim declaram. Neste caso, o tabelião pode optar entre descrever os bens, inclusive direitos e as partes declararão que farão a partilha dos bens em outro momento.

14. DAS DISPOSIÇÕES SOBRE ALIMENTOS NAS ESCRITURAS PÚBLICAS

Inúmeras dúvidas pairam acerca da questão das disposições relativas aos alimentos nas escrituras públicas de separação e divórcio consensuais.

O **art. 733 do Código de Processo Civil** faz menção à necessidade de a escritura pública de divórcio estabelecer disposição acerca dos alimentos do cônjuge o que inclui o companheiro.

---

14. CASSETTARI, Christiano. A abrangência da expressão "ser consensual" como requisito para a separação e para o divórcio extrajudiciais: a possibilidade de realizar escritura pública somente para dissolver o casamento e discutir judicialmente outras questões. *Revista Brasileira de Direito de Família*, Porto Alegre, n. 41, p. 15-24, abr.-maio 2007.

Inicialmente surge a dúvida se a estipulação a respeito dos alimentos é requisito para o divórcio por escritura pública ou não. Entendemos que não, haja vista que a fixação dos alimentos é opcional e não obrigatória, motivo pelo qual não pode ser tida como uma condição para a escrituração.

A Corregedoria-Geral de Justiça do Estado de São Paulo estabeleceu na orientação 5.8 que no divórcio consensual por escritura pública, as partes podem optar em resolver a pensão alimentícia *a posteriori*.

Pode ser que a questão dos alimentos seja muito complexa, o que permite que a sua discussão seja feita judicialmente, sem que isso importe em litígio para o divórcio. Como o art. 733 do Código de Processo Civil exige a inexistência de litígio, cumpre ressaltar que o fato de não haver acordo sobre os alimentos não importa em litígio sobre o divórcio, que pode ser escriturada sem problemas, fazendo-se menção que a pensão alimentícia será objeto de discussão judicial.

Outro ponto polêmico é saber se pode existir renúncia do cônjuge sobre os alimentos. O fundamento para essa questão controvertida é que o **art. 1.707 do Código Civil** *permite ao credor não exercer, porém lhe é vedado renunciar o direito a alimentos, sendo o respectivo crédito insuscetível de cessão, compensação ou penhora*.

O referido artigo apresenta a irrenunciabilidade dos alimentos, que vem sendo interpretado pela nossa jurisprudência como aqueles originados pelo parentesco (filhos, por exemplo), e não os que são decorrentes do vínculo conjugal, hipótese em que será suscetível de renúncia.

A interpretação que vem sendo dada ao art. 1.707 do Código Civil é de que o cônjuge poderia renunciar, no divórcio, aos alimentos, visto que com ele se extingue o vínculo matrimonial, motivo pelo qual uma partilha desigual, por exemplo, poderia embasar tal renúncia. Esse entendimento tornou-se, inclusive, enunciado do Conselho da Justiça Federal, nos seguintes termos:

> "**ENUNCIADO 263 CJF** – O art. 1.707 do CC não impede seja reconhecida válida e eficaz a renúncia manifestada por ocasião do divórcio (direto ou indireto) ou da dissolução da união estável. A irrenunciabilidade do direito a alimentos somente é admitida enquanto subsista vínculo de Direito de Família".

Vale ressaltar que a irrenunciabilidade do direito aos alimentos, segundo o referido enunciado, só é admissível quando existe vínculo de direito de família oriundo da parentalidade por consanguinidade (descendentes, ascendentes e colaterais). No tocante ao divórcio, não haveria dúvida, segundo o enunciado, acerca da possibilidade de renúncia, haja vista que ele extingue o vínculo entre cônjuges.

Contudo, o Superior Tribunal de Justiça foi além, permitindo a validade da renúncia dos alimentos feita pelo cônjuge, seja ela realizada em divórcio, conforme nos mostra o enunciado do Conselho da Justiça Federal, como na separação judicial:

> "Alimentos – Renúncia – Ex-cônjuge. A ora recorrida interpôs ação de alimentos contra seu ex-cônjuge, o ora recorrente, mas, anteriormente, quando da separação judicial, renunciara a eles em acordo homologado. Assim, o art. 404 do CC/1916 (art. 1.707 do CC/2002), que lastreia a Súm. n. 379-STF, não se aplica à espécie, pois a irrenunciabilidade lá expressa está contida no capítulo que trata dos

alimentos fundados no parentesco. Ora, entre marido e mulher não há parentesco, o direito a alimentos baseia-se na obrigação mútua de assistência prevista no art. 231, III, do CC/1916 (art. 1.566, III, do CC/2002), a qual cessa com a separação ou divórcio. Logo, a cláusula de renúncia a alimentos disposta no acordo de separação ou divórcio é válida e eficaz, não autorizando o cônjuge que renunciou a voltar a pleitear o encargo. A Turma conheceu e deu provimento ao recurso para julgar a recorrida carecedora da ação e extinguiu o processo sem julgamento do mérito (art. 267, VI, do CPC)" *Precedentes citados*: REsp 17.719/BA, *DJ* 16.03.1992; REsp 8.862/DF, *DJ* 22.06.1992; REsp 85.683/SP, *DJ* 16.09.1996; REsp 36.749/SP, *DJ* 18.10.1999, e REsp 226.330/GO, *DJ* 12.05.2003. **REsp 701.902/SP, Rel. Min. Nancy Andrighi, julgado em 15.09.2005.** *Outros precedentes do STJ:* REsp 701.902/SP; Recurso Especial 2004/0160908-9; REsp 199.427/SP; Recurso Especial 1998/0097892-5.

Assim, em face do entendimento do Superior Tribunal de Justiça no sentido de que os alimentos decorrentes do casamento são renunciáveis, verifica-se ser possível que um dos cônjuges venha a renunciar aos alimentos na escritura que irá decretar o divórcio do casal.

Com esse entendimento atual do STJ, que é corroborado pela doutrina majoritária, fica **superada a Súmula 379 do STF**, que só não foi revogada por ser antiga, e o Supremo não ter mais competência para julgar questões cíveis após a criação do STJ com a Constituição de 1988, o que impede que o tribunal que atualmente tem competência para apreciar tais temas (STJ) revogue súmulas de outro, que não tem mais competência para tratar do assunto (STF), e que por isso não poderá revê-las. Vejamos qual era o conteúdo da súmula que hoje está superada, e não é mais aplicável:

> **SÚMULA 379 do STF** – NO ACORDO DE DESQUITE NÃO SE ADMITE RENÚNCIA AOS ALIMENTOS, QUE PODERÃO SER PLEITEADOS ULTERIORMENTE, VERIFICADOS OS PRESSUPOSTOS LEGAIS.

Cumpre analisar, ainda, se haveria a possibilidade de se fazer uma escritura somente referente aos alimentos se, por exemplo, na separação ficou decidido que os cônjuges discutiriam essa questão judicialmente, ou ainda se um deles renunciou à pensão alimentícia. Com cautela temos que analisar essa questão em face da indisponibilidade dos alimentos.

Se não foi fixada pensão em escritura anterior, por ter havido renúncia ou porque se determinou que a questão seria discutida judicialmente, entendemos que não haveria prejuízo para as partes, de comum acordo, fixarem o valor da pensão.

Estando estabelecido o direito aos alimentos, consideramos, nesse caso, também ser possível reduzir ou majorar a pensão alimentícia mesmo por mútuo acordo em escritura pública, visto que quanto à questão dos alimentos não ocorre a coisa julgada material, que impossibilitaria a discussão judicial mais adiante.

O Conselho Nacional de Justiça firmou entendimento no art. 44 da Resolução 35 que:

> "**Art. 44.** É admissível, por consenso das partes, escritura pública de retificação das cláusulas de obrigações alimentares ajustadas na separação e no divórcio consensuais".

Concordamos com o referido pensamento pela inexistência de prejuízo para as partes.

Assim, entendemos que a mesma regra deverá ser aplicada à exoneração de alimentos – fixados judicialmente ou extrajudicialmente –, uma vez que a necessidade de tê-los no futuro não impede a propositura da referida ação, por ser esta imprescritível.

Entretanto, surge a dúvida se a escritura de fixação de alimentos em momento posterior ao divórcio, ou ainda a escritura de **majoração**, **redução** ou **extinção** exigem a presença de advogado como requisito de validade.

Entendemos que afirmativa será a resposta, haja vista que se trata de ato que foi autorizado pelo art. 733 do Código de Processo Civil, que foi taxativo ao exigir a presença do profissional da advocacia.

Entendem Francisco José Cahali e Karin Regina Rick Rosa[15] que o tabelião não pode intervir na forma como é fixada a pensão alimentícia, já que somente as partes é que podem estabelecer o seu valor, o seu vencimento, a forma de correção, bem como deliberarem como a mesma será paga, já que é necessário que o alimentante autorize o desconto em folha de pagamento cabendo às partes, por exemplo, que façam com que esta escritura chegue ao departamento pessoal da empresa empregadora para que tal providência seja tomada.

Porém, face o que vem entendendo nossos tribunais, os alimentos para cônjuge e companheiro devem provisórios, ou seja, com data de término da obrigação, para que a mesa não se perpetue no tempo, e a parte devedora tenha que depender do outro para concordar em colocar fim, ou ingressar com uma ação judicial para ser dela exonerado.

Ainda sobre o pensamento acima esposado, por se tratar de acordo entre as partes, não vemos problema que o crédito seja feito por depósito em conta, se assim ambos concordarem.

Pode, também, ser fixada na escritura de divórcio uma pensão alimentícia para os **filhos capazes**, sendo vedada, somente, a que beneficie **filhos incapazes**, pois se estes existirem será impossível adotar o procedimento extrajudicial.

A seguir, veremos que compartilham do entendimento de que é possível o divórcio sem estipulação sobre alimentos na escritura o Colégio Notarial do Brasil, o Colégio Notarial do Rio Grande do Sul, a Anoreg e o Tribunal de Justiça do Rio Grande do Sul.

DAS DELIBERAÇÕES SOBRE PENSÃO ALIMENTÍCIA	
Recomendações Gerais do Colégio Notarial do Brasil	5 – Pensão alimentícia: As partes podem fixar, ou não, uma pensão. Caso positivo, o tabelião deverá indicar a quem (ou a quê) se destina a pensão alimentícia. Podem ser destinados também aos filhos maiores. Não esqueça de indicar o prazo, condições e critérios de correção.
Manual preliminar Anoreg	5 – Pensão alimentícia: As partes podem fixar, ou não, uma pensão. Caso positivo, o tabelião deverá indicar a quem (ou a quê) se destina a pensão alimentícia. Podem ser destinados também aos filhos maiores. Não esqueça de indicar o prazo, condições e critérios de correção.

---

15. CAHALI, Francisco José. ROSA, Karin Regina Rick. In: CAHALI, Francisco José et al. *Escrituras Públicas: Separação, Divórcio, Inventário e Partilha Consensuais*. São Paulo, RT, 2007, p. 103.

DAS DELIBERAÇÕES SOBRE PENSÃO ALIMENTÍCIA	
Provimento do Tribunal de Justiça do Estado do Acre	CAPÍTULO II [...] V – Podem as partes fixarem, ou não, uma pensão. Caso positivo, o tabelião deverá indicar a quem se destina a pensão alimentícia, que poderá beneficiar também os filhos maiores. Deverão ser indicados os prazos, as condições e os critérios de correção.
Recomendações do Colégio Notarial do Rio Grande do Sul	O *quantum valore* é de livre estipulação entre as partes, e poderá ser pactuada tanto na separação como no divórcio, nos termos dos arts. 1.704 e 1.709, ambos do Código Civil. Frisa-se, aqui, que não caberá ao Notário apreciar se o valor contratado pelas partes limitam ou extrapolam às necessidades do alimentando. A exoneração futura ou a minoração da pensão alimentícia poderá ser pleiteada, posteriormente, por via judicial pelo devedor de alimentos, se atendidos os requisitos da lei – os quais não vamos aqui dedilhar – nos termos do artigo 5.º, inciso XXXV da Constituição Federal. Se as partes dispensarem a prestação de alimentos, assim deverá constar na escritura. Assinalamos que a expressão correta aqui a ser utilizada neste caso é dispensa e não renúncia, pois o artigo 1.707 do Código Civil prevê a possibilidade de qualquer das partes requerê-los, uma vez advinda alguma necessidade.

Na próxima tabela, veremos que compartilham do entendimento de que é possível celebrar escritura pública para retificar as cláusulas de obrigações alimentares ajustadas na separação e no divórcio o Conselho Nacional de Justiça e os Tribunais de Justiça de São Paulo e Bahia.

DA POSSIBILIDADE, POR CONSENSO DAS PARTES, DE RETIFICAÇÃO DAS CLÁUSULAS DE OBRIGAÇÕES ALIMENTARES AJUSTADAS NA SEPARAÇÃO E NO DIVÓRCIO CONSENSUAIS	
Resolução n. 35 do Conselho Nacional de Justiça	Art. 44. É admissível, por consenso das partes, escritura pública de retificação das cláusulas de obrigações alimentares ajustadas na separação e no divórcio consensuais.
Orientações da Corregedoria-Geral de Justiça do Estado de São Paulo	5.14. É admissível, por consenso das partes, escritura pública de retificação das cláusulas de obrigações alimentares ajustadas na separação e no divórcio consensuais.
Provimento do Tribunal de Justiça do Estado da Bahia	Art. 23. É admissível, por consenso das partes, escritura pública de retificação das cláusulas de obrigações alimentares ajustadas na Separação e no Divórcio consensuais. Parágrafo único. Não se admite escritura pública de ajuste revisional de verba alimentícia fixada em sede de decisão judicial, ainda que consensual.

15. A ESCRITURA DE SEPARAÇÃO E DIVÓRCIO QUE FIXA ALIMENTOS, SE PRECISAR SER EXECUTADA, É TÍTULO EXECUTIVO JUDICIAL OU EXTRAJUDICIAL?

Já mencionamos, anteriormente, que o **art. 733 do Código de Processo Civil** estabeleceu a possibilidade de se fixarem alimentos para o cônjuge, companheiro, e filhos capazes, na escritura de separação e divórcio.

Ocorre, porém, que se deve questionar qual o rito procedimental que deve ser seguido para se executarem os alimentos fixados nestas escrituras de separação e de divórcio, já que a execução, neste caso, possui normas próprias nos **arts. 528 e 911 do Código de Processo Civil**.

No **cumprimento de sentença** que condene ao pagamento de prestação alimentícia ou de decisão interlocutória que fixe alimentos, conforme o art. 528 do Código de Processo Civil, o juiz, a requerimento do exequente, mandará intimar o executado pessoalmente para, em 3 (três) dias, pagar o débito, provar que o fez ou justificar a impossibilidade de efetuá-lo.

Caso o executado, no prazo acima, não efetue o pagamento, não prove que o efetuou ou não apresente justificativa da impossibilidade de efetuá-lo, o juiz mandará protestar o pronunciamento judicial.

Somente a comprovação de fato que gere a impossibilidade absoluta de pagar justificará o inadimplemento.

Agora, se o executado não pagar ou se a justificativa apresentada não for aceita, o juiz, além de mandar protestar o pronunciamento judicial, decretar-lhe-á a prisão pelo prazo de 1 (um) a 3 (três) meses.

A prisão será cumprida em regime fechado, devendo o preso ficar separado dos presos comuns.

O cumprimento da pena não exime o executado do pagamento das prestações vencidas e vincendas. Paga a prestação alimentícia, o juiz suspenderá o cumprimento da ordem de prisão.

O débito alimentar que autoriza a prisão civil do alimentante é o que compreende até as 3 (três) prestações anteriores ao ajuizamento da execução e as que se vencerem no curso do processo.

O exequente pode optar por promover o cumprimento da sentença ou decisão desde logo, para penhorar bens do executado, caso em que não será admissível a prisão do mesmo, e, recaindo a penhora em dinheiro, a concessão de efeito suspensivo à impugnação não obsta a que o exequente levante mensalmente a importância da prestação.

No caso de optar pelo rito que acarretará a penhora de bens, previsto no art. 523 do Código de Processo Civil, havendo condenação em quantia certa, ou já fixada em liquidação, e no caso de decisão sobre parcela incontroversa, o cumprimento definitivo da sentença far-se-á a requerimento do exequente, sendo o executado intimado para pagar o débito, no prazo de 15 (quinze) dias, acrescido de custas, se houver.

Não ocorrendo pagamento voluntário no prazo, o débito será acrescido de multa e de honorários de advogado, ambos fixados em dez por cento, agora, se efetuado o pagamento parcial no prazo previsto, a multa e os honorários incidirão somente sobre o restante.

Mas, se não efetuado tempestivamente o pagamento voluntário, será expedido, desde logo, mandado de penhora e avaliação, seguindo-se os atos de expropriação.

Segundo o que acabamos de ver, a prisão do devedor de alimentos exige uma decisão judicial (sentença ou decisão interlocutória), hipótese que não existe quando os alimentos estão fixados em escritura.

Já afirmávamos nas edições anteriores deste livro que na interpretação da extinta Lei 11.441/2007 deveríamos aproximar, ao máximo, as escrituras públicas de divórcio das sentenças que também o decretam, sob pena de a citada norma cair em desuso se existirem muitas diferenças entre elas.

Diante disso, acreditamos que a escritura pública que fixa alimentos é título executivo apto a gerar a prisão do devedor, se necessário, pois, para lhe dar credibilidade, há necessidade de as medidas extremas existentes na execução de sentença serem estendidas a elas, para que se reconheça a seriedade da pensão fixada extrajudicialmente.

Tal pensamento vem embasado na interpretação feita no art. 19 da Lei de Alimentos (Lei 5.478/68), que estabelece:

> "Art. 19. *O juiz*, para instrução da causa ou *na execução* da sentença ou *do acordo*, poderá tomar todas as providências necessárias para seu esclarecimento ou para o cumprimento do julgado ou do acordo, *inclusive a decretação de prisão do devedor até 60 (sessenta) dias*" (grifos nossos).

O citado artigo não foi revogado pelo Código de Processo Civil (nem o de 1973 tampouco o de 2015), visto que, mesmo com a normatização do diploma procedimental acerca da execução de alimentos, a Lei de Alimentos é norma especial que coexiste com o citado código, devendo-se aplicar a tese do Diálogo das Fontes, em que plúrimas fontes legislativas devem ser interpretadas conjunta e harmonicamente.

Com isto, verifica-se no art. 19 da Lei de Alimentos que a prisão do devedor pode ser decretada, se não forem pagos os alimentos fixados em sentença ou acordo, como os que são estabelecidos em escrituras públicas de divórcio. Assim, dá-se às escrituras públicas uma maior efetividade prática, que gera à sociedade a segurança necessária para que o procedimento notarial possa cada vez mais ser adotado pela sociedade.

Essa é a posição do Tribunal de Justiça do Estado de Goiás, que, numa excepcional decisão, julgou da seguinte forma:

> **Alimentos fixados em escritura pública de divórcio (Lei 11.441/2007). Rito do art. 733, CPC. Possibilidade. Anulabilidade da escritura (art. 177, CC). Validade do ato enquanto não prolatada sentença anulatória.** 1. Não basta ao agravante alegar a existência de vício de consentimento ou vontade para que seja anulado o negócio jurídico, mostrando-se necessário o ajuizamento de ação anulatória no prazo legal, e proferida sentença reconhecendo o vício (art. 177, CC). 2. A Lei 11.441/2007 permite o divórcio consensual sem filhos menores através de escritura pública, na qual os alimentos são convencionados para um dos ex-cônjuges ou para os filhos maiores, de molde que a definição do valor e da periodicidade dos alimentos não é mais privativa de decisão judicial. 3. Reconhecida pelo Superior Tribunal de Justiça a possibilidade da prisão civil por dívida alimentícia na execução aparelhada com acordos (títulos extrajudiciais) referendados pela defensoria pública e pelo Ministério Público. 4. De notória sabença que o pagamento de pensão alimentícia decorre, na maioria das vezes, da prisão civil do devedor, de modo que, esvaziada a possibilidade do Decreto de prisão por ser o título extrajudicial. Escritura pública de divórcio, o temor desaparecerá, desestimulando o pagamento da pensão devida. 5. A regra procedimental do art. 733, do CPC, deve ser harmonizada com a inovação trazida na Lei 11.441/2007 e com o art. 19 da Lei 5.478/1968 (lei de alimentos), viabilizando, assim, a prisão civil

do devedor, em consonância ao disposto na Constituição Federal (art. 5.º, LXVII). De mais, a execução por coerção pessoal, disciplinada no art. 733, CPC, decorre da natureza da obrigação, mostrando-se irrelevante a espécie do título executivo que representa o crédito alimentar. 6. Agravo conhecido e improvido. **(TJGO, AI 0112039-26.2014.8.09.0000, Goiânia, Terceira Câmara Cível, Rel. Des. Beatriz Figueiredo Franco, *DJGO* 08.07.2014)**

Em 18.12.2013, contudo, o Tribunal de Justiça de São Paulo divulgou notícia em seu *site* afirmando que a Terceira Câmara de Direito Privado deu provimento a agravo de instrumento para suspender decisão que determinava pagamento de débito de pensão alimentícia sob pena de prisão do agravante. O devedor alegava que o divórcio foi realizado por escritura pública e, portanto, seria incompatível com o procedimento de execução do art. 733 do CPC/1973, atual art. 911 do CPC/2015 (que prevê a decretação da prisão civil). No entendimento da turma julgadora, a escritura pública de divórcio é título executivo extrajudicial, cujo grau de certeza é menor do que o do título produzido em juízo após contraditório. "Daí por que não se pode admitir a prisão civil do devedor, medida excepcional e extremamente gravosa, em decorrência de ajuste que constou de escritura pública", afirmou o relator do caso, desembargador Carlos Alberto de Salles. Seu voto ainda destacou que, para a execução desse débito alimentar, a agravada poderia se valer do rito da execução por quantia certa contra devedor solvente (art. 528 do CPC). Participaram da turma julgadora os desembargadores Donegá Morandini e Beretta da Silveira. O número do processo não foi divulgado em razão do sigilo.

O Tribunal de Justiça do Mato Grosso, logo depois da divulgação dessa notícia, seguiu esse entendimento do TJ-SP:

Agravo de instrumento. Ação de execução de alimentos baseada em título extrajudicial. Acordo firmado em escritura pública de divórcio direto consensual. Prisão civil. Descabimento. Recurso não provido. O descumprimento de escritura pública celebrada entre os interessados, sem a intervenção do poder judiciário, fixando alimentos, não pode ensejar a prisão civil do devedor com base no art. 733 do Código de Processo Civil, restrito à execução de sentença ou de decisão, que fixa os alimentos provisionais. **(TJMT, AI 48302/2014, Capital, Rel. Des. Rubens de Oliveira Santos Filho, j. 23.07.2014, *DJMT* 28.07.2014)**

Antes da divulgação do citado julgamento pelo TJSP, o Tribunal de Justiça do Rio Grande do Sul já tinha decidido, também, dessa maneira:

Execução de alimentos. Instrumento particular de dissolução de união estável. Título executivo extrajudicial. Prisão civil. Descabimento. 1. O art. 585, inc. III, do CPC estabelece que a escritura pública ou outro documento público assinado pelo devedor constitui título executivo extrajudicial. 2. Tal título pode agasalhar execução sob constrição patrimonial, mas não o pedido de prisão que, por exigência do art. 733 do CPC, deve estar embasado em título executivo judicial. 3. Como a execução acena para a existência do título executivo extrajudicial e diz que os alimentos não foram satisfeitos, cabível o curso do processo na forma preconizada pelo art. 732 do CPC, devendo ser emendada a inicial. Recurso desprovido. **(TJRS, AI 380206-64.2013.8.21.7000, Tramandaí, Sétima Câmara Cível, Rel. Des. Sérgio Fernando de Vasconcellos Chaves, j. 19.09.2013, *DJERS* 26.09.2013)**

No julgado anteriormente citado, o Tribunal de Justiça do Mato Grosso fundamentou sua decisão num precedente do STJ, vejamos:

> *Habeas corpus*. Título executivo extrajudicial. Escritura pública. Alimentos. Art. 733 do Código de Processo Civil. Prisão civil. 1. O descumprimento de escritura pública celebrada entre os interessados, sem a intervenção do Poder Judiciário, fixando alimentos, não pode ensejar a prisão civil do devedor com base no art. 733 do Código de Processo Civil, restrito à *"execução de sentença ou de decisão, que fixa os alimentos provisionais"*. 2. **Habeas corpus** concedido. (**STJ**, *habeas corpus* **22.401-SP (2002/0058211-9)**, Rel. Min. Carlos Alberto Menezes Direito, j. 20.08.2002, publicado em 30.09.2002)

Entendemos que esse precedente não pode ser comparado ao caso em tela, haja vista que ele é anterior ao Código Civil vigente (2002), ou seja, anterior à Lei 11.441/2007 e ao Código de Processo Civil de 2015, época em que não havia previsão legal expressa para se fixar a pensão alimentícia numa escritura pública, com força comparada a uma sentença.

Com o passar do tempo, o próprio STJ modificou essa posição, para permitir a decretação de prisão civil do devedor de alimentos, que foram fixados em título executivo extrajudicial.

> Recurso Especial. Obrigação alimentar em sentido estrito. Dever de sustento dos pais a bem dos filhos. Execução de acordo extrajudicial firmado perante o Ministério Público. Descumprimento. Cominação da pena de prisão civil. Possibilidade. 1. Execução de alimentos lastrada em título executivo extrajudicial, consubstanciado em acordo firmado perante órgão do Ministério Público (art. 585, II, do CPC), derivado de obrigação alimentar em sentido estrito – dever de sustento dos pais a bem dos filhos. 2. Documento hábil a permitir a cominação de prisão civil ao devedor inadimplente, mediante interpretação sistêmica dos arts. 19 da Lei 5.478/1968 e art. 733 do Estatuto Processual Civil. A expressão "acordo" contida no art. 19 da Lei 5.478/1968 compreende não só os acordos firmados perante a autoridade judicial, alcançando também aqueles estabelecidos nos moldes do art. 585, II, do Estatuto Processual Civil, conforme dispõe o art. 733 do Código de Processo Civil. Nesse sentido: REsp 1117639/MG, Rel. Ministro Massami Uyeda, Terceira Turma, j. em 20.05.2010, DJe 21.02.2011. 3. Recurso especial provido, a fim de afastar a impossibilidade apresentada pelo Tribunal de origem e garantir que a execução alimentar seja processada com cominação de prisão civil, devendo ser observada a previsão constante da Súmula 309 desta Corte de Justiça. (**STJ, REsp 1.285.254/DF**, Rel. Min. Marco Buzzi, T4, j. 04.12.2012)

> Recurso especial. Processual civil. Execução de alimentos. Acordo referendado pela Defensoria Pública Estadual. Ausência de homologação judicial. Observância do rito do art. 733 e seguintes do Código de Processo Civil. Possibilidade, na espécie. Recurso especial provido. 1. Diante da essencialidade do crédito alimentar, a lei processual civil acresce ao procedimento comum algumas peculiaridades tendentes a facilitar o pagamento do débito, dentre as quais destaca-se a possibilidade de a autoridade judicial determinar a prisão do devedor. 2. O acordo referendado pela Defensoria Pública estadual, além de se configurar como título executivo, pode ser executado sob pena de prisão civil. 3. A tensão que se estabelece entre a tutela do credor alimentar versus o direito de liberdade do devedor dos alimentos resolve-se, em um juízo de ponderação de valores, em favor do suprimento de alimentos a quem deles necessita. 4. Recurso especial provido. (**STJ, REsp 1.117.639/MG**, Rel. Min. Massami Uyeda, T3, j. 20.05.2010)

Dessa forma, acreditamos que os alimentos fixados em escritura pública, mesmo sendo ela título executivo extrajudicial, devem ensejar a prisão civil do seu devedor, pois não pode haver diferença entre os alimentos fixados no divórcio, apenas por ter sido realizado judicialmente ou por escritura pública, sob pena de se punir, de forma rigorosa, equivocada e desnecessária, quem optou pela forma mais célere, pois corremos o risco, também, de a pensão fixada em escritura de divórcio cair em descrédito, e não ser respeitado pelo devedor, ao arrepio do princípio da dignidade da pessoa humana, descrito no art. 1.º, III, da Constituição Federal.

Noutro giro, acreditamos que o Código de Processo Civil de 2015 passou a resolver essa questão de maneira definitiva.

A execução de alimentos fixados em título executivo extrajudicial, como a escritura pública, tem o seu rito descrito no artigo 911 do atual **Código de Processo Civil**:

> "**Art. 911.** Na execução fundada em título executivo extrajudicial que contenha obrigação alimentar, o juiz mandará citar o executado para, em 3 (três) dias, efetuar o pagamento das parcelas anteriores ao início da execução e das que se vencerem no seu curso, provar que o fez ou justificar a impossibilidade de fazê-lo.
>
> **Parágrafo único.** Aplicam-se, no que couber, os §§ 2º a 7º do art. 528."

Como o parágrafo único do art. 911 do Código de Processo Civil estabelece que na execução de alimentos de título executivo extrajudicial aplicam-se, no que couber, os §§ 2º a 7º do art. 528 do diploma processual, acreditamos que o problema está resolvido, pois o § 3º do artigo 528 estabelece:

> "**Art. 528, § 3º** Se o executado não pagar ou se a justificativa apresentada não for aceita, o juiz, além de mandar protestar o pronunciamento judicial na forma do § 1º, decretar-lhe-á a prisão pelo prazo de 1 (um) a 3 (três) meses."

Assim sendo, entendemos que com o advento do art. 911 do Código de Processo Civil está resolvida a questão, já que a novel legislação estabelece, expressamente, que na execução de alimentos de título executivo extrajudicial, o que inclui as escrituras públicas, cabe pedido de prisão do devedor.

16. A CLÁUSULA RELATIVA AO USO DO NOME DE CASADO OU SOLTEIRO

O Código Civil estabelece que tanto o homem quanto a mulher podem inserir ao seu nome o sobrenome do outro cônjuge.

> "**Art. 1.565.** [...]
>
> § 1.º Qualquer dos nubentes, querendo, poderá acrescer ao seu o sobrenome do outro".

Desta feita, quando ocorre o divórcio, faz-se necessário deliberar se o cônjuge (homem ou mulher) continuará a utilizar o nome de casado ou não. Isto é o que passaremos a analisar.

Quando um cônjuge, ao se casar, adota o patronímico do outro, há uma espécie de "doação", já que ele passará a integrar o nome da pessoa, passando a ser um direito da personalidade, conforme se verifica no art. 16 do Código Civil.

> "**Art. 16.** Toda pessoa tem direito ao nome, nele compreendidos o prenome e o sobrenome."

Assim, quando ocorre o divórcio, seja ela judicial ou extrajudicial, o cônjuge terá que decidir se continuará, ou não, a utilizar o nome de casado. No nosso sentir, somente o cônjuge que adota o nome do outro é quem terá possibilidade de renunciar a sua utilização, voltando a usar o de solteiro, visto que este integra direito da personalidade.

Concordamos com o pensamento de Silmara Juny de Abreu Chinelato e Almeida,[16] para quem a perda do nome pode se dar pela renúncia do titular, dado que a conservação do nome é regra e a perda, exceção.

Entendemos, desta forma, que no momento da realização da escritura o cônjuge que adotou o patronímico do outro deve se manifestar se renuncia ou não ao uso do nome de casado. Somente ele é quem pode dizer sim ou não a esta pergunta, renunciando a um direito da personalidade.

Na omissão da escritura sobre a manutenção do uso do nome, entende-se que o cônjuge optou por mantê-lo, uma vez que isto é regra, como vimos anteriormente. Na escritura pode-se convencionar, também, que tal questão será decidida posteriormente, considerando que o **art. 109 da Lei de Registros Públicos** permite que se ajuíze processo judicial para retificação do nome.

Em consonância com o art. 41 da **Resolução 35 do Conselho Nacional de Justiça** temos que:

> "**Art. 41.** Havendo alteração do nome de algum cônjuge em razão de escritura de separação, restabelecimento da sociedade conjugal ou divórcio consensuais, o Oficial de Registro Civil que averbar o ato no assento de casamento também anotará a alteração no respectivo assento de nascimento, se de sua unidade, ou, se de outra, comunicará ao Oficial competente para a necessária anotação".

Francisco José Cahali e Karin Regina Rick Rosa[17] entendem que a escritura de separação, divórcio ou de restabelecimento da sociedade conjugal deve ser registrada no Livro "E", do Cartório de Registro Civil onde foi celebrado o casamento.

O art. 10 da Resolução 35 do Conselho Nacional de Justiça dispõe ser tal providência desnecessária. Concordamos com tal posicionamento, pois entendemos que, a exemplo da separação e divórcio extrajudicial, o ato a ser praticado é de averbação, livro "B" ou "B-AUX", onde são averbados a separação e o divórcio judicial, por necessidade de interpretação analógica e equivalente da modalidade judicial com a extrajudicial. Vejamos o conteúdo do art. 10 da **Resolução 35 do Conselho Nacional de Justiça**:

> "**Art. 10.** É desnecessário o registro de escritura pública decorrente da Lei n. 11.441/2007 no Livro 'E' de Ofício de Registro Civil das Pessoas Naturais, entretanto, o Tribunal de Justiça deverá promover, no prazo de 180 dias, medidas adequadas para a unificação dos dados que concentrem as informações dessas escrituras no âmbito estadual, possibilitando as buscas, preferencialmente, sem ônus para o interessado".

Como já defendemos anteriormente, a escritura de divórcio pode ser feita sem a discussão acerca da retomada ou não do uso do nome de solteiro. Se isso ocorrer, a questão pode ser decidida posteriormente, judicial ou extrajudicialmente, numa nova escritura, mediante declaração unilateral da parte interessada (por se tratar de direito

---

16. ALMEIDA, Silmara Juny de Abreu Chinelato e. *Do nome da mulher casada*: direito de família e direitos da personalidade. Rio de Janeiro: Forense Universitária, 2001. p. 138.
17. CAHALI, Francisco José. ROSA, Karin Regina Rick. In: CAHALI, Francisco José et al. *Escrituras Públicas: Separação, Divórcio, Inventário e Partilha Consensuais*. São Paulo, RT, 2007, p. 105.

da personalidade, como já defendemos), com a presença do advogado, por se tratar de ato que decorre do art. 733 do Código de Processo Civil.

Esse posicionamento encontra amparo no art. 45 da **Resolução 35 do Conselho Nacional de Justiça**, vejamos:

> "Art. 45. A escritura pública de separação ou divórcio consensuais, quanto ao ajuste do uso do nome de casado, pode ser retificada mediante declaração unilateral do interessado na volta ao uso do nome de solteiro, em nova escritura pública, com assistência de advogado".

No **Processo n.º 2015/64931 – São Paulo, da Corregedoria-Geral da Justiça do Estado de São Paulo**, foi analisada decisão prolatada pela MM. Juíza Corregedora Permanente do Oficial de Registro Civil de Pessoas Naturais do 8.º Subdistrito da Capital, que foi remetida de ofício à Corregedoria-Geral para eventual normatização e uniformização de procedimentos

Na decisão, entendeu-se que o art. 45 da Resolução 35 do CNJ se aplicaria apenas à possibilidade de **retificação de escritura pública de separação ou divórcio mediante a lavratura de nova escritura, e não à possibilidade de retificação do nome por escritura em casos de divórcio decretado judicialmente.**

No caso que ensejou a sentença analisada, a interessada se divorciou judicialmente e foi expedido mandado para a averbação à margem do assento de casamento. Ela manteve o nome de casada. Posteriormente, ela protocolou no cartório extrajudicial escritura visando a retificação da averbação, objetivando a alteração de seu nome para o de solteira. O Oficial de Registro recusou a inscrição e apresentou pedido de providências à Vara de Registros, que confirmou seu posicionamento.

Da Resolução 35 do CNJ depreende-se, em suma, que a escritura de separação e divórcio, quanto ao nome, pode ser retificada por **declaração unilateral** do interessado na volta ao uso do nome de solteiro, em nova escritura.

Segundo a Juíza, as hipóteses da Resolução 35 do CNJ se referem à separação e ao divórcio extrajudiciais. Rompido o vínculo matrimonial **por sentença**, a alteração do nome posteriormente há de ser feita nos termos do **art. 109 da Lei de Registros Públicos**, ou requerida ao Juízo que decretou o divórcio.

As normas da Corregedoria-Geral de Justiça de São Paulo já davam a entender que a lavratura da escritura para voltar a usar o nome de solteira, após o divórcio, só seria possível se este tivesse sido realizado em cartório:

> "**Item 96 do Capítulo XIV**. A escritura pública de separação ou divórcio consensuais, quanto ao ajuste do uso do nome de casado, pode ser retificada mediante declaração unilateral do interessado na volta ao uso do nome de solteiro, em nova escritura pública, com assistência de advogado."

Desta forma, ficou consignado em SP o entendimento de que só é possível retificar o divórcio extrajudicial por declaração unilateral do interessado que quer voltar a usar o nome de solteiro numa nova escritura, e que no divórcio judicial não daria para, por meio de escritura pública, fazer a retificação do nome, o que dependeria de ação judicial, consoante o art. 109 da Lei 6.015/73 (Lei de Registros Públicos).

DA CLÁUSULA RELATIVA AO USO DO NOME DE CASADO OU SOLTEIRO E DA AVERBAÇÃO DA ESCRITURA NO REGISTRO CIVIL	
Resolução n. 35 do Conselho Nacional de Justiça	**Art. 41.** Havendo alteração do nome de algum cônjuge em razão de escritura de separação, restabelecimento da sociedade conjugal ou divórcio consensuais, o Oficial de Registro Civil que averbar o ato no assento de casamento também anotará a alteração no respectivo assento de nascimento, se de sua unidade, ou, se de outra, comunicará ao Oficial competente para a necessária anotação.
Resolução n. 35 do Conselho Nacional de Justiça	**Art. 45.** A escritura pública de separação ou divórcio consensuais, quanto ao ajuste do uso do nome de casado, pode ser retificada mediante declaração unilateral do interessado na volta ao uso do nome de solteiro, em nova escritura pública, com assistência de advogado.
Resolução n. 35 do Conselho Nacional de Justiça	**Art. 10.** É desnecessário o registro de escritura pública decorrente da Lei n. 11.441/2007 no Livro "E" de Ofício de Registro Civil das Pessoas Naturais, entretanto, o Tribunal de Justiça deverá promover, no prazo de 180 dias, medidas adequadas para a unificação dos dados que concentrem as informações dessas escrituras no âmbito estadual, possibilitando as buscas, preferencialmente, sem ônus para o interessado.

17. A POSSIBILIDADE DE SEPARAÇÃO DE CORPOS CONSENSUAL POR ESCRITURA PÚBLICA

Outra questão polêmica refere-se à possibilidade de se fazer a separação de corpos por escritura pública. A Corregedoria-Geral de Justiça do Estado de São Paulo firmou entendimento na conclusão 6.2 de que *não se admite separação de corpos consensual por escritura pública*.

Entretanto, é muito importante poder se fazer *separação de corpos consensual* por escritura pública. A preocupação se dá em face de a Emenda Constitucional 66, de 2010, ter abolido, em nosso sentir, o instituto da separação, e seria essa escritura meio hábil e adequado para casais, que ainda não tenham certeza de que querem se divorciar, poderem ganhar tempo para amadurecer, ou não, a ideia, sem qualquer tipo de prejuízo.

Se uma separação de corpos não puder ser feita extrajudicialmente, nesse caso, retiraria toda a facilidade que a referida norma tenta implantar.

Mesmo sendo minoritário o nosso entendimento, acreditamos que ele deva prosperar em razão dos motivos acima expostos. Não podemos esquecer que o Conselho Nacional de Justiça nada dispôs sobre o tema, na Resolução 35, o que nos faz crer que tal procedimento seja possível.

Assim sendo, tentando compatibilizar a necessidade de ser possível fazer uma **separação de corpos extrajudicialmente**, com o posicionamento majoritário de que ela não seria possível, comungamos da solução apresentada por Paulo Roberto Gaiger Ferreira e Felipe Leonardo Rodrigues[18], no sentido de que a declaração de que as partes estejam separadas de corpos seja realizada por meio de **Ata Notarial**, que é o instrumento adequado para isso.

---

18. FERREIRA, Paulo Roberto Gaiger e RODRIGUES, Felipe Leonardo. *Tabelionato de Notas*. 4 ed. Indaiatuba: Ed. Foco, 2021, p. 345.

Abaixo veremos que não compartilham do nosso entendimento os Tribunais de Justiça de São Paulo e Bahia.

DA VEDAÇÃO DE SEPARAÇÃO DE CORPOS POR ESCRITURA PÚBLICA	
Orientações da Corregedoria-Geral de Justiça do Estado de São Paulo	6.2. Não se admite separação de corpos consensual por escritura pública.
Provimento do Tribunal de Justiça do Estado da Bahia	Art. 26 A separação de corpos consensual não será lavrada, para qualquer finalidade, por via de escritura pública.

18. O DIVÓRCIO DE CÔNJUGES BRASILEIROS CASADOS NO ESTRANGEIRO

Seria possível a escrituração de um divórcio de **brasileiros** casados no exterior? Tal questão deve ser analisada com muita cautela.

Inicialmente, devemos verificar que o casamento de brasileiros realizados no exterior deve ser registrado no Brasil, conforme preceitua ao **art. 1.544 do Código Civil**:

> "**Art. 1.544.** O casamento de brasileiro, celebrado no estrangeiro, perante as respectivas autoridades ou os cônsules brasileiros, deverá ser registrado em cento e oitenta dias, a contar da volta de um ou de ambos os cônjuges ao Brasil, no cartório do respectivo domicílio, ou, em sua falta, no 1.º Ofício da Capital do Estado em que passarem a residir".

De acordo com o artigo descrito acima, verifica-se ser necessário o registro do casamento no Brasil, que deve ser realizado no Cartório de 1.º Ofício de Registro Civil das Pessoas Naturais do domicílio dos cônjuges, ou na sua falta no também 1.º Ofício, mas da capital do Estado em que passam a residir. O citado procedimento vem normatizado no **art. 32 da Lei de Registros Públicos**.

Cumpre salientar que tal registro pode ser feito a qualquer momento, e não somente quando eles retornarem ao País.

Desta forma, concluímos que o divórcio por escritura pública, de cônjuges brasileiros casados no exterior, só pode ser feito após o registro do casamento no Cartório de Registro Civil, nos moldes dos arts. 1.544 do Código Civil e 32 da Lei de Registros Públicos.

Cumpre ressaltar que os citados artigos **não se aplicam à hipótese do casamento de pessoas estrangeiras realizado no exterior**. Nesse caso, o registro deverá ser feito, obrigatoriamente, no Cartório de Registro de Títulos e Documentos (**art. 129, n. 6, da Lei 6.015/73**), devendo ser registrados todos os documentos de procedência estrangeira, acompanhados das respectivas traduções, para produzirem efeitos em repartições da União, dos Estados, do Distrito Federal, dos Territórios e dos Municípios ou em qualquer instância, juízo ou tribunal.

19. OS EFEITOS DA ESCRITURA DE DIVÓRCIO DE CÔNJUGES BRASILEIROS, FEITA NO ESTRANGEIRO

Como afirmamos anteriormente, é muito comum em vários países a escrituração do divórcio em cartório. Vimos, inclusive, que no Japão esta forma representa 90% do montante lá realizado.

Assim, cumpre perguntar se a escritura de divórcio feita no exterior, de brasileiros que lá se casaram, pode produzir efeitos no Brasil.

Afirmativa é a resposta, e iremos justificar nosso posicionamento quanto a isto.

Sabemos que a Constituição Federal estabelece no art. 105, I, *i*, acrescentada pela Emenda Constitucional 45/2004, que devem ser homologadas, pelo Superior Tribunal de Justiça, as sentenças estrangeiras, bem como a concessão do *exequatur* às cartas rogatórias.

Nos casos da homologação de sentenças proferidas por países integrantes do Mercosul (Argentina, Paraguai e Uruguai), o *Protocolo de Las Lenãs* estabelece um procedimento mais célere a ser adotado no próprio Superior Tribunal de Justiça.

Entender que tais escrituras não possam produzir efeitos em nosso país seria um absurdo, visto que estas pessoas possuem a opção de registrar o seu casamento no Brasil, como vimos no item anterior, e, em razão disto, devem poder, também, registrar a dissolução feita por escritura.

O Supremo Tribunal Federal já havia se manifestado pela necessidade de homologação das escrituras de separação e divórcio feitas no estrangeiro (**Ac. Tribunal Pleno, SE n° 1.282/Noruega, n° 1.943/Dinamarca, n° 2.626/Bélgica, n° 3.363/China ns. 1.312, 2.251, 2.891, 3.298, 3.371, 3.372 e 3.724 e 6.399, todas do Japão**). Como tais decisões são anteriores à Emenda Constitucional 45/2004, a competência era do Supremo Tribunal Federal, mas, como vimos, agora pertence ao Superior Tribunal de Justiça.

No nosso sentir, a homologação pelo Superior Tribunal de Justiça deve ser feita, para que este analise se a escritura estrangeira foi feita obedecendo os requisitos do **art. 733 do Código de Processo Civil**, ou seja, a inexistência de filhos incapazes, bem como para que seja realizada a tradução do seu conteúdo por tradutor juramentado.

Aliás, o próprio STJ já referendou este entendimento:

"Sentença estrangeira. Ato administrativo. Escritura de divórcio consensual. Documento suficiente para extinguir o vínculo matrimonial. Art. 4.°, § 1.°, da Resolução n.° 9/2005 – STJ. Averbação no registro civil. Art. 2.°, Resolução n.° 35/2007 – CNJ. Via judicial ou extrajudicial. Opção dos interessados. Pedido que atende às exigências legais. Homologação deferida. I. Pedido de homologação de escritura de divórcio lavrada junto ao Tabelionato 43 do Círculo de Bogotá, Colômbia, pela qual foi dissolvido consensualmente o vínculo matrimonial entre cidadão brasileiro e cidadã colombiana. II. A Resolução n.° 9/2005 deste Superior Tribunal de Justiça, em seu art. 4.°, § 1.°, dispõe que 'serão homologados os provimentos não judiciais que, pela lei brasileira, teriam natureza de sentença', o que abrange a hipótese dos autos, já que o documento é suficiente para extinguir o vínculo matrimonial no país de origem e alterar o estado civil das pessoas envolvidas. III. É cabível a homologação de documento proveniente de autoridade pública administrativa, quando no estado estrangeiro o ato é por ela realizado legalmente. Precedentes desta Corte e do STF. IV. Facultada a escolha aos interessados que promoveram o casamento e sua dissolução no território nacional (art. 2.° da Resolução n.° 35/2007 – CNJ), torna-se inexigível que aquele que celebrou o ato no exterior se submeta à extinção do vínculo matrimonial por meio de averbação no registro civil competente. Com isso, pode o mesmo optar pela via que lhe parecer mais adequada. V. Presença dos requisitos necessários à homologação do pedido, não se vislumbrando ofensa à soberania nacional, à ordem pública ou aos bons costumes, tendo sido proferida por autoridade competente. VI. Homologação deferida." (**SEC 8581/Ex, Sentença Estrangeira Contestada, STJ, 2013/0326237-0, Rel. Ministro Gilson Dipp, Corte Especial, j. 17/09/2014,** *DJe* **29.09.2014**)

Cumpre salientar que, após a entrada em vigor do CPC de 2015, a sentença estrangeira de divórcio consensual passou a poder ser averbada diretamente em cartório de Registro Civil das Pessoas Naturais, sem a necessidade de homologação judicial do Superior Tribunal de Justiça (STJ), em razão de esta regra constar do **Provimento n.º 53, de 16 de maio de 2016**, editado pela Corregedora Nacional de Justiça, Ministra Nancy Andrighi.

Com a decisão, a Corregedoria do Conselho Nacional de Justiça (CNJ) regulamenta a averbação direta de sentença estrangeira de divórcio, atendendo à nova redação do **artigo 961, § 5.º, do Código de Processo Civil**:

> "Art. 961, § 5.º, CPC: A sentença estrangeira de divórcio consensual produz efeitos no Brasil, independentemente de homologação pelo Superior Tribunal de Justiça (STJ)".

Com isso, nestes casos, não se aplica mais o art. 7º, § 6º, da LINDB, que exige prazo para o divórcio realizado no estrangeiro ser reconhecido no Brasil:

> "Art. 7º (...)
>
> § 6º O divórcio realizado no estrangeiro, se um ou ambos os cônjuges forem brasileiros, só será reconhecido no Brasil depois de 1 (um) ano da data da sentença, salvo se houver sido antecedida de separação judicial por igual prazo, caso em que a homologação produzirá efeito imediato, obedecidas as condições estabelecidas para a eficácia das sentenças estrangeiras no país. O Superior Tribunal de Justiça, na forma de seu regimento interno, poderá reexaminar, a requerimento do interessado, decisões já proferidas em pedidos de homologação de sentenças estrangeiras de divórcio de brasileiros, a fim de que passem a produzir todos os efeitos legais."

A averbação direta da sentença estrangeira de divórcio consensual não precisa de prévia manifestação de nenhuma autoridade judicial brasileira e dispensa a assistência de advogado ou defensor público.

Esta regra **vale apenas para o divórcio consensual simples ou puro**, que consiste exclusivamente na dissolução do matrimônio. Havendo disposição sobre guarda de filhos, alimentos e/ou partilha de bens – o que configura divórcio consensual qualificado –, continua sendo necessária a prévia homologação pelo STJ.

Porém, cumpre salientar que o referido provimento dispõe, no art. 1.º, que será feita a averbação direta da sentença estrangeira de divórcio consensual simples ou puro, *no assento de casamento*. Assim sendo, esta regra não seria aplicada em outro caso, demostrando que o sexto item do art. 129 da Lei 6.015/73 continua importante e vigente para outros casos, evidenciando a importância do Cartório de Registro de Títulos e Documentos (RTD).

Para realizar a averbação direta, o interessado deverá apresentar no cartório de registro civil, em que está registrado o casamento, cópia integral da sentença estrangeira e a comprovação de seu trânsito em julgado, acompanhadas de tradução oficial juramentada e de chancela consular.

Nesse mesmo ato é possível retomar o nome de solteiro. O interessado nessa alteração deve demonstrar a existência de disposição expressa nesse sentido na sentença estrangeira, exceto se a legislação do país de origem da sentença permitir a retomada do nome ou se houver documento do registro civil estrangeiro já com a alteração.

Infelizmente, não consta do citado provimento, tampouco do art. 961, § 5.º, do Código de Processo Civil vigente, que a regra se aplica às escrituras de divórcio e extinção de união estável consensuais.

Entendemos, porém, que a regra se aplica analogicamente também aos atos notariais.

Dessa forma, as sentenças e escrituras de divórcios consensuais, ou ainda de extinção de união estável também sem litígio, todos simples e puro, podem ser averbadas no RCPN sem homologação do STJ.

Eis um excelente assunto para embasar um provimento das Corregedorias de Justiça estaduais, e até mesmo do CNJ, tratando desse tema dessa forma.

20. DA LEI 12.874, DE 29 DE OUTUBRO DE 2013, QUE ALTEROU O ART. 18 DO DECRETO-LEI 4.657, DE 4 DE SETEMBRO DE 1942 (LEI DE INTRODUÇÃO ÀS NORMAS DO DIREITO BRASILEIRO – LINDB), PARA POSSIBILITAR ÀS AUTORIDADES CONSULARES BRASILEIRAS CELEBRAREM O DIVÓRCIO CONSENSUAL DE BRASILEIROS NO EXTERIOR

A Lei 12.874, de 29 de outubro de 2013, alterou o art. 18 da LINDB, para possibilitar às autoridades consulares brasileiras celebrarem o divórcio consensual de brasileiros no exterior.

A citada lei teve origem no Projeto de Lei 791/2007, de autoria do Deputado Walter Ihoshi, sobre separação e divórcio consensuais de brasileiros residentes no exterior. O referido projeto pretendia facilitar o procedimento de dissolução da sociedade conjugal para os cônjuges residentes no exterior, ao permitir que a escritura possa ser feita no consulado.

Em justificação ao projeto, o Deputado Walter Ihoshi argumenta que:

"A Lei n.º 11.441, de 4 de janeiro de 2007, ao acrescentar o art. 1.124-A ao Código de Processo Civil, possibilitou a separação e o divórcio consensuais por via administrativa, podendo ser realizados por escritura pública, nas hipóteses ali especificadas. A referida lei, contudo, restou silente no que tange à possibilidade de a separação ou o divórcio consensuais de brasileiros no exterior serem realizados perante as autoridades consulares brasileiras. A Lei de Introdução ao Código Civil determina: 'Art. 18. Tratando-se de brasileiros, são competentes as autoridades consulares brasileiras para lhes celebrar o casamento e os mais atos de Registro Civil e de tabelionato, inclusive o registro de nascimento e de óbito dos filhos de brasileiro ou brasileira nascido no país da sede do Consulado'. Os registros civis ou notariais lançados nos livros consulares destinam-se, primordialmente, a atender à circunstância de ausência do Brasil das partes interessadas e têm plena validade enquanto estas se encontrarem no exterior. Esta proposição destina-se a beneficiar os brasileiros que se encontram no exterior, estendendo a eles, expressamente, a facilitação trazida pela Lei n.º 11.441, de 2007. Cumpre observar que, ao contrário do que prevê o § 2.º do art. 1.124-A do diploma processual civil, o projeto de lei não prevê necessidade de os interessados serem assistidos por advogado. Com efeito, a necessidade da assistência por advogado, o qual, naturalmente, deveria ser inscrito em uma das seções da Ordem dos Advogados do Brasil, inviabilizaria, na prática, a intervenção consular para a dissolução da sociedade conjugal. A Constituição da República de 1988, no seu art. 133, prevê que o advogado é indispensável à administração da justiça. No entanto, na hipótese em tela, cuida-se de uma atividade notarial, qual seja, a lavratura de uma escritura pública, para a qual a participação de advogado não é imprescindível. Tratando-se, portanto, de norma que visa a facilitar a vida dos brasileiros no exterior, sem entraves ou burocracias, contamos com o endosso dos ilustres Pares para a aprovação deste projeto de lei".[19]

---

19. Justificativa do Deputado Walter Ihoshi ao apresentar na Câmara dos Deputados o Projeto de Lei 791/2007. Disponível em: <http://www.ihoshi.com.br/pg_dinamica/bin/pg_dinamica.php?id_pag=108>. Acesso em: 01 jun. 2008.

Entendemos ser desnecessária a mudança, haja vista que as pessoas residentes no exterior podem se divorciar por escritura pública no Brasil, após o advento da Lei 11.441/2007 (hoje o CPC), outorgando procuração para algum de seus familiares, que estejam no país, representá-las no momento da lavratura do ato.

Aliás, cumpre destacar que Zeno Veloso[20], no ano de 2008, já defendia que, antes mesmo da existência da Lei 12.874/2013, o cônsul, que possui atribuições de notário, já poderia fazer não só a escritura de divórcio, mas, também, a de inventário.

No dia 15 de agosto de 2007 foi aprovado por unanimidade o parecer do relator do projeto na Comissão de Relações Exteriores e de Defesa Nacional, deputado André de Paula (DEM-PE). No referido parecer, o relator cita que existem mais de 3 milhões de brasileiros vivendo em outros países, com especial concentração nos Estados Unidos, no Paraguai, no Japão e na Europa como um todo. As mulheres com maridos no exterior, em sua opinião, serão as principais beneficiadas pela mudança. André de Paula lembra que muitos homens acabam desistindo do casamento, depois de emigrarem sozinhos para o exterior, e deixam de ajudar financeiramente a família que ficou no Brasil. Com a regularização da separação, esses homens seriam obrigados a pagar pensão para as suas mulheres.

Ora, não podemos esquecer que, se formalizada uma pensão alimentícia na escritura de separação ou divórcio, se ocorrer o inadimplemento, uma ação judicial deverá ser proposta, que irá se submeter à morosidade do Poder Judiciário, agravada com a citação do réu por carta rogatória.

O projeto foi aprovado na Câmara dos Deputados, em junho de 2009, e seguiu para o Senado Federal, onde recebeu emendas e foi criado um substitutivo. Em 9 de maio de 2013, a Câmara dos Deputados e a Comissão de Constituição de Justiça da Câmara dos Deputados deram parecer favorável ao substitutivo do Senado com as emendas, pela constitucionalidade, juridicidade e técnica legislativa, e, no mérito, pela aprovação da EMS 791/2007.

Em 29 de outubro de 2013, o citado projeto se tornou a Lei 12.874, e alterou, então, o art. 18 do Decreto-Lei 4.657, de 4 de setembro de 1942, para possibilitar às autoridades consulares brasileiras celebrarem a separação e o divórcio consensuais de brasileiros no exterior.

Com o isso, o **art. 18 da LINDB** (Decreto-lei 4.657/42) passou a vigorar acrescido dos seguintes §§ 1.º e 2.º:

"Art. 18. (...)

§ 1.º As autoridades consulares brasileiras também poderão celebrar a separação consensual e o divórcio consensual de brasileiros, não havendo filhos menores ou incapazes do casal e observados os requisitos legais quanto aos prazos, devendo constar da respectiva escritura pública as disposições relativas à descrição e à partilha dos bens comuns e à pensão alimentícia e, ainda, ao acordo quanto à retomada pelo cônjuge de seu nome de solteiro ou à manutenção do nome adotado quando se deu o casamento.

---

20. VELOSO, Zeno. *Lei n.º 11.441, de 04.01.2007 – Aspectos práticos da separação, divórcio, inventário e partilha consensuais.* Belém: Anoreg-PA, 2008, p. 26.

§ 2.º É indispensável a assistência de advogado, devidamente constituído, que se dará mediante a subscrição de petição, juntamente com ambas as partes, ou com apenas uma delas, caso a outra constitua advogado próprio, não se fazendo necessário que a assinatura do advogado conste da escritura pública."

A referida lei exige a atuação do advogado. Porém, a dúvida que surge é: como ter um advogado brasileiro no exterior para participar da escritura que será lavrada no consulado brasileiro fora do país?

O advogado assinará a petição dirigida à autoridade consular na qual é pedida a separação ou o divórcio. Essa petição deverá ser também subscrita por ambos os cônjuges ou, então, por apenas um deles, caso o outro opte por um advogado diferente.

Exige-se a assistência do advogado apenas na petição dirigida à autoridade consular, que poderá ser enviada via correio para a parte. No momento em que o casal vai pessoalmente até o consulado, não é preciso que estejam acompanhados do advogado. Importante ressaltar que não é necessário que o advogado assine a escritura pública juntamente com os cônjuges e a autoridade consular (nisso, a separação/divórcio no consulado diferencia-se da separação/divórcio no cartório).

Em suma, a lei só exige que o advogado preste assistência ao casal subscrevendo a petição na qual se requer à autoridade consular a separação ou o divórcio.

Assim, um casal que esteja em Tóquio e deseje se divorciar no consulado do Brasil naquele país, poderá entrar em contato com um advogado no Brasil, que elaborará e enviará, por correio, uma petição de divórcio. O casal recebe a petição, assina e protocoliza no consulado que irá providenciar o divórcio, não sendo necessária mais qualquer atuação do advogado.

O casal não poderá contratar um advogado estrangeiro que não esteja inscrito na Ordem dos Advogados do Brasil para prestar assistência jurídica em um divórcio realizado no exterior, pois, juridicamente, o divórcio realizado no consulado brasileiro é como se tivesse sido feito no Brasil, em um tabelionato de notas.

No Poder Judiciário e nas repartições públicas brasileiras, somente pode atuar como advogado, ou seja, prestando consultoria, assessoria ou direção jurídica, aquele que preenche os requisitos previstos na Lei 8.906/94. Tal lei diz que o advogado (estrangeiro ou brasileiro) que não tiver se formado no Brasil somente poderá se inscrever na OAB e atuar como advogado em nosso país após passar por um processo de revalidação do seu título de graduação, o que inclui a realização de uma prova. Após revalidar seu diploma, ainda deverá se submeter ao Exame da Ordem (§ 2.º do art. 8.º). Logo, o profissional que não for advogado no Brasil não poderá prestar assistência jurídica para que um casal se separe ou se divorcie no estrangeiro.

O art. 3.º da Lei 12.874/2013 estabeleceu que ela só entraria em vigor após decorridos 120 (cento e vinte) dias de sua publicação oficial, que se deu em 30.10.2013. Desse modo, a referida lei só entrou em vigor em 27.02.2014.

21. O ESTADO CIVIL DO SEPARADO EXTRAJUDICIALMENTE

Questão interessante que surge em razão da possibilidade de se fazer escritura de separação, é saber qual o estado civil de quem se separou extrajudicialmente, quando isso ocorria com frequência, antes da EC 66/2010.

Os estados civis de uma pessoa são:

SOLTEIRO	CASADO	DIVORCIADO
VIÚVO	SEPARADO	

No tocante ao separado, por existir a possibilidade de a separação ser somente fática, que segundo nossa jurisprudência faz extinguir o regime de bens do casamento, estabeleceu-se uma nomenclatura para diferenciá-la da separação que foi formalizada de acordo com a lei. Surgem assim o separado de fato e o separado judicialmente.

O separado de fato é o que se separou por conta própria do seu cônjuge; já o separado judicialmente é aquele que se separou mediante processo judicial.

Sabemos que o instituto chama-se separação, motivo pelo qual a separação judicial é somente um *nomen juris* deste instituto. Mas não podemos negar que podemos ter confusões à vista para distinguir o separado de fato, judicialmente e extrajudicialmente.

Para evitar tal situação, faremos uma proposta de classificação do estado civil de separado, estabelecendo outras denominações para este gênero de estado civil.

No nosso sentir a separação podia ser:
a) **de fato** – quando os cônjuges resolvem se separar por conta própria;
b) **de direito** – quando os cônjuges formalizam a separação por processo ou escritura.

Como a separação podia ser formalizada judicialmente ou extrajudicialmente, entendemos que a *separação de direito pode ser*:
1) **separação de direito judicial** – quando os cônjuges a realizam mediante processo judicial;
2) **separação de direito extrajudicial** – quando os cônjuges a realizam mediante escritura pública.

Desta forma, acreditamos que, sendo a pessoa separada, o seu estado civil é o de *separada*. Para distinguir a separação de fato daquela formalizada juridicamente, propomos que se utilize a expressão *separado de direito* para aquele que fez a sua separação judicialmente ou por escritura.

22. DO SEGREDO DE JUSTIÇA DAS INFORMAÇÕES CONSTANTES NA ESCRITURA

Os processos judiciais de divórcio correm em segredo de justiça, por determinação expressa do **art. 189 do Código de Processo Civil** que estabelece:

"Art. 189. Os atos processuais são públicos, todavia tramitam em segredo de justiça os processos:

I – em que o exija o interesse público ou social;

II – que versem sobre casamento, separação de corpos, divórcio, separação, união estável, filiação, alimentos e guarda de crianças e adolescentes;

III – em que constem dados protegidos pelo direito constitucional à intimidade;

IV – que versem sobre arbitragem, inclusive sobre cumprimento de carta arbitral, desde que a confidencialidade estipulada na arbitragem seja comprovada perante o juízo.

§ 1.º O direito de consultar os autos de processo que tramite em segredo de justiça e de pedir certidões de seus atos é restrito às partes e aos seus procuradores.

§ 2.º O terceiro que demonstrar interesse jurídico pode requerer ao juiz certidão do dispositivo da sentença, bem como de inventário e de partilha resultantes de divórcio ou separação."

Assim, verifica-se que o processo deixa de ser público nas hipóteses elencadas no citado artigo, que inclui as hipóteses de divórcio (direto ou indireto) e união estável.

Quando surgiu a Lei 11.441/2007, que abriu a possibilidade de se efetuar extrajudicialmente o divórcio, sobreveio a dúvida se a escritura pública, nesse caso, deve ser sigilosa ou não.

Consideramos afirmativa a resposta, uma vez que a escritura pública irá expor a intimidade do casal, bem como, em muitas situações, realizar a descrição pormenorizada dos bens a serem partilhados, informação essa que poderia estar ao alcance de qualquer pessoa, inclusive criminosos interessados no sequestro de algum deles.

Não foi essa a posição da Corregedoria-Geral de Justiça do Estado de São Paulo, que, na conclusão 5.11, entendeu não haver sigilo para as escrituras públicas de separação e divórcio consensuais, não sendo aplicado a elas o disposto no art. 189, II, do Código de Processo Civil, que incide apenas nos processos judiciais.

Infelizmente, esse posicionamento foi reproduzido no **art. 42 da Resolução 35 do Conselho Nacional de Justiça**, com o qual não concordamos, vejamos:

"**Art. 42.** Não há sigilo nas escrituras públicas de separação e divórcio consensuais".

O motivo de discordar desse entendimento é que o fato de a escritura ser pública não significa conferir publicidade a qualquer pessoa. A escritura é chamada de *pública* em veneração à forma solene nela adotada e pelo tabelião de notas ter sido chamado por muito tempo em nosso país como *Oficial Público* (vide art. 1.642 do Código Civil de 1916).

Zeno Veloso[21] já nos alertava para isso quanto ao testamento público, que apresenta o mesmo problema. Para o citado autor, a qualificação de *público* não significa que o testamento fique exposto e disponível a terceiros, dado que não há bom propósito na atitude de uma pessoa requerer a certidão com o seu conteúdo antes da morte do *de cujus*, que, em sua grande maioria, está enraizada na cupidez, na imoralidade, em planos inconfessáveis.

Acreditamos que essa justificativa aplica-se, analogicamente, à escritura de divórcio e de extinção de união estável.

Qual seria o interesse em permitir que terceiros tenham acesso a ela? Quem precisar do documento para alguma finalidade, como credores do casal, pode requerer em

---

21. VELOSO, Zeno. *Comentários ao Código Civil*. São Paulo: Saraiva, 2003. v. 21, p. 58-59.

juízo o fornecimento da certidão, como, aliás, teria que fazer se o meio escolhido pelas partes fosse o judicial.

Assim, recomendamos que as escrituras de divórcio e de extinção de união estável sejam protegidas pelo sigilo, podendo ser solicitadas somente com autorização judicial, por terceiros, ou pelas próprias partes para a manutenção da segurança e proteção do bem comum, o que reforça a tese, que concordamos, da necessidade de criação de uma central especializada.

Comungamos do entendimento da OAB/MG que na uniformização de procedimentos estabeleceu no art. 3.º, VI, que *a publicidade de tais atos deve ser restrita, em virtude da sua natureza, assim como é a do testamento*.

Esse entendimento foi adotado pela **Corregedoria-Geral de Justiça do Estado do Paraná**, no art. 739, § 5.º, **do Código de Normas**, que possui os seguintes termos:

> "Art. 739. (...)
>
> § 5.º É permitida a expedição de certidão sobre a existência de escritura de divórcio e separação. O acesso ao ato lavrado e a expedição de certidão do conteúdo da referida escritura é restrita às partes e aos seus procuradores. Os terceiros interessados poderão requerê-la ao juiz da Vara de Registros Públicos."

Rendemos nossas homenagens à Corregedoria-Geral de Justiça do Estado do Paraná e esperamos que tal providência se espalhe por todo o país.

Se não houver sigilo nestas escrituras, acreditamos que a maioria das partes irá optar pela via judicial, em vez da extrajudicial.

Por esse motivo, entendemos que os tabeliães devem dificultar ao máximo o fornecimento dessas certidões, exigindo, por exemplo, o preenchimento de uma ficha com todos os dados pessoais, para que isso fique arquivado no sistema do cartório, a fim de que seja possível coibir o fornecimento dessas certidões para terceiras pessoas.

Acreditamos que essa norma da CGJ do TJPR, deveria ser reproduzida em todas as Normas de Serviço do País, visando proteger as pessoas que fazem escrituras no tabelionato de notas de indivíduos que, com uma simples pesquisa via internet, queiram saber onde foi lavrado o citado ato, o que permitiria solicitar uma certidão contendo toda a informação patrimonial e financeira do casal.

Mas é possível conseguir pesquisar isso via internet, em qualquer lugar do país? Sim!!!

Com a criação da CENSEC – Central Notarial de Serviços Eletrônicos Compartilhados, que é um sistema administrado pelo Colégio Notarial do Brasil – Conselho Federal – CNB-CF –, cuja finalidade é gerenciar banco de dados com informações sobre existência de testamentos, procurações e escrituras públicas de qualquer natureza, inclusive separações, divórcios e inventários lavradas em todos os cartórios do Brasil, isto é possível sim.

Acessando o *site* da CENSEC (www.censec.org.br), existem dois *links* de consultas livres, ou seja, que não precisam de senha.

O primeiro é para consultar quem fez DAV (Diretiva Antecipada de Vontade), ato equivocamente chamado por alguns de testamento vital, que tem por objetivo estabelecer, numa escritura pública, regras sobre tratamentos médicos aos quais a pessoa deseja ou não se submeter no caso de ficar inconsciente num estabelecimento médico.

O segundo, que é o que nos interessa, é a CESDI (Central de Escrituras de Separação e Divórcio), onde é possível, apenas colocando o nome da pessoa, identificar em qual cartório, data, livro e folhas a mesma foi lavrada. De posse desta informação valiosa, que não seria possível obter de outra maneira de forma tão precisa, basta se dirigir ao cartório e pedir uma segunda via da mesma. Se não houver sigilo, mesmo que a pessoa não seja a parte ou o seu advogado, conseguirá, tranquilamente, ter acesso a todo o patrimônio da pessoa (bens, contas, vencimentos etc.).

Só para se ter uma ideia da gravidade da situação, certa feita um(a) professor(a), conhecido(a) em todo o País, comentou na sala dos professores de uma instituição que havia feito o seu divórcio por escritura, e que tinha adorado a possibilidade que se abriu de resolver isso mais rápido, sem a necessidade de uma ação judicial.

Para testar a segurança do sistema, acessei a CESDI e consultei o nome desse professor. E para minha surpresa o resultado foi a aparição do nome do cartório, da data, do livro e das folhas em que a escritura foi lavrada. Se eu fosse ao tabelionato pedir uma segunda via desta escritura eu a teria obtido, sem nenhuma dificuldade, e teria acesso a todo o patrimônio da pessoa, que é algo pertencente à vida privada do indivíduo, que é um direito da personalidade que deve ser protegido pelo Judiciário, consoante o art. 21 do Código Civil.

Esses são os motivos pelos quais acreditamos ser URGENTE a necessidade de se colocar em TODAS as Normas de Serviço do Extrajudicial das Corregedorias-Gerais de Justiça dos Estados e do DF a previsão de que a certidão de uma escritura de divórcio ou de extinção de união estável só pode ser fornecida para:

1) as partes ou seus procuradores;

2) os advogados das partes;

3) qualquer pessoa, desde que tenha uma autorização judicial em mãos.

É por esse motivo que as escrituras de divórcio não são realizadas por pessoas com grande patrimônio. Enquanto não for definido o sigilo de tais escrituras, a via judicial acaba sendo mais segura. Eu mesmo já ouvi de um tabelião de notas que ele NUNCA faria o divórcio dele por escritura pública, já que seu patrimônio fica exposto para qualquer pessoa.

Abaixo veremos que o entendimento que prevalece, ao menos por ora, é de que não há sigilo nas escrituras públicas de separação e divórcio, segundo o Conselho Nacional de Justiça e os Tribunais de Justiça da Bahia e de São Paulo.

DA DESNECESSIDADE DE OBSERVÂNCIA DE SIGILO NAS ESCRITURAS PÚBLICAS DE DIVÓRCIO	
Resolução n. 35 do Conselho Nacional de Justiça	Art. 42. Não há sigilo nas escrituras públicas de separação e divórcio consensuais.
Normas de Serviço do Tribunal de Justiça do Estado de São Paulo	Art. 93. Não há sigilo nas escrituras públicas de separação e divórcio consensuais.

DA DESNECESSIDADE DE OBSERVÂNCIA DE SIGILO NAS ESCRITURAS PÚBLICAS DE DIVÓRCIO	
Normas de Serviço do Tribunal de Justiça do Estado do Rio de Janeiro	Art. 318. Não há sigilo nas escrituras públicas de separação e divórcio consensuais.
Normas de Serviço do Tribunal de Justiça do Estado de Minas Gerais	Art. 215. Não há sigilo nas escrituras públicas de separação e divórcio consensuais.
Normas de Serviço do Tribunal de Justiça do Estado do Rio Grande do Sul	Art. 619-L. Será destinado local, no tabelionato, que preserve o direito à reserva dos cônjuges, durante toda a prática do ato, ressalvada a possibilidade de fornecimento de certidão a qualquer pessoa que manifestar interesse.
Provimento do Tribunal de Justiça do Estado da Bahia	Art. 156. Não há sigilo para as escrituras públicas de Divórcio.

DA NECESSIDADE DE OBSERVÂNCIA DE SIGILO NAS ESCRITURAS PÚBLICAS DE DIVÓRCIO	
Código de Normas do Tribunal de Justiça do Estado do Paraná	Art. 739. (...) § 5.º É permitida a expedição de certidão sobre a existência de escritura de divórcio e separação. O acesso ao ato lavrado e a expedição de certidão do conteúdo da referida escritura é restrita às partes e aos seus procuradores. Os terceiros interessados poderão requerê-la ao juiz da Vara de Registros Públicos.
Uniformização de procedimentos OAB/MG	Art. 3.º Separação e Divórcio (...) VI – Outras observações A publicidade de tais atos deve ser restrita, em virtude da sua natureza, assim como o é a publicidade do testamento.

23. DA EXTENSÃO DO SIGILO DAS ESCRITURAS AOS REGISTRADORES DE IMÓVEIS E CIVIS, E NÃO SOMENTE AOS TABELIÃES

O sigilo das escrituras de divórcio e de extinção da união estável é dever não apenas dos tabeliães, mas também dos registradores civis e imobiliários.

A questão é importante, porque a referida escritura deve ser averbada no registro civil (consoante o **art. 10, I, do Código Civil**) para que se proceda à anotação no assento do casamento, ficando a sua cópia arquivada no cartório ou em microfilme.

O mesmo ocorre no registro de imóveis, pois quando o registrador procede à anotação relativa aos bens imóveis, a cópia desta também fica arquivada no cartório ou em microfilme.

Assim, qualquer pessoa que se dirija à serventia de registro civil ou de imóveis, poderá retirar uma cópia desse documento, o que não pode acontecer.

Por esse motivo, entendemos que não basta a proibição ao tabelião de fornecer a certidão da escritura, ela também deve ser estendida aos registradores para que isso não ocorra no registro civil e de imóveis.

Enquanto isso não ocorre, uma saída seria solicitar ao tabelião, depois da lavratura da escritura, uma certidão de breve relato, que contenha somente as informações que interessam ao registro civil e de imóveis. Assim, para o registro civil, a certidão de breve relato teria apenas a informação da separação ao divórcio, e naquela que seria destinada ao registro de imóveis haveria apenas a informação relativa ao imóvel de competência daquela serventia.

24. RECUSA DO TABELIÃO DE REALIZAR A ESCRITURA DE DIVÓRCIO OU EXTINÇÃO DE UNIÃO ESTÁVEL

Se o tabelião se recusar a fazer a escritura pública de divórcio extrajudicial ou de extinção de união estável, este deverá formalizar, por escrito, os motivos da recusa, para que a parte, se entender necessário, possa procurar uma proteção judicial.

Do ato do tabelião que se recusa a lavrar a escritura, desde que o motivo seja injustificado, caberá Mandado de Segurança, *writ* constitucional que tem por objetivo proteger direito líquido e certo.

O mandado de segurança é um instituto jurídico que serve, segundo o **art. 5.º, LXIX, da Constituição Federal**, para resguardar direito líquido e certo, não amparado por *Habeas Corpus* ou *Habeas Data*, que seja negado, ou mesmo ameaçado, em face de ato de quaisquer dos órgãos do Estado Brasileiro, seja da Administração direta, indireta, bem como dos entes despersonalizados e dos agentes particulares no exercício de atribuições do poder público.

Segundo a **Lei 12.016, de 7 de agosto de 2009**, já no seu art. 1.º, *conceder-se-á mandado de segurança para proteger direito líquido e certo, não amparado por* habeas corpus ou habeas data, *sempre que, ilegalmente ou com abuso de poder, qualquer pessoa física ou jurídica sofrer violação ou houver justo receio de sofrê-la por parte de autoridade, seja de que categoria for e sejam quais forem as funções que exerça.*

As partes do mandado de segurança são o impetrante, que é o titular do direito líquido e certo que pede proteção, e o impetrado, que é a autoridade coatora que feriu direito líquido e certo, sendo, no caso da separação ou divórcio extrajudicial, o tabelião de notas.

O prazo para impetrar o mandado de segurança é de 120 dias, contados da data em que o interessado tiver conhecimento oficial do ato a ser impugnado, conforme o art. 23 da Lei 12.016, de 7 de agosto de 2009.

A fixação do juízo competente se dá em razão da sede da autoridade coatora, já que o foro competente será o da respectiva comarca onde está localizado o cartório, lembrando que, neste caso, o *mandamus* deve ser impetrado na justiça estadual.

Mesmo havendo a possibilidade de se tomar providências como a descrita acima, recomenda-se ao leitor que procure um outro tabelionato de notas, inclusive em outro estado se for possível, pois pode ser que em outra serventia seja possível realizar o ato, e em outro estado pode ser que não haja a proibição que fundamentou a recusa do tabelião.

25. DO PAGAMENTO DA MEAÇÃO AO CÔNJUGE NO DIVÓRCIO

Questão tormentosa, principalmente por conta de questões tributárias, é saber se, ao analisar os diversos regimes de bens em um divórcio, cada cônjuge deve ter parte de cada um dos bens comunicáveis, formando um condomínio, ou se haveria a possibilidade de se verificar qual o montante, em dinheiro, que corresponderia a cada um desses bens. Na segunda hipótese, chegar-se-ia a um valor de meação, que poderia ser "pago" com a integralidade de um ou vários bens, evitando-se, assim, uma sociedade de ex-cônjuges no patrimônio?

Há decisão da Corregedoria do Tribunal de Justiça do Estado de São Paulo, no sentido de que a *meação do cônjuge, no divórcio, incide sobre a integralidade do patrimônio e não sobre um bem específico, motivo pelo qual o quinhão pode ser pago com a propriedade integral de vários bens até alcançar o seu valor:*

> "**1.ª VRP|SP: Dúvida – Partilha de bens – Regime da comunhão parcial de bens** – Cada cônjuge tem direito a 50% do patrimônio como um todo considerado – Reposição das diferenças dos quinhões feita pela divorciada gerando partilha igualitária – Não incidência do fato gerador do ITBI – Dúvida improcedente. TJSP, Processo 1021491-52.2014.8.26.0100, Dúvida – Registro de Imóveis – F. M. P."

No caso em tela, trata-se de dúvida suscitada pelo Oficial do 5.º Registro de Imóveis da Capital a requerimento de F. M. P. M., devido à qualificação negativa da Carta de Sentença expedida em 26.08.2013 pela 5.ª Vara da Família e Sucessões da Capital, referente à partilha dos imóveis objetos das matrículas 75.246 e 81.349 (prenotação 272.323). O Registrador aponta irregularidade no título apresentado, consistente no recolhimento insuficiente do valor do ITBI pela interessada sobre a parte que excedeu à meação dos bens. Informa que os imóveis foram adquiridos na constância do casamento sob o regime da comunhão parcial de bens e na partilha coube à interessada, além de sua meação, equivalente à 1/6, mais 1/6 da titularidade dos imóveis (representado pela metade ideal da fração de que ambos eram titulares), assim, a interessada recebeu quinhão maior que seu ex-cônjuge, sendo esta diferença paga a ele em espécie.

Sustenta o Oficial que, se forem considerados os valores em espécie, a partilha do divórcio consensual restaria igualitária, todavia, considerando-se a transmissão dos bens imóveis, a titularidade pela interessada sobreporia a de seu ex-cônjuge.

A suscitada apresentou impugnação, aduzindo, em síntese, que, levando-se em consideração os ensinamentos do Direito Civil, bem como o **art. 110 do CTN**, não há que se falar em transmissão do bem entre cônjuges casados sob o regime da comunhão parcial de bens, tendo em vista que ambos detêm a sua totalidade. Logo, ante a inexistência da transferência de bens de modo oneroso, não incide o fato gerador do ITBI. Por fim, alega que o Decreto 52.703/2011 do município de São Paulo, ao instituir o ITBI em caso de partilha decorrente de separação, sem considerar o regime de bens, bem como diante da divisão do patrimônio de forma igualitária, houve a extrapolação da competência constitucional concedida ao Município.

Segundo o magistrado, no regime da comunhão parcial de bens, o patrimônio auferido na constância do casamento deve ser considerado como um todo e, na hipótese de separação/divórcio, metade de todo o patrimônio deverá ser atribuído a cada um, e não metade de cada bem considerado individualmente. Consoante dispõe o **art. 156, *caput*, II, da CF**, a hipótese de incidência do ITBI é a "transmissão *inter vivos*, a qualquer título, por ato oneroso, de bens imóveis, por natureza ou acessão física, e de direitos reais sobre imóveis, exceto os de garantia".

Assim sendo, continua, estabelece o **art. 2.º, VI, do Decreto 55.196, de 11 de junho de 2014 da cidade de SP**:

> "o valor dos imóveis que, na divisão de patrimônio comum ou na partilha, forem atribuídos a um dos cônjuges separados ou divorciados, ao cônjuge supérstite ou a qualquer herdeiro, acima da respectiva meação ou quinhão, considerando, em conjunto, apenas os bens imóveis constantes do patrimônio comum ou monte-mor".

Logo, numa interpretação a tal dispositivo legal, tem-se que a incidência do ITBI pressupõe a realização de negócio jurídico oneroso com a transferência da propriedade ou de certos direitos imobiliários, sendo que apenas o excesso não gratuito da meação, havido por um dos cônjuges na separação, pode ser objeto da referida tributação municipal, o que não se vislumbra na referida hipótese.

Isso porque, de acordo com a informação do partidor judicial, apesar de a interessada ter recebido quinhão maior do que seu ex-cônjuge, houve a reposição em espécie do valor tido "a maior", de modo que a partilha ao final restou igualitária.

Dessa forma, afirma, diante da comprovada divisão patrimonial igualitária entre a interessada e o seu antigo cônjuge, não houve a transmissão de bem imóvel por ato oneroso, pois, conforme vislumbra-se, após a homologação do divórcio, cada consorte continuou titular dos mesmos direitos que antes já possuía; logo, não incide o ITBI.

Aliás, nesse sentido, já decidiu o Egrégio Tribunal de Justiça de São Paulo:

> "APELAÇÃO Mandado de segurança ITBI. Partilha de bens em separação judicial. Equivalência econômico financeira na divisão patrimonial. Inexistência de excesso de meação. Imposto indevido. Segurança concedida. Recurso provido." (**Apelação nº 9122550- 97.2007.8.26.0000, comarca de Duartina, 14ª Câmara de Direito Público, Rel. Des. JOÃO ALBERTO PEZARINI, julgado em 14.06.2012**).

> "AGRAVO DE INSTRUMENTO. Execução Fiscal. ITBI. Exercício de 2006. Exceção de pré-executividade. Rejeição. Pretensão à reforma da decisão. Admissibilidade. Separação consensual. Legalização dos bens imóveis não sujeita à tributação. Inexistência de entrega de valor superior à meação para um dos cônjuges. Ainda que houvesse entrega de valor superior à meação, sem a respectiva torna ou contraprestação, não haveria incidência do ITBI, posto que configurada doação, caso em que, incidente é o ITCMD, de competência estadual. Precedentes. Decisão reformada para acolher exceção de pré-executividade e extinguir a execução fiscal. Agravo provido." (**Agravo de Instrumento 0173184-80.2012.8.26.0000, comarca de São Bernardo do Campo, 18.ª Câmara de Direito Público, Rel. Des. Roberto Martins de Souza, j. 29.11.2012**)

> "AÇÃO DECLARATÓRIA. ITBI. Exercício de 2009 – Município de Bauru. Inexistência de excesso na meação havida na separação judicial da autora e seu antigo cônjuge. Divisão patrimonial igualitária. Transmissão de bem imóvel por ato oneroso não configurada. Inocorrência do fato gerador neste caso. Nulidade do lançamento. Pleito inaugural bem acolhido. Acerto na atribuição de todo o ônus da sucumbência à vencida. Descabimento na redução dos honorários advocatícios. Sentença mantida. Apelo da

Municipalidade improvido. (**15.ª Câmara de Direito Público. Apelação 0000008-12.2010.8.26.0071 – Des. Silva Russo. Voto 20242. Apelação 0000008-12.2010.8.26.0071. Comarca de Bauru/SP. Apelante: Prefeitura Municipal de Bauru. Apelada: Dirce Constantino – Justiça Gratuita)**

Consequentemente, inexistindo fato gerador do imposto em debate, sua cobrança configura-se indevida, motivo pelo qual o Dr. Guilherme Stamillo Santarelli Zuliani julgou improcedente a dúvida suscitada pelo Oficial do 5.º Registro de Imóveis da Capital a requerimento de F. M. P. M., para que o título tenha acesso ao registro.

4
DISSOLUÇÃO DE UNIÃO ESTÁVEL POR ESCRITURA PÚBLICA: QUESTÕES POLÊMICAS

1. DA EVOLUÇÃO NO TEMPO DA UNIÃO ESTÁVEL

A união estável é uma das formas de entidade familiar previstas na Constituição Federal, instituída pela convivência pública duradoura e contínua de um homem e uma mulher, com o objetivo de constituir uma família.

A união estável foi criada pelo art. 226, § 3.º, da CF e sua primeira regulamentação se deu com a Lei 8.971/94, que institui como direitos dela decorrentes:

direito sucessório, igual ao do cônjuge;
usufruto vidual ao cônjuge sobrevivente da quarta parte dos bens do falecido;
direito à meação dos bens adquiridos com esforço comum.

Essa lei exigia um prazo de cinco anos de convivência ou que existisse prole comum para que a união estável fosse constituída.

Posteriormente, a citada lei foi alterada pela Lei 9.278/96, cujo esboço foi feito pelo meu querido e eterno professor Álvaro Villaça Azevedo, que:

retirou a necessidade de prazo para se constituir uma união estável;
instituiu direitos e deveres aos conviventes;
estabeleceu comunicabilidade dos bens adquiridos na constância da união, com presunção de esforço comum;
previu a possibilidade de se fazer contrato de convivência;
concedeu o direito a alimentos;
concedeu direito real de habitação ao companheiro sobrevivente em caso de extinção da união por morte, revogando o usufruto vidual;
normatizou a conversão da união estável em casamento;
estabeleceu a competência do juízo de família para discussão de algum problema.

Atualmente, a união estável é regulamentada pelo Código Civil de 2002, nos arts. 1.723 a 1.727.

EVOLUÇÃO DAS LEIS DA UNIÃO ESTÁVEL NO BRASIL		
LEI 8.971/94	LEI 9.278/96	CC 2002

Essa evolução histórica tem importância quando se fala em sucessão, pois a lei aplicável é sempre a que está vigendo na data da morte (princípio da *saisine*), ou seja, ainda é possível aplicar ambas as leis que já foram revogadas no caso de um inventário ser aberto hoje e o falecimento ter ocorrido à época da sua vigência. A aplicação de lei revogada no tempo é possível e se denomina ultratividade.

A união estável acabou com a divisão do concubinato em puro (quando as pessoas estavam desimpedidas para o casamento) ou impuro (na hipótese de existir impedimento para o matrimônio). O concubinato puro se tornou união estável, e todo concubinato, segundo o **art. 1.727 do CC, é impuro**.

2. DO CONCEITO DE UNIÃO ESTÁVEL

Para a formação da união estável é necessário que as pessoas estejam desimpedidas para casar, exceto no caso de separação de fato ou de separação judicial ou extrajudicial (nesses casos, mesmo havendo impedimento para o casamento, pessoas nessas situações podem constituir união estável). O legislador aqui protege a boa-fé objetiva, pois quem é separado não está traindo ninguém.

Portanto, o concubinato se forma entre pessoas impedidas de casar, exceto se estiverem separadas de fato, judicial ou extrajudicialmente (pois constituem união estável nesse caso).

De acordo com o **art. 226 da CF**, a união estável se forma com a convivência entre homem e mulher. No entanto, após o julgamento da **ADPF 132** e da **ADIn 4.277 pelo STF**, firmou-se o entendimento de não ser esse um empecilho para a aplicação das suas regras para a união homoafetiva (entre pessoas do mesmo sexo), pois o fato de a lei só ter regulamentado a união informal entre homem e mulher não significa que tenha proibido a de pessoas do mesmo sexo. Assim sendo, com tal decisão, deixamos de ter a união homoafetiva em nossa sociedade e passamos a ter a união estável entre pessoas de sexos distintos ou de mesmo sexo, pois a ADIn 4277 deu interpretação conforme à Constituição ao **art. 1.723 do Código Civil** para que TODOS os efeitos da união estável fossem estendidos à união entre pessoas do mesmo sexo, inclusive a conversão dessa união em casamento, fazendo surgir no Brasil o casamento entre pessoas do mesmo sexo. Essa decisão tem efeito vinculante.

3. DO CONTRATO DE NAMORO EM VIRTUDE DA DIFICULDADE DE DIFERENCIAÇÃO COM A UNIÃO ESTÁVEL

O conceito de união estável previsto no **art. 1.723 do Código Civil** é o mesmo que estava contido no **art. 1.º da Lei 9.278/96**. De lá para cá o conceito de união estável estagnou no tempo e o conceito de namoro evoluiu muito e é completamente diferente do que tínhamos em 1996. Por esse motivo ficou impossível diferenciar namoro de união estável nos dias de hoje.

Mesmo com a doutrina diferenciando o namoro simples do qualificado, sendo o primeiro um relacionamento aberto, às escondidas ou sem compromisso, e por isso não se confundiria com a união estável, o segundo existe quando há prática da relação amorosa e sexual madura, entre pessoas maiores e capazes, que apesar de apreciarem a companhia uma da outra, e por vezes até pernoitarem na casa de seus namorados, não têm o objetivo de constituir família. Por isso é tão difícil, na prática, encontrar as diferenças entre a união estável e o namoro qualificado.

Segundo o STJ, o **namoro qualificado** se dá quando as partes projetam para o futuro, e não para o presente, o propósito de constituir família:

> (...) 3. Da análise acurada dos autos, tem-se que as partes litigantes, no período imediatamente anterior à celebração de seu matrimônio (de janeiro de 2004 a setembro de 2006), não vivenciaram uma união estável, mas sim um namoro qualificado, em que, em virtude do estreitamento do relacionamento, **projetaram para o futuro – e não para o presente –, o propósito de constituir uma entidade familiar**, desiderato que, posteriormente, veio a ser concretizado com o casamento. (...) **(REsp nº 1.454.643-RJ (2014/0067781-5) Rel. Min. Marco Aurélio Bellizze, Terceira Turma, julgamento unânime em 03.03.2015, *DJE* 10.03.2015)**

Cumpre salientar que é muito difícil, na prática, encontrar namoro simples por conta da seriedade que se exige dos(as) namorados(as) atualmente, que dormem um na casa do outro, dividem despesas, usam alianças, se responsabilizam por internação médica, acompanham o outro em exames complexos, ou seja, agem como se estivessem em união estável.

Urge lembrar que a jurisprudência pacífica do STJ entende que a coabitação não é elemento indispensável para a caracterização de uma união estável, podendo ambos viver cada um em sua respectiva casa:

> Agravo regimental no agravo em recurso especial. União estável. 1. Ausência de provas do intuito de constituir família. Revisão. Impossibilidade. Súmula 7/STJ. 2. Agravo improvido. 1. Nos termos do artigo 1º da Lei n. 9.278/96, bem assim da **jurisprudência desta Casa, a coabitação não constitui requisito necessário para a configuração da união estável**, devendo encontrar-se presentes, obrigatoriamente, outros relevantes elementos que denotem o imprescindível intuito de constituir uma família. Precedentes. 2. Na espécie, concluíram as instâncias de origem não se encontrarem presentes os requisitos necessários para a configuração de união estável. A coabitação foi reconhecida como ato de mera conveniência, ostentando as partes apenas um relacionamento de namoro. Para derruir as premissas firmadas, necessário o reexame de fatos e provas, providência vedada nos termos do enunciado n. 7 da Súmula do Superior Tribunal de Justiça. Precedentes. 3. Agravo regimental a que se nega provimento. **(AgRg no AREsp 649786/GO, Rel. Min. Marco Aurélio Bellizze, Terceira Turma, j. 04.08.2015, *DJE* 18.08.2015)**

Isso prova que persiste o entendimento esposado na Súmula 382 do STF, que por ser da década de 60 nos obriga a interpretar[1] a palavra concubinato tanto como a mo-

---

1. AZEVEDO, Álvaro Villaça. *Direito de família*. São Paulo: Atlas, 2013. p. 159.

dalidade pura (que hoje é a união estável) quanto a impura (cujo conceito se enquadra na definição do art. 1.727 do CC):

> **SÚMULA 382 do STF:** A vida em comum sob o mesmo teto, *more uxorio*, não é indispensável à caracterização do concubinato. (A expressão *more uxorio* significa a sua maneira, ou seja, como se casados fossem – aparência.)

Por conta dessa confusão, uma pseudossolução encontrada para o caso foi a realização de um contrato de namoro para que se impedisse a caracterização da união estável.

Entendemos que tal negócio jurídico não pode ser celebrado, pois atenta de forma fulminante contra a função social do contrato, prevista no art. 421 do CC, por ter como objetivo afastar a aplicação de uma lei imperativa, e por isso é nulo, conforme art. 166, VI, do CC.

Compartilhamos do entendimento de Paulo Luiz Netto Lôbo,[2] para quem:

> "Se a intenção de constituir união estável fosse requisito para sua existência, então semelhante contrato produziria os efeitos desejados. Todavia, considerando que a relação jurídica da união estável é ato-fato-jurídico cujos efeitos independem da vontade das pessoas envolvidas, esse contrato é de eficácia nenhuma, jamais alcançando seu intento."

Concordamos com tais argumentos, pois, se ocorrer o fato descrito no conceito de união estável, descrito no art. 1.723 do CC, nenhum negócio jurídico teria o condão de impedir a sua caracterização. Acreditamos que nenhum namorado pensa em celebrar contrato de namoro, e quando isso passa pela cabeça das pessoas é porque elas já sabem que estão vivendo em união estável.

4. DA APLICAÇÃO DA REGRA DO REGIME DE SEPARAÇÃO OBRIGATÓRIA NA UNIÃO ESTÁVEL

Na união estável não se aplicam as causas suspensivas do casamento, por disposição expressa do **art. 1.723, § 2.º, do CC**, ou seja, elas não impedem a constituição da união estável.

Entretanto, se tais causas forem ignoradas, haverá impacto na regra patrimonial, pois será aplicado o regime de separação obrigatória de bens.

Dessa forma, haverá a aplicação da regra de separação obrigatória na união estável nas mesmas hipóteses do casamento, **contidas no art. 1.641 do CC:**

a) maior de 70 anos;

b) ignorar as causas suspensivas do casamento, previstas no art. 1.523 do CC;

c) menores de 18 anos quando não autorizados pelos pais ou tutores.

No caso de um dos conviventes, no momento da constituição da união, ter mais de 70 anos (conforme art. 1.641 do CC), entende o STJ que eles estariam proibidos de

---

2. LÔBO, Paulo Luiz Netto. *Direito civil: famílias*. São Paulo: Saraiva, 2008. p. 156.

escolher uma regra patrimonial, tampouco se aplicaria a comunhão parcial de bens, pois nesse caso incide o regime da separação obrigatória:

> Recurso especial. Civil e processual civil. Direito de família. Ação de reconhecimento e dissolução de união estável. Partilha de bens. Companheiro sexagenário. Art. 1.641, II, do Código Civil (redação anterior à Lei n. 12.344/2010). Regime de bens. Separação legal. Necessidade de prova do esforço comum. Comprovação. Benfeitoria e construção incluídas na partilha. Súmula n. 7/STJ. 1. **É obrigatório o regime de separação legal de bens na união estável quando um dos companheiros, no início da relação, conta com mais de sessenta anos, à luz da redação originária do art. 1.641, II, do Código Civil**, a fim de realizar a isonomia no sistema, evitando-se prestigiar a união estável no lugar do casamento. **2. No regime de separação obrigatória, apenas se comunicam os bens adquiridos na constância do casamento pelo esforço comum, sob pena de se desvirtuar a opção legislativa, imposta por motivo de ordem pública.** 3. Rever as conclusões das instâncias ordinárias no sentido de que devidamente comprovado o esforço da autora na construção e realização de benfeitorias no terreno de propriedade exclusiva do recorrente, impondo-se a partilha, demandaria o reexame de matéria fático-probatória, o que é inviável em sede de recurso especial, nos termos da Súmula n. 7 do Superior Tribunal de Justiça. 4. Recurso especial não provido. (**REsp. 1.403.419/MG (2013/0304757-6), Rel. Min. Ricardo Villas Bôas Cueva, 3ª Turma, j. 11.11.2014**)

Nesse julgado, verifica-se, ainda, que, a exemplo do que ocorre no casamento, por se tratar de separação obrigatória, mesmo sendo união estável, também se aplica a Súmula 377 do STF[3], mas, todavia, sendo necessária a prova do esforço comum para se falar em comunicação dos bens adquiridos na vigência da união.

Como a existência de uma causa suspensiva para o casamento (art. 1.523 do CC), não impede a caracterização da união estável (art. 1.723 CC), o TJ/SP afirmou nossa posição adotada em nosso Elementos de Direito Civil, da Ed. Saraiva, que se aplica a regra da separação obrigatória na união estável se isso ocorrer (art. 1.641 CC), vejamos:

> **RECURSO. APELAÇÃO. REQUISITOS DE ADMISSIBILIDADE.** Deserção. Ocorrência. Não recolhimento do preparo obrigatório. Ausência de alegação de justo impedimento. Aplicação da regra do artigo 1.007, § 4º, do código de processo civil. Recurso da autora não conhecido. União Estável. Demanda declaratória de reconhecimento e dissolução cumulada com partilha de bens e alimentos. Prova que indica a convivência entre as partes, com coabitação e objetivo de constituir família. Requisitos da entidade familiar presentes. Panorama de convivência pública, contínua e duradoura entre os litigantes. Autora que se encontrava separada de fato. Concubinato que dá lugar à união estável. Partilha de bens. Causa suspensiva ao matrimônio, prevista no artigo 1.525, III, do Código Civil que também se aplica à união estável. Partilha de bens do matrimônio extinto que não se encontrava finalizada quando da constituição união estável. Presença da causa suspensiva que enseja a aplicação do regime da separação obrigatória de bens, na forma do artigo 1.641, I, do Código Civil. Regularização da partilha de bens do matrimônio pretérito no curso da união estável que não afasta a incidência do regime da separação obrigatória, que passa a vigorar desde a data do casamento ou da união estável (artigo 1.639, § 1º, do Código Civil). Regime da separação obrigatória de bens que incide ao casamento ou união estável contraído sob condição suspensiva. Hipótese de comunicação do patrimônio onerosamente havido na vigência da união estável. Inteligência do enunciado nº. 377 da Súmula do STF que, outrossim, presume o esforço comum. Ações de sociedade empresária e investimentos. Partilha. Descabimento. Bens adquiridos em sub-rogação de bem particular. Impossibilidade de divisão, por força do artigo 1.659, I, do Código Civil. Partilha de imóvel de propriedade da demandante. Impossibilidade. Bem

---

3. **Súmula 377 do STF:** "No regime de separação legal de bens, comunicam-se os adquiridos na constância do casamento".

adquirido previamente à união estável. Bem particular, que está excluído da partilha, conforme artigo 1.659, I, do Código Civil. Empréstimo tomado pela autora junto ao réu. Abatimento da dívida da parcela a ser recebida pela partilha. Correção monetária. Termo inicial a contar do desembolso até a quitação do débito. Sentença reformada. Recurso do réu parcialmente provido. *(TJSP; AC 1007251-16.2019.8.26.0704; Ac. 14805177; São Paulo; Sexta Câmara de Direito Privado; Rel. Des. Vito José Guglielmi; Julg. 08/07/2021; DJESP 16/07/2021; Pág. 2374).*

Assim sendo, entramos num delicado tema, que é saber se a união estável pode ser constituída com menores de idade nela envolvidos.

5. DA UNIÃO ESTÁVEL ENVOLVENDO MENORES DE IDADE

Questão polêmica que existe na doutrina e jurisprudência é se a união estável pode ser constituída quando envolver pessoa menor de 18 anos.

O art. 1.517 do Código Civil estabelece que a idade mínima para casar (núbil) é de 16 anos, dependendo de autorização dos pais ou tutor para ocorrer até os 18 anos ou de emancipação.

O casamento do menor de 16 anos é medida excepcional, e só ocorre no caso de gravidez (art. 1.520 do CC), se houver autorização judicial para tanto.

Assim sendo, em razão de não existir regra expressa no Código Civil sobre idade mínima para a união estável, podemos pensar em aplicação analógica da regra vista acima, aplicável ao casamento, consoante determina o art. 4º da LINDB.

Contudo, a questão não é tão fácil de responder, em razão de termos notícia de que muitas meninas entre 16 e 18 anos visitam presos solteiros ou divorciados na prisão e propõem que eles assinem uma declaração de que vivem em união estável com elas, em troca de visita íntima.

Feito isso, elas dão entrada no INSS para receberem o auxílio-reclusão.

O benefício do auxílio-reclusão do INSS é pago não ao presidiário, mas aos seus familiares ou dependentes.

O benefício é pago ao preso do regime fechado e semiaberto e somente durante o período de sua pena. Não é pago o auxílio-reclusão quando os presos estiverem em livramento condicional ou cumprindo pena em regime aberto.

Para receber o benefício de auxílio-reclusão da Previdência Social, é necessário o cumprimento de alguns requisitos: o preso não deve receber salário da empresa em que trabalhava; não deve estar em gozo de auxílio-doença, aposentadoria ou abono de permanência em serviço; a reclusão deve ter ocorrido durante o período em que o preso estivesse em gozo da qualidade de segurado da Previdência Social; além disso, só recebe esse benefício quem já contribuía para a previdência na data da reclusão ou na data do afastamento do trabalho.

O cônjuge, para ter direito ao benefício, deve ter convivido em união estável ou casamento por pelo menos dois anos antes de o beneficiário ser preso, e os filhos nascidos durante o período de prisão terão direito ao benefício a partir da data de nascimento. A duração do benefício também teve alterações, variando de acordo com a idade do cônjuge e de sua expectativa de vida, conforme a tábua de mortalidade publicada todos os anos pelo IBGE.

Também se inclui na mesma condição para o auxílio-reclusão o jovem entre 16 e 18 anos que tenha sido internado em estabelecimento educacional ou semelhante.

Os beneficiários que recebem o auxílio-reclusão devem comprovar perante a previdência social, de 3 em 3 meses, que o trabalhador está recluso.

Lembramos que o auxílio-reclusão deixará de ser pago quando o segurando morrer, em caso de fuga da prisão, liberdade condicional, se o recluso passar a receber aposentadoria ou auxílio-doença (que não podem ser pagos com o auxílio-reclusão) ou quando os dependentes, no caso de filhos e irmãos, completarem 21 anos de idade.

É importante ressaltar que muitas moças entre 16 e 18 anos já viviam maritalmente com os seus companheiros, antes de eles serem presos. A questão que ora se levanta é a da união estável formada dentro do presídio, com finalidades escusas. Essa é que deve ser combatida.

Sobre o tema, a jurisprudência vem aceitando o reconhecimento de união estável envolvendo pessoa entre 16 e 18 anos de idade, ao permitir que eles ingressem no presídio para visita íntima.

> Processual penal. Lei de Execução Penal. Agravo em execução. Direito de visita. Companheira púbere com quase 17 anos. Adolescente já possuidora de certa maturidade. Visita acompanhada dos pais. Situação peculiar. Prevalência do direito do interno a ser visitado por amigos e parentes. Relação de união estável. Comprovada por outros meios que não documental. 1. A Lei de Execução Penal, em seu artigo 41, inciso X, garante ao preso o direito de receber visita do cônjuge, da companheira, de parentes e até mesmo de amigos. Sabe-se, todavia, que esse direito não é absoluto ou irrestrito, podendo ser restringido ou suspenso a depender das circunstâncias do caso concreto. 2. Na específica hipótese dos autos, **a companheira do apenado conta com quase 17 (dezessete) anos**, restando-lhe apenas mais uma estreita fase da vida para que atinja 18 (dezoito) anos; idade em que o direito brasileiro presume que sua personalidade esteja completamente desenvolvida. 3. **Em se tratando de união estável, em que, ao revés do casamento, é caracterizada muitas vezes pela informalidade, mostra-se inócua a exigência de documento que a comprove, providência que pode acabar por inviabilizar o direito de visitas**. Tem-se por suficiente a declaração da jovem e do preso de que vivem juntos com ânimo de constituir família, que, no caso em apreço, **é corroborado pela declaração firmada pela genitora da agravante onde consta que a menor convive de forma estável com o recluso há cerca de oito meses**. 4. Sopesadas a circunstâncias deste caso concreto e observada a imprescindibilidade de presença dos representantes legais, o princípio da proteção integral da criança e adolescente deve ter sua literalidade mitigada em prol do direito à visita do apenado. Ou seja, da especificidade posta, não é de se vislumbrar a possibilidade iminente de quaisquer prejuízos ou mesmo perturbações à integridade psíquica da menor, tão somente por contar com idade pouco inferior a 18 (dezoito) anos. 5. Agravo em execução conhecido e provido. (**TJDF, RAG 2016.00.2.022917-2, Ac. 955.451, Segunda Turma Criminal, Rel. Des. César Laboissiere Loyola, j. 14.07.2016,** *DJDFTE* **25.07.2016**)

> Recurso de agravo. Execução penal. Direito de visita íntima. Companheira de 17 anos. Emancipação civil. Escritura pública declaratória de união estável. Recurso provido. I. **Comprovada a união estável, mediante escritura pública, entre adolescente de 17 anos de idade, emancipada civilmente, com o preso, não se mostra razoável indeferir o pedido de visitas íntimas entre eles**, ao argumento de que ela não apresentou certidão de casamento, consoante disposto na Portaria nº 11/2003, vez que a união estável é equiparada à entidade familiar nos termos do art. 1.723 do Código Civil. II. Recurso provido. (**TJDF, Rec 2015.00.2.013257-5, Ac. 873.466, Terceira Turma Criminal, Rel. Des. Nilsoni de Freitas,** *DJDFTE* **17.06.2015, p. 142**)

Em Rondônia, o Tribunal de Justiça local reconheceu uma união estável envolvendo pessoa menor de 14 e maior de 12 anos, também pelo fato de ter anuência da família, para descaracterizar o crime de estupro de vulnerável:

> Apelação criminal. Ministério Público. Estupro de vulnerável. Fato praticado na vigência da Lei n° 12.015/09. Vulnerabilidade absoluta. Inocorrência. Consentimento da vítima (doze anos de idade). Gravidez. Namoro convolado em união estável. Consentimento familiar. Atipicidade material configurada. Absolvição mantida. 1. A edição da Lei n° 12.015/09, que criou o tipo autônomo do estupro de vulnerável, não encerrou o debate sobre a relativização da antiga presunção de violência inserta no revogado art. 224, "a", do CP. O artigo 217-A do CP tão somente incorporou em sua norma a antiga violência presumida, ao estabelecer como elemento objetivo cronológico a idade menor que 14 anos, agora sob a letra da vulnerabilidade, de sorte que, doravante, a análise a ser feita não é mais sobre a relativização da presunção da violência, senão da relativização da vulnerabilidade. 2. **A vítima menor de quatorze e maior de doze anos de idade que comprovadamente possuía discernimento e determinação suficiente da prática dos atos sexuais e o agente que com ela se envolve, mantendo enlace amoroso e união estável, inclusive com a chancela da família, age fora do âmbito de proteção da norma do art. 217-A do CP, não configurando a espécie de tipicidade penal material.** 3. Recurso não provido. Absolvição mantida. (**TJRO, APL 0001351-91.2015.8.22.0002, Segunda Câmara Criminal, Rel. Des. Valdeci Castellar Citon, j. 20.07.2016,** *DJERO* **02.08.2016, p. 95**)

O Tribunal de Justiça do Rio Grande do Sul também reconheceu uma união estável envolvendo uma menina de 12 anos de idade, com uma pessoa de 20, com o consentimento da mãe, para também descaracterizar o crime de estupro de vulnerável:

> Apelação. Crime. Estupro de vulnerável. Vítima com 12 anos de idade e acusado com 20 anos. Vulnerabilidade não evidenciada. Hipótese de manutenção da sentença absolutória. 1. Conquanto a redação do artigo 217-A, *caput*, do Código Penal seja clara ao estabelecer que a prática de conjunção carnal com menor de 14 anos tipifica o delito de estupro de vulnerável, a realidade social e as condições pessoais dos envolvidos, em determinados casos, permitem a relativização da presunção de vulnerabilidade da menor, de molde a afastar a tipicidade do fato. 2. Hipótese em que **o acusado e a suposta vítima, que tinham pouca diferença de idade, pois ela contava com doze anos e ele com vinte, mantiveram relacionamento amoroso, com o consentimento da mãe da ofendida, e que resultou em união estável por alguns meses**, não havendo falar violência, ainda que presumida, diante do evidente desenvolvimento físico, emocional e sexual da adolescente, que livremente anuiu com o relacionamento amoroso-sexual. Inclusive após o término deste, quando contava com 14 anos de idade, a adolescente já tinha um filho de outro companheiro. Apelação ministerial improvida. (**TJRS, ACr 0164223-04.2016.8.21.7000, Gravataí, Quinta Câmara Criminal, Rel. Des. Cristina Pereira Gonzales, j. 20.07.2016,** *DJERS* **27.07.2016**)

Assim sendo, verifica-se que não há rigidez na jurisprudência para a caracterização da união estável envolvendo pessoa menor entre 12 e 18 anos.

Não concordamos com esta posição, uma vez que, se existe na lei idade mínima para casar, ela deve ser a mesma para a união estável, pois as dificuldades que um menor enfrenta na sua vida conjugal poderão também ocorrer no casamento e na união estável.

Não devemos nos esquecer do Enunciado 530 do CJF, que estabelece:

> **"ENUNCIADO 530** – A emancipação, por si só, não elide a incidência do Estatuto da Criança e do Adolescente."

A justificativa para tal enunciado encontra-se no fato de que a emancipação, em que pese assegurar a possibilidade de realizar pessoalmente os atos da vida civil por aqueles que não alcançaram a maioridade civil, não tem o condão, isoladamente considerada, de afastar as normas especiais de caráter protetivo, notadamente o Estatuto da Criança e do Adolescente.

O Estatuto da Criança e do Adolescente insere-se em um contexto personalista, garantindo tutela jurídica diferenciada em razão da vulnerabilidade decorrente do grau de discernimento incompleto. Assim, a antecipação da aquisição da capacidade de fato pelo adolescente não significa que ele tenha alcançado necessariamente o desenvolvimento para afastar as regras especiais.

Dessa forma, entendemos que a escritura e o contrato particular de união estável só poderão ser firmados por pessoas maiores de 18 anos, ou emancipadas, e por pessoas entre 16 e 18 anos, desde que autorizadas pelos pais ou tutor, por serem as mesmas regras vigentes para o casamento.

Um eventual reconhecimento de união estável envolvendo pessoa menor de 16 anos dependerá de decisão judicial.

6. DA POSSIBILIDADE DE A PESSOA COM DEFICIÊNCIA CONSTITUIR UNIÃO ESTÁVEL

O **art. 2.º do Estatuto da Pessoa com Deficiência (Lei 13.146/15)** define como pessoa com deficiência aquela que tem impedimento de longo prazo de natureza física, mental, intelectual ou sensorial, o qual, em interação com uma ou mais barreiras, pode obstruir sua participação plena e efetiva na sociedade em igualdade de condições com as demais pessoas, ou seja, a norma igualou todo e qualquer tipo de deficiência para efeitos de proteção do estatuto.

Com isso, todos os deficientes adquiriram capacidade civil, consoante regra do **art. 84** da referida norma, para quem a pessoa com deficiência tem assegurado o direito ao exercício de sua capacidade legal em igualdade de condições com as demais pessoas.

O **art. 6.º, I**, da referida norma afirma que a deficiência não afeta a plena capacidade civil da pessoa, inclusive para casar-se e constituir união estável.

O interdito, hoje pessoa curatelada, poderá constituir união estável, mesmo que o **art. 85, § 1.º**, do Estatuto da Pessoa com Deficiência não tenha indicado isso expressamente, silenciando-se quanto à união estável.

Como o *caput* do citado dispositivo estabelece que a curatela afetará tão somente os atos relacionados aos direitos de natureza patrimonial e negocial, o § 1.º fez questão de ressaltar que a definição da curatela não alcança o direito ao matrimônio, sem nada falar em união estável.

Ora, se o interdito pode casar, entendemos que poderá também constituir união estável, nos mesmos moldes e por aplicação analógica.

7. DA NECESSIDADE OU NÃO DE OUTORGA CONVIVENCIAL NA UNIÃO ESTÁVEL

A norma do **art. 1.647 do CC**, que exige a outorga conjugal para a prática de certos atos, não se aplica à união estável, pois trata-se de norma restritiva que não admite interpretação analógica.

Essa é posição do STJ, que, na ementa do REsp. 1.265.809/DF, Rel. Min. Luis Felipe Salomão, 4ª Turma, j. em 05.06.2015, do REsp. 1.299.894/DF, rel. Min. Luis Felipe Salomão, 4ª Turma, j. em 25.02.2014, e do REsp. 1.299.866/DF, rel. Min. Luis Felipe Salomão, 4ª Turma, j. em 25.02.2014, explica de maneira clara:

> A exigência de outorga uxória a determinados negócios jurídicos transita exatamente por este aspecto em que o tratamento diferenciado entre casamento e união estável é justificável. É por intermédio do ato jurídico cartorário e solene do casamento que se presume a publicidade do estado civil dos contratantes, de modo que, em sendo eles conviventes em união estável, hão de ser dispensadas as vênias conjugais para a concessão de fiança. Desse modo, não é nula nem anulável a fiança prestada por fiador convivente em união estável sem a outorga uxória do outro companheiro. Não incidência da Súmula 332/STJ[4] à união estável.

Concordamos, integralmente, com o exposto *supra*.

Contudo, cumpre salientar que, com o **Provimento n. 37 do CNJ, de 07.07.2014**, que será estudado mais adiante, é possível dar publicidade à união estável, registrando uma sentença ou escritura pública que a reconheça no livro "E" do Cartório do Registro Civil das Pessoas Naturais (RCPN) da Sede, ou, onde houver, no 1.º Subdistrito da Comarca em que os companheiros têm ou tiveram seu último domicílio.

Assim sendo, pelos argumentos demonstrados na decisão do STJ, a outorga conjugal não é exigida na união estável, salvo se ela estiver registrada nesses moldes no RPCN, pois, *in casu*, é dada publicidade da sua existência.

Sobre o tema recomendamos a leitura do nosso livro Elementos de Direito Civil da Editora Saraiva.

8. DA POSSIBILIDADE DE SE DAR PUBLICIDADE DA UNIÃO ESTÁVEL POR MEIO DE REGISTRO NO CARTÓRIO DE REGISTRO CIVIL DAS PESSOAS NATURAIS QUE FAZ SURGIR UM ESTADO CIVIL AOS CONVIVENTES

Uma inovação importante que ocorreu na união estável foi a possibilidade de registrá-la no Cartório de Registro Civil das Pessoas Naturais, mesmo local em que se registra o casamento. Isto se deu pelo **Provimento 37 do CNJ, de 07.07.2014**.

O referido Provimento faculta, e não obriga, o registro da união estável mantida entre homem e mulher, ou entre duas pessoas do mesmo sexo, em cartório. Ele será feito no Livro "E", pelo Oficial do Registro Civil das Pessoas Naturais da Sede, ou, onde houver, no 1.º Subdistrito da Comarca em que os companheiros têm ou tiveram seu último domicílio.

O registro dependerá da existência de uma sentença declaratória de reconhecimento e dissolução, ou extinção, ou de uma escritura pública de contrato ou distrato envolvendo união estável, ou seja, mesmo o **art. 1.725 do CC** autorizando o contrato de convivência a ser feito por instrumento particular, somente poderá ser objeto de registro o contrato realizado por escritura pública, por exigência do Provimento.

---

4. Súmula 332 do STJ: "A fiança prestada sem autorização de um dos cônjuges implica a ineficácia total da garantia".

O instrumento particular, que se recomenda forma reconhecida, pode ser registrado no Cartório de Registro de Títulos e Documentos para fins de conservação.

Voltando ao registro da união estável no Cartório de Registro Civil das Pessoas Naturais, nele deverão constar: a) a data do registro; b) o prenome e o sobrenome, a data de nascimento, a profissão, a indicação da numeração da Cédula de Identidade, o domicílio e residência de cada companheiro, e o CPF, se houver; c) os prenomes e os sobrenomes dos pais; d) a indicação das datas e dos Ofícios de Registro Civil das Pessoas Naturais em que foram registrados os nascimentos das partes, os seus casamentos ou uniões estáveis anteriores, assim como os óbitos de seus anteriores cônjuges ou companheiros, quando houver, ou os respectivos divórcios ou separações judiciais ou extrajudiciais se foram anteriormente casados; e) a data do trânsito em julgado da sentença ou do acórdão, o número do processo, o Juízo e o nome do Juiz que o proferiu ou do Desembargador que o relatou, quando o caso; f) data da escritura pública, mencionando-se, no último caso, o livro, a página e o Tabelionato onde foi lavrado o ato; g) regime de bens dos companheiros, ou consignação de que não foi especificado na respectiva escritura pública ou sentença declaratória.

Quando o estado civil dos companheiros não constar da escritura pública, deverão ser exigidas e arquivadas as respectivas certidões de nascimento, ou de casamento com averbação do divórcio ou da separação judicial ou extrajudicial, ou de óbito do cônjuge, se o companheiro for viúvo, exceto se mantidos esses assentos no Registro Civil das Pessoas Naturais em que registrada a união estável, hipótese em que bastará sua consulta direta pelo Oficial de Registro.

Assim, mesmo a união estável, podendo ser constituída entre pessoas separadas de fato (art. 1.723 do CC), não poderá, nesse caso, ser registrada, pois o art. 8.º do citado Provimento estabelece, expressamente, que não poderá ser promovido o registro, no Livro "E", de união estável de pessoas casadas, ainda que separadas de fato, exceto se separadas judicialmente ou extrajudicialmente, ou se a declaração da união estável decorrer de sentença judicial transitada em julgado, isso prova a impossibilidade de registro se há impedimento matrimonial.

O registro de união estável decorrente de escritura pública de reconhecimento ou extinção produzirá efeitos patrimoniais entre os companheiros, não prejudicando terceiros que não tiverem participado da escritura pública. O registro da sentença declaratória da união estável, ou de sua dissolução, não altera os efeitos da coisa julgada.

No entanto, no Estado de São Paulo, existe regra expressa da Corregedoria que autoriza o registro da escritura a estabelecer regra patrimonial no Livro 3 do Registro de Imóveis, nos mesmos moldes em que é feito o do pacto antenupcial, consoante o **art. 1.657 do CC**, para que seja produzido efeito perante terceiros, porém *ex nunc* segundo o STJ,

No capítulo XX das Normas de Serviço do Extrajudicial, da Corregedoria-Geral da Justiça de São Paulo, o **item 85** estabelece que as escrituras antenupciais e as escrituras públicas que regulem regime de bens na união estável serão registradas no Registro de Imóveis da comarca em que os cônjuges ou companheiros têm ou tiverem seu último domicílio, sem prejuízo de sua averbação obrigatória no lugar da situação dos imóveis de propriedade ou dos que forem adquiridos. O registro da convenção antenupcial ou da escritura pública envolvendo regime de bens na união estável mencionará, obrigatoriamente, os nomes e a qualificação dos cônjuges ou companheiros, as disposições ajustadas quanto ao regime de bens e a data em que se realizou o casamento ou a escritura pública, constante de certidão que deverá ser apresentada com a escritura. Se essa certidão não for arquivada em cartório, deverão, ainda, ser mencionados no registro o cartório em que se realizou o casamento, o número do assento, o livro e a folha em que tiver sido lavrado ou o registro da escritura envolvendo a união estável no Livro "E" do Registro Civil das Pessoas Naturais.

Não é exigível o prévio registro da união estável para que seja registrada a sua dissolução, devendo, nessa hipótese, constar do registro somente a data da escritura pública de dissolução, que, obrigatoriamente, deve estar escrita por ambos. Se existente o prévio registro da união estável, a sua dissolução será averbada à margem daquele ato. Contendo a sentença em que foi declarada a dissolução da união estável a menção ao período em que foi mantida, deverão ser promovidos o registro da referida união estável e, na sequência, a averbação de sua dissolução.

O art. 733 do CPC exige, para que a extinção consensual de união estável seja realizada por escritura pública, que não haja nascituro ou filhos incapazes, que os interessados estejam assistidos por advogado ou por defensor público, cuja qualificação e assinatura constarão do ato notarial, e que sejam observados os requisitos legais. A escritura não depende de homologação judicial e constitui título hábil para qualquer ato de registro, bem como para levantamento de importância depositada em instituições financeiras.

A dissolução da união estável também pode ocorrer mediante a averbação da certidão de óbito de um dos conviventes no registro realizado no Livro "E" do Registro Civil das Pessoas Naturais.

Em todas as certidões relativas ao registro de união estável no Livro "E" constará advertência expressa de que esse registro não produz os efeitos da conversão da união estável em casamento.

O Oficial deverá anotar o registro da união estável nos atos anteriores, com remissões recíprocas, se lançados em seu Registro Civil das Pessoas Naturais, ou comunicá-lo ao Oficial do Registro Civil das Pessoas Naturais em que estiverem os registros primitivos dos companheiros. O Oficial averbará, no registro da união estável, o óbito, o casamento, a constituição de nova união estável e a interdição dos companheiros, que lhe serão comunicados pelo Oficial de Registro que realizar esses registros, se distinto, fazendo constar o conteúdo dessas averbações em todas as certidões que forem expedidas. As comunicações previstas neste artigo poderão ser efetuadas por meio eletrônico seguro, com arquivamento do comprovante de envio, ou por outro meio previsto em norma da Corregedoria-Geral da Justiça para as comunicações de atos do Registro Civil das Pessoas Naturais. Serão arquivados pelo Oficial de Registro Civil, em meio físico ou mídia digital segura, os documentos apresentados para o registro da união estável e de sua dissolução, com referência do arquivamento à margem do respectivo assento, de forma a permitir sua localização.

Como o local em que se cria estado civil é o Registro Civil das Pessoas Naturais, com a permissão de registro da união estável nesse cartório, entendemos que quem o faz muda o seu estado civil. Assim sendo, em nosso sentir, o Provimento 37 do CNJ criou o estado civil de convivente em união estável para quem opta em fazer o registro, que é facultativo.

9. DO RECONHECIMENTO E DA DISSOLUÇÃO DA UNIÃO ESTÁVEL

Assim como o casamento, a união estável é uma das formas de entidade familiar, conforme o art. 226 da CF. No entanto, trata-se de uma união informal, já que não exige solenidade para sua constituição. O professor Paulo Luiz Netto Lôbo classifica-a como um "ato-fato-jurídico", pois para produzir efeito é necessário o fato da existência de uma convivência pública, duradoura e contínua.

Por esse motivo, a constituição da união estável se dá com a ocorrência de um fato jurídico (a convivência pública duradoura e contínua), e não com a obtenção de qualquer documento com valor jurídico, por exemplo, uma sentença, pois a sua criação se dará pelo fato da convivência, e a sentença irá somente reconhecer a sua existência.

Então, para se reconhecer uma união estável é necessária a propositura de uma ação declaratória de reconhecimento, em vara de família, que na grande maioria dos casos é cumulada com o pedido de extinção, dado que o interesse das pessoas em obter tal reconhecimento se dá somente quando ela não mais existe. Nessa ação judicial, que é imprescritível, deve-se provar a ocorrência da convivência por meio de testemunhas, fotos, cartas etc.

Algumas pessoas sempre questionam se é possível provar a existência da união estável com a elaboração do contrato de convivência, permitido pelo art. 1.725 do CC, para modificar a regra patrimonial dessa união. Filiamo-nos ao posicionamento de Francisco José Cahali,[5] responsável pela criação da expressão "Contrato de Convivência", que entende que o referido contrato, por si só, não é prova de que a união estável existiu. Para o citado doutrinador, devemos analisar como foi celebrado o referido contrato, pois, dependendo dos seus termos, pode servir de prova de constituição da união estável ou não. Na hipótese de o contrato mencionar que as partes já vivem em união estável, ou seja, elas o celebraram para buscar efeitos retroativos, ele pode servir de prova, porém, no caso de ser feito afirmando que as partes irão viver em união estável, ele não servirá de prova, mas somente de indício, pois deverá ser provada a convivência pública, duradoura e contínua com o objetivo de constituir família, e o seu efeito será *ex nunc*.

O art. 732 do CPC de 2015 inova ao estabelecer, expressamente, que as disposições relativas ao processo de homologação judicial de divórcio ou de separação consensuais

---

5. *Contrato de convivência na união estável*. São Paulo: Saraiva, 2002. p. 60.

aplicam-se, no que couber, ao processo de homologação da extinção consensual de união estável.

No art. 733, a referida lei processual estabelece que é possível formalizar a dissolução da união estável por meio de escritura pública, observados certos requisitos previstos na norma, que são os mesmos do divórcio extrajudicial, motivo pelo qual recomenda-se a leitura do capítulo anterior deste livro que trata deste tema.

10. A POSSIBILIDADE DE SE FAZER RECONHECIMENTO, DISSOLUÇÃO E PARTILHA DE BENS DE PESSOAS QUE VIVEM EM UNIÃO ESTÁVEL POR ESCRITURA PÚBLICA

Não existe em nosso ordenamento jurídico nenhuma formalidade, imposta por lei, para se constituir uma união estável. Portanto, sempre se exigiu a necessidade da propositura de ação judicial para que se tenha o reconhecimento de todos os requisitos exigidos no **art. 1.723 do Código Civil**: *convivência pública, duradoura e contínua, com o objetivo de constituir família.*

Para que isso não seja necessário, devem as partes reconhecê-la de alguma forma, por contrato de convivência ou por escritura pública de declaração de união estável, feita no tabelionato de notas. Em razão disso, autorizou o legislador no **art. 1.725 do Código Civil** que os conviventes pudessem fazer contrato de convivência[6] para reconhecer e criar normas para a sua união estável.

Ensina Paulo Luiz Netto Lôbo[7] que a união estável é um ato-fato jurídico, pois não necessita de qualquer manifestação da vontade para que produza seus jurídicos efeitos, bastando sua existência fática para que se forme uma relação jurídica, sujeita às normas da união estável.

Assim, a declaração de reconhecimento e de dissolução é mero ato formal, que apenas retrata o que já ocorreu no mundo dos fatos, mas que, por ser útil para as partes, pode ser feita por escritura pública, haja vista que se trata de ato declaratório consensual entre partes capazes.

O contrato de convivência só pode servir como prova de reconhecimento da união estável se atestar a sua existência prévia (desde uma data específica), mesmo sendo ele feito por instrumento particular, o que ocorre, na maioria das vezes, em face da inexistência de requisito formal no Código Civil.

O contrato de convivência, ou a declaração de existência da união estável, já podiam ser feitos no tabelionato de notas há muito tempo. Assim, não há vedação nenhuma para que se faça escritura que reconheça a dissolução da união estável, principalmente em face da possibilidade de se fazer, inclusive, a partilha por escritura.

---

6. Sobre o tema, recomenda-se a leitura do livro *Contrato de convivência na união estável*, publicado pela Editora Saraiva, de autoria de Francisco José Cahali, criador dessa expressão.
7. LÔBO, Paulo Luiz Netto. *Direito civil* – Famílias. São Paulo: Saraiva, 2008. p. 152.

Foi isso o que o Código de Processo Civil de 2015 veio colocar expressamente em seu texto.

11. DOS REQUISITOS PARA SE FAZER A DISSOLUÇÃO DA UNIÃO ESTÁVEL POR ESCRITURA PÚBLICA

Os requisitos para se fazer a dissolução da união estável por escritura pública são os mesmos do divórcio extrajudicial, pois em ambos os casos eles estão contidos no mesmo artigo: **733 do Código de Processo Civil.**

Para lembrarmos da redação do dispositivo, a reproduzimos a seguir:

> **Art. 733.** O divórcio consensual, a separação consensual e a extinção consensual de união estável, não havendo nascituro ou filhos incapazes e observados os requisitos legais, poderão ser realizados por escritura pública, da qual constarão as disposições de que trata o art. 731.
>
> § 1º A escritura não depende de homologação judicial e constitui título hábil para qualquer ato de registro, bem como para levantamento de importância depositada em instituições financeiras.
>
> § 2º O tabelião somente lavrará a escritura se os interessados estiverem assistidos por advogado ou por defensor público, cuja qualificação e assinatura constarão do ato notarial.

Assim sendo, a escritura de dissolução de união estável exige os seguintes requisitos:

1º) Consensualidade – só poderá ser feita a escritura se as partes forem concordes, pois em caso de litígio a via judicial é obrigatória. Cumpre lembrar que o consenso é quanto ao desejo de colocar fim à união estável, podendo, a exemplo do que ocorre no divórcio, as questões relativas a partilha dos bens, alimentos e retomada do nome de solteiro ser discutidas posteriormente.

2º) Inexistência de nascituro – por ter personalidade formal, não poderá ser feita a escritura se a mulher estiver grávida, motivo pelo qual ela deverá, a exemplo do que ocorre no divórcio, declarar nela que não está grávida, ou que desconhece eventual gravidez.

3º) Inexistência de filhos incapazes – aqui cumpre lembrar que o rol dos absolutamente incapazes (art. 3º do CC) e relativamente incapazes (art. 4º do CC) foi consideravelmente alterado pelo Estatuto da Pessoa com Deficiência, que deu capacidade a todo e qualquer deficiente. Como não se exige maioridade na norma, se os filhos já forem emancipados, esta escritura poderá ser feita.

4º) Assistência de advogado ou Defensor Público – nesta escritura poderá, facultativamente, ser feita a partilha dos bens, estabelecida a pensão alimentícia para algum companheiro ou para um filho capaz, e haver manifestação quanto ao retorno ou não do uso do nome que possuíam antes da união, para aqueles que o modificaram, conforme autoriza a Lei de Registros Públicos.

Pela identidade de requisitos, já que eles estão previstos no mesmo artigo (733 do CPC), recomenda-se ao leitor que leia o capítulo anterior deste livro, que trata do divórcio por escritura pública, já que as regras lá contidas serão aplicadas aqui também.

12. A POSSIBILIDADE DE SE FAZER RECONHECIMENTO, DISSOLUÇÃO E PARTILHA DE BENS DE PESSOAS QUE VIVEM EM UNIÃO HOMOAFETIVA POR ESCRITURA PÚBLICA

Leciona Maria Berenice Dias[8] que a nenhuma espécie de vínculo que tenha por base o afeto pode-se deixar de conferir *status* de família, merecedora da proteção do Estado, pois a Constituição Federal, no art. 1.º, III, consagra, em norma pétrea, o respeito à dignidade da pessoa humana.

Assim sendo, essa tese foi acolhida no dia 5 de maio de 2011, quando o Supremo Tribunal Federal, ao julgar a **ADPF 132-RJ** e a **ADI 4.277**, reconheceu, de forma unânime, a aplicação analógica das normas da união estável heterossexual para a união estável homossexual ou homoafetiva.

O embrião dessa decisão foi a ADIn 3.300, ajuizada no Supremo Tribunal Federal pela Associação da Parada do Orgulho de Gays, Lésbicas, Bissexuais, Travestis e Transgêneros (GLBT), que não foi conhecida pelo seu relator, Ministro Celso de Mello, por requerer a declaração de inconstitucionalidade de lei revogada (Lei 9.278/96 – Lei da União Estável), que, no art. 1.º, exigia a existência de homem e mulher para a caracterização da união estável. Como esse artigo foi revogado pelo art. 1.723 do CC, o Supremo não conheceu da Ação Direta de Inconstitucionalidade. No entanto, o Ministro Celso de Mello declinou em seu voto da necessidade de o Judiciário se pronunciar sobre o caso, e, inclusive, manifestou-se dizendo que o caminho correto seria a propositura de uma Arguição de Descumprimento de Preceito Fundamental (ADPF). Dessa forma, o governador do Rio de Janeiro entrou com a ADPF, que recebeu o nº 132, e foi julgada como ADIn, com outra proposta, que recebeu o nº 4.277.

Essa decisão do STF faz que todos os direitos dados aos companheiros em nosso sistema legislativo sejam estendidos para as pessoas que vivem em união estável homoafetiva.

A existência da união estável homoafetiva exige o preenchimento dos mesmos requisitos para se constituir a união estável heterossexual, ou seja, a convivência pública, duradoura e contínua, com o objetivo de constituir família, conforme o **art. 1.723 do Código Civil**, que foi amplamente discutido pela Suprema Corte nesse julgamento histórico.

Para reforçar que a decisão deveria ser cumprida amplamente por todos, o então Presidente do STF, Ministro Cézar Peluso, enviou, em 9 de maio de 2011, a todos os Tribunais de Justiça do País o Ofício 81/P-MC, em que noticiava que deu ao art. 1.723 do Código Civil interpretação conforme a Constituição, para dele excluir qualquer significado que impeça o reconhecimento da união pública, duradoura e contínua entre pessoas do mesmo sexo como "entidade familiar", entendida esta como sinônimo perfeito de família. Ainda, no mesmo ofício, o Ministro expressou que **o reconhecimento da união homoafetiva deve ser feito segundo as mesmas regras e com as mesmas consequências da união estável heteroafetiva**.

---

8. DIAS, Maria Berenice. *Manual de direito das famílias*. 4. ed. São Paulo: RT, 2007. p. 45.

Assim sendo, passaremos a elencar alguns dos reflexos da possibilidade de ser a união estável formada, também, entre pessoas do mesmo sexo:

a) **A possibilidade de as pessoas que vivam em uniões homoafetivas incluírem ao seu nome o sobrenome do companheiro.**

É sabido que o art. 57, § 2.º, da Lei de Registros Públicos autoriza a pessoa que vive em união estável heterossexual incluir ao seu nome o sobrenome do companheiro. O citado artigo determina que:

"Art. 57. (...)

§ 2.º A mulher solteira, desquitada ou viúva, que viva com homem solteiro, desquitado ou viúvo, excepcionalmente e havendo motivo ponderável, poderá requerer ao Juiz competente que, no registro de nascimento, seja averbado o patronímico de seu companheiro, sem prejuízo dos apelidos próprios, de família, desde que haja impedimento legal para o casamento, decorrente do estado civil de qualquer das partes ou de ambas."

A leitura apressada do citado dispositivo nos leva a crer que somente a mulher teria direito a incluir o sobrenome do companheiro e que o homem não poderia fazer o mesmo.

Esse posicionamento não é o que prevalece, pois a doutrina já havia se manifestado no sentido de que essa interpretação é inconstitucional, consoante o magistério de Walter Ceneviva,[9] que leciona:

"Na união estável, tendo em vista o tratamento que lhe é dado no art. 226 da Constituição Federal (origina uma entidade familiar) e a igualdade entre homem e mulher, em direitos, deveres, e mesmo ao regime de bens, é razoável a exegese extensiva do § 2.º, ora examinado; permitirá que qualquer dos companheiros adote o sobrenome do outro, desde que requerido em juízo, com ordem de averbação ao registrador."

Assim, não poderá o registrador civil negar-se a proceder à averbação de uma ordem judicial que determine a inclusão do sobrenome do companheiro de pessoa que vive em união estável homoafetiva, por ser esse direito garantido nas uniões estáveis heterossexuais e que deverá ser estendido às uniões entre pessoas do mesmo sexo.

b) **Da possibilidade de se fazer escritura de dissolução de união estável homoafetiva, com aplicação da norma do art. 733 do Código de Processo Civil.**

O art. 733 do Código de Processo Civil autoriza o tabelião a lavrar escritura de divórcio e de extinção de união estável, seja ela entre pessoas de sexos diferentes ou não. O citado artigo determina que:

"Art. 733. O divórcio consensual, a separação consensual e a extinção consensual de união estável, não havendo nascituro ou filhos incapazes e observados os requisitos legais, poderão ser realizados por escritura pública, da qual constarão as disposições de que trata o art. 731.

---

9. CENEVIVA, Walter. *Lei dos Registros Públicos comentada*. 17. ed. São Paulo: Saraiva, 2006. p. 148.

§ 1º A escritura não depende de homologação judicial e constitui título hábil para qualquer ato de registro, bem como para levantamento de importância depositada em instituições financeiras.

§ 2º O tabelião somente lavrará a escritura se os interessados estiverem assistidos por advogado ou por defensor público, cuja qualificação e assinatura constarão do ato notarial".

Por ausência de previsão legal específica, já defendíamos em edições anteriores desta obra a aplicação analógica dessa regra à união estável. Por ser uma união informal, que não exige regra para ser constituída, a escritura pública podia ser lavrada independentemente dos requisitos do art. 1.124-A do Código de Processo Civil de 1973 para desconstituir a união estável.

Pablo Stolze Gagliano e Rodolfo Pamplona Filho[10] comungam desse entendimento e afirmam que, lavrada uma escritura de pública de união homoafetiva, o seu desfazimento amigável também poderá ser feito administrativamente.

Não podemos esquecer que o companheiro também tem direito aos alimentos, conforme determina o art. 1.694 do Código Civil:

"**Art. 1.694.** Podem os parentes, os cônjuges ou companheiros pedir uns aos outros os alimentos de que necessitem para viver de modo compatível com a sua condição social, inclusive para atender às necessidades de sua educação."

Dessa forma, sendo possível escriturar o fim da união estável heterossexual com a realização de partilha dos bens, com a fixação de pensão alimentícia e a decisão sobre a retomada ou não do nome de solteiro (se usou da faculdade prevista no **art. 57 da Lei de Registros Públicos**), poderá o tabelião lavrar a mesma escritura se a união for de pessoas do mesmo sexo, e deverá o registrador imobiliário registrá-la normalmente se houver partilha de bens imóveis.

c) **Da conversão de união estável homoafetiva em casamento.**

Como a decisão do STF fez que todos os direitos dados aos companheiros heterossexuais em nosso sistema legislativo sejam estendidos às pessoas que vivem em união estável homoafetiva, é importante que se preencham os mesmos requisitos da união estável heterossexual, ou seja, a convivência pública, duradoura e contínua com o objetivo de constituir família, conforme o art. 1.723 do Código Civil, para se ter a união estável homoafetiva.

Assim, todos os efeitos da união estável heterossexual serão aplicados, também, à união homoafetiva.

Um deles é a possibilidade de se converter a união estável em casamento. Essa possibilidade encontra-se regulamentada na Constituição Federal:

"**Art. 226.** A família, base da sociedade, tem especial proteção do Estado.

(...)

---

10. GAGLIANO, Pablo Stolze; PAMPLONA FILHO, Rodolfo. *Novo curso de direito civil*. Direito de família. São Paulo: Saraiva, 2011. p. 494. v. VI.

§ 3.º Para efeito da proteção do Estado, é reconhecida a união estável entre o homem e a mulher como entidade familiar, devendo a lei facilitar sua conversão em casamento."

O Código Civil regulamentou a regra constitucional:

"**Art. 1.726**. A união estável poderá converter-se em casamento, mediante pedido dos companheiros ao juiz e assento no Registro Civil."

Hoje o assunto está pacificado pela **_Resolução 175 do CNJ_**, de 14 de maio de 2013, que estabelece no art. 1º que é vedada às autoridades competentes a recusa de habilitação, celebração de casamento civil ou de conversão de união estável em casamento entre pessoas de mesmo sexo.

13. A GRATUIDADE DAS ESCRITURAS DE DISSOLUÇÃO DA UNIÃO ESTÁVEL

O § 3.º do art. 1.124-A do Código de Processo Civil de 1973 estabelecia que:

"**Art. 1.124-A**. [...]

§ 3.º A escritura e demais atos notariais serão gratuitos àqueles que se declararem pobres sob as penas da lei".

Previa o legislador, expressamente, que as escrituras de divórcio deveriam ser gratuitas para as pessoas que não possuem condições financeiras de arcar com o seu custo.

Com o presente dispositivo o legislador mantinha-se coerente, já que o art. 1.512 do Código Civil estabelece a gratuidade para o casamento e também para a sua dissolução. Vejamos o que determina o citado artigo:

"**Art. 1.512**. O casamento é civil e gratuita a sua celebração.

Parágrafo único. A habilitação para o casamento, o registro e a primeira certidão serão isentos de selos, emolumentos e custas, para as pessoas cuja pobreza for declarada, sob as penas da lei".

Analisando o dispositivo do Código Civil, verifica-se que a celebração, a habilitação, o registro e a primeira certidão do casamento não são cobrados das pessoas que se declararem pobres.

Já a Lei 11.441/2007 estabelecia que a escritura de divórcio seria gratuita também para as pessoas que se encontrarem nas mesmas condições.

Com isso, tanto o casamento quanto a sua dissolução não serão cobrados das pessoas que se declararem pobres.

Entretanto, a grande questão que surge com o advento do Código de Processo Civil de 2015 é se a gratuidade das escrituras de divórcio permanece, considerando que o dispositivo do Código de Processo Civil de 1973 (§ 3.º do art. 1.124-A) não foi reproduzido na novel legislação processual.

Em uma análise apressada, poder-se-ia concluir que a gratuidade das escrituras de divórcio aos pobres não existe mais, o que acreditamos não ser a melhor interpretação a se fazer.

Apesar de o Código de Processo Civil de 2015 não mais trazer, no artigo que trata do divórcio extrajudicial, a previsão de gratuidade aos pobres, entendemos que ela ainda deve ser concedida, por força de o art. 7º da Resolução n. 35 do CNJ expressamente determinar que basta a simples declaração dos interessados que não possuem condições de arcar com os emolumentos para que ela seja concedida:

> **"Art. 7.º da Resolução n. 35 do Conselho Nacional de Justiça:** Para a obtenção da gratuidade de que trata a Lei n.º 11.441/07, basta a simples declaração dos interessados de que não possuem condições de arcar com os emolumentos, ainda que as partes estejam assistidas por advogado constituído."

Muitos Tribunais de Justiça do país normatizaram nas normas de serviço extrajudicial a previsão de gratuidade. Como exemplo, citamos o caso de São Paulo, que possui regra expressa determinando a gratuidade das escrituras de divórcio:

> **"Item 79 do Capítulo XIV (Notas).** A escritura pública e os demais atos notariais relativos à separação e ao divórcio consensuais, ao inventário e à partilha serão gratuitos àqueles que se declarem pobres sob as penas da lei.
>
> **79.1.** A obtenção da gratuidade dependerá de simples declaração dos interessados de que não possuem condições de arcar com os emolumentos, ainda que as partes estejam assistidas por advogado constituído.
>
> **79.2.** Se o Tabelião de Notas, motivadamente, suspeitar da verossimilhança da declaração de pobreza, comunicará o fato ao Juiz Corregedor Permanente, por escrito, com exposição de suas razões, para as providências pertinentes."

Assim sendo, enquanto o art. 7.º da Resolução n. 35 do Conselho Nacional de Justiça e as normas de serviços dos Tribunais de Justiça locais não forem revogados, a gratuidade das escrituras de divórcio aos que a merecem deve continuar sendo concedida.

Por tais motivos, se ainda é possível a gratuidade da escritura de divórcio pelas razões acima expostas, a de **dissolução de união estável** também o será, já que ela não existia quando a primeira foi criada pela Lei 11.441/2007, e por isso a interpretação analógica deve ser feita, até que se revogue o art. 7.º da Resolução 35 do Conselho Nacional de Justiça.

Cumpre lembrar que, judicialmente, qualquer pessoa pode requerer ao magistrado os benefícios da assistência judiciária gratuita, decorrente do art. 98 do CPC de 2015. Assim, não poderia o legislador ter afastado a gratuidade das escrituras de divórcio, sob pena de essa modalidade excluir as pessoas pobres, o que, em plena época do Estado Social descrito na Constituição Federal, seria uma temeridade.

Vale a pena salientar que o fato de os cônjuges terem um advogado particular não é impedimento para a obtenção da gratuidade, já que a assistência deste é imprescindível, segundo o art. 733 do Código de Processo Civil vigente, como estabelece o art. 7.º da Resolução 35 do Conselho Nacional de Justiça.

Entretanto, cabe ao tabelião evitar abusos, devendo, inicialmente, acreditar na declaração da parte, mas podendo se recusar a lavrar a escritura se verificar algum indício fraudulento, como a partilha de bens valiosos ou, ainda, a fixação de pensão alimentícia de valor elevado para o cônjuge.

Havendo recusa do tabelião em lavrar a escritura em decorrência do pedido de gratuidade, deverá aquele fundamentar por escrito o motivo da recusa, para que a parte, caso queira, possa ingressar com o *writ* constitucional do mandado de segurança, com o objetivo de proteger direito líquido e certo. Outra saída seria suscitar dúvida para a corregedoria, como permite o art. 198 da Lei de Registros Públicos.

Agora, caso os cônjuges estejam assistidos por defensores públicos, procuradores do Estado ou por algum advogado ligado aos escritórios-modelo de universidades ou até mesmo da OAB, entendemos que a gratuidade deve ser automática, em decorrência da rígida triagem que é feita para que se aceite o assistido como cliente.

Esta tese pode ser até reforçada pela Função Social do Tabelionato de Notas, que deve ser cumprida segundo o art. 3.º, I, da Constituição Federal, que traz a solidariedade social como regra matriz do direito, fazendo que a função social seja do direito como um todo, e não de algum instituto específico.

Cumpre salientar que será desnecessária a assinatura de declaração de pobreza, como é feito no Poder Judiciário, bastando a simples declaração sob as penas da lei.

Infelizmente, há outro problema com relação ao convênio mantido pelas seccionais da OAB de todo o Brasil com os respectivos Tribunais de Justiça, no intuito da prestação do serviço de assistência judiciária.

A burocracia para o advogado inscrito nesse convênio receber os seus honorários é demasiada. Estando inscrito no convênio, a OAB controla as indicações para todos os participantes, em forma de rodízio. Feita a nomeação, a OAB oficia para indicar o eleito, que atuará no caso, e, quando do término, terá direito a receber honorários pelos serviços prestados, de acordo com a tabela descrita no convênio celebrado.

No entanto, para receber os honorários é necessário obter uma certidão, que deve ser preenchida nos moldes do convênio, sob pena de não ser aceita. Infelizmente, os honorários chegam a demorar até 45 dias para serem pagos, desde que a documentação esteja em ordem.

O problema é que existe uma grande dificuldade de ordem burocrática para incluir tal possibilidade no convênio, o que vem impedindo que as pessoas atendidas pela Defensoria Pública, ou Procuradoria Estadual, ou escritórios-modelo, possam realizar o divórcio extrajudicialmente.

Assim, para que a lei se efetive também para essas pessoas, que não merecem ficar excluídas do seu alcance, bem como para que os advogados inscritos nesses convênios, muitos deles que dependem disso para sobreviver e sustentar suas famílias, possam receber os seus honorários, precisa-se, *urgentemente*, ser tomada tal providência pelos Tribunais de Justiça e pela OAB.

Por fim, cumpre salientar que a pessoa pobre, que não tem condições de arcar com o custo de confecção da escritura, também não poderá arcar com o pagamento das despesas no Registro Civil para averbação, tampouco no Registro de Imóveis para o registro dela, motivo pelo qual a gratuidade se estende a todas as serventias registrais e notariais, em veneração ao mandamento constitucional descrito no art. 5.º, LXXVII, da Constituição Federal, que estabelece como garantia fundamental a gratuidade dos atos necessários ao exercício da cidadania.

Infelizmente, tal gratuidade não se estende aos tributos incidentes, já que cada Estado terá legislação específica que cuidará das hipóteses de imunidades e isenções tributárias.

14. DO SIGILO NAS ESCRITURAS DE DISSOLUÇÃO DE UNIÃO ESTÁVEL

Como já concluímos no capítulo deste livro em que tratamos do divórcio por escritura, em decorrência de a escritura de divórcio ter que ser protegida pelo sigilo, a de dissolução de união estável também deverá ser.

Aliás, esse sigilo deve ser estendido, também, aos registradores civis e imobiliários que registram essas escrituras.

Dessa forma, só deve ser fornecida cópia das escrituras de dissolução da união estável aos companheiros, seus advogados ou defensores públicos, ou alguém que tenha uma ordem judicial para requerê-la, pois ela está protegida pelo direito à intimidade.

Recomendamos ao leitor que leia o item que trata da gratuidade das escrituras de divórcio que consta do capítulo anterior, pois os fundamentos lá descritos se aplicam aqui também.

5
DO INVENTÁRIO POR ESCRITURA PÚBLICA: QUESTÕES POLÊMICAS

1. O INVENTÁRIO POR ESCRITURA PÚBLICA NO CÓDIGO DE PROCESSO CIVIL DE 2015: UMA ANÁLISE DOS SEUS REQUISITOS

Quando a Lei 11.441/2007 entrou em vigor, a normatização do inventário por via administrativa era feita pelos arts. 982 e 983 do Código de Processo Civil de 1973.

Com a entrada em vigor do Código de Processo Civil vigente, e a consequente revogação do Código de Processo Civil de 1973, o inventário extrajudicial passou a ser regrado pelos arts. 610 e 611 do CPC/2015.

Para melhor compreender as modificações que a atual legislação processual estabeleceu, indicaremos, na tabela abaixo, como era e como ficou a norma que trata do assunto em estudo:

COMO FICOU NO CPC/15	COMO ERA NO CPC/73
Art. 610. Havendo testamento ou interessado incapaz, proceder-se-á ao inventário judicial. § 1.º Se todos forem capazes e concordes, o inventário e a partilha poderão ser feitos por escritura pública, a qual constituirá documento hábil para qualquer ato de registro, bem como para levantamento de importância depositada em instituições financeiras.	**Art. 982.** Havendo testamento ou interessado incapaz, proceder-se-á ao inventário judicial; se todos forem capazes e concordes, poderá fazer-se o inventário e a partilha por escritura pública, a qual constituirá título hábil para o registro imobiliário.
§ 2.º O tabelião somente lavrará a escritura pública se todas as partes interessadas estiverem assistidas por advogado ou por defensor público, cuja qualificação e assinatura constarão do ato notarial.	§ 1.º O tabelião somente lavrará a escritura pública se todas as partes interessadas estiverem assistidas por advogado comum ou advogados de cada uma delas ou por defensor público, cuja qualificação e assinatura constarão do ato notarial. (Alterado e renumerado pela Lei 11.965/2009)
DISPOSITIVO SEM CORRESPONDENTE NO CPC/2015	§ 2.º A escritura e demais atos notariais serão gratuitos àqueles que se declararem pobres sob as penas da lei. (Acrescentado pela Lei 11.965/2009)

O art. 610 do Código de Processo Civil de 2015 fez poucas mudanças se o compararmos com o Código de Processo Civil de 1973. São elas:

a) para resolver o problema da lei anterior, que dizia ser a escritura pública título hábil apenas para o registro imobiliário, o que causou uma série de transtornos, pois os Bancos, o Detran e as Juntas Comerciais não queriam aceitar a escritura como um formal de partilha, a novel legislação estabeleceu, expressamente, que escritura pública de inventário é documento hábil para qualquer ato de registro, o que inclui os cartórios extrajudiciais (Imóveis, Registro Civil de Pessoa Natural e Pessoa Jurídica e Registro de Títulos e Documentos) e outras instituições (Detran, Juntas Comerciais etc.), bem como para levantamento de importância depositada em instituições financeiras, resolvendo de uma vez por todas os problemas com os bancos;

b) retirou a expressão advogado comum ou de cada uma das partes, por ser questão óbvia, já implícita na norma, considerando que o ato é consensual;

c) retirou a previsão de gratuidade das escrituras de inventário, o que acarretará a polêmica se a mesma foi extinta ou ainda permanece de outra forma.

Todas essas mudanças iremos estudar detalhadamente, mais adiante, porém, inicialmente, vamos no ater aos requisitos do inventário extrajudicial.

Para que seja feito o inventário pela via administrativa, no tabelionato de notas, o artigo 610 do CPC estabelece certos requisitos que, se não forem respeitados, tornarão a escritura nula, conforme o art. 166, VII, do Código Civil.

Cumpre lembrar que a ação declaratória de nulidade é imprescritível (art. 169 do Código Civil) e poderá ser proposta por pessoa interessada ou pelo representante do Ministério Público (art. 168 do Código Civil).

Os requisitos que devem ser observados são:

I) **não ter interessado incapaz na sucessão;**

A incapacidade da pessoa natural não se dá somente se esta não atingiu a maioridade (que é de 18 anos segundo o art. 5.º do Código Civil), mas também se esta possui algum dos problemas descritos no art. 4.º (que elenca os relativamente incapazes) do ordenamento civil, que, com o art. 3º do mesmo diploma legal, que trata da incapacidade absoluta, foram modificados com a entrada em vigor da **Lei 13.146/2015**, conhecida como Estatuto da Pessoa com Deficiência. Reproduziremos abaixo os dois artigos do Código Civil para mostrar as modificações:

NOVO ROL DOS ABSOLUTAMENTE INCAPAZES, DESCRITOS NO ART. 3º DO CC, APÓS A ALTERAÇÃO PROMOVIDA PELA LEI 13.146/2015 – ESTATUTO DA PESSOA COM DEFICIÊNCIA	NOVO ROL DOS RELATIVAMENTE INCAPAZES, DESCRITOS NO ART. 4º DO CC, APÓS A ALTERAÇÃO PROMOVIDA PELA LEI 13.146/2015 – ESTATUTO DA PESSOA COM DEFICIÊNCIA
Art. 3º São absolutamente incapazes de exercer pessoalmente os atos da vida civil os menores de 16 (dezesseis) anos. (Redação dada pela Lei n.º 13.146, de 2015)	Art. 4º São incapazes, relativamente a certos atos ou à maneira de os exercer: (Redação dada pela Lei n.º 13.146, de 2015) I – os maiores de dezesseis e menores de dezoito anos; II – os ébrios habituais e os viciados em tóxico; (Redação dada pela Lei nº 13.146, de 2015) III – aqueles que, por causa transitória ou permanente, não puderem exprimir sua vontade; (Redação dada pela Lei n.º 13.146, de 2015) IV – os pródigos. Parágrafo único. A capacidade dos indígenas será regulada por legislação especial. (Redação dada pela Lei n.º 13.146, de 2015)

Assim, havendo menor de 18 anos não emancipado, ou maior que se enquadre em alguma das hipóteses acima, o inventário, obrigatoriamente, será judicial.

Cumpre lembrar que, como a emancipação, seja ela voluntária, judicial ou legal, é forma de aquisição da capacidade de fato, se existir algum menor emancipado interessado na sucessão, isto não impedirá que o inventário seja feito por escritura pública.

Vale ressaltar que esta regra também será aplicada na hipótese de herdeiro incapaz representar herdeiro capaz, falecido após a abertura da sucessão, ou se houver cessão de direitos hereditários para cessionário incapaz.

Isto se deve ao fato da análise da incapacidade ser feita no momento da celebração do negócio jurídico (escritura de inventário), e não no momento da abertura da sucessão, por se tratar de ato *inter vivos*.

Desta forma, se faltarem dez dias para que o herdeiro complete a maioridade no momento da abertura da sucessão, o inventário poderá ser feito extrajudicialmente após este prazo, quando o herdeiro completar 18 anos.

Cumpre lembrar que se o cônjuge, concorrente ou não, caso em que ele é considerado herdeiro, for incapaz, ele será interessado na sucessão, motivo pelo qual inviabiliza a realização da escritura.

Se o cônjuge for apenas meeiro, acredito que ele também é interessado na sucessão, motivo pelo qual, já que ele deverá participar do inventário para garantir a sua meação, a escritura não poderá ser realizada.

Importante destacar que **pessoa com deficiência não é incapaz**, motivo pelo qual é necessário lembrar disso caso existam interessados na sucessão, por exemplo herdeiros, com deficiência.

O **art. 2.º do Estatuto da Pessoa com Deficiência (Lei 13.146/15)** define como pessoa com deficiência aquela que tem impedimento de longo prazo de natureza física, mental, intelectual ou sensorial, o qual, em interação com uma ou mais barreiras, pode obstruir sua participação plena e efetiva na sociedade em igualdade de condições com as demais pessoas, ou seja, a norma igualou todo e qualquer tipo de deficiência para efeitos de proteção do estatuto.

Com isso, todos os deficientes adquiriram capacidade civil, consoante regra do **art. 84** da referida norma, para quem a pessoa com deficiência tem assegurado o direito ao exercício de sua capacidade legal em igualdade de condições com as demais pessoas.

O **art. 6.º, I**, da referida norma afirma que a deficiência não afeta a plena capacidade civil da pessoa, inclusive para casar-se e constituir união estável, ou seja, se algum filho do casal ou até mesmo um deles, tiverem algum tipo de deficiência, isso não impede a lavratura da escritura.

O **art. 85, caput**, do Estatuto da Pessoa com Deficiência, estabelece que a curatela afetará tão somente os atos relacionados aos direitos de natureza patrimonial e negocial. Com isso, se a escritura de inventário tiver natureza patrimonial, a maioria tem, mesmo a norma permitindo que o curatelado pratique atos da via civil assistido por seu curador, a escritura de inventário não poderá ser lavrada por existir pessoa incapaz, o que é proibido pelo art. 610 do CPC.

II) **haver concordância de todos os herdeiros capazes;**

Todos os herdeiros devem concordar com as condições de realização do ato, já que o mesmo deve, obrigatoriamente, ser consensual, pois, se existir litígio, o inventário deverá ser feito pela via judicial.

O texto legal permite a adoção do procedimento *quando um dos herdeiros for menor, mas emancipado*, em razão de já ter adquirido capacidade de fato mesmo não tendo completado 18 anos (idade em que se alcança a maioridade civil, segundo o art. 5.º, *caput*, do Código Civil), uma vez que o legislador preferiu utilizar o termo *capazes*, em vez de *maiores* ou *menores*.

Lembramos que a análise da incapacidade é feita no momento da lavratura da escritura, e não no momento da abertura da sucessão, ou seja, a emancipação pode se dar após a ocorrência da morte do autor da herança, mas antes de ultimado o inventário.

III) **não ter o *de cujus* deixado testamento;**

A norma proíbe o inventário extrajudicial quando o falecido deixou testamento, pois os **artigos 735 e 737 do Código de Processo Civil** estabelecem as regras da ação judicial com procedimento especial, que deve ser proposta antes do inventário, para se obter o cumprimento, abertura, registro e publicação do testamento.

Mas, esse requisito é polêmico, visto que teremos que analisar o conceito de testamento. Giselda Maria Fernandes Novaes Hironaka[1] apresenta o conceito de Ulpiano acerca do testamento, como *o testemunho justo da nossa mente, feito de forma solene para que valha depois da nossa morte*. Brilhante o conceito apresentado, haja vista que se encaixa, perfeitamente, no sentido do testamento.

Verificando o citado conceito, é preciso desmistificar a imagem predominante em nossa sociedade de que o testamento possui o objetivo de ser um negócio jurídico que se destina, exclusivamente, a disposições patrimoniais. Vemos no Código Civil que ele possui outras funções, como permitir que o testador:

a) determine a emancipação de filho com no mínimo 16 (dezesseis) anos, exclusivamente por instrumento público, se exercer o poder familiar com exclusividade, conforme permite o art. 5.º, parágrafo único, inciso I, do Código Civil;

b) determine a instituição de uma fundação (art. 62 do Código Civil);

c) estabeleça a indivisibilidade de um bem divisível de seu patrimônio por um determinado prazo – art. 1.320, § 2, do Código Civil – que será transferido a vários herdeiros, para impossibilitar que eles ingressem com a ação de divisão, descrita no *caput* do citado dispositivo;

---

1. CAHALI, Francisco José; HIRONAKA, Giselda Maria Fernandes Novaes. *Curso avançado de direito civil*. Direito das sucessões. 2. ed. São Paulo: RT, 2003. v. 6, p. 263.

d) institua um condomínio edilício sobre bem do seu patrimônio, conforme o art. 1.331 do Código Civil;

e) institua uma servidão sobre um bem imóvel do seu patrimônio, nos moldes do art. 1.378 do Código Civil;

f) institua os direitos reais de usufruto, uso ou habitação sobre um determinado bem, sem modificar a destinação da propriedade para os herdeiros, que pode, mesmo assim, ser feita pelas regras da sucessão legítima;

g) reconheça filhos, independentemente de ter que efetuar disposição patrimonial (art. 1.609, inciso III, do Código Civil);

h) institua bem de família convencional, nos moldes do art. 1.711 do Código Civil;

i) reconheça a existência de uma união estável;

j) institua uma tutela testamentária, nos moldes do art. 1.634, inciso VI, do Código Civil.

Dessa forma, surge a dúvida: a simples existência de testamento, independentemente do seu conteúdo, impede que o inventário de maiores concordes seja feito por escritura pública?

Entendemos que negativa deva ser a resposta, dado que não há por que impedir que a citada lei tenha alcance, pelo simples fato da existência de testamento que não faça disposição patrimonial.

Qual seria o mal em permitir que seja feito por escritura pública o inventário havendo três filhos capazes, dois maiores de 18 anos e um emancipado por testamento pelo pai ou mãe que exerça o poder familiar de forma exclusiva? Entendemos que nesse caso não haveria necessidade de obrigar as partes, capazes e concordes, a realizarem o inventário judicial se o testamento foi celebrado com o único objetivo de dar capacidade ao filho menor, e a sua eficácia dependerá, somente, da sua averbação no Registro Civil, nos moldes do **art. 9.º, II, do Código Civil**.

Obviamente que o testamento necessitará do "cumpra-se" que será dado pelo juiz, para que o mesmo possa produzir efeito, mas, como nos ensina Maria Berenice Dias[2], a apresentação ou o registro do testamento independe do inventário, pois é um procedimento preliminar avulso.

Há, ainda, notícias de pessoas que utilizam o testamento com o intuito exclusivo de tornar públicos determinados fatos que não tiveram coragem de dizer em vida, como pedir perdão a um ente querido por alguma briga que afastou a convivência entre ambos, motivo pelo qual não se poderiam *apenar* os herdeiros capazes e concordes nesse caso com a obrigatoriedade de realizar o inventário judicial.

Essa nossa posição, defendida desde a primeira edição deste livro, foi adotada pelo Juiz da 7ª Vara da Família e Sucessões do Foro Central Cível da Comarca da Capital do Estado de São Paulo, Dr. Fabiano da Silva Moreno, ao proferir sentença nos autos do **Processo 0052432-70.2012.8.26.0100**, em 5 de fevereiro de 2013.

---

2. DIAS, Maria Berenice. *Manual das Sucessões*. 2. ed. São Paulo: RT, 2011, p. 528.

São suas palavras, proferidas na referida sentença:

"Em verdade, o testamento que não contém disposições de caráter patrimonial é cumprido fora da esfera do processo de inventário. Assim, no exemplo acima, se no testamento há reconhecimento de um filho, e este, assim como os demais herdeiros, é maior, capaz e concorde, basta que faça o inventário extrajudicial, juntamente com os demais herdeiros, e as demais regularizações de sua situação de filiação são tomadas na esfera própria (do registro civil). Diante de toda a fundamentação acima, concluímos que é possível realizar o inventário extrajudicial mesmo havendo testamento, desde que (1) o testamento não contenha disposições patrimoniais; ou (2) o testamento disponha dos bens de forma a legá-los para pessoas maiores e capazes excluídas as fundações."

Assim, entendemos que, quando o legislador menciona, "*havendo testamento*" se procederá ao inventário judicial, isso deverá ocorrer somente quando houver previsão expressa sobre disposição patrimonial que impeça a aplicação da sucessão legítima, alterando as regras de transferência da propriedade aos herdeiros legítimos, sob pena de chegarmos ao cúmulo de impedir que o inventário extrajudicial ocorra, por exemplo, no caso de o testador ter feito um testamento para revogar um anterior, para que em sua sucessão sejam aplicadas as regras da sucessão legítima.

Agora, se o testamento com disposição patrimonial deixado pelo *de cujus* for invalidado, nesta hipótese, o inventário poderá ser feito extrajudicialmente, sem problema algum.

Dessa forma, ao fazer o inventário extrajudicial, necessário será que os herdeiros apresentem certidão negativa do Colégio Notarial do Brasil (Conselho Federal) que demonstre a inexistência de testamento, ou que, caso exista, comprovem que ele não apresenta disposição patrimonial. Cumpre lembrar que, por força do **Provimento 18 do Conselho Nacional de Justiça** (CNJ), de 28 de agosto de 2012, foi criada a CENSEC (Central Notarial de Serviços Eletrônicos Compartilhados), que está recebendo, de todos os tabelionatos de notas do País, informação, duas vezes ao mês, das escrituras que foram lavradas de testamento, separação, divórcio, inventário e mandato, a fim de que se tenha um banco de dados nacional, integrado, da existência desses atos, com informação disponível aos tabeliães e registradores. O endereço eletrônico da CENSEC na internet é www.censec.org.br.

Com isso já temos uma única central que congrega todas as informações acerca das escrituras dessa natureza, lavradas em todo o território nacional, e que já está emitindo certidões para essa finalidade.

Dessa forma, foi editado o Provimento 56 de 14 de julho de 2016 do Conselho Nacional de Justiça (CNJ), que determinou ser obrigatório a consulta ao Registro Central de Testamento On-Line (RCTO), módulo da CENSEC, aos juízes e tabeliães de notas, para o processamento dos inventários judiciais e extrajudiciais, objetivando verificar se há ou não testamento deixado pelo falecido, devendo ser necessário a emissão de certidão negativa para ser juntada ao procedimento.

Mesmo assim, sugerimos aos notários que insiram nas escrituras declaração dos herdeiros que desconhecem a existência de testamento, sob as penas da lei.

O Tribunal de Justiça do Estado de São Paulo, por meio da Corregedoria Permanente da capital, já tinha firmado entendimento de que é possível lavrar escritura de inventário quando houver testamento e existir um "cumpra-se" do juiz, depois de ter passado pelo procedimento judicial de registro:

> "Consulta – Tabelionato de Notas – Lavratura de inventário notarial em existindo testamento válido – Herdeiros maiores e capazes – Inexistência de fundação – Necessidade apenas de processamento em unidade judicial quanto à abertura e registro do testamento – Possibilidade da realização de inventário extrajudicial, desde que autorizado pelo juízo competente." **(TJSP, Segunda Vara de Registros Públicos, Processo 0072828-34.2013.8.26.0100 – Pedido de Providências, Requerente: 10.º Tabelião de Notas da Capital/SP, Juíza Dra. Tatiana Magosso, publicada no** *Diário Oficial* **em 09.05.2014)**

Diante disso, em 17 de junho de 2016, a Corregedoria-Geral de Justiça de São Paulo incluiu, nas Normas de Serviço do Extrajudicial, o seguinte dispositivo:

> **129.** Diante da expressa autorização do juízo sucessório competente, nos autos do procedimento de abertura e cumprimento de testamento, sendo todos os interessados capazes e concordes, poderão ser feitos o inventário e a partilha por escritura pública, que constituirá título hábil para o registro imobiliário.
>
> **129.1** Poderão ser feitos o inventário e a partilha por escritura pública, também, nos casos de testamento revogado ou caduco, ou quando houver decisão judicial, com trânsito em julgado, declarando a invalidade do testamento, observadas a capacidade e a concordância dos herdeiros.
>
> **129.2.** Nas hipóteses do subitem 129.1, o Tabelião de Notas solicitará, previamente, a certidão do testamento e, constatada a existência de disposição reconhecendo filho ou qualquer outra declaração irrevogável, a lavratura de escritura pública de inventário e partilha ficará vedada, e o inventário far-se-á judicialmente.

Com isso, no estado de São Paulo pode ser feita a escritura de inventário, mesmo que existindo testamento, quando:

a) já tiver sido obtido o cumpra-se do magistrado ao testamento, em ação judicial de abertura, registro e cumprimento (arts. 735 a 737 do CPC);

b) se o falecido revogou o testamento em vida;

c) se a disposição testamentária caducou (perdeu o objeto);

d) se a invalidade do testamento tiver sido reconhecida por sentença.

Verifica-se, assim, que nossa posição desde a 1.ª edição deste livro, em 2007, que era defendida apenas nesta obra, foi integralmente aceita pela Corregedoria de São Paulo, e acabou incluída nas Normas de Serviço para autorizar que o Tabelião de Notas do Estado de São Paulo possa lavrar o ato com mais tranquilidade.

Rendemos nossas homenagens ao Desembargador Manoel de Queiroz Pereira Calças, professor da nossa eterna e querida Faculdade de Direito do Largo de São Francisco, e um exímio comercialista, que assinou o citado provimento.

Para mostrar que tal posicionamento vem aumento entre os juristas brasileiros, foi aprovado na **II Jornada de Prevenção e Solução Extrajudicial de Litígios**, do Conselho da Justiça Federal (CJF), que tive a alegria de participar em agosto e 2021 como convidado na comissão de Desjudicialização, coordenada pelo Prof. Humberto Teodoro Júnior, um dos maiores juristas desse país na atualidade, II Jornada de Prevenção e Solução Extrajudicial de Litígios, que chancela a tese de que após proferida sentença judicial mandando cumprir o testamento, mesmo com a sua existência o inventário poderá ser extrajudicial: *"Art. 610, § 1º, CPC: é cabível o inventário extrajudicial mesmo quando houver testamento, respeitado, porém, o prévio procedimento de abertura e confirmação do testamento, na forma dos arts. 735 ao 737 do CPC."*

Esta questão é importantíssima, pois o número de pessoas que procuram os Cartórios de Notas para fazer seus testamentos aumenta a cada ano. De acordo com o Colégio Notarial do Brasil – Seção São Paulo, em 2014 os Cartórios de Notas de todo o Brasil lavraram 28.542 testamentos. Entre 2010 e 2014, o número de testamentos lavrados no País cresceu 62%. São Paulo lidera o *ranking* de estados que mais lavraram o documento, seguido pelo Rio Grande do Sul e Rio de Janeiro.

Acreditamos que essa regra em breve estará nas normas de serviços de todos os estados brasileiros para que a população possa dela se beneficiar, permitindo que nesses casos o inventário possa ser feito, também, em cartório.

Diante disso, verifica-se que nossa posição começa a ganhar corpo e está sendo adotada em vários estados do País.

IV) a obrigatoriedade de partilhar todos os bens deixados pelo falecido, como forma de vedação a partilha parcial;

Se os herdeiros concordarem com a divisão de uma parte do patrimônio e discordarem sobre a outra, não se poderá fazer a escritura de inventário na parte em que há concordância e o inventário judicial na parte em que há discordância.

A concordância não pode ser parcial, sob pena de se estimular a aceitação parcial, vedada pelo **art. 1.808 do Código Civil**, ou ainda a fraude contra credores do *de cujus*. Isso sem contar que haveria violação à regra expressa de que a herança permanece indivisível até a partilha total dos bens, conforme estabelece o **art. 1.791, parágrafo único, do Código Civil**.

Mais um argumento para a impossibilidade de se fazer partilha parcial no inventário, se dá no caso de o falecido ter deixado mais dívidas do que bens, o inventário fará prova do montante herdado, para que seja usado no caso de haver excesso nas cobranças por credores aos herdeiros, afim de que eles não sejam responsabilizados com o seu patrimônio pessoal por tais dívidas, consoante o **art. 1.792 do Código Civil**.

Se a partilha for parcial, a prova será inverídica, pois com a escritura os herdeiros poderão, de forma mentirosa, se liberar da responsabilidade pelo pagamento de dívidas do falecido, fraudando credores.

Discordam desse entendimento a Corregedoria-Geral de Justiça do Estado de São Paulo, o Colégio Notarial do Brasil e a Anoreg, que firmaram entendimento no sentido de ser possível a ocorrência da partilha parcial.

Haveria um risco enorme de permitir que herdeiros desejassem partilhar somente bens que sejam considerados *interessantes* e que não seja feito o inventário judicial de bens *desinteressantes*, que possuam dívidas tributárias, por exemplo, sob a alegação de que não há consenso entre os herdeiros. Mesmo os herdeiros, sendo responsáveis pelo pagamento de dívidas do *de cujus*, poderiam alienar o seu patrimônio, impedindo, desta feita, que a execução dos credores tenha êxito.

Reconhecemos que o nosso posicionamento é minoritário e que será difícil a fiscalização do tabelião acerca da realização de partilha parcial. Por este motivo, entendemos ser necessária a criação de uma central que possa unificar as escrituras realizadas em todo o País para que tal procedimento seja inibido, senão poderíamos ter um inventário feito em vários tabelionatos, em momentos diferentes, ao arrepio da lei.

A Corregedoria-Geral de Justiça do Estado de São Paulo entendeu que a partilha parcial é hipótese excepcional, devendo o notário descrever na escritura o motivo da sua realização, já que a sonegação de bens do inventário é proibida, vejamos a regra:

> "**120.** É admissível o inventário com partilha parcial, embora vedada a sonegação de bens no rol inventariado, justificando-se a não inclusão do(s) bem(ns) arrolado(s) na partilha."

Para evitar que a partilha parcial seja realizada, o Tribunal de Justiça do Pará obriga que os tabeliães exijam a última declaração de imposto de renda do falecido, objetivando verificar se todos os bens estão sendo inventariados. Assim, evita-se fraude, motivo pelo qual sugerimos aos notários de outros estados que tomem a mesma providência.

Por esses motivos, discordamos do entendimento que prega ser possível a realização de partilha parcial.

V) **a presença do advogado comum a todos os interessados, ou que cada um seja representado pelo seu de forma individual, ou ainda que as partes estejam assistidas por defensor público;**

O advogado é indispensável à administração da justiça, conforme estabelece o **art. 133 da Constituição Federal**, motivo pelo qual andou bem o legislador ao estabelecer tal requisito para que o profissional da advocacia possa auxiliar as partes na realização desta escritura e resguardar os seus direitos.

O **§ 2.º do art. 610 do CPC** estabelece que o tabelião somente lavrará a escritura pública se todas as partes interessadas estiverem assistidas por advogado ou por defensor público, cuja qualificação e assinatura constarão do ato notarial.

Entendemos que a inclusão do defensor público foi desnecessária, haja vista que ele é um advogado concursado, e que defende os interesses do Estado em diversos segmentos, tais como na assistência jurídica aos necessitados. Por esse motivo o art. 8.º da **Resolução 35 do CNJ** já determinava mesmo antes dessa mudança:

> "**Art. 8.º** É necessária a presença do advogado, dispensada a procuração, ou do defensor público, na lavratura das escrituras aqui referidas, nelas constando seu nome e registro na OAB. (Redação dada pela Resolução nº 326, de 26.6.2020)".

O Colégio Notarial do Brasil, em suas recomendações, estabelece que, se as partes comparecerem sem advogado, o tabelião não deverá indicar um profissional, devendo recomendar às partes que procurem um advogado de sua confiança ou, se não tiverem, recorram à OAB. Reverencia-se a atitude do Colégio Notarial do Brasil de preocupar-se, de antemão, com essa questão, pela respeitabilidade que possui para com os notários de todo o Brasil.

O mesmo posicionamento teve a Corregedoria-Geral de Justiça do Estado de São Paulo que, no item 81 das Normas de Serviço do Extrajudicial, vedou aos tabeliães a indicação de advogado às partes, que deverão comparecer, para o ato notarial, acompanhadas de profissional de sua confiança.

Pensando nisso, o Conselho Federal da Ordem dos Advogados do Brasil (OAB) publicou no *Diário da Justiça*, em 20.06.2007, o texto do **Provimento 118/2007**, que trata das escrituras de inventário, divórcio e de extinção da união estável e disciplina as atividades profissionais dos advogados nestas escrituras públicas.

A preocupação principal da entidade é acompanhar e regulamentar a atividade da advocacia nos cartórios, tendo em vista que chegaram à entidade denúncias de que irregularidades estariam ocorrendo desde a entrada em vigor da nova lei. Dentre elas estão captações indevidas e antiéticas que vão desde a indicação desleal de separações de alguns cartórios para determinados advogados, bem como dos próprios profissionais, que têm cometido infrações éticas ao canalizarem serviços escriturais para determinados cartórios.

Recomendamos a leitura do item dedicado à indicação do advogado, no capítulo anterior desta obra, em que reproduzimos o conteúdo do citado provimento.

Assim, como já concluímos anteriormente, não poderá o tabelião indicar um advogado às partes, ou até mesmo manter um advogado de plantão no tabelionato, por ser tal conduta antiética e incompatível com o exercício da advocacia.

CONCLUSÕES REFERENTES AO ADVOGADO	
Resolução n. 35 do Conselho Nacional de Justiça	Art. 8.º É necessária a presença do advogado, dispensada a procuração, ou do defensor público, na lavratura das escrituras aqui referidas, nelas constando seu nome e registro na OAB. (Redação dada pela Resolução nº 326, de 26.6.2020)
Orientações da Corregedoria-Geral de Justiça do Estado de São Paulo	3.2. É vedado aos Tabeliães a indicação de advogado às partes, que deverão comparecer, para o ato notarial, acompanhadas de profissional de sua confiança.

VI) a quitação dos tributos incidentes;

Mesmo não estando explícito no artigo *sub examine*, entendemos que é importante para a realização do inventário por escritura pública que as partes tenham condições financeiras de quitar os tributos incidentes.

Isso se dá porque o art. 15 da **Resolução 35 do Conselho Nacional de Justiça** determina que:

"**Art. 15.** O recolhimento dos tributos incidentes deve anteceder a lavratura da escritura".

Em face da importância, deve haver o arquivamento de certidão ou outro documento emitido pelo fisco, comprovando a regularidade do recolhimento do imposto, fazendo-se expressa indicação a respeito na escritura pública.

Quando os herdeiros não dispõem de liquidez financeira para inventariar um determinado patrimônio, prática muito comum é requerer, nos autos do inventário judicial, um alvará que autorize a venda de um bem para que o produto da alienação seja utilizado para o pagamento dos tributos incidentes sobre o patrimônio.

Entretanto, há que pensar se essa possibilidade pode ocorrer, também, com interessados concordes e capazes, que optaram pelo inventário extrajudicial. Nesse caso, não há outra saída senão abdicar da via extrajudicial e realizar a divisão do patrimônio deixado pelo *de cujus*, judicialmente.

Outra não pode ser a nossa conclusão, em razão de o **art. 1.793, § 3.º, do Código Civil** estabelecer expressamente que *é ineficaz a disposição, sem prévia autorização do juiz da sucessão, por qualquer herdeiro, de bem componente do acervo hereditário, pendente a indivisibilidade*.

Esse dispositivo apresenta uma proibição para qualquer herdeiro dispor de um bem do acervo hereditário, antes da partilha, sem autorização judicial. Em decorrência da necessidade de autorização judicial, vemos que, na impossibilidade de quitar os tributos, não será possível optar pela via administrativa.

Assim, entendemos que somente poderia ser feito o inventário extrajudicial se os herdeiros precisarem de numerário para o pagamento dos tributos, nas hipóteses descritas no **art. 1.º da Lei 6.858/1980**, caso em que eles poderão fazer uma escritura autônoma e independente, para, depois do levantamento do numerário, realizar o inventário por escritura pública. O citado dispositivo estabelece que:

> "**Art. 1.º** Os valores devidos pelos empregadores aos empregados e os montantes das contas individuais do Fundo de Garantia do Tempo de Serviço e do Fundo de Participação PIS-PASEP, não recebidos em vida pelos respectivos titulares, serão pagos, em quotas iguais, aos dependentes habilitados perante a Previdência Social ou na forma da legislação específica dos servidores civis e militares, e, na sua falta, aos sucessores previstos na lei civil, indicados em alvará judicial, independentemente de inventário ou arrolamento.
>
> **§ 1.º** As quotas atribuídas a menores ficarão depositadas em caderneta de poupança, rendendo juros e correção monetária, e só serão disponíveis após o menor completar 18 (dezoito) anos, salvo autorização do juiz para aquisição de imóvel destinado à residência do menor e de sua família ou para dispêndio necessário à subsistência e educação do menor.
>
> **§ 2.º** Inexistindo dependentes ou sucessores, os valores de que trata este artigo reverterão em favor, respectivamente, do Fundo de Previdência e Assistência Social, do Fundo de Garantia do Tempo de Serviço ou do Fundo de Participação PIS-PASEP, conforme se tratar de quantias devidas pelo empregador ou de contas de FGTS e do Fundo PIS PASEP.
>
> **Art. 2.º** O disposto nesta Lei se aplica às restituições relativas ao Imposto de Renda e outros tributos, recolhidos por pessoa física, e, não existindo outros bens sujeitos a inventário, aos saldos bancários e de contas de cadernetas de poupança e fundos de investimento de valor até 500 (quinhentas) Obrigações do Tesouro Nacional.
>
> **Parágrafo único.** Na hipótese de inexistirem dependentes ou sucessores do titular, os valores referidos neste artigo reverterão em favor do Fundo de Previdência e Assistência Social".

Tal posicionamento encontra amparo no art. 14 da **Resolução 35 do Conselho Nacional de Justiça**, que determina:

"Art. 14. Para as verbas previstas na Lei 6.858/80, é também admissível a escritura pública de inventário e partilha".

Por uma questão lógica e de coerência, entendemos que pode, também, ser feito o inventário extrajudicial se os herdeiros precisarem de numerário para o pagamento dos tributos, nas hipóteses descritas no art. 1.º do **Decreto 85.845/1981**, caso em que também poderá ser feita uma escritura autônoma e independente, para, depois do levantamento do numerário, realizar o inventário por escritura pública.

As hipóteses contempladas no art. 1.º do referido Decreto são:

I – quantias devidas a qualquer título pelos empregadores a seus empregados, em decorrência de relação de emprego;

II – quaisquer valores devidos, em razão de cargo ou emprego, pela União, Estado, Distrito Federal, Territórios, Municípios e suas autarquias, aos respectivos servidores;

III – saldos das contas individuais do Fundo de Garantia do Tempo de Serviço e do Fundo de Participação PIS/PASEP;

IV – restituições relativas ao imposto de renda e demais tributos recolhidos por pessoas físicas;

V – saldos de contas bancárias, saldos de cadernetas de poupança e saldos de contas de fundos de investimento, desde que não ultrapassem o valor de 500 (quinhentas) Obrigações Reajustáveis do Tesouro Nacional e não existam, na sucessão, outros bens sujeitos a inventário.[3]

Um fato interessante a ser citado é que, no **Estado de São Paulo**, o **Decreto 56.686, de 21 de janeiro de 2011** autoriza os notários e registradores do estado paulista a lavrar a escritura e registrá-la, respectivamente, sem a necessidade de submeter o cálculo do ITCMD à homologação do fisco de SP, nem tampouco fazer o cadastro no *site*[4] da fazenda estadual de todos os dados pormenorizados do inventário, conforme o sistema criado pela **Lei Estadual 10.705, de 28.12.2000**, e regulamentado pela **Portaria CAT 72**. Cumpre salientar que, se o óbito ocorreu antes de 31.12.2000, não há a necessidade de homologação da fazenda. O grande problema que não podemos esquecer é que o cálculo do tributo deve ser feito corretamente, já que o tabelião é solidariamente responsável com o contribuinte, por força do **art. 134, VI, do CTN**.

Para facilitar ao leitor, colocamos, no final deste livro, como anexo, o texto do referido Decreto, na íntegra.

A gratuidade por assistência judiciária em escritura pública não isenta a parte do recolhimento de imposto de transmissão, que tem legislação própria a respeito do tema.

Cumpre lembrar aos tabeliães e advogados de outros estados que devem estudar a Lei que criou o ITCMD no seu estado, para verificar se hipóteses excepcionais, como a apresentada acima, existem.

---

3. Euclides de Oliveira e Sebastião Amorim, amparados em cálculo matemático, apontam que 500 ORTN equivalem a aproximadamente R$ 3.500,00. OLIVEIRA, Euclides de; AMORIM, Sebastião. *Inventários e partilhas*. Direito das sucessões: teoria e prática. 18. ed. São Paulo: Leud, 2005. p. 503.
4. Disponível em: <https://www60.fazenda.sp.gov.br/wps_migrated/portal>. Acesso em: 12.11.2014.

VII) ser o Brasil o último domicílio do falecido;

Segundo o art. 10 da **Lei de Introdução às Normas do Direito Brasileiro (LINDB)**, a sucessão do falecido que tinha domicílio no Brasil será regida pela Lei Brasileira, motivo pelo qual o inventário pode ser feito em nosso país, judicial ou extrajudicialmente.

Assim, se o falecido brasileiro tinha domicílio fora do país, não poderá fazer o inventário por escritura pública no Brasil, já que a lei brasileira não será aplicada na sucessão.

Cumpre salientar, também, que se o falecido, que tinha domicílio no Brasil, deixar bens no exterior, não poderá o seu inventário ser feito por escritura pública, conforme entendimento descrito no art. 29 da Resolução 35 do Conselho Nacional de Justiça, que estabelece:

> "**Art. 29**. É vedada a lavratura de escritura pública de inventário e partilha referente a bens localizados no exterior".

Cumpre lembrar que **o art. 10 da LINDB** determina que a sucessão por morte ou por ausência obedece à lei do país em que domiciliado o defunto ou o desaparecido, independentemente da sua nacionalidade, e qualquer que seja a natureza e a situação dos bens. Mas, a sucessão de bens de estrangeiros, situados no País, será regulada pela lei brasileira em benefício do cônjuge ou dos filhos brasileiros, ou de quem os represente, sempre que não lhes seja mais favorável a lei pessoal do *de cujus*:

> "**Art. 10**. A sucessão por morte ou por ausência obedece à lei do país em que domiciliado o defunto ou o desaparecido, qualquer que seja a natureza e a situação dos bens.
>
> § 1.º A sucessão de bens de estrangeiros, situados no País, será regulada pela lei brasileira em benefício do cônjuge ou dos filhos brasileiros, ou de quem os represente, sempre que não lhes seja mais favorável a lei pessoal do *de cujus*. (*Redação dada pela Lei 9.047, de 18.5.1995*)
>
> § 2.º A lei do domicílio do herdeiro ou legatário regula a capacidade para suceder."

Porém o STJ entende que o ordenamento jurídico pátrio adota **o princípio da pluralidade de juízos sucessórios** (Informativo 563 de 2015), ao formar entendimento que mesmo o autor da herança não ter domicílio no Brasil, aplica-se a lei estrangeira da situação da coisa – e não a lei brasileira – na sucessão de bem imóvel situado no exterior.

O argumento é de que a LINDB, inegavelmente, elegeu o domicílio como relevante regra de conexão para solver conflitos decorrentes de situações jurídicas relacionadas a mais de um sistema legal (conflitos de leis interespaciais), porquanto consistente na própria sede jurídica do indivíduo. Assim, a lei do país em que for domiciliada a pessoa determina as regras sobre o começo e o fim da personalidade, o direito ao nome, a capacidade jurídica e dos direitos de família (art. 7º). Por sua vez, a lei do domicílio do autor da herança regulará a correlata sucessão, nos termos do art. 10 da lei sob comento.

Em que pese a prevalência da lei do domicílio do indivíduo para regular as suas relações jurídicas pessoais, conforme preceitua a LINDB, esta regra de conexão não é absoluta. Como bem pondera a doutrina, outros elementos de conectividade podem, a depender da situação sob análise, revelarem-se preponderantes e, por conseguinte, excepcionar a aludida regra, tais como a situação da coisa, a faculdade concedida à vontade individual na escolha da lei aplicável, quando isto for possível, ou por imposições de ordem pública. Esclarece, ainda, que "a adoção de uma norma de direito estrangeiro não é mera concessão do Estado, ou um favor emanado de sua soberania, mas a consequência natural da comunidade de direito, de tal forma que a aplicação da lei estrangeira resulta como imposição de um dever internacional.

Especificamente à lei regente da sucessão, pode-se assentar, de igual modo, que o art. 10 da LINDB, ao estabelecer a lei do domicílio do autor da herança para regê-la, não assume caráter absoluto. A conformação do direito internacional privado exige, como visto, a ponderação de outros elementos de conectividade que deverão, a depender da situação, prevalecer sobre a lei de domicílio do de *cujus*. Além disso, outras duas razões – a primeira de ordem legal; a segunda de ordem prática – corroboram com a conclusão de relatividade do disposto no art. 10, *caput*, da LINDB. No tocante ao primeiro enfoque, o dispositivo legal sob comento deve ser analisado e interpretado sistematicamente, em conjunto, portanto, com as demais normas internas que regulam o tema, em especial o art. 8º, *caput*, e § 1º do art. 12, ambos da LINDB e o art. 23 do CPC.

E, o fazendo, verifica-se que, na hipótese de haver bens imóveis a inventariar situados, simultaneamente, aqui e no exterior, o Brasil adota o princípio da pluralidade dos juízos sucessórios. Como se constata, a própria LINDB, em seu art. 8º, dispõe que as relações concernentes aos bens imóveis devem ser reguladas pela lei do país em que se encontrem. Inserem-se, inarredavelmente, no espectro de relações afetas aos bens imóveis aquelas destinadas a sua transmissão/alienação, seja por ato entre vivos, seja *causa mortis*, cabendo, portanto, à lei do país em que situados regê-las. Por sua vez, o CPC, em seu art. 23 (abrangendo disposição idêntica à contida no § 2º do art. 12 da LINDB), é expresso em reconhecer que a jurisdição brasileira, com exclusão de qualquer outra, deve conhecer e julgar as ações relativas aos imóveis situados no país, assim como proceder ao inventário e partilha de bens situados no Brasil, independente do domicílio ou da nacionalidade do autor da herança.

Sobressai, no ponto, a insubsistência da tese de que o Juízo sucessório brasileiro poderia dispor sobre a partilha de bem imóvel situado no exterior. Como assinalado, não resta sequer instaurada a jurisdição brasileira para deliberar sobre bens imóveis situados no estrangeiro, tampouco para proceder a inventário ou à partilha de bens imóveis sitos no exterior. O solo, em que se fixam os bens imóveis, afigura-se como expressão da própria soberania de um Estado e, como tal, não pode ser, sem seu consentimento ou em contrariedade ao seu ordenamento jurídico, objeto de ingerência de outro Estado.

No ponto, já se pode antever a segunda razão – esta de ordem prática – a justificar a assertiva de que o art. 10 da LINDB encerra, de fato, regramento que comporta exceções. É que um provimento judicial emanado do juízo sucessório brasileiro destinado a deliberar sobre imóvel situado no exterior, além de se afigurar inexistente, pois, como visto, não instaurada sequer sua jurisdição, não deteria qualquer eficácia em outro país, destinatário da "ordem" judicial.

Aliás, dentre os princípios que regem o Direito Internacional Privado, ganha cada vez mais relevo o da eficácia das decisões ou do Estado com melhor competência, informador da competência da *lex rei sitae* (lei da situação da coisa) para regular as relações concernentes aos bens imóveis, pois esta é a lei, inarredavelmente, que guarda melhores condições de impor a observância e o acatamento de seus preceitos. Assim, em havendo bens imóveis a serem inventariados ou partilhados simultaneamente no Brasil e no estrangeiro, a premissa de que a lei do domicílio do *de cujus*, sempre e em qualquer situação, regulará a sucessão, somente poderia ser admitida na remota – senão inexistente – hipótese de o Estado estrangeiro, cujas leis potencialmente poderiam reger o caso (em virtude de algum fator de conexão, v.g., situação da coisa, existência de testamento, nacionalidade etc.), possuir disposição legal idêntica à brasileira.

Mais do que isso. Seria necessário que, tanto o Brasil, em que domiciliado o autor da herança, assim como o país estrangeiro, país em que situado o imóvel a ser inventariado, adotassem o princípio da unidade ou universalidade do juízo da sucessão e que, em ambos os países, o juízo sucessório fosse (com prejuízo de qualquer outra regra de conexão) o do domicílio do autor da herança. Todavia, em se tratando de bem imóvel situado no estrangeiro, circunstância que se relaciona diretamente com a própria soberania do Estado, difícil, senão impossível, cogitar a hipótese de este mesmo Estado estrangeiro dispor que a sucessão deste bem, nele situado, fosse regulada pela lei de outro país.

No ordenamento jurídico nacional (art. 8º, *caput*, da LINDB, em conjunto com o art. 23 do CPC – abrangendo disposição idêntica à contida no § 2º do art. 12 da LINDB), tal hipótese seria inadmissível. A exegese ora propugnada, encontra ressonância na especializada doutrina, que bem esclarece a inidoneidade (e mesmo ineficácia) do critério unitário para reger a sucessão de bens imóveis situados em mais de um Estado, em claro descompasso com as demais normas internas que tratam do tema.

Ademais, a jurisprudência do STJ, na linha da doutrina destacada, já decidiu que, "Adotado no ordenamento jurídico pátrio o princípio da pluralidade de juízos sucessórios, inviável se cuidar, em inventário aqui realizado, de eventuais depósitos bancários existentes no estrangeiro" (REsp 397.769-SP, Terceira Turma, DJ 19-12-2002); **REsp 1.362.400-SP, Rel. Min. Marco Aurélio Bellizze, julgado em 28-4-2015, DJe 5-6-2015).**

2. DA IMPOSSIBILIDADE DE SE ESCRITURAR O INVENTÁRIO NO TABELIONATO DE NOTAS, QUANDO A VIÚVA ESTIVER GRÁVIDA

O **art. 733 do Código de Processo Civil** vigente estabeleceu, expressamente, ser proibida a realização da escritura de divórcio e de extinção da união estável quando existir nascituro, ou seja, quando a mulher estiver grávida.

Quanto à escritura de inventário, o **art. 610 do Código de Processo Civil** vedou a sua realização apenas quando existir interessado incapaz na sucessão.

Assim, cumpre questionar se é possível escriturar o inventário quando a viúva estiver grávida do falecido. Entendemos ser negativa a resposta.

O objetivo do art. 610 do Código de Processo Civil, ao proibir o inventário quando existir interessado incapaz, deve-se ao fato da necessária intervenção do Ministério Público, conforme preceitua o art. 178, I, do mesmo diploma legal.

Dessa forma, havendo interessado incapaz, obrigatoriamente o inventário deve ser judicial.

Esta conclusão, no nosso sentir, também vale para o caso de a viúva estar grávida do falecido, já que, segundo o Código Civil, o nascituro tem os seus direitos protegidos desde o momento da concepção:

> "**Art. 2.º** A personalidade civil da pessoa começa do nascimento com vida; mas a lei põe a salvo, desde a concepção, os direitos do nascituro".

Há muito tempo se discute se o nascituro é pessoa ou não, mas, atualmente, de forma majoritária entende-se que sim, dado que ele possui os direitos da personalidade, como o direito à vida, aos alimentos, à imagem, entre outros.

Dessa forma deve ser aplicado, analogicamente, o artigo 34 da **Resolução 35/2007 do CNJ**, que trata das escrituras de divórcio e de extinção da união estável, as de inventário, por tratar desse assunto:

> "**Art. 34**. As partes devem declarar ao tabelião, no ato da lavratura da escritura, que não têm filhos comuns ou, havendo, que são absolutamente capazes, indicando seus nomes e as datas de nascimento.
>
> **Parágrafo único**. As partes devem, ainda, declarar ao tabelião, na mesma ocasião, que o cônjuge virago não se encontra em estado gravídico, ou ao menos, que não tenha conhecimento sobre esta condição. (Incluído pela Resolução nº 220, de 26.04.2016)".

Assim, como o nascituro teria, neste caso, direito sucessório, caso venha a nascer com vida, por ser ele incapaz impossível seria adotar o procedimento extrajudicial, sendo necessário, obrigatoriamente, o inventário judicial.

3. O LOCAL DA REALIZAÇÃO DA ESCRITURA

Inicialmente a escritura deve ser feita nas dependências do tabelionato de notas, onde o tabelião, analisando o caso concreto, irá lavrar a escritura e escriturá-la no livro de notas.

O Colégio Notarial do Brasil em suas recomendações já afirmava ser necessário que os tabeliães disponibilizem uma sala ou um ambiente reservado e discreto para o atendimento das partes.

A Corregedoria-Geral de Justiça do Estado de São Paulo, no **item 84 do Capítulo XIV** das Normas de Serviço do Extrajudicial, impôs que o tabelião disponibilize uma sala ou um ambiente reservado e discreto para atendimento das partes em escrituras de divórcio, o que merece aplauso da nossa parte em face da importância das informações que lá serão prestadas. Entendemos que o mesmo deve ocorrer para as escrituras de inventário, já que nesse mundo violento o que as pessoas menos querem é expor seu patrimônio para qualquer um dele tomar conhecimento. Não podemos esquecer que muitos assuntos delicados e confidenciais são tratados, também, no inventário.

Do mesmo modo, no caso do inventário extrajudicial, entendemos que inexiste óbice para que a escritura seja lavrada no escritório do advogado das partes, para onde, em diligência, o tabelião se dirigiria com o livro de notas para a sua realização, se assim as partes preferissem, por entender, por exemplo, que lá teriam mais privacidade. Cumpre salientar que é prática comum a diligência do tabelião para lavrar testamentos ou outras escrituras, quando assim as partes desejam.

Estabelece o **art. 7.º, parágrafo único, da Lei 8.935/1994** que *é facultado aos tabeliães de notas realizar todas as gestões e diligências necessárias ou convenientes ao preparo dos atos notariais, requerendo o que couber, sem ônus maiores que os emolumentos devidos pelo ato*.

No entanto, o **art. 1.796 do Código Civil** é expresso ao estabelecer que *o inventário será instaurado perante o juízo competente no lugar da sucessão, para fins de liquidação e, quando for o caso, de partilha da herança*.

Em complementação à regra descrita no art. 1.796 do Código Civil, o **art. 1.785** do mesmo diploma estabelece que *a sucessão abre-se no lugar do último domicílio do falecido*.

Com isso surge a dúvida: poderá o herdeiro optar por realizar a escritura de inventário em cartório diverso que não o da abertura da sucessão?

Entendemos que sim, haja vista que o **art. 8.º da Lei 8.935/1994** estabelece que *é livre a escolha do tabelião de notas, qualquer que seja o domicílio das partes ou o lugar de situação dos bens objeto do ato ou negócio*, demonstrando que não serão aplicadas as regras processuais de competência para o caso em tela.

Nas normas da **Corregedoria-Geral de Justiça do Estado de São Paulo**, há regra expressa nesse sentido:

> "75. O Tabelião de Notas será livremente escolhido pelas partes, não se aplicando as regras processuais de competência, nas hipóteses legais em que admitida a realização de separação e divórcio consensuais, inventário e partilha por via administrativa, mediante escritura pública."

Assim, a regra estabelecida no Código Civil, que estabelece a abertura da sucessão no último domicílio do falecido, no caso do inventário extrajudicial não terá importância.

Contudo, a escolha do tabelionato de notas pelos herdeiros acarreta uma consequência tributária importante, para sabermos quem será o titular do ITCMD. Qual é o Estado competente para arrecadar esse tributo?

Nesse caso aplica-se o **art. 155, § 1.º, I, da Constituição Federal**, que estabelece regra de que *o imposto de transmissão causa mortis e doação, de quaisquer bens ou direitos, compete ao Estado da situação do bem, ou ao Distrito Federal, relativamente a bens imóveis e respectivos direitos, e ao Estado onde se processar o inventário ou arrolamento relativamente a bens móveis, títulos e créditos*. A referida regra vem reproduzida no **art. 41 do Código Tributário Nacional**.

Cumpre notar que o sujeito ativo do tributo será definido, com regras distintas, se os bens deixados pelo *de cujus* forem imóveis ou móveis.

A polêmica que nasce é justamente pelo texto constitucional estabelecer que quanto aos bens móveis, o ITCMD (Imposto de Transmissão *Causa Mortis* e Doação) será devido ao Estado onde se processar o inventário.

Como o inventário pode ser extrajudicial, se preenchidos os requisitos descritos no art. 610 do Código de Processo Civil, e o art. 8.º da Lei 8.935/1994 (Lei dos Notários) permite que o herdeiro escolha qualquer Tabelionato de Notas do País, verifica-se que, no caso em tela, será devido o tributo ao Estado *do local em que for lavrada a escritura de inventário*, cabendo a escolha aos herdeiros.

Corrobora desse entendimento o meu dileto amigo Antonio Herance Filho,[5] que assim escreveu em belíssimo estudo sobre o tema:

"Como a Lei 8.935/1994, que regulamenta o art. 236 do Texto Magno, estabelece que é livre a escolha do notário de notas, qualquer que seja o domicílio das partes ou o lugar da situação dos bens objeto do ato ou negócio, no caso de o inventário ser realizado por escritura pública em Estado diverso do último domicílio do autor da herança, é certo que o produto da arrecadação dos tributos incidentes sobre as transmissões causa mortis fique com o Estado de localização da unidade notarial, relativamente aos bens móveis, títulos, créditos e com o Estado de situação dos bens, quando imóveis".

Nessa mesma obra, o citado autor faz menção ao **Decreto do Estado de Minas Gerais 43.981/2005**, que foi atualizado pelo Decreto 44.764/2008 do então Governador Aécio Neves, em seu art. 2.º, que adotou esse entendimento e o manifestou nos seguintes termos:

"**Art. 2.º** O Imposto sobre Transmissão Causa Mortis e Doação de Quaisquer Bens ou Direitos – ITCD incide sobre a doação ou sobre a transmissão por ocorrência do óbito, de:

(...)

II – bens móveis, inclusive semoventes, direitos, títulos e créditos, e direitos a eles relativos, quando:

(...)

c) o inventário ou o arrolamento judicial ou extrajudicial se processar neste Estado;"

Verifica-se, dessa forma, que o Estado de Minas Gerais adota o nosso entendimento e determina que isso seja feito em todos os tabelionatos de notas do país.

O problema é que alguns Estados estão legislando no sentido de determinar que o imposto de transmissão *causa mortis*, relativo a bens móveis, de pessoas falecidas, mas que eram domiciliadas em seu território, seja recolhido aos seus cofres.

Dessa forma, quando o falecido tiver deixado *bens imóveis* em outros Estados, o herdeiro terá que quitar todos os tributos, para obter a declaração de quitação de *todas* as respectivas Fazendas Estaduais para que possa escolher em qual Tabelionato de Notas do País fará a escritura, competindo a este a fiscalização dos respectivos recolhimentos, conforme o **art. 30, XI, da Lei 8.935/1994**, visto que, quanto ao tributo relativo aos *bens móveis*, este deverá ser recolhido à Fazenda Estadual do local em que for lavrada a escritura de inventário.

Por ser permitida a livre escolha do tabelionato de notas onde será lavrada a escritura de inventário – mesmo que em local diverso da abertura da sucessão –, acreditamos que isso poderá acarretar uma guerra fiscal entre os Estados, para atrair o maior número de escrituras, oferecendo ao contribuinte alíquota reduzida.

---

5. HERANCE FILHO, Antonio. A responsabilidade de terceiros no contexto da Lei 11.441/2007. In: CAHALI, Francisco et al. *Escrituras Públicas: Separação, Divórcio, Inventário e Partilha Consensuais*. 2. ed. São Paulo: RT, 2008. p. 176.

A seguir veremos que são partidários da livre escolha do Tabelionato de Notas para se realizar a escritura, o Conselho Nacional de Justiça, o Colégio Notarial do Brasil, do Rio Grande do Sul, a Anoreg, a OAB/MG e os Tribunais de Justiça de São Paulo, Acre, Amapá, Bahia, Mato Grosso, Pará, Paraíba, Paraná e Santa Catarina.

DA COMPETÊNCIA DOS TABELIONATOS PARA LAVRATURA DAS ESCRITURAS DE INVENTÁRIO	
Resolução n. 35 do Conselho Nacional de Justiça	Art. 1º Para a lavratura dos atos notariais relacionados a inventário, partilha, separação consensual, divórcio consensual e extinção consensual de união estável por via administrativa, é livre a escolha do tabelião de notas, não se aplicando as regras de competência do Código de Processo Civil. (Redação dada pela Resolução nº 326, de 26.6.2020)
Recomendações do Colégio Notarial do Brasil	Não há competência territorial. É livre a escolha do tabelião de notas para a lavratura destas escrituras. Há competência territorial para os atos averbatórios do registro civil.
Manual preliminar Anoreg	Não há competência territorial. É livre a escolha do tabelião de notas para a lavratura destas escrituras. Há competência territorial para os atos averbatórios do registro civil.
Orientações da Corregedoria-Geral de Justiça do Estado de São Paulo	1.4. Para a lavratura dos atos notariais de que trata a Lei n.º 11.441/07 (artigo 8.º da Lei n.º 8.935/94), é livre a escolha do tabelião de notas, não se aplicando as regras de competência do Código de Processo Civil.
Uniformização de Procedimentos oab/mg	Art. 1.º [...] II – Da Competência Territorial Segundo dispõe o art. 8.º da Lei 8.935 de 18.11.1994, é livre a escolha do tabelião de notas para a lavratura de atos, qualquer que seja o domicílio das partes ou o lugar de situação dos bens objeto do ato ou negócio, desde que respeitada a competência territorial a que se refere o art. 9.º da mesma lei.
Provimento do Tribunal de Justiça do Estado do Acre	CAPÍTULO I [...] 3. Não há competência territorial, sendo livre a escolha pelas partes do Tabelionato de Notas a lavratura das escrituras, existindo territorialidade somente para os atos averbatórios do Registro Civil e do Registro de Imóveis.
Provimento do Tribunal de Justiça do Estado do Amapá	Art. 1.º As escrituras públicas de inventário e partilha de separação e de divórcio, bem como, por extensão, de sobrepartilha e de restabelecimento de sociedade conjugal, poderão ser lavradas por qualquer Tabelião, independentemente do domicílio ou do local do óbito do autor da herança e da residência dos separandos ou divorciandos.
Provimento do Tribunal de Justiça do Estado da Bahia	Art. 1.º As partes poderão escolher livremente o Tabelionato, para a lavratura da escritura de Inventário, Partilha ou Adjudicação, Separação, Divórcio e de Restabelecimento da Sociedade Conjugal, independentemente do domicílio dos interessados ou do lugar de situação dos bens objeto do ato, não se aplicando as regras de fixação de competência previstas no Código de Processo Civil, para os processos judiciais de mesma finalidade. Parágrafo único. Deve ser observada, no entanto, a competência territorial, para os atos averbatórios pertinentes ao registro imobiliário, assim como para o registro civil.

DA COMPETÊNCIA DOS TABELIONATOS PARA LAVRATURA DAS ESCRITURAS DE INVENTÁRIO	
Provimento do Tribunal de Justiça do Estado do Mato Grosso	9.7.1.2 – As partes escolherão livremente o Tabelionato de Notas onde desejam lavrar as escrituras, devendo ser observados os critérios de territorialidade somente para os atos averbatórios do Registro Civil e do Registro de Imóveis.
Provimento do Tribunal de Justiça do Estado Pará	Art. 1.º Na lavratura dos atos notariais de que trata a Lei n.º 11.441/07 é livre a escolha do tabelião de notas, devendo ser observado os critérios de territorialidade somente para os atos averbatórios do Registro Civil, e do Registro de Imóveis.
Provimento do Tribunal de Justiça do Estado da Paraíba	Art. 4.º Não há competência territorial, sendo livre a escolha pelas partes do Tabelionato de Notas a lavratura das escrituras referidas neste provimento, existindo territorialidade somente para os atos de averbatórios e de registro no registro civil e de imóveis.
Provimento do Tribunal de Justiça do Estado do Paraná	Capítulo 11 – Tabelionato de Notas Seção 11 – Escrituras Públicas de Inventários, Separações, Divórcios e Partilha de bens [...] 11.11.1 – É livre a escolha do tabelião de notas para a lavratura dos atos previstos nesta Seção, independentemente do domicílio ou do local do óbito do autor da herança, da localização dos bens que a compõe, da residência e do local dos bens dos cônjuges.
Recomendações do Colégio Notarial do Rio Grande do Sul	Tratando-se de competência territorial relativa, não se há de questionar a incidência ou não do artigo 100, inciso I do Código de Processo Civil, pois o chamado foro privilegiado, consagrado no Código, tem cabimento apenas nos processos judiciais, e foi instituído em benefício da mulher. Já a competência do Notário é regulada pelo artigo 8.º da Lei n. 8.935/94, a qual preconiza a livre escolha das partes, qualquer que seja seu domicílio ou lugar de situação de bens objeto do ato ou negócio.
Provimento do Tribunal de Justiça do Estado de Santa Catarina	As escrituras públicas de inventário e partilha, se separação e divórcio – bem como, por extensão, de sobrepartilha e de restabelecimento de sociedade conjugal – poderão ser lavradas por qualquer tabelião ou escrivão de paz, independentemente do domicílio ou local do óbito do autor da herança e da residência dos separandos ou divorciandos.

A seguir veremos que são partidários da tese de ser necessária a disponibilização de uma sala ou ambiente reservado para o atendimento dos herdeiros o Colégio Notarial do Brasil, a Anoreg e os Tribunais de Justiça de São Paulo, Amapá e Santa Catarina.

DA DISPONIBILIZAÇÃO DE SALA OU AMBIENTE RESERVADO PARA O ATENDIMENTO DAS PARTES	
Recomendações do Colégio Notarial do Brasil	Recomenda-se disponibilizar uma sala ou um ambiente reservado e discreto para o atendimento das partes.
Manual preliminar Anoreg	Recomenda-se disponibilizar uma sala ou um ambiente reservado e discreto para o atendimento das partes.
Orientações da Corregedoria-Geral de Justiça do Estado de São Paulo	5.1. Recomenda-se que o Tabelião disponibilize uma sala ou um ambiente reservado e discreto para atendimento das partes em escrituras de separação e divórcio consensuais.

DA DISPONIBILIZAÇÃO DE SALA OU AMBIENTE RESERVADO PARA O ATENDIMENTO DAS PARTES	
Provimento do Tribunal de Justiça do Estado do Amapá	Art. 7.º Os notários e registradores deverão assegurar às partes interessadas atendimento que lhes preserve a privacidade, dada a natureza dos atos disciplinados pela Lei n.º 11.441/07.
Provimento do Tribunal de Justiça do Estado de Santa Catarina	10. Considerando a natureza dos atos disciplinados pela Lei 11.441/07, os notários deverão assegurar às partes interessadas atendimento que lhes preserve a privacidade.

4. A GRATUIDADE DAS ESCRITURAS DE INVENTÁRIO

O art. 982 do Código de Processo Civil de 1973, quando do início da vigência da Lei 11.441/2007, estabelecia que o inventário poderia ser feito por escritura pública, mas a norma não trazia indicação de gratuidade para a escritura de inventário.

Entretanto, foi prevista na referida legislação processual, também por obra da Lei 11.441/2007, a gratuidade das escrituras de separação e divórcio, no § 3.º do art. 1.124-A.

Previa o legislador, acertadamente, que as escrituras e demais atos notariais seriam gratuitos para as pessoas que não possuíssem condições financeiras de arcar com o seu custo.

Assim, muito se questionou se as escrituras de inventário também estariam abrangidas pela gratuidade do citado artigo.

Já havíamos afirmado nas edições anteriores desse livro que acreditamos que, se os herdeiros não tiverem condições de arcar com os custos de confecção da escritura, terão, também, direito à gratuidade, por vários motivos.

O primeiro motivo é que, judicialmente, os herdeiros poderiam requerer ao magistrado a gratuidade da justiça, decorrente do **art. 98 do CPC/15**, razão pela qual tal benefício também deve ser estendido à modalidade extrajudicial, sob pena de se esvaziar o conteúdo da norma que instituiu o inventário extrajudicial.

Adotando esse entendimento é que a Lei 11.965, de 3 de julho de 2009, alterou o art. 982 do Código de Processo Civil de 1973 para nele incluir um parágrafo que previsse, expressamente, a gratuidade, nos seguintes termos:

"**Art. 982**. (...)

(...)

§ 2.º A escritura e demais atos notariais serão gratuitos àqueles que se declararem pobres sob as penas da lei".

Mas a grande questão que surge com o advento do Código de Processo Civil de 2015 é se a gratuidade das escrituras de divórcio permanece, considerando que o dispositivo do Código de Processo Civil de 1973 (§ 2.º do art. 982) não foi reproduzido na novel legislação processual.

Em uma análise apressada, poder-se-ia concluir que a gratuidade das escrituras de inventário aos pobres não existe mais, o que acreditamos não ser a melhor interpretação a se fazer.

Apesar de o Código de Processo Civil de 2015 não mais trazer, no artigo que trata do inventário extrajudicial, a previsão de gratuidade a quem dele necessita, permanece em vigor por disposição expressa do art. 6º da Resolução 35/2017 do CNJ, modificado pela **Resolução 326 de 26.06.2020** também do CNJ, editada 4 anos após o início da vigência do CPC15, após vários debates, decisões judiciais e normas das Corregedorias estaduais nesse sentido:

> "**Art. 6º da Resolução n. 35 do Conselho Nacional de Justiça**. A gratuidade prevista na norma adjetiva compreende as escrituras de inventário, partilha, separação e divórcio consensuais."

Como exemplo de Tribunal de Justiça que normatizou o tema nas normas de serviço do extrajudicial, citamos o caso de São Paulo, que possui regra expressa determinando a gratuidade das escrituras de inventário:

> "**Item 79 do Capítulo XIV (Notas)**. A escritura pública e os demais atos notariais relativos à separação e ao divórcio consensuais, ao inventário e à partilha serão gratuitos àqueles que se declarem pobres sob as penas da lei.
>
> 79.1. A obtenção da gratuidade dependerá de simples declaração dos interessados de que não possuem condições de arcar com os emolumentos, ainda que as partes estejam assistidas por advogado constituído.
>
> 79.2. Se o Tabelião de Notas, motivadamente, suspeitar da verossimilhança da declaração de pobreza, comunicará o fato ao Juiz Corregedor Permanente, por escrito, com exposição de suas razões, para as providências pertinentes".

A Resolução 326 do CNJ modificou, ainda o art. 7º da Resolução 35 do CNJ expressamente determinar que basta a simples declaração dos interessados que não possuem condições de arcar com os emolumentos para que ela seja concedida:

> "**Art. 7.º da Resolução n. 35 do Conselho Nacional de Justiça**: Para a obtenção da gratuidade pontuada nesta norma, basta a simples declaração dos interessados de que não possuem condições de arcar com os emolumentos, ainda que as partes estejam assistidas por advogado constituído. (Redação dada pela Resolução nº 326, de 26.6.2020)".

Cumpre lembrar que, judicialmente, qualquer pessoa pode requerer ao magistrado os benefícios da assistência judiciária gratuita, decorrentes do **art. 98 do CPC/15**. Assim, não poderia o legislador ter afastado a gratuidade das escrituras de inventário, sob pena de esta modalidade excluir as pessoas pobres, o que, em plena época do Estado Social descrito na Constituição Federal, seria uma temeridade.

O **art. 98 do CPC** estabelece, no seu caput, que *"a pessoa natural ou jurídica, brasileira ou estrangeira, com insuficiência de recursos para pagar as custas, as despesas processuais e os honorários advocatícios tem direito à gratuidade da justiça, na forma da lei."*

A lei inovou ao permitir que estrangeiros também pudesse ter tal benefício, o que ganha importância com a grande quantidade de refugiados que temos em nosso país, em condições paupérrimas, bem como as pessoas jurídicas.

Apesar da norma se referir ao tema como "gratuidade da justiça", o que pode dar a falsa ideia de que não contempla atos extrajudiciais, o **inciso IX do § 1º do art. 98 do Código de Processo Civil**, deixa claro que ela compreende "*os emolumentos devidos* *a notários ou registradores em decorrência da prática de registro, averbação ou qualquer outro ato notarial necessário à efetivação de decisão judicial ou à continuidade de processo judicial no qual o benefício tenha sido concedido."*

Os § § 7º e 8º do art. 98 do Código de Processo Civil, estabelecem que se aplicam ao custeio dos emolumentos dos cartórios extrajudiciais, observada a tabela e as condições da lei estadual ou distrital respectiva, as seguintes regras:

a-) as obrigações decorrentes da concessão da gratuidade dos emolumentos ficarão sob condição suspensiva de exigibilidade e somente poderão ser executadas se, nos 5 (cinco) anos subsequentes ao ato praticado, o credor demonstrar que deixou de existir a situação de insuficiência de recursos que justificou a concessão de gratuidade, extinguindo-se, passado esse prazo, tais obrigações do beneficiário.

b-) a gratuidade poderá ser concedida em relação a algum ou a todos os atos notariais e registrais, ou consistir na redução percentual do seu valor respectivo;

c-) conforme o caso, o Juiz Corregedor Permanente poderá conceder direito ao parcelamento do valor do respectivo ato;

d-) havendo dúvida fundada quanto ao preenchimento atual dos pressupostos para a concessão de gratuidade, o notário ou registrador, **após praticar o ato** (essa dúvida não impede que o mesmo seja praticado), pode requerer, ao juízo competente para decidir questões notariais ou registrais (Vara de Registros Públicos), a revogação total ou parcial do benefício ou a sua substituição pelo parcelamento tratado acima, caso em que o beneficiário será citado para, em 15 (quinze) dias, manifestar-se sobre esse requerimento.

Vale a pena salientar que o fato de os herdeiros terem um advogado particular não é impedimento para a obtenção da gratuidade, já que a assistência deste é imprescindível, segundo o art. 610 do Código de Processo Civil vigente, como estabelece o art. 7.º da Resolução 35 do Conselho Nacional de Justiça.

Entretanto, como já afirmamos anteriormente, cabe ao tabelião evitar abusos, devendo, inicialmente, acreditar na declaração da parte, mas podendo se recusar a lavrar a escritura se verificar algum indício fraudulento, por exemplo, a partilha de bens valiosos deixados pelo *de cujus*, que poderiam ser vendidos para o pagamento dos emolumentos.

Se houver recusa do tabelião em lavrar a escritura em decorrência do pedido de gratuidade, deverá o mesmo fundamentar por escrito o motivo da recusa, para que a parte, caso queira, possa ingressar com o *writ* constitucional do mandado de segurança, com o objetivo de proteger direito líquido e certo. Outra saída seria suscitar dúvida para a corregedoria, como permite o art. 198 da Lei de Registros Públicos.

Todavia, caso os herdeiros estejam assistidos por Defensores Públicos, Procuradores do Estado ou por algum advogado ligado aos escritórios-modelos de universidades ou até mesmo da OAB, entendemos que a gratuidade deve ser automática, em decorrência da rígida triagem que é feita para que se aceite o assistido como cliente.

Essa tese também pode ser reforçada pela **Função Social dos Notários e Registradores**, que deve ser cumprida segundo o **art. 3.º, I, da Constituição Federal**, que traz a solidariedade social como regra matriz do direito, fazendo com que a função social seja do direito como um todo e não de algum instituto específico.

É esta função social que nos faz crer ser a referida gratuidade extensiva, também, aos emolumentos que são devidos ao registro imobiliário das escrituras de inventário.

No tocante aos problemas relativos ao convênio entre os Tribunais Estaduais e a OAB, já fizemos nossas considerações quando tratamos da gratuidade das escrituras de divórcio.

Cumpre salientar, ainda, que a pessoa pobre, que não tem condições de arcar com o custo de confecção da escritura, também não poderá arcar com o pagamento das despesas no Registro de Imóveis para o registro da mesma, motivo pelo qual a gratuidade se estende à todas as serventias registrais e notariais, em veneração ao mandamento constitucional descrito no **art. 5.º, LXXVII, da Constituição Federal**, que estabelece como garantia fundamental a gratuidade dos atos necessários ao exercício da cidadania.

Por fim, cumpre salientar que o fato de a gratuidade dos emolumentos para a confecção da escritura ser aplicável, também, ao inventário, isto não se estende ao imposto *causa mortis*. A gratuidade da escritura de inventário não se confunde com a isenção tributária, que é prevista em lei específica de competência tributária estadual no caso do ITCMD (Imposto de Transmissão *Causa Mortis* e Doação). Assim, o fato de a pessoa pobre ter direito a não pagar os emolumentos da escritura não significa que ela estará isenta de pagar o tributo, uma vez que se trata de coisas diferentes, pois será a lei do ITCMD de cada Estado que irá definir os parâmetros de tal isenção.

Na tabela seguinte veremos que sempre compartilharam do entendimento no sentido de que deve ser estendida a abrangência da gratuidade para as escrituras de inventário, antes mesmo da Lei 11.965/2009, o Conselho Nacional de Justiça e os Tribunais de Justiça de São Paulo, Pará, Minas Gerais, Paraná, Paraíba, Santa Catarina e Bahia.

DA ABRANGÊNCIA DA GRATUIDADE PARA AS ESCRITURAS DE INVENTÁRIO	
Resolução n. 35 do Conselho Nacional de Justiça	Art. 6.º A gratuidade prevista na Lei n.º 11.441/07 compreende as escrituras de inventário, partilha, separação e divórcio consensuais.
Resolução n. 35 do Conselho Nacional de Justiça	Art. 7.º Para a obtenção da gratuidade de que trata a Lei 11.441/07, basta a simples declaração dos interessados de que não possuem condições de arcar com os emolumentos, ainda que as partes estejam assistidas por advogado constituído.
Orientações da Corregedoria-Geral de Justiça do Estado de São Paulo	2.4. A gratuidade prevista na Lei n.º 11.441/07 (§ 3.º do artigo 1.124-A do CPC – cujo *caput* disciplina as escrituras públicas de separação e divórcio consensuais), também compreende as escrituras de inventário e partilha consensuais.
Provimento do Tribunal de Justiça do Estado do Pará	Art. 3.º As partes que se declararem pobres na forma da lei perante o notário e ao registrador, ainda que estejam assistidas por advogado constituído, não poderá ser recusada a gratuidade da escritura e dos demais atos notariais e de registro, relativos aos procedimentos previstos na Lei n.º 11.441/07.

DA ABRANGÊNCIA DA GRATUIDADE PARA AS ESCRITURAS DE INVENTÁRIO	
Provimento do Tribunal de Justiça do Estado da Bahia	Art. 6.º A gratuidade prevista na Lei n.º 11.441/07 compreende, além das escrituras de Separação Consensual, Divórcio Consensual e Restabelecimento de Sociedade Conjugal, as escrituras de Inventário e Partilha Consensual.
Provimento do Tribunal de Justiça do Estado de Minas Gerais	Art. 7.º Aos declaradamente pobres, nos termos da lei, não poderá ser recusada a gratuidade da escritura e dos demais atos notariais e de registro, relativos aos procedimentos previstos neste Provimento. Parágrafo único. A declaração de pobreza será apresentada pelo interessado diretamente ao notário e ao registrador.
Provimento do Tribunal de Justiça do Estado do Paraíba	Art. 9.º Aos declaradamente pobres, nos termos da lei, não poderá ser recusada a gratuidade da escritura de separação consensual e divórcio consensual e dos demais atos notariais e de registro, relativos aos procedimentos previstos neste Provimento, sendo dispensado, da mesma forma, o recolhimento das taxas destinadas ao Fundo Especial do Poder Judiciário e ao FARPEN.
Provimento do Tribunal de Justiça do Estado do Paraná	11.11.5.1 – A escritura, os demais atos notariais e de registro serão gratuitos àqueles que se declararem incapazes de pagar os emolumentos, nos termos da Lei n.º 1.060/50, ainda que assistidos por advogado constituído.
Provimento do Tribunal de Justiça do Estado de Santa Catarina	9. Àqueles que se declararem pobres na forma de lei, os atos notariais e registrais serão gratuitos, assegurado aos notários e registradores o ressarcimento na forma de Provimento 08/2006.

Na próxima tabela, veremos que compartilham do entendimento da necessidade de pagar o ITCMD, mesmo nos casos em que os herdeiros obtiveram a gratuidade na confecção das escrituras, os Tribunais de Justiça do Pará, Paraná e Bahia.

DA NECESSIDADE DO RECOLHIMENTO DE IMPOSTO DE TRANSMISSÃO *CAUSA MORTIS* AINDA QUE INCIDENTE A GRATUIDADE	
Provimento do Tribunal de Justiça do Estado da Bahia	Art. 30. [...] § 3.º A gratuidade por assistência judiciária em escritura pública não isenta a parte do recolhimento de imposto de transmissão, que tem legislação própria a respeito do tema.
Provimento do Tribunal de Justiça do Estado do Pará	Art. 7.º [...] § 2.º A gratuidade de emolumentos não isenta a parte do recolhimento dos tributos incidentes.
Provimento do Tribunal de Justiça do Estado do Paraná	Capítulo 11 – Tabelionato de Notas Seção 11 – Escrituras Públicas de Inventários, Separações, Divórcios e Partilha de bens [...] 11.11.5.3 – Nos casos de inventário e partilha, a gratuidade não isenta a parte do recolhimento de impostos de transmissão cabíveis.

5. OS DOCUMENTOS EXIGIDOS PARA A REALIZAÇÃO DA ESCRITURA DE INVENTÁRIO

Analisando tudo o que foi publicado até então, tanto por parte do Conselho Nacional de Justiça, Colégio Notarial do Brasil, Anoreg, Corregedorias de Justiça dos

Tribunais dos seguintes Estados: Acre, Amapá, Bahia, Maranhão, Minas Gerais, Mato Grosso, Pará, Paraíba, Paraná, São Paulo e Rio Grande do Sul, concluímos ser necessária a apresentação dos seguintes documentos ao tabelião para a escrituração:

1) certidão de óbito do autor da herança;

2) documento de identidade oficial e CPF das partes e do autor da herança;

3) certidão comprobatória do vínculo de parentesco dos herdeiros;

4) certidão de casamento do cônjuge sobrevivente e dos herdeiros casados (todas atualizadas – prazo de 90 dias) e pacto antenupcial, se houver;

5) certidão de propriedade de bens imóveis e direitos a eles relativos atualizada (30 dias) e não anterior à data do óbito;

6) documentos necessários à comprovação da titularidade dos bens móveis e direitos, se houver;

7) certificado de Cadastro de Imóvel Rural (CCIR), se houver imóvel rural a ser partilhado, com a certidão de quitação do imposto territorial rural.

8) certidão negativa de tributos municipais que incidam sobre os bens imóveis do espólio;

9) certidão negativa conjunta da Receita Federal e PGFN;

10) certidão ou documento oficial comprobatório do valor venal dos imóveis, relativo ao exercício do ano do óbito ou ao ano imediatamente seguinte deste;

11) documentos comprobatórios do domínio e valor dos bens móveis, se houver;

12) certidão do Colégio Notarial que o *de cujus* não tenha deixado testamento, ou, caso ele exista, a comprovação de que nele não foi feita disposição patrimonial;

13) a minuta do esboço do inventário e da partilha;

14) certidões negativas de ações cíveis das Justiças Federal e Estadual do autor da herança;

15) declaração da inexistência ou existência de débitos e, nesse caso, o favorecido, tipo de obrigação e valor;

16) certidão negativa de ônus reais, judicial ou extrajudicial, dos bens do acervo a ser partilhado;

17) documento comprobatório de titularidade dos ativos representados por depósitos em contas-correntes, caderneta de poupança, títulos, valores mobiliários, aplicações etc.;

18) instrumento procuratório, na forma exigida na lei, se houver outorga de poderes para ceder e renunciar direitos, apontando o nome do favorecido;

19) a guia do recolhimento do imposto de transmissão *mortis causa* ou *inter vivos* (dependendo do caso), além da quitação do IPTU dos bens imóveis urbanos;

20) declaração de inexistência de bens, se o inventário for negativo.

Trata-se de um rol exemplificativo o que apresentamos acima, podendo ser exigidos outros que se acharem necessários.

No entanto, cumpre lembrar que por força da **Recomendação 3 do CNJ, de 15.03.2012**, os tabeliães de notas devem comunicar as partes envolvidas em transações imobiliárias e partilhas de bens imóveis sobre a possibilidade de obtenção da Certidão Negativa de Débitos Trabalhistas dos proprietários. O objetivo é estender a efetividade da CNDT a situações além da prevista na **Lei 12.440/2011**, que exige a certidão pelas empresas interessadas em participar de licitações públicas.

A recomendação tem o intuito de tornar a CNDT instrumento de combate às fraudes à execução, geralmente configuradas por meio da venda de imóveis e da transferência de bens para cônjuges para evitar sua penhora para pagamento de dívidas trabalhistas. "A maior transparência sobre a real situação jurídica dos alienantes contribui para que sejam evitadas discussões sobre eventuais fraudes à discussão", afirma o texto da recomendação.

A segurança é um dos pontos considerados pelo CNJ ao aprovar a recomendação. "O princípio constitucional da segurança jurídica contempla a necessidade de o Estado propiciar instrumentos para garantia do cidadão, a ser prestigiada pelo Judiciário, pelos serviços auxiliares e pelos agentes dos serviços notariais", diz o texto. A recomendação ressalta ainda a amplitude nacional da CNDT, emitida gratuitamente no site do Tribunal Superior do Trabalho.

A jurisprudência do TST considera fraude à execução os casos em que, na existência de um processo em andamento que possa levar o empregador à insolvência, ele aliena bens para evitar a sua perda – simulando sua venda para um terceiro ou transferindo-o para o ex-cônjuge em um processo de separação judicial realizado com esta finalidade.

Há, ainda, transações feitas regularmente com um comprador desavisado, que mais tarde pode ter de provar judicialmente que adquiriu o imóvel de boa-fé. Nesses casos, a existência da certidão emitida pela Justiça do Trabalho atestando a existência de dívidas, embora não impeça a conclusão da transação, permitirá ao comprador fazê-la ciente dos riscos e implicações que podem recair sobre o imóvel.

A seguir, outras recomendações importantes:

1) a certidão de óbito deve indicar a data e o local do falecimento, lembrando que este pode ter ocorrido em outro local, inclusive no exterior;

2) a certidão de óbito deve indicar, também, o estado civil do *de cujus*, se este deixou ou não herdeiros, companheiro ou companheira e bens a inventariar;

3) os documentos apresentados no ato da lavratura da escritura devem ser originais ou em cópias autenticadas, salvo os de identidade das partes, que sempre serão originais;

4) a escritura pública deverá fazer menção aos documentos apresentados e ao seu arquivamento, microfilmagem ou gravação por processo eletrônico;

5) traslado da escritura pública deverá ser instruído com a guia do ITCMD recolhida, com eventuais outras guias de recolhimentos de tributos de outros atos constante no mesmo instrumento, se houver.

No **artigo 118 das Normas da Corregedoria do Estado de São Paulo**, há uma observação importante que deve ser seguida, no sentido de que os documentos apresentados no ato da lavratura da escritura devem ser originais ou em cópias autenticadas, salvo os de identidade das partes, que sempre serão originais.

Os cônjuges dos herdeiros devem assinar com eles a escritura, salvo na hipótese de casamento pelo regime da separação absoluta de bens (**art. 1.647 do CC**) ou participação final nos aquestos, quando, no pacto antenupcial, houver cláusula expressa que permite a livre disposição dos bens imóveis particulares (**art. 1.656 do CC**).

Mesmo havendo separação de fato, o cônjuge sobrevivente é obrigado a assinar a escritura para que demonstre sua anuência com a partilha, ou para que possa resguardar sua possível meação.

O advogado das partes está dispensado de apresentar procuração por elas assinada, já que não haverá uma representação e sim uma mera assistência por exigência legal expressa.

Na **Resolução 35 do Conselho Nacional de Justiça** há cinco artigos que estabelecem regras relativas à qualificação e aos documentos que devem ser apresentados, nos seguintes termos:

> "**Art. 20.** As partes e respectivos cônjuges devem estar, na escritura, nomeados e qualificados (nacionalidade; profissão; idade; estado civil; regime de bens; data do casamento; pacto antenupcial e seu registro imobiliário, se houver; número do documento de identidade; número de inscrição no CPF/MF; domicílio e residência).
>
> **Art. 21.** A escritura pública de inventário e partilha conterá a qualificação completa do autor da herança; o regime de bens do casamento; pacto antenupcial e seu registro imobiliário, se houver; dia e lugar em que faleceu o autor da herança; data da expedição da certidão de óbito; livro, folha, número do termo e unidade de serviço em que consta o registro do óbito; e a menção ou declaração dos herdeiros de que o autor da herança não deixou testamento e outros herdeiros, sob as penas da lei.
>
> **Art. 22.** Na lavratura da escritura deverão ser apresentados os seguintes documentos: a) certidão de óbito do autor da herança; b) documento de identidade oficial e CPF das partes e do autor da herança; c) certidão comprobatória do vínculo de parentesco dos herdeiros; d) certidão de casamento do cônjuge sobrevivente e dos herdeiros casados e pacto antenupcial, se houver; e) certidão de propriedade de bens imóveis e direitos a eles relativos; f) documentos necessários à comprovação da titularidade dos bens móveis e direitos, se houver; g) certidão negativa de tributos; e h) Certificado de Cadastro de Imóvel Rural – CCIR, se houver imóvel rural a ser partilhado.
>
> **Art. 23.** Os documentos apresentados no ato da lavratura da escritura devem ser originais ou em cópias autenticadas, salvo os de identidade das partes, que sempre serão originais.
>
> **Art. 24.** A escritura pública deverá fazer menção aos documentos apresentados".

Assim sendo, verifica-se que tais questões abordadas na Resolução 35 do Conselho Nacional de Justiça devem ser observadas no momento da lavratura de escritura.

Além disso, se houver certidões de documentos de outras comarcas deve-se reconhecer o sinal público do tabelião para se evitar falsidades, e se existir suspeita de fraude, deve-se exigir o reconhecimento de firma do magistrado em alvarás de outras comarcas.

O Colégio Notarial do Brasil criou a Central Brasileira de Sinal Público (CNSIP), um sistema informatizado que racionaliza o tráfego de sinais públicos dos tabeliães brasileiros. Estes são obrigados a remeter o seu sinal público para todos os colegas em território nacional que o solicitem. Quando há alguma alteração na equipe, novamente este ciclo se inicia, indefinida e irracionalmente, com dispêndio de horas/trabalho e alto custo em remessas postais.

O tabelião remete o seu sinal público para a Central, que o digitaliza e disponibiliza na internet. Quando um colega necessitar consultá-lo, bastará buscá-lo na Central. Se houver mudança na equipe, o tabelião não necessitará renovar todos os sinais, bastando incluir ou excluir o sinal público alterado. Ao consultar a Central, o tabelião poderá baixar o sinal público para o seu banco de dados. Além da assinatura, o tabelião indicará as atribuições de cada funcionário e a data de início. Junto com as fichas, deve ser remetida a carta de delegação e cópia do RG e CPF do tabelião e de seus prepostos.

Como o tráfego de documentos entre cidades aumentou exponencialmente, e, também, são muito frequentes as alterações nas equipes de funcionários, a internet possibilita agilidade e segurança na manutenção de uma central de sinais públicos.

As consultas são feitas no sítio www.censec.org.br, mas essas informações estão disponíveis somente para delegados dos serviços notariais, pois terceiros não têm acesso à tais dados.

Os Registradores Civis das Pessoas Naturais possuem uma central idêntica, mas que contém os dados dos titulares e seus prepostos dos cartórios de Registro Civil das Pessoas Naturais de todo país, na CRC, a central do RCPN, disponível no sítio sistema.registrocivil.org.br, onde a consulta é restrita somente aos titulares de cartório desta especialidade, e o objetivo é consultar as assinaturas apostas nas certidões emitidas por este cartório, para vários fins, inclusive apostilamento e casamento, onde se recebem certidões emitidas por outros cartórios.

Por fim, na hipótese de documentos estrangeiros, deve o mesmo estar apostilado no país de origem, se o mesmo for signatário da **Convenção da Apostila**, como o Brasil, pois, caso contrário, deve ser reconhecida nestes documentos a firma do tabelião que os autenticar no consulado do Brasil.

Devem, também, estar acompanhados de tradução feita por tradutor juramentado, se estiver escrito em outro idioma, bem como ter sido a tradução registrada em RTD (Cartório de Registro de Títulos e Documentos, consoante o **art. 129, item 6.º, da Lei 6.015/73** – Lei de Registros Públicos), vejamos:

> "**Art. 129.** Estão sujeitos a registro, no Registro de Títulos e Documentos, para surtir efeitos em relação a terceiros: (Renumerado pela Lei 6.216, de 1975)
>
> (...)
>
> 6.º) todos os documentos de procedência estrangeira, acompanhados das respectivas traduções, para produzirem efeitos em repartições da União, dos Estados, do Distrito Federal, dos Territórios e dos Municípios ou em qualquer instância, juízo ou tribunal;"

Cumpre salientar que a **Súmula 259 do STF** determina que:

> "**Súmula 259 do STF** – Para produzir efeito em juízo não é necessária a inscrição, no Registro Público, de documentos de procedência estrangeira, autenticados por via consular".

Lendo a referida súmula, verifica-se que para produzir efeito em juízo o documento estrangeiro não precisa de registro, mas, apenas, a autenticação consular. Com relação aos efeitos perante terceiros, continua sendo necessário o registro da tradução em RTD.

Como vimos, segue, abaixo, o posicionamento do CNJ sobre o tema.

DAS QUESTÕES RELATIVAS À QUALIFICAÇÃO DAS PARTES E DOS DOCUMENTOS QUE DEVEM SER APRESENTADOS NO ATO DA ESCRITURA DE INVENTÁRIO	
Resolução n. 35 do Conselho Nacional de Justiça	Art. 20. As partes e respectivos cônjuges devem estar, na escritura, nomeados e qualificados (nacionalidade; profissão; idade; estado civil; regime de bens; data do casamento; pacto antenupcial e seu registro imobiliário, se houver; número do documento de identidade; número de inscrição no CPF/MF; domicílio e residência).
Resolução n. 35 do Conselho Nacional de Justiça	Art. 21. A escritura pública de inventário e partilha conterá a qualificação completa do autor da herança; o regime de bens do casamento; pacto antenupcial e seu registro imobiliário, se houver; dia e lugar em que faleceu o autor da herança; data da expedição da certidão de óbito; livro, folha, número do termo e unidade de serviço em que consta o registro do óbito; e a menção ou declaração dos herdeiros de que o autor da herança não deixou testamento e outros herdeiros, sob as penas da lei.
Resolução n. 35 do Conselho Nacional de Justiça	Art. 22. Na lavratura da escritura deverão ser apresentados os seguintes documentos: a) certidão de óbito do autor da herança; b) documento de identidade oficial e CPF das partes e do autor da herança; c) certidão comprobatória do vínculo de parentesco dos herdeiros; d) certidão de casamento do cônjuge sobrevivente e dos herdeiros casados e pacto antenupcial, se houver; e) certidão de propriedade de bens imóveis e direitos a eles relativos; f) documentos necessários à comprovação da titularidade dos bens móveis e direitos, se houver; g) certidão negativa de tributos; e h) Certificado de Cadastro de Imóvel Rural – CCIR, se houver imóvel rural a ser partilhado.
Resolução n. 35 do Conselho Nacional de Justiça	Art. 23. Os documentos apresentados no ato da lavratura da escritura devem ser originais ou em cópias autenticadas, salvo os de identidade das partes, que sempre serão originais.
Resolução n. 35 do Conselho Nacional de Justiça	Art. 24. A escritura pública deverá fazer menção aos documentos apresentados.

6. A REPRESENTAÇÃO DOS HERDEIROS NA ESCRITURA DE INVENTÁRIO EXTRAJUDICIAL

Primeira questão que merece reflexão é se um ou todos os herdeiros podem ser representados na lavratura da escritura. Como já nos manifestamos favoravelmente à possibilidade de representação do cônjuge na escritura de divórcio, manteremos o nosso posicionamento também quanto ao inventário extrajudicial, em razão dos argumentos apresentados no tópico que abordou o referido assunto.

Partilhamos do entendimento de que não é indispensável o comparecimento pessoal das partes à lavratura da escritura pública de inventário, sendo admissível ao(s) herdeiro(s) se fazer(em) em representar(em) por mandatário constituído, desde que por instrumento público, para que se respeite o conteúdo do art. 657 do Código Civil, com poderes especiais para a realização do ato.

Segundo o **art. 657 do Código Civil**, *a outorga do mandato está sujeita à forma exigida por lei para o ato a ser praticado*. Neste caso, como o inventário deverá ser feito por escritura pública, a procuração também assim o será.

Além de ser feito por escritura pública, o mandato deve ter poderes especiais. Consoante determina o art. 661, § 1.º, do Código Civil, temos que:

> "**Art. 661.** O mandato em termos gerais só confere poderes de administração.
>
> **§ 1.º** Para alienar, hipotecar, transigir, ou praticar outros quaisquer atos que exorbitem da administração ordinária, depende a procuração de poderes especiais e expressos".

Por esse motivo, para atender o comando legal acima descrito, convém que o tabelião, ao fazer a procuração, coloque, expressamente, que o mandatário pode indicar bens, fazer declarações, ceder, receber, dar quitação, nomear inventariante ou administrador, prestar compromisso etc.

Entretanto, cabe pensar: qual seria o prazo de eficácia desta procuração?

Entendemos que o referido prazo não poderia ser muito longo, visto que poderiam, durante o período descrito no mandato, ocorrer inúmeras situações, como a morte de um dos herdeiros ou até mesmo um litígio entre os herdeiros.

Se o prazo fosse muito elevado, por cautela, seria necessária a exibição de uma certidão de nascimento atualizada do mandante, para que se comprove que este não é falecido, dado que isso acarreta a extinção do mandato, consoante o **art. 682, II, do Código Civil**.

Com isto, entendemos que a mencionada procuração tem prazo de eficácia de 30 dias, já que a Resolução 35 do CNJ não se manifestou sobre o tema nas escrituras de inventário, apenas nas de divórcio (art. 36).

Por conta da possibilidade de reconciliação antes do divórcio, Paulo Gaiger Ferreira e Felipe Leonardo Rodrigues[6], afirmam que tais procurações possuem prazo máximo de 30 dias, quando celebradas no país, e de 90 dias, quando provenientes do exterior.

O Conselho Nacional de Justiça firmou entendimento sobre a possibilidade de o herdeiro ser representado por procuração na escritura de inventário no art. 12 da **Resolução 35 do Conselho Nacional de Justiça**, que assim dispõe:

> "**Art. 12.** Admitem-se inventário e partilha extrajudiciais com viúvo(a) ou herdeiro(s) capazes, inclusive por emancipação, representado(s) por procuração formalizada por instrumento público com poderes especiais"[7].

---

6. FERREIRA, Paulo Roberto Gaiger e RODRIGUES, Felipe Leonardo. *Tabelionato de Notas*. 4 ed. Indaiatuba: Ed. Foco, 2021, p. 349.
7. Nova redação conferida pela Resolução 179/2013, após o julgamento do Pedido de Providências 0000227-63.2013.2.00.0000, requerido pela Associação dos Advogados de São Paulo (AASP).

Na redação original desse dispositivo, o CNJ vedava ao advogado acumular a função de causídico e de mandatário, já que são elas diferentes entre si: o advogado deve fiscalizar a realização do ato e a observância das normas; o mandatário, atuar nos interesses do mandante, que nem sempre se coadunam com o que está disciplinado em nossa legislação.

Ocorre, porém, que a Associação dos Advogados de São Paulo (AASP) protocolou um Pedido de Providências no CNJ, que recebeu o **n.º 0000227-63.2013.2.00.0000**, para que essa questão fosse revista.

Alegou a AASP que a proibição do citado artigo criou um evidente entrave à atuação profissional do advogado, e um ônus adicional aos próprios interessados, que se veem na contingência de vincular novo profissional apenas *pro forma* para cumprir com tal exigência administrativa, ainda quando essa não tenha respaldo na lei. Informa que, na prática, o advogado que representa os herdeiros residentes no exterior, fora da comarca ou que, por qualquer motivo, não possam participar pessoalmente do ato notarial, está impedido de, sozinho, lavrar a escritura e o inventário extrajudicial, pois não poderá simultaneamente representar os herdeiros ausentes e participar do ato como assistente, tendo em vista que terá que se valer do concurso de outro profissional, não raras vezes com atuação meramente formal.

Fundamenta, ainda, que o CNJ não pode desbordar dos limites do seu poder regulamentar e criar originariamente restrições que não tenham amparo na lei, já que nem o CPC, nem qualquer outra lei veicula a proibição à participação do advogado como mandatário e assistente das partes, de modo que a Resolução não poderia criar um ato infralegal. Sustenta que a restrição imposta originariamente na parte final do art. 12 da Resolução CNJ 35/2007 atrita com regras legais expressas do Estatuto da Advocacia, as quais asseguram ao advogado o livre exercício das atividades postulatórias, de consultoria e de aconselhamento (**Lei 8.906/1994, art. 1.º, I e II**), o que não foi restringido ou limitado pela lei federal que disciplinou o inventário extrajudicial.

Pontua a AASP que a exigência contida na norma impugnada é desarrazoada e desproporcional, na medida em que nunca se questionou a possibilidade de o advogado – desde que devidamente apoderado – simultaneamente representar em juízo os seus constituintes e assinar em seus nomes partilhas amigáveis em inventário judicial (ou formular plano de partilha e concordar com o esboço confeccionado pelo partidor), razão pela qual não há lógica alguma para que não possa fazê-lo extrajudicialmente, perante o tabelião. Argumenta que, se fosse possível criar uma nova restrição à atuação do advogado em inventários extrajudiciais, proibindo sua representação e assistência simultaneamente ao seu cliente, pela mesma razão e por coerência, ter-se-ia também de proibi-lo de – mesmo munido de poderes – transigir, confessar, renunciar ao direito sobre o qual se funda a ação e praticar outros atos de disposição de direito, potencialmente tão ou mais danosos que uma partilha, sem a participação pessoal da parte, o que ofenderia gravemente o **art. 105 do Código de Processo Civil**, além do já citado art. 1.º do Estatuto da Advocacia.

Pondera que a restrição imposta na parte final do art. 12 da Resolução 35 parece apenas contribuir para o aumento dos custos do inventário extrajudicial para os próprios jurisdicionados, eis que, para obviar a restrição, se veem compelidos a vincular outro advogado *ad hoc* especificamente para a prática do ato, com custos evidentes, pois, ou têm que solicitar ao seu advogado que substabeleça os poderes para um coerdeiro, viabilizando assim a atuação do causídico-substabelecente como assessor das partes, ou precisam abandonar a via extrajudicial e seguir pela trilha do inventário judicial, contra o próprio espírito da Lei Federal que procurou retirar do Judiciário o processamento de causas não contenciosas.

O Doutor Guilherme Calmon Nogueira da Gama, Conselheiro Relator, em seu voto, argumentou que não se revela razoável que haja tratamento díspar na parte referente à atuação do profissional da advocacia relacionada à questão da formalização do acordo de partilha entre os interessados. Assim, se na esfera judicial é perfeitamente possível que as pessoas interessadas sejam representadas pelo mesmo advogado para fins de obtenção da tutela jurisdicional no exercício da jurisdição voluntária relacionada à homologação da partilha amigável (ou consensual), também deve sê-lo na parte referente à escritura pública, independentemente da circunstância de um (ou alguns) dos interessados não poder comparecer ao ato de lavratura da escritura pública de inventário e partilha consensuais.

Para ele, a presença de mais de um advogado na realização da escritura pública, tal como prevista na parte final do art. 12 da Resolução 35 do Conselho Nacional de Justiça, não se revela medida que esteja em sintonia com o espírito e a *mens legis* do CPC, na perspectiva da desjudicialização dos atos e negócios disponíveis em relação ao divórcio, à dissolução de união estável, ao inventário e à partilha amigáveis. A possibilidade de eventual desvio ou descumprimento dos poderes outorgados no mandato em favor do profissional da advocacia, durante a lavratura do inventário e partilha consensuais, por óbvio, permitirá o emprego de medidas judiciais objetivando a invalidação do ato de inventário e a partilha consensuais, sem prejuízo de outras medidas possíveis contra o profissional que descumpriu suas obrigações contratuais.

Assim sendo, prossegue, não se pode olvidar que, sob a égide do CPC, o princípio da autonomia privada tem campo propício para concretização mais ampla em razão dos interesses disponíveis que são considerados para fins de realização do inventário e partilha extrajudiciais.

Diante disso, foi acolhido o pedido de providências formulado pela Associação dos Advogados de São Paulo e, para tanto, foi retirada a restrição contida na parte final do art. 12 da Resolução 35.

Porém, como tal artigo se aplica apenas as escrituras de inventário, ficou a dúvida se nas de divórcio e extinção de união estável poderia, já que nada disse? **Entendemos que não pode**, pelas razões acima já esposadas, e por não ter sido alterada, também, norma sobre esse assunto na parte dedicada as escrituras de divórcio.

Essa nossa posição não se aplica ao estado de SP, onde a Corregedoria Geral de Justiça, adequou seu Código de Normas do Extrajudicial, para fazer nele constar que o advogado pode acumular a função de causídico e mandatário nas escrituras de inventário, divórcio e extinção de união estável.

Continuando a análise da representação dos herdeiros nas escrituras de inventário, questionamos: qual a consequência se o mandatário realizar a escritura de forma diferente da determinada pelo mandante? Por exemplo, doando parte do patrimônio que cabe ao herdeiro?

Neste caso estaríamos diante do excesso de mandato, que faz com que o ato seja anulável no prazo de 180 dias, consoante regra do **art. 119 do Código Civil**.

Contudo, para isto, é necessário sempre que os limites do mandatário estejam descritos na própria procuração, que deverá fazer parte do ato notarial do inventário.

Por esse motivo, cumpre analisar o que ocorreria com a escritura se o mandato fosse invalidado.

Entendemos que a invalidação do mandato acarreta, por via de consequência, a invalidação da escritura de inventário, sem prejudicar os direitos de terceiro.

Por exemplo, com a invalidação do mandato não seria possível invalidar uma alienação feita pelo herdeiro, após ser realizada, e registrada, a partilha de bens.

Para finalizar, cumpre verificar se, havendo dois herdeiros, poderia um deles outorgar procuração para o outro representá-lo na escritura.

Entendemos que negativa deve ser a resposta, a exemplo do que já explicamos no capítulo que trata do divórcio.

O que teríamos na hipótese seria o instituto do autocontrato, previsto no art. 117 do Código Civil, que assim estabelece:

> "**Art. 117**. Salvo se o permitir a lei ou o representado, é anulável o negócio jurídico que o representante, no seu interesse ou por conta de outrem, celebrar consigo mesmo".

Esse instituto é referendado pelo art. 685 do Código Civil, que autoriza a procuração em causa própria nos seguintes termos:

> "**Art. 685**. Conferido o mandato com a cláusula 'em causa própria', a sua revogação não terá eficácia, nem se extinguirá pela morte de qualquer das partes, ficando o mandatário dispensado de prestar contas, e podendo transferir para si os bens móveis ou imóveis objeto do mandato, obedecidas as formalidades legais".

Um exemplo que podemos citar é do vendedor de um imóvel que outorga procuração para o comprador transmitir a propriedade do imóvel vendido para ele mesmo.

Mostra o citado dispositivo que o autocontrato, em regra, é anulável, somente sendo permitido quando a lei ou o representado autorizarem. Desta forma, seria válida somente a escritura de compra e venda assinada apenas pelo comprador (como adquirente e representando o alienante) se o mandante fizesse menção a tal possibilidade expressamente no mandato.

Entretanto, entendemos impossível um dos herdeiros outorgar procuração para o outro, mesmo que com poderes especiais, para que promova o inventário extrajudicial. Isto porque os interesses de ambos são conflitantes.

Questão que irá provocar muita celeuma é "o que são poderes especiais?" Se uma pessoa estiver munida de procuração que determine expressamente que "o outro herdeiro tem poderes para promover a escrituração do inventário de fulano de tal, representando-me no citado ato, bem como estabelecer as regras dele decorrentes", podemos falar que há poderes especiais?

Ou para se falar em poderes especiais precisam constar na procuração TODAS as condições que serão estabelecidas na escritura no tocante à divisão dos bens?

Parece-nos que em ambas as hipóteses existem poderes especiais, mas que o primeiro exemplo (que concede poderes para lavrar escritura de inventário, sem estabelecer as regras do ato), seja o usual, o normal, por conta da natureza jurídica do contrato de mandato.

O **art. 653 do CC** conceitua o mandato, que é instrumentalizado pela procuração, como sendo o contrato em que uma pessoa recebe de outrem poderes para, em seu nome, praticar atos ou administrar interesses, ou seja, não apenas para assinar um documento que deve ter, obrigatoriamente, apenas cláusulas que estejam previstas no instrumento, sem que o mandatário possa solicitar a inclusão ou exclusão de alguma delas.

Está é, inclusive, a conclusão que se chega com a leitura do **art. 663 do CC**, que dá poderes para o mandatário estipular negócios expressamente, que vinculem o mandante.

Dizer que TODAS as cláusulas das escrituras de inventário devem estar expressas na procuração, não podendo o mandatário dispor sobre nada, apenas assinar, é uma idiossincrasia gigante, que nega o conceito e a natureza jurídica desse contrato, o que não pode prosperar sob hipótese nenhuma.

É por tudo isso, inclusive, que o mandatário deve prestar contas da sua gestão ao mandante.

Assim sendo, tendo poderes especiais, como previsto no art. 661 do CC, sem a necessidade de indicar todas as regras e cláusulas da escritura, a procuração deverá ser aceita pelo tabelião, pois a mesma permite ao mandatário estabelecer as regras que achar convenientes.

Estabelecer as regras da partilha seria, apenas, uma recomendação ao tabelião no momento de lavrar a escritura de procuração e não para proibir a parte de lavrar a escritura de inventário, pois se essas cláusulas essenciais não estiverem descritas no instrumento de mandato, desde que haja neste poderes especiais expressos.

Sendo assim, nos poderes expressos, as informações que devem constar são apenas:

a) nome do autor da herança;
b) data do falecimento e dados do registro de óbito do falecido no RCPN;
c) poderes para realizar a partilha;
d) poderes para aceitar herança e inventariança, com seus encargos;
e) poderes para renunciar e ceder os direitos da herança;
f) poderes para aceitar cálculos e avaliações.

Mas, mesmo respeitadas todas essas regras, seria possível outorgar poderes de representação para o outro cônjuge que terá que participar do negócio como parte?

Entendemos que não, em razão da existência de conflito de interesses entre mandante e mandatário, que contraria o conceito do contrato de mandato, que impede o contrato de mandato.

Mas, se mesmo assim o ato for praticado, será este anulável (art. 117 do Código Civil) no prazo de dois anos a contar da data da sua realização (**art. 179 do Código Civil**).

Continuando a análise da representação dos herdeiros nas escrituras de inventário, questionamos qual a consequência se o mandatário a realizar de forma diferente da determinada pelo mandante.

Nesse caso, estaríamos diante do excesso de mandato, que faz com que o ato seja anulável no prazo de 180 dias, consoante regra do art. 119 do Código Civil.

No entanto, para isto, é necessário sempre que os limites impostos ao mandatário estejam descritos na própria procuração, que deverá fazer parte do ato notarial de inventário.

Por fim, cumpre analisar o que ocorreria com a escritura se o mandato fosse invalidado.

Entendemos que a invalidação do mandato acarreta, por via de consequência, a invalidação da escritura de inventário, sem prejudicar os direitos de terceiro.

Por exemplo, com a invalidação do mandato não seria possível invalidar uma alienação feita pelo herdeiro após ser realizada e registrada a partilha de bens.

Na tabela seguinte veremos que compartilham do entendimento no sentido de ser possível a escrituração do inventário com os herdeiros representados por procuração, além do Conselho Nacional de Justiça, cuja posição já foi citada acima, os Tribunais de Justiça de São Paulo, Acre, Bahia e Mato Grosso.

DA POSSIBILIDADE DE INVENTÁRIO E PARTILHA EXTRAJUDICIAIS COM VIÚVO(A) OU HERDEIRO(S) REPRESENTADOS POR PROCURAÇÃO	
Resolução n. 35 do Conselho Nacional de Justiça	Art. 12. Admitem-se inventário e partilha extrajudiciais com viúvo(a) ou herdeiro(s) capazes, inclusive por emancipação, representado(s) por procuração formalizada por instrumento público com poderes especiais, vedada a acumulação de funções de mandatário e de assistente das partes.
Orientações da Corregedoria-Geral de Justiça do Estado de São Paulo	4.3. Admitem-se inventário e partilha extrajudiciais, com viúva(o) ou herdeiro(s) representado(s) por procuração, desde que formalizada por instrumento público (art. 657 do CC) e contenha poderes especiais, ainda que o procurador seja advogado.
Provimento do Tribunal de Justiça do Estado do Acre	IV – As partes podem estar representadas por procuração, que poderá ser outorgada a único procurador;
Provimento do Tribunal de Justiça do Estado da Bahia	Art. 29. [...] § 4.º Admitem-se inventário e partilha extrajudiciais, com viúva(o) ou herdeiro(s) representado(s) por procuração, desde que formalizada por instrumento público (art. 657 do CC) e contenha poderes especiais, ainda que o procurador seja advogado.
Provimento do Tribunal de Justiça do Estado do Mato Grosso	IV – As partes podem estar representadas por procuração, que poderá ser outorgada a único procurador.

7. A MUDANÇA DO PRAZO PARA ABRIR O INVENTÁRIO E A DERROGAÇÃO DO ART. 1.796 DO CÓDIGO CIVIL

O Código Civil estabelece no art. 1.796 o prazo para a abertura do inventário:

"**Art. 1.796.** No prazo de trinta dias, a contar da abertura da sucessão, instaurar-se-á inventário do patrimônio hereditário, perante o juízo competente no lugar da sucessão, para fins de liquidação e, quando for o caso, de partilha da herança".

Esse dispositivo foi introduzido no Código Civil em 2002, época da promulgação da legislação civilista, para harmonizar a regra existente no art. 983 do Código de Processo Civil de 1973, o vigente à época, que também estabelecia que o inventário deveria ser aberto no prazo de 30 dias, e terminar em até seis meses, podendo o juiz prorrogar esses prazos por requerimento da parte interessada.

O prejuízo que existirá neste caso é que, segundo o **art. 615 do Código de Processo Civil**, poderá requerer a abertura do inventário neste prazo somente a pessoa que esteja na posse ou administração do espólio. Passado o prazo, as pessoas descritas no art. **616 do mesmo diploma** poderiam abri-lo e ser nomeado inventariante, por exemplo, o credor do *de cujus*.

Como muitas pessoas sempre criticaram a norma, alegando que o prazo de 30 dias era insuficiente para a família, ainda comovida pela perda do ente querido e ter que se preocupar com a parte burocrática do inventário, o legislador, na lei ora comentada, entendeu por bem aumentar o referido prazo para 60 dias.

Entretanto, o novo Código de Processo Civil de 2015 fez mais uma alteração neste prazo, passando-o de 60 dias para 2 meses. Vejamos:

"**Art. 611.** O processo de inventário e de partilha deve ser instaurado dentro de 2 (dois) meses, a contar da abertura da sucessão, ultimando-se nos 12 (doze) meses subsequentes, podendo o juiz prorrogar esses prazos, de ofício ou a requerimento de parte."

Mas a pergunta que cabe aqui é: 2 meses e 60 dias, em termos de prazo, não são a mesma coisa? A resposta é não.

Isso em razão de termos meses com 28, 29, 30 e 31 dias.

A título de exemplo, fevereiro tem, em regra, 28 dias e março, 31. Se juntarmos esses 2 meses teremos 59 dias, e não 60. Já os meses de dezembro e janeiro possuem cada um 31 dias, motivo pelo qual se juntarmos esses 2 meses teremos 62 dias, e não 60.

Por esse motivo, a alteração é importante e precisa ser destacada.

Mas o que não pode passar despercebido é que o **art. 1.796 do Código Civil** foi derrogado, pois o prazo que lá consta foi inspirado no **art. 983 do Código de Processo Civil de 73**, modificado pelo **art. 611 do Código de Processo Civil de 2015**, fazendo com que somente a sua parte final ainda esteja em vigência.

Para deixar clara tal alteração, mostremos abaixo como deve ser lido o art. 1.796 do Código Civil, em razão da referida mudança:

"**Art. 1.796.** No prazo de *dois meses*, a contar da abertura da sucessão, instaurar-se-á inventário do patrimônio hereditário, perante o juízo competente no lugar da sucessão, para fins de liquidação e, quando for o caso, de partilha da herança".

Notamos, com a leitura do referido artigo, que a parte final do dispositivo não foi alterada, ou seja, o inventário judicial será instaurado *perante o juízo competente no lugar da sucessão, para fins de liquidação e, quando for o caso, de partilha da herança*, regra esta que não deverá ser observada no inventário extrajudicial, como dito anteriormente.

Mas como deve ser interpretado o art. 611 do Código de Processo Civil que estabelece o prazo ora comentado para os *inventários judiciais*?

Entendemos que não podemos fazer uma interpretação gramatical, analisando pura e simplesmente o texto da lei, e sim uma interpretação sistemática, examinando os outros dispositivos existentes no nosso ordenamento jurídico.

Assim, com a abertura da possibilidade de execução de inventário extrajudicial, deveremos entender que o citado artigo estabelece o prazo para a realização judicial ou extrajudicial do inventário.

Cumpre salientar que o citado prazo não deve ser confundido com o da legislação tributária. Cada Estado brasileiro possui competência para normatizar o ITCMD (Imposto de Transmissão *Causa Mortis* e Doação), que é o tributo incidente no caso de sucessão *mortis causa*. Desta forma, a multa incidente em razão do atraso no recolhimento do tributo deverá ser analisada na legislação estadual do Estado, que será o sujeito ativo da relação jurídico-tributária, pois o citado prazo pode ser diferente nos diversos Estados brasileiros.

Como exemplo citamos que no **Estado de São Paulo** o inventário deve ser aberto dentro de 60 dias, conforme determina o **art. 21 da Lei 10.705, de 28.12.2000**, vigente no citado Estado. Vale ressaltar que antes da Lei 11.441/2007 o prazo para se abrir o inventário era de 30 dias, e que desde 2000, para não gerar penalidade pecuniária, o inventário, no Estado de São Paulo, deveria ser aberto no prazo de 60 dias. Assim, verifica-se que, se no citado Estado o inventário fosse aberto após 30 dias (antigo prazo descrito no Código Civil e Código de Processo Civil), mas antes dos 60 dias (prazo descrito na legislação tributária), o contribuinte não seria penalizado com o pagamento de multa.

Agora, o que vemos, ainda tomando como base a legislação paulista, é que tanto o prazo indicado no Código de Processo Civil, que modificou o descrito no Código Civil, quanto o prazo descrito na Lei 10.705/2000 é de 60 dias, ou seja, foram igualados.

Entretanto, isto não quer dizer nada, pois, como já afirmamos, deve-se verificar qual é o prazo para a abertura do inventário na legislação do Estado que for sujeito ativo da relação jurídico-tributária, sem que seja necessário o pagamento de multa pecuniária.

O próprio Conselho Nacional de Justiça foi cauteloso neste sentido ao descrever, na Resolução 35, que:

"**Art. 31.** A escritura pública de inventário e partilha pode ser lavrada a qualquer tempo, cabendo ao tabelião fiscalizar o *recolhimento de eventual multa, conforme previsão em legislação tributária estadual e distrital específicas*".

Dessa forma, reafirmamos que isto pode gerar uma guerra fiscal entre os Estados, visto que há liberdade de os herdeiros escolherem o tabelionato de notas em que será escriturado o inventário, permitindo que cada Estado crie uma legislação tributária mais interessante (com alíquotas mais baixas e com prazo de abertura mais dilatado), objetivando atrair o maior número de inventários possíveis quando no *monte mor* houver bens *móveis* de valor significativo.

Outra questão importante é que não será possível peticionar ao tabelião para comunicar o óbito com o objetivo de interromper o prazo descrito na legislação estadual do ITCMD, já que não haverá um processo administrativo no Tabelionato de Notas, tampouco terá o tabelião competência para autorizar o recolhimento após o prazo sem a multa correspondente, uma vez que as legislações estaduais dão tal poder somente ao magistrado. Esta observação é importante porque tal providência é comum no expediente forense, quando da realização do inventário judicial.

Todavia, a Corregedoria-Geral de Justiça do Estado de SP admite que possa ser feita uma escritura pública de nomeação de inventariante para que o prazo seja interrompido.

Em atenção ao pleito da Associação dos Advogados de São Paulo (AASP)[8], com posterior adesão do Colégio Notarial do Brasil, para evitar a incorreta aplicação da multa prevista no art. 21, inciso I, da Lei Estadual 10.705/2000 (Lei do ITCMD) aos inventários extrajudiciais cuja escritura pública seja lavrada após o prazo de dois meses, a Corregedoria-Geral da Justiça do Estado de São Paulo acolheu sugestão de mudança das Normas de Serviço (NSCGJ), acrescendo os subitens 105.2 e 105.3.

Segundo o parecer exarado pela Corregedoria, tal alteração visa corrigir uma interpretação equivocada da Fazenda Pública sobre a incidência da referida multa aos inventários extrajudiciais, bem como se trata de mais uma iniciativa no sentido de desjudicializar os procedimentos, aduzindo que:

> "A lavratura da escritura pública autônoma de nomeação de inventariante pode assemelhar-se ao ato de instauração do inventário judicial. Supera-se, com isso, a dificuldade de os herdeiros terem que reunir, no exíguo prazo de sessenta dias, toda a documentação e consenso necessários para a realização do inventário e partilha extrajudiciais. Basta a lavratura da escritura autônoma, com os dados e documentos previstos no item 114, e se considerará iniciado o procedimento – aí sim se poderá falar em sucessão de atos – de inventário extrajudicial. Posteriormente, será lavrada a escritura definitiva de inventário e partilha."

A decisão aprovando o pedido de mudança da redação do **item 105 do Capítulo XIV das Normas de Serviço da Corregedoria-Geral da Justiça**, com acréscimo dos subitens 105.2 e 105.3, foi publicada no *Diário da Justiça Eletrônico (DJe)* do dia 21 de setembro de 2016, e já se encontra em vigor.

Para o vice-presidente da AASP, Fernando Brandão Whitaker, a decisão da Corregedoria minimiza os transtornos decorrentes da interpretação equivocada feita pela Secretaria da Fazenda do Estado quanto à apuração do ITCMD nos inventários extra-

---

8. Texto extraído de notícia publicada no site da AASP: http://www.aasp.org.br/aasp/noticias/visualizar_noticia.asp?ID=50565. Acesso em: 28 set. 2016.

judiciais, notadamente após a alteração do sistema do posto fiscal eletrônico ocorrida na virada do ano de 2014 para 2015, quando se passou a exigir de forma descabida a multa que somente seria aplicável aos inventários judiciais.

Whitaker esclarece que, logo após a mudança do sistema eletrônico de declaração do ITCMD procedida pela Secretaria da Fazenda, atendendo ao reclamo de diversos associados, a AASP realizou vários contatos e formulou requerimento ao órgão fazendário, no sentido de que fosse corrigida tal alteração, que passou a incluir, de forma descabida e automática, multa aos inventários extrajudiciais cuja escritura seja lavrada após 2 meses do óbito do *de cujus*, penalidade essa aplicável somente aos inventários judiciais.

Diante da negativa da Secretaria da Fazenda ao pleito da AASP, foi apresentada à Corregedoria de Justiça proposta de alteração das Normas de Serviço (NSCGJ) para se definir um marco na "abertura" do inventário judicial, capaz de demonstrar o atendimento ao exíguo prazo de 2 meses e, com isso, impedir a incidência da multa, tendo sido instaurado um processo administrativo que contou com a participação do Colégio Notarial do Brasil, CNB/SP, e culminou com a aprovação do pedido formulado pela Associação.

"O resultado deste processo administrativo demonstra a sensibilidade da Corregedoria aos pleitos da advocacia e de toda a sociedade, pois, ao mesmo tempo, corrige uma distorção do sistema do posto fiscal eletrônico do ITCMD e também incentiva a utilização de meios extrajudiciais para realização de inventários, desafogando o Judiciário e proporcionando uma solução célere da partilha de bens", afirma o vice-presidente.

Segue, abaixo, o texto do **Provimento 55/2016 da Corregedoria-Geral de Justiça do Estado de SP**:

> "Provimento CGJ N. 55/2016
>
> Acrescenta os subitens 105.2 e 105.3 ao item 105, do Capítulo XIV, das NSCGJ.
> O DESEMBARGADOR MANOEL DE QUEIROZ PEREIRA CALÇAS, CORREGEDOR GERAL DA JUSTIÇA, NO USO DE SUAS ATRIBUIÇÕES LEGAIS,
>
> CONSIDERANDO a necessidade de aperfeiçoamento do texto da normatização administrativa;
>
> CONSIDERANDO o exposto, sugerido e decidido nos autos do processo n.º 2016/00082279;
>
> RESOLVE:
>
> Artigo 1º – Acrescentar os subitens 105.2 e 105.3 ao item 105, do Capítulo XIV, das NSCGJ, nos termos que seguem:
>
> 105.2. A nomeação de inventariante será considerada o termo inicial do procedimento de inventário extrajudicial;
>
> 105.3. Para a lavratura da escritura de nomeação de inventariante será obrigatória a apresentação dos documentos previstos no item 114 deste Capítulo.
>
> Artigo 2º – Este provimento entra em vigor na data de sua publicação, revogadas as disposições contrárias.
>
> São Paulo, 13 de setembro de 2016.
>
> (a) MANOEL DE QUEIROZ PEREIRA CALÇAS
>
> Corregedor-Geral da Justiça"

Abaixo veremos que compartilham do entendimento sobre a inaplicabilidade de prazo para a realização da escritura de inventário o Conselho Nacional de Justiça, a OAB/MG e os Tribunais de Justiça de São Paulo e do Pará.

DO PRAZO PARA LAVRATURA DA ESCRITURA	
Resolução n. 35 do Conselho Nacional de Justiça	Art. 31. A escritura pública de inventário e partilha pode ser lavrada a qualquer tempo, cabendo ao tabelião fiscalizar o recolhimento de eventual multa, conforme previsão em legislação tributária estadual e distrital específicas.
Orientações da Corregedoria-Geral de Justiça do Estado de São Paulo	4.27. Escritura pública de inventário e partilha pode ser lavrada a qualquer tempo, fiscalizando o Tabelião o recolhimento de eventual multa, conforme previsão em legislação tributária estadual específica.
Provimento do Tribunal de Justiça do Estado do Pará	Art. 16. A escritura pública de inventário e partilha pode ser lavrada a qualquer tempo, devendo o tabelião fiscalizar o recolhimento de eventual multa, caso haja previsão na legislação tributária estadual específica.
Uniformização de procedimentos OAB-MG	Art. 1.º [...] Inciso III – Prazo O prazo para a lavratura da escritura, a partir do óbito, sem multa, é de 60 dias, em decorrência da nova redação do art. 983 do Código de Processo Civil. Após este prazo, poderá ser lavrada a escritura, obedecidas as sanções fiscais.

8. A DENOMINAÇÃO DADA PELO LEGISLADOR: INVENTÁRIO OU ARROLAMENTO SUMÁRIO (ARTS. 660 A 663 DO CÓDIGO DE PROCESSO CIVIL)?

Outro ponto interessante que deve ser mencionado é a falta de precisão técnica do legislador, ao estabelecer no art. 610 do Código de Processo Civil que, não havendo testamento, e sendo todos os interessados *capazes e concordes, poderá fazer-se o inventário*.

Faltou rigor técnico ao legislador, visto que, no caso de existirem somente interessados capazes e concordes, teremos *arrolamento sumário*, previsto no **art. 659 do Código de Processo Civil**, e não inventário.

Alguns doutrinadores afirmam que o arrolamento é um dos ritos do processo judicial de inventário, porém não é esse o entendimento da grande maioria.

O processualista Alexandre Freitas Câmara[9] sustenta que *o arrolamento sumário é um procedimento de jurisdição voluntária, de fim análogo ao do processo de inventário e partilha*, o que demonstra que se trata de instituto autônomo e não de um rito procedimental do processo de inventário. O arrolamento é tratado como um procedimento por possuir regras exclusivas, assim como o de inventário.

---

9. CÂMARA, Alexandre Freitas. *Lições de direito processual civil*. 6. ed. Rio de Janeiro: Lumen Juris, 2004. v. III, p. 479.

Já os civilistas Euclides de Oliveira e Sebastião Amorim,[10] corroborando com o pensamento acima, asseveram que o arrolamento sumário é uma forma abreviada de inventário e partilha.

Com isso, teria sido muito melhor o legislador ter se referido ao procedimento extrajudicial para se promover a divisão dos bens do *de cujus*, como arrolamento sumário e não como inventário. Mas nos rendemos ao termo utilizado pelo legislador, motivo pelo qual, em nossos comentários, estamos nos referindo ao procedimento extrajudicial em que há herdeiros capazes e concordes como inventário e não arrolamento sumário.

9. A POSSIBILIDADE DE DESISTÊNCIA DE INVENTÁRIO JUDICIAL EM CURSO PARA A CELEBRAÇÃO DE ESCRITURA PÚBLICA, BEM COMO DA OPÇÃO PELA VIA JUDICIAL APÓS O INÍCIO DO PROCEDIMENTO ADMINISTRATIVO. A FACULTATIVIDADE DA NORMA DO ART. 610 DO CPC

Questão importante de se indagar é se os herdeiros capazes e concordes, que iniciaram o procedimento do inventário judicial, poderão dele desistir para fazê-lo por escritura pública.

Entendemos que sim, dado que no processo judicial de inventário não existe réu, motivo pelo qual o autor (requerente da sua abertura) poderá, a qualquer momento, desistir da ação proposta, conforme permite o **art. 485, VIII, do Código de Processo Civil**, que enumera essa situação como uma das hipóteses em que o julgador irá extinguir o feito sem julgamento do mérito.

A importância do tema está na morosidade do judiciário, que faz com que as partes que ingressaram com o inventário judicial decidam fazer o mesmo via escritura pública se:

a) chegaram a um consenso somente depois da propositura do inventário judicial;

b) se um dos herdeiros atingiu a maioridade, ou foi emancipado, somente após o ingresso do inventário judicial;

c) se um dos herdeiros interdito deixou de ser incapaz depois da propositura do inventário judicial.

O Colégio Notarial do Brasil em suas recomendações já afirmava que o inventário pode começar judicialmente e as partes desistirem, optando pela via notarial, como, também, o inverso será verdadeiro, em que, mesmo após iniciados os procedimentos para a escritura, as partes podem dela desistir e optar pela via judicial.

A Corregedoria-Geral de Justiça do Estado de São Paulo publicou a conclusão 1.2, em que afirma que, a qualquer momento, as partes podem desistir da via escolhida (judicial ou extrajudicial), para promoção da outra, não podendo, porém, seguir com ambas simultaneamente.

Assim, verifica-se que as partes podem desistir de um procedimento já iniciado (judicial ou extrajudicial), se assim quiserem, para finalizar a divisão dos bens por outro diverso.

---

10. OLIVEIRA, Euclides de; AMORIM, Sebastião. *Inventários e partilhas*, p. 457.

Isso se dá em razão da liberdade existente para as partes se utilizarem, ou não, do procedimento extrajudicial de inventário e partilha.

No entanto, para as partes desistirem do processo judicial de inventário em curso deverão assinar, conjuntamente, petição elaborada pelo advogado, requerendo a extinção do feito, que deve ser protocolada no respectivo fórum, e apresentada ao tabelião para comprovar tal procedimento, que tem por objetivo garantir que não haja duas partilhas ocorrendo, simultaneamente, em esferas distintas.

Porém, esse procedimento não é recomendado, pois muitos problemas podem surgir durante o período em que o tabelião prepara a confecção da escritura, ou da espera pela resposta da fazenda estadual, que pode inviabilizar a realização do ato, como, por exemplo, a morte de algum herdeiro antes de assinar a escritura, que deixa filhos menores ou incapazes.

Assim sendo, recomenda-se que as partes requeiram a suspensão do processo por 30 dias, por desejarem realizar o inventário extrajudicialmente. Após a escritura ser assinada, as partes protocolizariam uma petição assinada por todos os herdeiros requerendo a extinção do feito sem julgamento do mérito, juntando a cópia da escritura que já foi lavrada.

Tal entendimento encontra amparo no art. 2.º da **Resolução 35 do Conselho Nacional de Justiça**, que determina:

> "Art. 2.º É facultada aos interessados a opção pela via judicial ou extrajudicial; podendo ser solicitada, a qualquer momento, a suspensão, pelo prazo de 30 dias, ou a desistência da via judicial, para promoção da via extrajudicial".

Diante do exposto no citado artigo, verifica-se que o tabelião não pode se recusar a lavrar a escritura se as partes não desistiram do processo em curso, e apenas requereram a suspensão do feito, pois se, finalizada a escritura, as partes não tomarem a providência de requerer a extinção do processo, serão elas responsáveis por tal inércia.

Aliás, para se resguardar, deve o tabelião fazer menção de que existe processo judicial em curso e que as partes se comprometem a comunicar ao juízo a lavratura da escritura, e de requerer a extinção do feito, sob as penas da lei.

A dúvida que surge é se o ITCMD (Imposto de Transmissão *Causa Mortis* e Doação), pago e juntado aos autos do inventário judicial, pode ser aproveitado para o inventário extrajudicial.

Entendemos que sim, haja vista que a obrigação tributária foi cumprida, o fato gerador é igual (morte), sendo que o procedimento adotado também é o mesmo não só para a modalidade judicial, mas também para a extrajudicial.

No entanto, infelizmente, já sabemos de casos em que o distribuidor judicial está se negando distribuir a ação judicial de inventário quando as partes são capazes e concordes, sob a alegação que deverão ser feitas, obrigatoriamente, por escritura pública.

Discordamos deste entendimento por vários motivos.

O primeiro é de que, como já vimos, a utilização da via extrajudicial é facultativa e não obrigatória.

O segundo é que seria inconstitucional impedir que os jurisdicionados possam se socorrer do Poder Judiciário para a solução de um conflito, em razão de a **Constituição Federal** estabelecer uma garantia fundamental, no **art. 5.º**, ao estabelecer no **inciso XXXV** que *a lei não excluirá da apreciação do Poder Judiciário lesão ou ameaça a direito*.

O terceiro é que o legislador tomou o cuidado de incluir no art. 610 do Código de Processo Civil que *o inventário **poderá** ser feito por escritura pública*.

O quarto motivo é que, enquanto não for solucionado o problema acerca do segredo de justiça nestas escrituras, as partes podem ter interesse em realizar tal ato judicialmente e não extrajudicialmente, para que as informações não fiquem acessíveis a qualquer pessoa.

Vale lembrar, como já foi citado anteriormente, que para impedir que isto ocorresse novamente, o Tribunal de Justiça do Estado de São Paulo emitiu, no Comunicado da Corregedoria-Geral de Justiça, que ganhou o número 236/2007, no dia 14.03.2007, a seguinte orientação:

> "Tendo em vista que, a despeito dos termos do artigo 3.º da Lei n. 11.441/07 ('A separação consensual e o divórcio consensual, não havendo filhos menores ou incapazes do casal e observados os requisitos legais quanto aos prazos, *poderão* ser realizados por escritura pública, da qual constarão as disposições relativas à descrição e à partilha dos bens comuns e à pensão alimentícia e, ainda, ao acordo quanto à retomada pelo cônjuge de seu nome de solteiro ou à manutenção do nome adotado quando se deu o casamento'), inúmeras reclamações têm chegado à Corregedoria-Geral, derivadas da extinção de processos de separação e divórcio consensuais, o Desembargador Gilberto Passos de Freitas, Corregedor-Geral da Justiça, *alerta* os Meritíssimos Juízes de Direito que o interesse dos cônjuges em recorrer à via judicial pode consistir na preservação do *segredo de justiça* assegurado pelo artigo 155, II, do Código de Processo Civil. Fixado o entendimento de que escrituras de separação e divórcio consensuais não podem ser lavradas sob sigilo (Conclusão 5.11 do Grupo de Estudos instituído pela Portaria CG n. 01/2007 – D.O. de 08/02/07), extinções de processos sem resolução do mérito provocarão situação *insolúvel* para as partes, vez que impedidas de, sob sigilo, utilizar tanto a via judicial quanto a extrajudicial".

Sábia foi a decisão do Desembargador Corregedor do Tribunal de Justiça de São Paulo, Dr. Gilberto Passos, no intuito de coibir estes problemas, que estavam causando transtornos para os jurisdicionados.

Já havíamos mencionado anteriormente que não entendemos que a norma que permitiu o inventário por escritura pública nasceu para desafogar o Poder Judiciário, como alguns juízes e promotores argumentam, e sim para facilitar a vida da população que deseja se separar ou divorciar consensualmente, quando não há filhos menores e incapazes do casal, ou dos herdeiros capazes e concordes que desejam realizar o inventário de alguém, já que o próprio senador César Borges, autor do projeto, em suas justificativas, vistas anteriormente, explica que o objetivo da lei é facilitar a realização do procedimento (e não desafogar o Poder Judiciário).

Acreditamos que, se a Lei for muito utilizada, consequentemente irá reduzir o número de processos em trâmite no Judiciário, mas isto se dará por decisão das partes, e não por imposição judicial.

Sobre o tema, cumpre ressaltar que o Tribunal de Justiça do Rio Grande do Sul possui várias decisões no sentido de dispensar as partes de pagarem as custas judiciais pendentes (ainda não pagas) quando desistem do inventário judicial para promovê-lo extrajudicialmente, já que deverão arcar com o custo da escritura pública.

Vejamos algumas delas:

> "Apelação. Inventário. Desistência. Custas finais. É direito de pessoas maiores e capazes optar por fazer inventário na via extrajudicial, e desistir do inventário judicial. Nesse contexto, não faz nenhum sentido condenar ao pagamento de custas finais aqueles que desistem da via judicial para buscar a via extrajudicial. Tal condenação acabaria por onerar em dobro as partes, o que fatalmente seria desestímulo ao desafogamento do Poder Judiciário, justamente o que a Lei pretendia obter com a criação e a abertura da possibilidade de fazer partilha de forma extrajudicial. De resto, manifestada a opção pela via extrajudicial, e pedida a desistência da ação de inventário depois de apenas ter havido nomeação de inventariante, tem-se por rigor a conclusão de que não cabe condenação em custas finais pela homologação da desistência. Deram provimento". (**Apelação Cível N° 70059463588, Oitava Câmara Cível, Tribunal de Justiça do RS, Rel. Rui Portanova, j. 05.06.2014**)

> "Agravo de instrumento. Inventário. Extinção do processo sem julgamento do mérito. Cobrança de custas. Descabimento. Descabe a cobrança de custas processuais pendentes quando o processo de inventário é extinto sem julgamento do mérito, ante a desistência do autor, e a partilha dos bens é realizada na via extrajudicial. Agravo de instrumento provido, de plano". (**Agravo de Instrumento N° 70038848222, Sétima Câmara Cível, Tribunal de Justiça do RS, Rel. Jorge Luís Dall'Agnol, j. 27.09.2010**)

A seguir, veremos que são favoráveis à possibilidade de desistência do inventário judicial para promoção do inventário extrajudicial o Conselho Nacional de Justiça, o Colégio Notarial do Brasil, a Anoreg e os Tribunais de Justiça de São Paulo, Acre, Bahia, Minas Gerais, Mato Grosso, Pará, Paraíba, Paraná e Rio Grande do Sul.

DA POSSIBILIDADE DE DESISTÊNCIA DO INVENTÁRIO JUDICIAL PARA PROMOÇÃO DO INVENTÁRIO EXTRAJUDICIAL	
Resolução n. 35 do Conselho Nacional de Justiça	Art. 2.º É facultada aos interessados a opção pela via judicial ou extrajudicial; podendo ser solicitada, a qualquer momento, a suspensão, pelo prazo de 30 dias, ou a desistência da via judicial, para promoção da via extrajudicial.
Recomendações do Colégio Notarial do Brasil	A possibilidade de lavrar escrituras de separação, divórcio, inventário e partilha não impede que os atos sejam também feitos judicialmente. Um destes atos pode começar judicialmente e as partes desistirem, optando pela via notarial. Também, ao inverso, iniciados os procedimentos para a escritura, as partes podem desistir e optarem pela via judicial.
Manual preliminar Anoreg	A possibilidade de lavrar escrituras de separação, divórcio, inventário e partilha não impede que os atos sejam também feitos judicialmente. Um destes atos pode começar judicialmente e as partes desistirem, optando pela via notarial. Também, ao inverso, iniciados os procedimentos para a escritura, as partes podem desistir e optarem pela via judicial.
Orientações da Corregedoria-Geral de Justiça do Estado de São Paulo	1.1 Ao criar inventário e partilha extrajudiciais, separações e divórcios também extrajudiciais, ou seja, por escrituras públicas, mediante alteração e acréscimo de artigos do Código de Processo Civil, a Lei n.º 11.441, de 04 de janeiro de 2007, não obsta a utilização da via judicial correspondente.

A seguir, veremos que são partidários da facultatividade da citada Lei o Conselho Nacional de Justiça, o Colégio Notarial do Brasil, a Anoreg e os Tribunais de Justiça de São Paulo, Acre, Bahia, Minas Gerais, Mato Grosso, Pará, Paraíba, Paraná e Rio Grande do Sul.

DA FACULDADE DE OPÇÃO PELA VIA JUDICIAL OU EXTRAJUDICIAL	
Provimento do Tribunal de Justiça do Estado do Acre	CAPÍTULO I [...] 1. A possibilidade de lavrar escrituras de separação, divórcio, inventário e partilha não impede que os atos sejam feitos judicialmente, podendo começar pela via judicial e, desistindo as partes, reiniciarem pela via notarial, bem como, iniciados os procedimentos para a escritura, as partes podem desistir e ingressarem com ação competente pela via judicial.
Provimento do Tribunal de Justiça do Estado da Bahia	Art. 2.º Em se tratando dos atos previstos na Lei 11.441/07, é facultada aos interessados a opção pela via judicial ou extrajudicial, sendo-lhes autorizado, quando oportuno, desistir de uma para promoção da outra, vedada a simultaneidade. § 1.º A existência de processo judicial em andamento, em cuja sede tenha sido proferida sentença, objetivando a Separação Consensual, o Divórcio Consensual, o Restabelecimento da Sociedade Conjugal, o Inventário ou a Partilha, impede que o mesmo ato seja feito por escritura pública, circunstância que deve, quando for o caso, ser confirmada pelo Tabelião, mediante apresentação, pelo interessado, de certidão emitida pelo cartório da unidade jurisdicional competente, informando a fase em que o processo judicial se encontra. § 2.º Havendo processo judicial em andamento com a mesma finalidade, em que não tenha sido proferida sentença, deverá o Tabelião, sob pena de responsabilidade, no prazo de 15 (quinze) dias do ato, comunicar ao órgão jurisdicional competente a sua respectiva lavratura.
Provimento do Tribunal de Justiça do Estado de Minas Gerais	Art. 9.º A existência de processo judicial em andamento, desde que ainda não tenha sido proferida a sentença objetivando a separação consensual, o divórcio consensual, o inventário ou a partilha, não impede que o mesmo ato seja feito por escritura pública. Parágrafo único. Havendo processo judicial, constará da escritura o juízo onde tramita o feito, o qual será comunicado pelo tabelião, no prazo de 30 (trinta) dias do ato, sobre sua lavratura.
Provimento do Tribunal de Justiça do Estado do Mato Grosso	9.7.1 – A possibilidade de lavrar escrituras de separação, divórcio, inventário e partilha e, por extensão, de sobrepartilha e de restabelecimento da sociedade conjugal, na separação, antes do divórcio, não impede que os respectivos atos sejam realizados judicialmente, podendo começar pela via judicial e, desistindo as partes, reiniciarem pela via notarial, bem como, iniciados os procedimentos para a escritura, as partes podem desistir e ingressar com a ação competente pela via judicial.
Provimento do Tribunal de Justiça do Estado Pará	Art. 2.º É facultado aos interessados optar pela via judicial ou extrajudicial. A qualquer momento podem desistir de uma para promoção da outra. É vedada a simultaneidade. Parágrafo único. Existindo processo judicial, as partes oferecerão declaração ao notário, que fará constar na escritura e após, observado o prazo de 15 (quinze) dias procederá o tabelião comunicação ao Juízo por onde tramita o feito sobre a respectiva lavratura.

5 • DO INVENTÁRIO POR ESCRITURA PÚBLICA: QUESTÕES POLÊMICAS

DA FACULDADE DE OPÇÃO PELA VIA JUDICIAL OU EXTRAJUDICIAL	
Provimento do Tribunal de Justiça do Estado da Paraíba	Art. 11. A existência de processo judicial em andamento, desde que ainda não tenha sido proferida a sentença objetivando a separação consensual, o divórcio consensual, o inventário ou a partilha, não impede que o mesmo ato seja feito por escritura pública. Parágrafo único. Havendo processo judicial, constará da escritura o juízo onde tramita o feito, o qual será comunicado pelo tabelião, no prazo de 30 (trinta) dias do ato, sobre sua lavratura.
Provimento do Tribunal de Justiça do Estado do Paraná	**Capítulo 11 – Tabelionato de Notas** Seção 11 – Escrituras Públicas de Inventários, Separações, Divórcios e Partilha de bens [...] 11.11.2 – A escolha da via judicial ou administrativa para a lavratura dos atos notariais de que trata esta Seção é faculdade dos interessados, que poderão desistir de uma para ingressarem na outra, vedada a simultaneidade.
Recomendações do Colégio Notarial do Rio Grande do Sul	[...] Feitas essas ressalvas iniciais, é interessante observar que a Lei 11.441/07, que alterou o Código de Processo Civil, estabeleceu inovações de grande utilidade ao sistema legal brasileiro, possibilitando a realização de inventário, partilha, separação e divórcio consensual, por via administrativa e/ou extrajudicial. A intenção do legislador não foi excluir os procedimentos judiciais, mas oferecer forma alternativa para os casos em que a lei permite, até porque, nos termos da Carta Magna, a lei não excluirá da apreciação do Poder Judiciário lesão ou ameaça a direito.

10. A POSSIBILIDADE DE INVENTARIAR – POR ESCRITURA PÚBLICA – BENS DE SUCESSÃO ABERTA ANTES DO INÍCIO DA VIGÊNCIA DO CÓDIGO DE PROCESSO CIVIL

O **Código Civil** adotou no art. 1.784 o *droit de saisine*, princípio consagrado no direito gaulês, segundo o qual a morte tem o poder de determinar a abertura da sucessão, transferindo aos herdeiros a posse e a propriedade do acervo hereditário deixado pelo *de cujus*.

No entanto, mesmo a morte estabelecendo a abertura da sucessão, e ocorrendo a transferência do acervo hereditário aos herdeiros, menciona o **art. 1.791 do Código Civil** que esse acervo será indivisível até o momento da partilha.

Assim, no sistema brasileiro, o herdeiro é dono logo após a ocorrência da morte, mas de uma massa indivisível que pode ser chamada de espólio, herança ou acervo hereditário, e que somente será fracionada com a partilha, momento em que ocorre a individualização dos direitos e deveres dos herdeiros.

Com isso, verifica-se que, mesmo não sendo feita a partilha, a transmissão já foi realizada no momento da morte, o que demonstra que o inventário, procedimento necessário para, no caso, provocar a partilha, apenas formaliza algo que já ocorreu.

Esse é o motivo que nos faz crer que o fato de a sucessão ter sido aberta antes da vigência do Código de Processo Civil não impede que o inventário possa ser feito por escritura pública.

O Conselho Nacional de Justiça firmou posicionamento, no art. 30 da Resolução 35, que se aplica à Lei 11.441/2007 (Código de Processo Civil) aos casos de óbitos ocorridos antes de sua vigência:

"**Art. 30.** Aplica-se a Lei 11.441/07 aos casos de óbitos ocorridos antes de sua vigência".

Nesse caso, a morte não será paradigma, visto que estamos tratando de uma maneira instrumental para conseguir a efetivação da produção dos seus efeitos de acordo com as leis civis, motivo pelo qual deveremos aplicar a lei vigente no momento da celebração do negócio jurídico (escritura).

Para a hipótese da possibilidade ou impossibilidade de se fazer o inventário por escritura pública, há de verificar se a lei vigente no momento da celebração do negócio jurídico autoriza ou não. Se alguém fizesse um inventário por escritura pública, quando a lei vigente não permitia, teríamos um problema de invalidade caracterizadora de nulidade, por ser ignorada a forma prevista em lei (**art. 166, IV e V, do Código Civil**).

Se estamos falando da validade do negócio jurídico, em veneração ao ato jurídico perfeito, protegido constitucionalmente, devemos nos ater à lei aplicável no momento da sua celebração, e não à vigente no momento da abertura da sucessão, por se tratar de ato *inter vivos* e não *causa mortis*.

Não podemos esquecer que norma processual possui aplicação imediata. Cumpre lembrar que a Lei 11.441/2007 foi revogada pelo Código de Processo Civil de 2015, que é quem está vigendo atualmente para normatizar as escrituras de inventário, no art. 610.

Vale a pena salientar que se o óbito ocorreu na vigência do Código Civil de 1916, é este que deverá ser aplicado, e não o vigente. Tal disposição encontra-se no **art. 1.787 do atual Código Civil** como uma das consequências do *droit de saisine*, princípio este descrito no art. 1.784 do citado código.

Assim sendo, cumpre lembrar que se o falecido vivia em união estável, três leis distintas que regulamentavam esse tema podem ter que ser aplicadas, dependendo da data do óbito, são elas: Lei 8.971/94, 9.278/96 e Código Civil de 1916.

Esses são os motivos pelos quais entendemos ser possível a celebração de escritura pública para inventários de sucessões abertas anteriormente à sua vigência.

Na tabela seguinte veremos que são favoráveis à aplicação do Código de Processo Civil aos óbitos ocorridos antes da sua vigência o Conselho Nacional de Justiça, a OAB/MG e os Tribunais de Justiça de São Paulo, Pará e Bahia.

DA APLICAÇÃO DA LEI 11.441/2007 AOS ÓBITOS OCORRIDOS ANTES DE SUA VIGÊNCIA	
Resolução n. 35 do Conselho Nacional de Justiça	Art. 30. Aplica-se a Lei n.º 11.441/07 aos casos de óbitos ocorridos antes de sua vigência.
Orientações da Corregedoria-Geral de Justiça do Estado de São Paulo	4.26. A Lei n.º 11.441/07, de caráter procedimental, aplica-se também em caso de óbitos ocorridos antes de sua vigência.

DA APLICAÇÃO DA LEI 11.441/2007 AOS ÓBITOS OCORRIDOS ANTES DE SUA VIGÊNCIA	
Provimento do Tribunal de Justiça do Estado do Pará	Art. 15. A Lei n.º 11.441/07 também se aplica em caso de óbitos ocorridos antes de sua vigência.
Provimento do Tribunal de Justiça do Estado da Bahia	Art. 29. [...] § 7.º As escrituras de que trata o *caput* deste artigo poderão ser lavradas, ainda que o óbito tenha ocorrido antes da vigência da Lei n.º 11.441/07.
Uniformização de Procedimentos OAB-MG	Art. 1.º [...] Inciso III (parte final) – Mesmo que o óbito tenha ocorrido antes da vigência da nova lei, é possível a lavratura de escritura pública de inventário e partilha, nos Tabelionatos de Notas.

11. A DESNECESSIDADE DE HOMOLOGAÇÃO JUDICIAL DA ESCRITURA PÚBLICA DE INVENTÁRIO

O **Código Civil** estabelece no **art. 2.015** que, *se os herdeiros forem capazes, poderão fazer partilha amigável, por escritura pública, termo nos autos do inventário, ou escrito particular, homologado pelo juiz*.

Mas, mesmo a referida norma estando em vigência desde 11/01/2003, poucos são os casos de que se têm conhecimento de que os herdeiros desejaram fazer escritura pública de partilha para, posteriormente, ser homologada pelo juiz. Isso se dá em razão do alto custo envolvido, dado que, em virtude da exigência de homologação judicial, é mais econômico para os herdeiros fazerem essa partilha por termo nos autos.

A possibilidade de se fazer o inventário por escritura pública nasceu com o intuito de evitar a necessidade de homologação judicial, uma vez que o **art. 610 do Código de Processo Civil**, estabelece que, *se todos forem capazes e concordes, poderá fazer-se o inventário e a partilha por escritura pública, a qual constituirá título hábil para o registro imobiliário*.

Isso prova a desnecessidade de exigir a homologação judicial para os inventários feitos por escritura pública.

Outro fator que reforça esse entendimento é que o Senador César Borges, ao propor o **Projeto de Lei 155 em 2004 no Senado Federal**, justificou a sua pertinência afirmando que *o referido projeto tem por finalidade simplificar os procedimentos relativos ao inventário e partilha amigável, celebrada entre partes capazes, de forma que seja possível realizar-se por escritura pública, **dispensada a homologação judicial**.*

Esse foi, também, o entendimento firmado pela Corregedoria-Geral de Justiça do Estado de São Paulo na conclusão 1.3, em que *as escrituras públicas de inventário e partilha, bem como de separações e divórcios consensuais, que são títulos hábeis para o registro civil e o registro imobiliário, não dependem de homologação judicial*.

O art. 3.º da **Resolução 35 do Conselho Nacional de Justiça** reforçou tal entendimento nos seguintes termos:

"**Art. 3.º** As escrituras públicas de inventário e partilha, separação e divórcio consensuais não dependem de homologação judicial e são títulos hábeis para o registro civil e o registro imobiliário, para a transferência de bens e direitos, bem como para promoção de todos os atos necessários à materialização das transferências de bens e levantamento de valores (DETRAN, Junta Comercial, Registro Civil de Pessoas Jurídicas, instituições financeiras, companhias telefônicas etc.)".

Contudo, em decorrência desse entendimento, como deve ser feita a interpretação do art. 659 do Código de Processo Civil? O citado artigo estabelece que:

"**Art. 659.** A partilha amigável, celebrada entre partes capazes, nos termos da lei, será homologada de plano pelo juiz, com observância dos arts. 660 a 663.

§ 1º O disposto neste artigo aplica-se, também, ao pedido de adjudicação, quando houver herdeiro único.

§ 2º Transitada em julgado a sentença de homologação de partilha ou de adjudicação, será lavrado o formal de partilha ou elaborada a carta de adjudicação e, em seguida, serão expedidos os alvarás referentes aos bens e às rendas por ele abrangidos, intimando-se o fisco para lançamento administrativo do imposto de transmissão e de outros tributos porventura incidentes, conforme dispuser a legislação tributária, nos termos do § 2º do art. 662."

Entendemos que o legislador trata de duas figuras distintas: o *inventário por escritura pública* e a *partilha amigável realizada por escritura pública*.

Essa interpretação justifica-se pelo fato de que o art. 610 do Código de Processo Civil, que normatiza o inventário extrajudicial por escritura pública, está inserido na Seção I do Capítulo VI, que trata das disposições gerais do inventário e da partilha e o art. 659 do mesmo diploma, que exige a homologação judicial das partilhas amigáveis feitas por escritura pública, está inserido na Seção IX, que trata do arrolamento.

Aliás, o art. 659 do Código de Processo Civil faz menção às partilhas amigáveis, as quais são realizadas na forma do art. 2.015 do Código Civil, o que demonstra, na nossa opinião, que o legislador criou dois institutos distintos.

Com isso, tratando-se de dois institutos distintos, verifica-se que a homologação judicial é desnecessária na hipótese de inventário extrajudicial, principalmente porque, no caso, deve ser feita uma interpretação teleológica, em que se deve buscar a *voluntas legis*, que é simplificar a divisão do patrimônio na hipótese de existirem, somente, interessados capazes e concordes.

Assim, entendemos que, prevalecendo esse entendimento, os arts. 659 do Código de Processo Civil e 2.015 do Código Civil somente serão aplicados para o caso em que, existindo testamento com disposição patrimonial – o que impede o inventário extrajudicial –, os herdeiros testamentários façam uma partilha dos bens do *de cujus*, consensualmente por escritura pública, que deverá ser homologada pelo juiz. Por seu turno, os inventários extrajudiciais, por não estarem submetidos à mesma regra, dispensam a homologação judicial.

DA DESNECESSIDADE DE HOMOLOGAÇÃO JUDICIAL DA ESCRITURA PÚBLICA DE INVENTÁRIO	
Resolução n. 35 do Conselho Nacional de Justiça	Art. 3.º As escrituras públicas de inventário e partilha, separação e divórcio consensuais não dependem de homologação judicial e são títulos hábeis para o registro civil e o registro imobiliário, para a transferência de bens e direitos, bem como para promoção de todos os atos necessários à materialização das transferências de bens e levantamento de valores (DETRAN, Junta Comercial, Registro Civil de Pessoas Jurídicas, instituições financeiras, companhias telefônicas etc.).
Orientações da Corregedoria-Geral de Justiça do Estado de São Paulo	1.3, em que as escrituras públicas de inventário e partilha, bem como de separações e divórcios consensuais, que são títulos hábeis para o registro civil e o registro imobiliário, não dependem de homologação judicial.

12. O INVENTÁRIO POR ESCRITURA PÚBLICA DE HERDEIROS ANALFABETOS

Feita a escritura de inventário, os herdeiros deverão assiná-la perante o tabelião. A dúvida que surge é a seguinte: o que deve ser feito se um deles ou todos forem analfabetos?

No nosso entendimento, deve o tabelião declarar isto na escritura, bem como colher a impressão digital do herdeiro analfabeto, além de solicitar que alguém a assine a rogo.

Tal posicionamento foi referendado pelo Tribunal de Justiça do Maranhão, que estabeleceu o seguinte:

"**Art. 3.º** Sendo a parte analfabeta ou não podendo assinar, o Notário declarará, colhendo a impressão digital do herdeiro, cônjuge supérstite, separando ou divorciando impossibilitado, caso em que pessoa qualificada assina a seu rogo".

Desse modo, verifica-se que a assinatura a rogo é possível na hipótese de o herdeiro ser analfabeto.

13. A POSSIBILIDADE DE O INVENTÁRIO NEGATIVO SER FEITO POR ESCRITURA PÚBLICA

O inventário negativo tem por objetivo provar que o herdeiro não herdou nenhum bem do falecido.

É medida aconselhável no caso de o autor da herança ter credores, a fim de ficar efetivamente provado que aquele não tinha como cumprir com o pagamento de suas prestações (caracterizando-se a sua completa insolvência), para que o herdeiro não seja responsabilizado com o seu patrimônio pessoal por tais dívidas, consoante o **art. 1.792 do Código Civil**.

Embora não tenha previsão legal acerca dessa modalidade de inventário, este também é muito adotado para o caso de o cônjuge sobrevivente desejar se casar novamente e não sofrer restrições quanto à escolha do regime de bens, já que o casamento nessa circunstância gera uma causa suspensiva que impõe o regime da separação obrigatória de bens (**arts. 1.523, I, e 1.641, I, ambos do Código Civil**).

Dessa forma, pergunta-se: haveria a possibilidade de se fazer o inventário negativo por meio de escritura pública? Entendemos que sim, haja vista que a lei não estabeleceu qual das modalidades de inventário poderá ser objeto de escritura pública, mas tão somente exigiu que todos os interessados fossem capazes e concordes. Assim, preenchido o requisito, não haveria impossibilidade de se fazer o inventário negativo por escritura, considerando ser este necessário nas hipóteses anteriormente apontadas.

Esse entendimento é referendado no art. 28 da **Resolução 35 do Conselho Nacional de Justiça**, nos seguintes termos:

"Art. 28. É admissível inventário negativo por escritura pública".

Entretanto, algumas questões surgem quando se adota tal posicionamento.

A primeira é saber se haverá necessidade da assistência de advogado para a celebração de tal ato.

Por se tratar de aplicação analógica do art. 610 do Código de Processo Civil, que permite a realização do inventário por escritura pública, em razão de a referida lei exigir a assistência do advogado, entendemos ser esta obrigatória. Não podemos esquecer que o inventário negativo é uma modalidade de inventário.

A segunda dúvida é saber se, havendo interessado incapaz na sucessão, o inventário negativo pode ser feito por escritura pública.

Entendemos que sim, haja vista que não existirá bem jurídico a ser tutelado, motivo pelo qual não haverá a necessidade de o incapaz ser protegido pelo Ministério Público.

Abaixo veremos que são favoráveis à possibilidade de realização do inventário negativo por escritura pública o Conselho Nacional de Justiça e os Tribunais de Justiça de São Paulo, Paraíba, Paraná e Bahia.

DA POSSIBILIDADE DE INVENTÁRIO NEGATIVO POR ESCRITURA PÚBLICA	
Resolução n. 35 do Conselho Nacional de Justiça	Art. 28. É admissível inventário negativo por escritura pública.
Orientações da Corregedoria-Geral de Justiça do Estado de São Paulo	4.24. É admissível inventário negativo por escritura pública.
Provimento do Tribunal de Justiça do Estado da Paraíba	Art. 1.º [...] § 2.º A sobrepartilha, o inventário negativo, o restabelecimento da sociedade conjugal e a conversão da separação em divórcio, observados os requisitos mencionados no § 1.º deste artigo, também poderão ser realizados por escritura pública.
Provimento do Tribunal de Justiça do Estado da Bahia	Art. 29. [...] § 1.º O inventário com partilha parcial e a sobrepartilha também poderão ser lavrados por escritura pública, assim como o inventário negativo. [...]
Provimento do Tribunal de Justiça do Estado do Paraná	Capítulo 11 – Tabelionato de Notas Seção 11 – Escrituras Públicas de Inventários, Separações, Divórcios e Partilha de bens [...] 11.11.3 – É admitido por escritura pública, também, o inventário negativo, a sobrepartilha, o restabelecimento de sociedade conjugal e a conversão de separação em divórcio.

14. A NECESSIDADE DA NOMEAÇÃO DE INTERESSADO COM PODERES DE INVENTARIANTE NO INVENTÁRIO EXTRAJUDICIAL E A POSSIBILIDADE DE SE FAZER ESCRITURA AUTÔNOMA DE NOMEAÇÃO DO INVENTARIANTE

Como o espólio não tem personalidade jurídica, já que não passa de uma universalidade de bens que é capaz de demandar e ser demandado – art. 75, VII, do Código de Processo Civil –, não pode ser considerado pessoa jurídica, pois possui existência transitória, tem proprietários conhecidos e não dispõe de patrimônio próprio, uma vez que seus bens, provisoriamente reunidos e subordinados a um conjunto, continuam a pertencer individualmente aos herdeiros.

Dessa forma, deverá ter o espólio um administrador provisório, que será denominado inventariante. O inventariante irá representar o espólio, em cumprimento ao disposto no **art. 75, inciso VII**, e no **art. 618, inciso I, ambos do Código de Processo Civil**, não podendo, em nome próprio e na defesa de interesse alheio, substituí-lo no polo ativo ou passivo da demanda em que aquele deve figurar por não haver autorização legal para tanto, em conformidade com o **art. 18.º do mesmo diploma legal**.

Assim, verifica-se que nos procedimentos de inventário judicial há a figura do inventariante nomeado pelo juiz de acordo com a ordem descrita no **art. 617 do Código de Processo Civil**.

Com isso, pergunta-se: é possível nomear um dos herdeiros capazes e concordes (ou até mesmo outra pessoa, como o advogado, por exemplo), por determinação de todos, para que represente o espólio em certas obrigações? Entendemos ser afirmativa a resposta.

A figura do inventariante como representante legal do espólio é fundamental em certos casos, motivo pelo qual é imprescindível a nomeação, na escritura de inventário, de um dos interessados para que tenha os poderes de inventariante, ainda que não o seja, já que o espólio foi extinto.

Para exemplificar a importância do inventariante, citamos o caso em que o promitente vendedor de um imóvel falece antes de outorgar a escritura para o promitente comprador, mas após a quitação da promessa. Como a promessa de compra e venda é um contrato preliminar, este estabelece duas obrigações: a de dar pecúnia ao promitente comprador (que já foi cumprida no exemplo) e a de fazer ao promitente vendedor. Como as obrigações do falecido devem ser cumpridas (isso inclui as de dar e de fazer), nada mais justo do que a escritura ser outorgada pelo inventariante representando o espólio.

Assim, o promitente vendedor e o inventariante (que já tenha sido nomeado por ato formal) comparecerão no tabelionato de notas com a promessa de compra e venda e o recibo de quitação, ambos assinados pelo morto, para lavrar a escritura de compra e venda. Nesse caso, o espólio é quem está transferindo o bem, cumprindo uma obrigação assumida pelo morto antes do falecimento, motivo pelo qual não é o herdeiro que está alienando bem do acervo, pendente a indivisibilidade.

Cumpre salientar que, nesse caso, não haverá a cobrança do ITCMD, mas somente do ITBI, já que o bem, vendido e quitado antes do falecimento, não compõe o acervo hereditário, pois nele existe somente a obrigação de fazer o contrato definitivo. Se o tabelião tiver dúvida sobre isso, ele pode fazer uma consulta à Fazenda, mandando cópia do compromisso de compra e venda e do IPTU do imóvel, que ela irá responder afirmativamente de que não incide o ITCMD no caso em tela.

Esse posicionamento é seguido pela Corregedoria do Tribunal de Justiça de São Paulo, no seguinte julgado:

> "Partilha extrajudicial. Promessa – Compromisso de compra e venda – Cumprimento. Espólio. Alvará judicial. Representante. Desnecessário alvará judicial para a lavratura da escritura por representante do espólio nomeado por ocasião da lavratura da escritura de inventário e partilha, devendo constar da escritura de partilha o nome do promissário comprador." (TJSP, Primeira Vara de Registros Públicos, Rel. Carlos Henrique André Lisboa, Processo 0011976-78.2012.8.26.0100, Procedimento de Dúvida, Suscitante: 14.º Registro de Imóveis, Suscitado: Mauricio Leite Mirabetti, j. 11.04.2012, publicação no DOE 23.04.2012)

O caso trata-se de dúvida suscitada pelo 14.º Oficial de Registro de Imóveis de São Paulo, que recusou o registro de escritura pública lavrada em dezembro de 2011, no 14.º Tabelião de Notas desta Capital, por meio da qual o suscitado adquiriu do espólio de Walter Baldini, o imóvel matriculado sob nº 190.040. Sustentou o Oficial que o registro não pôde ser efetuado em razão da falta de alvará judicial autorizando o espólio a vender o imóvel, visto que o inventário e a partilha do acervo hereditário do vendedor foram feitos por meio de escritura pública. Disse o Oficial, ainda, que a escritura pública de inventário e partilha não menciona a quem o imóvel foi compromissado.

O magistrado julgou a dúvida procedente, mas não por todos os motivos sustentados pelo Registrador, pois o **item 105 do Capítulo XIV das Normas de Serviço da Corregedoria-Geral da Justiça de São Paulo**, tem a seguinte redação:

> "105. É obrigatória a nomeação de inventariante extrajudicial, na escritura pública de inventário e partilha, para representar o espólio, com poderes de inventariante, no cumprimento de obrigações ativas ou passivas pendentes, sem necessidade de seguir a ordem prevista no art. 990 do Código de Processo Civil."

Segundo o julgador, o representante do espólio, cuja nomeação é obrigatória, tem entre suas incumbências a de outorgar escritura de venda e compra em favor de compromissário comprador que, tendo quitado integralmente o preço, firmou o respectivo contrato com o falecido, hipótese que se vislumbra nos autos, motivo pelo qual é desnecessária, no caso, a obtenção de alvará judicial para a lavratura da escritura por parte do representante do espólio. Isso porque a nomeação feita no momento da lavratura da escritura de inventário e partilha, que pressupõe consenso dos herdeiros (art. 610 do Código de Processo Civil), substitui a autorização judicial, pois a intenção do legislador, ao criar a figura do inventário extrajudicial, foi justamente facilitar e agilizar o procedimento de transferência do patrimônio em razão da morte. Todavia, caso o alvará seja exigido para a realização de qualquer ato por parte do representante do espólio escolhido consensualmente no momento da lavratura da escritura de inventário, o escopo de desburocratizar o procedimento não será alcançado.

Assim sendo, prossegue o juiz, não se sustenta a recusa do registro da escritura de compra e venda, em razão de o representante do espólio vendedor ter sido indicado em inventário extrajudicial e não ter sido apresentado alvará judicial.

No entanto, segundo ele, há outro motivo, também notado pelo Oficial, que impede o registro do título, pois a escritura de inventário e partilha dos bens deixados por Walter Baldini faz referência à celebração do compromisso de compra e venda por parte do falecido, descreve o imóvel negociado, e estabelece a obrigação do representante do espólio de outorgar a escritura. Não há menção, todavia, à pessoa que celebrou o contrato de compromisso de compra e venda com o falecido e que, por esse motivo, figuraria na futura escritura de compra e venda como comprador. Assim, entendeu o julgador que o nome da pessoa que futuramente receberá o domínio do imóvel compromissado é informação essencial, a qual deve constar na escritura de inventário, de modo a comprovar a anuência de todos os herdeiros, pois, caso contrário, o representante do espólio receberia verdadeiro "cheque em branco", dando-lhe a possibilidade de outorgar a escritura de compra e venda em favor de quem bem entendesse.

Dessa maneira, como não há qualquer impedimento para que a escritura seja outorgada pelo espólio, representado pelo inventariante, o suscitado teve de providenciar a rerratificação da escritura de inventário e partilha, a fim de que seu nome conste como compromissário comprador do instrumento celebrado pelo falecido, para que ela pudesse ser celebrada.

Isso também pode ocorrer na transferência de veículos ou de cotas em sociedade empresarial, já concretizada anteriormente, mas não formalizada, motivo pelo qual a figura do inventariante poderia resolver tal problema com maior agilidade.

Além disso, poderia o inventariante contribuir para a defesa de interesses do espólio, como a propositura de ação indenizatória.

Nos inventários extrajudiciais, já manifestou entendimento o Conselho Nacional de Justiça de que a indicação de uma pessoa com poderes de inventariante é obrigatória. Observemos o que estabelece o art. 11 da **Resolução 35 do CNJ**:

> "**Art. 11.** É obrigatória a nomeação de interessado, na escritura pública de inventário e partilha, para representar o espólio, com poderes de inventariante, no cumprimento de obrigações ativas ou passivas pendentes, sem necessidade de seguir a ordem prevista no art. 617 do Código de Processo Civil. (Redação dada pela Resolução nº 326, de 26.6.2020)".

Não há problema algum de se **nomear duas ou mais pessoas com esses poderes de inventariante**, para que uma possa agir na falta do outro (solidariamente), conjuntamente, ou numa ordem sucessiva, tudo a depender do que todos decidirem, já que o ato é consensual.

Os pedidos para que se nomeiem mais de uma pessoa com os poderes do inventariante costumam ocorrer, principalmente, no inventário conjunto, por ter duas sucessões no mesmo ato.

Assim, não há que se duvidar da possibilidade de se realizar uma escritura autônoma para, exclusivamente, nomear um inventariante, antes mesmo da lavratura da escritura de inventário, ou conjuntamente a ele, se negativo.

Esse também é o entendimento da **Corregedoria-Geral de Justiça do Estado de São Paulo**, que, no item 105.1. das Normas de Serviço do Extrajudicial, estabeleceu que:

> "**105.1.** A nomeação do inventariante extrajudicial pode se dar por escritura pública autônoma assinada por todos os herdeiros para cumprimento de obrigações do espólio e levantamento de valores, poderá ainda o inventariante nomeado reunir todos os documentos e recolher os tributos, viabilizando a lavratura da escritura de inventário."

Francisco José Cahali e Karin Regina Rick Rosa,[11] inclusive, entendem que inexiste óbice para que haja uma **indicação excepcional de pessoa que não seja herdeira** como, por exemplo, o advogado das partes, ou que seja seguida a ordem descrita no art. 617 do Código de Processo Civil, pela necessidade de haver consenso entre todos.

Concordamos com tal posicionamento, haja vista que o **art. 617, VIII, do Código de Processo Civil** o autoriza expressamente.

Outro ponto importante é que **a ordem descrita no art. 617 do Código de Processo Civil não precisa ser seguida**, considerando, mais uma vez, a consensualidade do ato.

Porém, cumpre ressaltar que o tabelião, ao redigir a escritura de inventário ou a que nomeia exclusivamente o inventariante, deve fazer dela constar que ele presta compromisso de bem e fielmente desempenhar o cargo, como determina o **parágrafo único do art. 617 do Código de Processo Civil**.

Investido nos poderes da inventariança, o tabelião deve fazer constar expressamente na escritura de inventário ou na de nomeação de inventariante que ele terá poderes para retificar a escritura se necessário for, vender, prometer vender, comprar, prometer comprar, indicar bens, fazer declarações, ceder, receber créditos do falecido, dar quitação (inclusive perante bancos), prestar compromisso, levantar dinheiro em conta bancária do falecido, propor ações judiciais visando defender os interesses do falecido etc. Ou seja, deve-se fazer menção na escritura de que ele terá todos os poderes decorrentes da inventariança.

No entanto, discordamos que esse inventariante tenha poderes para levantar valores mobiliários, se nomeado antes do inventário extrajudicial. No nosso sentir, somente poderia o inventariante levantar recursos do FGTS, ou restituição de Imposto de Renda, ou ainda depósitos bancários, se isso fosse autorizado em escritura de inventário, e não em escritura autônoma elaborada para esse fim, em razão da necessidade, nesse caso, de um alvará judicial para ser feito antes da partilha, como já exposto anteriormente.

Se o tabelião fizer uma escritura que autorize o inventariante levantar o dinheiro do falecido depositado em conta bancária, há risco de a pessoa sumir depois de retirá-lo e não concluir o inventário, hipótese essa em que o tabelião teria responsabilidade solidária com os herdeiros em arcar com o pagamento do ITCMD que não fora liquidado, consoante o **art. 134, VI, do CTN**, já visto anteriormente.

---

11. CAHALI, Francisco José. ROSA, Karin Regina Rick. In: CAHALI, Francisco José et al. *Escrituras Públicas: Separação, Divórcio, Inventário e Partilha Consensuais*. São Paulo: RT, 2007. p. 66.

Abaixo, veremos que entendem ser necessária a nomeação de inventariante para representar o espólio a Anoreg e os Tribunais de Justiça de São Paulo, Bahia, Acre, Mato Grosso e Paraná.

DA NOMEAÇÃO DE REPRESENTANTE PARA O ESPÓLIO	
Resolução n. 35 do Conselho Nacional de Justiça	Art. 11. É obrigatória a nomeação de interessado, na escritura pública de inventário e partilha, para representar o espólio, com poderes de inventariante, no cumprimento de obrigações ativas ou passivas pendentes, sem necessidade de seguir a ordem prevista no art. 990 do Código de Processo Civil.
Manual preliminar Anoreg	7 – Inventariante: A indicação do inventariante deve ser feita segundo a ordem estabelecida pelo CPC, art. 990. Esta ordem somente pode ser alterada pelo tabelião se houver unanimidade dos herdeiros e do cônjuge viúvo.
Orientações da Corregedoria-Geral de Justiça do Estado de São Paulo	4.1. Quando houver necessidade, pode ocorrer, na escritura pública, a nomeação de um (ou alguns) herdeiro(s), com os mesmos poderes de um inventariante, para representação do espólio no cumprimento de obrigações ativas ou passivas pendentes (*v.g.*, levantamento de FGTS, de restituição de IR ou de valores depositados em bancos; comparecimento para a lavratura de outras escrituras etc.). Uma vez que há consenso das partes, inexiste a necessidade de se seguir a "ordem de nomeação" do art. 990 do CPC.
Provimento do Tribunal de Justiça do Estado da Bahia	Art. 31. É obrigatória a nomeação, na escritura pública, de pelo menos um herdeiro, para que, investido nos mesmos poderes de um inventariante, represente o espólio no cumprimento de obrigações ativas ou passivas pendentes. Parágrafo único. Uma vez que há consenso das partes, inexiste a necessidade de se seguir a "ordem de nomeação" do art. 990, do Código de Processo Civil.
Provimento do Tribunal de Justiça do Estado do Acre	CAPÍTULO IV [...] VIII – A indicação do inventariante deve ser feita segundo a ordem estabelecida pelo art. 990, do Código de Processo Civil. Esta ordem poderá ser alterada pelo tabelião somente se houver unanimidade dos herdeiros e do cônjuge sobrevivente.
Provimento do Tribunal de Justiça do Estado do Mato Grosso	9.7.5 [...] VII – A indicação do inventariante deve ser feita segundo a ordem estabelecida pelo art. 990, do Código de Processo Civil. Esta ordem poderá ser alterada pelo tabelião somente se houver a concordância de todos os herdeiros e do cônjuge sobrevivente.
Provimento do Tribunal de Justiça do Estado do Paraná	Capítulo 11 – Tabelionato de Notas Seção 11 – Escrituras Públicas de Inventários, Separações, Divórcios e Partilha de bens [...] 11.11.7.1 – É obrigatória a indicação, na escritura pública, de um ou mais herdeiros, com os mesmos poderes de um inventariante, para representação do espólio no cumprimento de obrigações ativas ou passivas pendentes.

15. A ESCRITURA COMO TÍTULO HÁBIL PARA TRANSFERIR BENS MÓVEIS, IMÓVEIS E LEVANTAMENTO DE DINHEIRO

O § 1º do art. 610 do **Código de Processo Civil** estabelece que:

"Art. 610 (...)

§ 1º Se todos forem capazes e concordes, o inventário e a partilha poderão ser feitos por escritura pública, a qual constituirá documento hábil para qualquer ato de registro, bem como para levantamento de importância depositada em instituições financeiras."

Expressamente, descreve o referido artigo que a escritura pública de inventário será título hábil para qualquer ato de registro, que pode ser no registro de imóveis, no Detran, na Junta Comercial, dentre outros, permitindo, assim, a formalização da transferência da propriedade imobiliária e de bens móveis.

É muito comum ter que ser inventariados bens móveis conjuntamente com bens imóveis, ou exclusivamente, em muitos casos, bens móveis. Como exemplo comum de bens móveis suscetíveis de inventário, citamos automóveis, aplicações financeiras, saldo do FGTS, títulos de clubes esportivos e associações, titularidade de linhas telefônicas – que muitas vezes acompanham ações – e de cotas em sociedades empresariais, tais como as de responsabilidade limitada (Ltda.) ou anônima (S.A.).

Corretamente, a Corregedoria-Geral de Justiça do Estado de São Paulo publicou a conclusão 4.21, em que afirma ser a escritura pública de inventário e partilha título hábil para formalizar a transmissão de domínio, conforme os termos nela expressos, não só para o registro imobiliário, como também para promoção dos demais atos subsequentes que se fizerem necessários à materialização das transferências (Detran, Junta Comercial, Registro Civil de Pessoas Jurídicas, bancos, companhias telefônicas etc.).

O art. 3.º da **Resolução 35 do Conselho Nacional de Justiça**, reforçou tal entendimento nos seguintes termos:

"**Art. 3.º** As escrituras públicas de inventário e partilha, separação e divórcio consensuais não dependem de homologação judicial e são títulos hábeis para o registro civil e o registro imobiliário, para a transferência de bens e direitos, bem como para promoção de todos os atos necessários à materialização das transferências de bens e levantamento de valores (DETRAN, Junta Comercial, Registro Civil de Pessoas Jurídicas, instituições financeiras, companhias telefônicas etc.)".

Por esses motivos é que as escrituras deverão ser aceitas pelo Detran, bancos, Juntas Comerciais, Bolsa de Valores e outras instituições, como título hábil a transferir a propriedade de bens móveis.

Com isso, terminam-se os problemas que surgiram com o advento da Lei 11.441/2007, quando muitas instituições financeiras se recusavam a liberar numerário do falecido depositado em conta, já que isso fará parte do passado com a vigência do Código de Processo Civil de 2015.

A seguir veremos que entendem ser a escritura título hábil para formalizar a transmissão do domínio e aquisição de mais direitos dela decorrentes os Tribunais de Justiça de São Paulo, Bahia, Minas Gerais, Pará e Rio Grande do Sul.

ESCRITURA PÚBLICA COMO TÍTULO HÁBIL PARA FORMALIZAR A TRANSMISSÃO DO DOMÍNIO E AQUISIÇÃO DE DEMAIS DIREITOS DELA DECORRENTES	
Resolução n. 35 do Conselho Nacional de Justiça	Art. 3.º As escrituras públicas de inventário e partilha, separação e divórcio consensuais não dependem de homologação judicial e são títulos hábeis para o registro civil e o registro imobiliário, para a transferência de bens e direitos, bem como para promoção de todos os atos necessários à materialização das transferências de bens e levantamento de valores (DETRAN, Junta Comercial, Registro Civil de Pessoas Jurídicas, instituições financeiras, companhias telefônicas etc.).
Orientações da Corregedoria-Geral de Justiça do Estado de São Paulo	4.21. A escritura pública de inventário e partilha é título hábil para formalizar a transmissão de domínio, conforme os termos nela expressos, não só para o registro imobiliário, como também para promoção dos demais atos subsequentes que se fizerem necessários à materialização das transferências (DETRAN, Junta Comercial, Registro Civil de Pessoas Jurídicas, Bancos, companhias telefônicas etc.).
Provimento do Tribunal de Justiça do Estado da Bahia	Art. 30 A escritura pública de inventário e partilha constitui título hábil para formalizar a transmissão de domínio e direitos, conforme os termos nela expressos, não só para o registro imobiliário, como também, para promoção dos demais atos subsequentes, que se fizerem necessários à materialização das transferências (DETRAN, Junta Comercial, Registro Civil de Pessoas Jurídicas, bancos, companhias telefônicas etc.), desde que todas as partes interessadas, maiores e capazes, estejam assistidas por advogado comum ou advogado de cada uma delas, cuja qualificação e assinatura constarão do ato notarial.
Provimento do Tribunal de Justiça do Estado de Minas Gerais	Art. 8.º A escritura pública do inventário, da partilha, da separação e do divórcio consensuais constituirá título hábil para o registro imobiliário e o registro civil, bem como para levantamento e transferência de valores existentes em contas correntes, de investimento e de poupança, depósitos a prazo, e aplicações em instituições financeiras, formalização de transferência de propriedade de bens e direitos junto a órgãos públicos e entidades públicas e privadas, relativos ao objeto do ato notarial e ao titular dos direitos nela tratados.
Provimento do Tribunal de Justiça do Estado Pará	Art. 12. A escritura pública de inventário e partilha é título hábil para formalizar a transmissão de domínio e direitos, conforme os termos nela expressos, não só para o registro imobiliário, como também para promoção dos demais atos subsequentes que se fizerem necessários à materialização das transferências.
Provimento do Tribunal de Justiça do Estado do Rio Grande do Sul	Art. 616. A escritura pública de partilha constituirá título hábil para o registro imobiliário, desde que todas as partes interessadas estejam assistidas por advogado comum ou advogado de cada uma delas, cuja qualificação e assinatura constarão do ato notarial. Parágrafo único. Deverão ser providenciados, previamente, a avaliação dos bens e o recolhimento do imposto de transmissão devido.

16. A POSSIBILIDADE DE FAZER SOBREPARTILHA POR ESCRITURA PÚBLICA

Quanto à sobrepartilha, estabelece o art. 669 do **Código de Processo Civil** que esta tem cabimento nas seguintes hipóteses:

> "Art. 669. São sujeitos à sobrepartilha os bens:
> I – sonegados;
> II – da herança descobertos após a partilha;
> III – litigiosos, assim como os de liquidação difícil ou morosa;
> IV – situados em lugar remoto da sede do juízo onde se processa o inventário.
> **Parágrafo único.** Os bens mencionados nos incisos III e IV serão reservados à sobrepartilha sob a guarda e a administração do mesmo ou de diverso inventariante, a consentimento da maioria dos herdeiros".

Nesse diapasão, o **art. 2.022 do Código Civil** determina que *ficam sujeitos a sobrepartilha os bens sonegados e quaisquer outros bens da herança de que se tiver ciência após a partilha.*

Francisco José Cahali[12] nos ensina que a sobrepartilha também pode ser chamada de *complementação da partilha, partilha adicional* ou *nova partilha,* o que demonstra que ela poderá ser feita não só nas hipóteses do art. 669 do Código de Processo Civil, mas também quando for necessário dividir bens, que por qualquer motivo não tenham sido partilhados no inventário.

No Código de Processo Civil encontramos norma expressa no art. 670 de que serão observadas na sobrepartilha dos bens as normas do processo de inventário e partilha, que tramitará nos autos do inventário do autor da herança.

Com isso, em razão de a nova legislação autorizar o inventário extrajudicial, está, também, permitida a sobrepartilha por escritura pública.

A **Corregedoria-Geral de Justiça do Estado de São Paulo** já se manifestou na **conclusão 4.16** no sentido de que *é admissível, por escritura pública, inventário com partilha parcial e sobrepartilha.*

O art. 25 da **Resolução 35 do Conselho Nacional de Justiça**, reforçou tal entendimento nos seguintes termos:

> "Art. 25. É admissível a sobrepartilha por escritura pública, ainda que referente a inventário e partilha judiciais já findos, mesmo que o herdeiro, hoje maior e capaz, fosse menor ou incapaz ao tempo do óbito ou do processo judicial".

Quanto à partilha parcial, já manifestamos que ela não é possível, sob pena de admitir a aceitação parcial vedada pelo Código Civil.

No tocante à sobrepartilha, entendemos que esta poderá ser feita extrajudicialmente, tenha sido a partilha judicial ou por escritura pública, devendo-se aplicar, como des-

---

12. CAHALI, Francisco José; HIRONAKA, Giselda Maria Fernandes Novaes. *Direito das sucessões.* 4. ed. São Paulo: RT, 2012, p. 492.

creve o **art. 670 do Código de Processo Civil**, as normas procedimentais do inventário extrajudicial, salvo em uma única hipótese: *sonegação de bens*.

A sonegação ocorre nas seguintes hipóteses:

a) do herdeiro que oculta, dolosamente, bens da herança, não os descrevendo no inventário quando estejam em seu poder;

b) quando com o conhecimento do herdeiro, ou de outrem, o bem deixa de ser levado à colação.

Quando a sonegação de bens ocorre, estabelece o **art. 1.992 do Código Civil** que o herdeiro que sonegou perderá o direito que sobre os bens sonegados lhe cabia. Assim, seria temerário permitir que fosse feita a sobrepartilha de bens sonegados por escritura pública, consentindo que o sonegador transfira a parte que lhe caiba a terceiros, e não a entregue a outro herdeiro de acordo com a ordem da vocação hereditária, descrita no **art. 1.829 do citado diploma legal**, salvo se todos os herdeiros concordarem em não ser aplicada a pena de sonegados, prevista no referido artigo.

Por fim, como não há necessidade de se respeitar regra de competência para os procedimentos notariais, dado que o **art. 8.º da Lei 8.935/1994** autoriza que as partes escolham, livremente, o tabelionato em que irão lavrar a escritura, não será obrigatório fazer a sobrepartilha no mesmo cartório em que foi feita a partilha, quando ambas forem extrajudiciais.

Abaixo, veremos que entendem ser possível a realização de sobrepartilha por escritura pública o Conselho Nacional de Justiça, o Colégio Notarial do Brasil, a Anoreg e os Tribunais de Justiça de São Paulo, Bahia, Paraíba e Paraná.

DA POSSIBILIDADE DE SOBREPARTILHA POR ESCRITURA PÚBLICA	
Resolução n. 35 do Conselho Nacional de Justiça	Art. 25. É admissível a sobrepartilha por escritura pública, ainda que referente a inventário e partilha judiciais já findos, mesmo que o herdeiro, hoje maior e capaz, fosse menor ou incapaz ao tempo do óbito ou do processo judicial.
Recomendações gerais do Colégio Notarial do Brasil	2 – Sobrepartilha ou partilha parcial: É possível.
Manual preliminar Anoreg	Sobrepartilha ou partilha parcial: É possível.
Orientações da Corregedoria-Geral de Justiça do Estado de São Paulo	4.16. É admissível, por escritura pública, inventário com partilha parcial e sobrepartilha. 4.23. É admissível escritura pública de sobrepartilha referente a inventário e partilha judiciais já findos. Isto ainda que o herdeiro, hoje maior e capaz, fosse menor ou incapaz ao tempo do óbito e do processo judicial.
Provimento do Tribunal de Justiça do Estado da Bahia	Art. 29. [...] § 1.º O inventário com partilha parcial e a sobrepartilha também poderão ser lavrados por escritura pública, assim como o inventário negativo. [...] § 3.º O Tabelião está autorizado a lavrar escritura pública de sobrepartilha referente a inventário e partilha judiciais já findos, ainda que o herdeiro, hoje maior e capaz, fosse menor ou incapaz ao tempo do óbito ou do processo judicial.

DA POSSIBILIDADE DE SOBREPARTILHA POR ESCRITURA PÚBLICA	
Provimento do Tribunal de Justiça do Estado da Paraíba	Art. 1.º [...] § 2.º A sobrepartilha, o inventário negativo, o restabelecimento da sociedade conjugal e a conversão da separação em divórcio, observados os requisitos mencionados no § 1.º deste artigo, também poderão ser realizados por escritura pública.
Provimento do Tribunal de Justiça do Estado do Paraná	Capítulo 11 – Tabelionato de Notas Seção 11 – Escrituras Públicas de Inventários, Separações, Divórcios e Partilha de bens [...] 11.11.3 – É admitido por escritura pública, também, o inventário negativo, a sobrepartilha, o restabelecimento de sociedade conjugal e a conversão de separação em divórcio.

17. O INVENTÁRIO EXTRAJUDICIAL POR ESCRITURA PÚBLICA NO CASO DE UNIÃO ESTÁVEL

A união estável, segundo o **art. 1.723 do Código Civil**, se caracteriza pela convivência pública, duradoura e contínua, entre homem e mulher, com o objetivo de constituir família.

Desse modo, verificamos que a união estável exige a comprovação de que os requisitos dela foram cumpridos. Uma das formas de fazer esse reconhecimento é judicialmente. Mas também é possível reconhecer a sua existência extrajudicialmente, caso haja a confissão dos herdeiros.

Cumpre lembrar que a morte é causa extintiva da união estável, motivo pelo qual devem ser partilhados os bens entre o companheiro vivo e o falecido seguindo-se as regras do regime da comunhão parcial, de acordo com o **art. 1.725 do Código Civil**, que permite a alteração dessa diretriz patrimonial por meio de contrato escrito entre as partes. Assim sendo, na ausência de convenção, aplica-se a regra da comunhão parcial, e, havendo contrato escrito, aplica-se a regra nele descrita.

Feita a partilha, a parte atribuída ao morto é que irá compor o acervo hereditário (herança) e deverá ser dividida de acordo com as regras descritas no art. 1.829 do Código Civil, já que o art. 1.790 do mesmo código foi declarado inconstitucional pelo STF.

O ideal é que não se forme condomínio entre os vários herdeiros, por ser esse um grande foco de discórdia. Assim sendo, recomenda-se que cada um dos herdeiros receba um bem individualmente. Para isso, deve o tabelião atribuir valores aos bens, pois o que será objeto de partilha possui um valor correspondente, motivo pelo qual, sendo feita dessa forma a divisão, há a possibilidade de não existir a necessidade de pagamento de tributo, desde que todos os herdeiros fiquem com bens que totalizem cotas de igual valor. Se isso não acontecer, sendo desigual a partilha, haverá a necessidade de pagamento do ITCMD (se a aquisição for gratuita, como se fosse uma doação) ou do ITBI (se a aquisição for onerosa, como uma compra e venda).

Assim, como o **art. 610 do Código de Processo Civil** exige para que o inventário possa ser realizado extrajudicialmente por escritura pública que as partes sejam capazes e concordes, verifica-se que há a possibilidade de se fazê-lo se os herdeiros reconhecerem a existência da união estável na escritura, hipótese em que essa declaração deve ficar expressa no instrumento.

O art. 19 da **Resolução 35 do Conselho Nacional de Justiça** referenda esse entendimento, ao permitir que seja feita a escritura de inventário de pessoa que vivia em união estável, se os herdeiros a reconhecerem, vejamos:

> "**Art. 19.** A meação de companheiro(a) pode ser reconhecida na escritura pública, desde que todos os herdeiros e interessados na herança, absolutamente capazes, estejam de acordo".

Na mesma esteira, o art. 18 da **Resolução 35 do Conselho Nacional de Justiça** complementa esse entendimento, nos seguintes termos:

> "**Art. 18.** O(A) companheiro(a) que tenha direito à sucessão é parte, observada a necessidade de ação judicial se o autor da herança não deixar outro sucessor ou não houver consenso de todos os herdeiros, inclusive quanto ao reconhecimento da união estável".

No entanto, é necessário fazer uma crítica ao referido artigo no tocante à proibição da realização de inventário se o falecido vivia em união estável, e não tinha outro parente sucessível (descendentes ou ascendentes). Entendemos que, havendo uma prova da existência da união, como uma sentença, uma escritura ou um contrato assinado pelo falecido, poderia o companheiro sobrevivente escriturar os bens. A única cautela que deve tomar o tabelião é a de certificar-se da inexistência de descendentes e ascendentes do falecido, declarada na certidão de óbito do *de cujus*, e pela apresentação de cópia da certidão de óbito de filhos e pais, inclusive.

Mas não podemos esquecer que uma revolução ocorreu na questão sucessória no que tange a questão do convivente em união estável.

No dia 10 de maio de 2017, os Ministros da do Supremo Tribunal Federal, por seu Tribunal Pleno, sob a presidência da Ministra Cármen Lúcia, por maioria de votos, em, apreciando o **Tema 498 da repercussão geral**, nos termos do voto divergente do Ministro Luís Roberto Barroso, que redigiu o acórdão, deu **provimento ao RE 646.721/RS**, para reconhecer de forma incidental a **inconstitucionalidade do art. 1.790 do CC/2002** e declarar o direito do recorrente de participar da herança de seu companheiro em conformidade com o regime jurídico estabelecido no art. 1.829 do Código Civil de 2002, vencidos os Ministros Marco Aurélio (Relator) e Ricardo Lewandowski.

Em seguida, acordam, vencido o Ministro Marco Aurélio (Relator), e ausentes, justificadamente, os Ministros Dias Toffoli e Celso de Mello, e, neste julgamento, o Ministro Gilmar Mendes, em fixar a tese nos seguintes termos:

"É inconstitucional a distinção de regimes sucessórios entre cônjuges e companheiros prevista no art. 1.790 do CC/2002, devendo ser aplicado, tanto nas hipóteses de casamento quanto nas de união estável, o regime do art. 1.829 do CC/2002".

A ementa do julgado ficou assim definida:

> *Ementa*: DIREITO CONSTITUCIONAL E CIVIL. RECURSO EXTRAORDINÁRIO. REPERCUSSÃO GERAL. APLICAÇÃO DO ARTIGO 1.790 DO CÓDIGO CIVIL À SUCESSÃO EM UNIÃO ESTÁVEL HOMOAFE-

TIVA. INCONSTITUCIONALIDADE DA DISTINÇÃO DE REGIME SUCESSÓRIO ENTRE CÔNJUGES E COMPANHEIROS. 1. A Constituição brasileira contempla diferentes formas de família legítima, além da que resulta do casamento. Nesse rol incluem-se as famílias formadas mediante união estável, hetero ou homoafetivas. O STF já reconheceu a *"inexistência de hierarquia ou diferença de qualidade jurídica entre as duas formas de constituição de um novo e autonomizado núcleo doméstico"*, aplicando-se a união estável entre pessoas do mesmo sexo as mesmas regras e mesas consequências da união estável heteroafetiva (ADI 4277 e ADPF 132, Rel. Min. Ayres Britto, j. 05.05.2011). 2. Não é legítimo desequiparar, para fins sucessórios, os cônjuges e os companheiros, isto é, a família formada pelo casamento e a formada por união estável. Tal hierarquização entre entidades familiares é incompatível com a Constituição de 1988. Assim sendo, o art. 1790 do Código Civil, ao revogar as Leis nº 8.971/1994 e nº 9.278/1996 e discriminar a companheira (ou o companheiro), dando-lhe direitos sucessórios bem inferiores aos conferidos à esposa (ou ao marido), entra em contraste com os princípios da igualdade, da dignidade humana, da proporcionalidade como vedação à proteção deficiente e da vedação do retrocesso. 3. Com a finalidade de preservar a segurança jurídica, o entendimento ora firmado é aplicável apenas aos inventários judiciais em que não tenha havido trânsito em julgado da sentença de partilha e às partilhas extrajudiciais em que ainda não haja escritura pública. 4. Provimento do recurso extraordinário. Afirmação, em repercussão geral, da seguinte tese: *"No sistema constitucional vigente, é inconstitucional a distinção de regimes sucessórios entre cônjuges e companheiros, devendo ser aplicado, em ambos os casos, o regime estabelecido no art. 1.829 do CC/2002"*. (**RE 646.721 / RS**)

Como vimos, a tese fixada pelo STF tem como base ser inconstitucional a distinção de regimes sucessórios entre cônjuges e companheiros, ou seja, com isso não se pode fazer diferenciação entre ambos, pois de agora em diante **tudo o que se aplica ao cônjuge se aplica ao companheiro na sucessão.**

Dessa forma, tudo o que foi estudado na sucessão do cônjuge se aplica ao companheiro, pois a regra do art. 1.829 do CC será aplicada, também, na união estável.

Por este motivo, onde está escrito cônjuge na sucessão devemos colocar uma barra e incluir o companheiro (cônjuge/companheiro).

Assim sendo, quais são as principais consequências que a declaração de inconstitucionalidade do art. 1.790 do CC, produz no Direito das Sucessões:

1-) A regra sucessória que será aplicada na sucessão do companheiro é a mesma aplicada ao cônjuge, consoante ao art. 1.829 do CC.

2-) Com isso o companheiro passa a ser terceiro na ordem da vocação hereditária, recebendo toda a herança se só houver ele e colaterais do falecido, que por esse motivo estariam excluídos da sucessão.

3-) Além disso o companheiro sobrevivente poderá concorrer com descendentes e ascendentes do falecido, nos mesmos moldes que o cônjuge.

4-) O companheiro passa a ter direito a reserva legal de ¼ da herança, se, quando concorrer com descendentes, for ascendente de todos os herdeiros com que concorrer.

5-) Os companheiros passam a ser herdeiros necessários, já que o cônjuge assim já é reconhecido pelo art. 1.845 do CC. Dessa forma ele não poderá ser excluído por testamento, pois terá direito à legítima, venda de ascendente para descendente terá que ter autorização do companheiro (art. 496 do CC), doação entre companheiros importa adiantamento de legítima, e por isso deverá ser levada à colação etc.

> 6-) É sepultada de vez a polêmica sobre o Direito Real de Habitação do Companheiro, que já era reconhecido pela jurisprudência, mas sem consenso sobre qual seria o fundamento, motivo pelo qual não se sabia quando ele seria extinto. De agora em diante se aplica o art. 1.831 do CC na sucessão do companheiro, que terá Direito Real de Habitação vitalício, se preenchido os requisitos do dispositivo, também aplicado ao cônjuge.
>
> 7-) Será aplicado na sucessão do companheiro o art. 1.830 do CC, e com isso o companheiro sobrevivente estará excluído da sucessão se estiver separado de fato do falecido na data do óbito.

Porém, alguns problemas surgirão e terão que ser solucionados. O maior deles em nossa opinião é que a mudança do regime de bens no casamento só pode ocorrer com autorização judicial (art. 1.639 do CC), o que evita fraude na sucessão pela dificuldade imposta, já que ele é importante para saber se haverá ou não concorrência do cônjuge com o descendente do falecido.

Agora, na união estável não há essa dificuldade, podendo o casal mudar, por simples contrato escrito, por instrumento particular ou escritura pública, o regime de bens, sem intervenção judicial, conforme o art. 1.725 do CC.

Assim sendo, há uma porta aberta para a fraude sucessória, pois fazendo esse contrato antes do falecimento dá para colocar ou tirar o companheiro da concorrência sucessória com o descendente, dependendo do regime escolhido, já que tal concorrência dele depende.

Mas ocorre que o direito de herança é indisponível, previsto em cláusula pétrea no art. 5º, XXX, da CF, e por isso não pode ser objeto de disposição, senão teríamos um *pacta corvina*, repudiado pelo art. 426 do CC.

Dessa forma, para evitar fraude sucessória, e considerando que foi objeto de desejo geral uma equiparação da união estável a casamento, a mesma agora deverá ser plena e não apenas na parte boa, ou seja, em tudo.

Portanto, para se evitar uma fraude sucessória, é necessário interpretar o art. 1.725 do CC no sentido de dizer que os conviventes não mais poderão mudar a regra da comunhão parcial de bens por contrato escrito de união estável, devendo uma nova regra patrimonial depender de autorização judicial, como ocorre no casamento.

Por tais motivos, acreditamos que não mais prevalece o artigo 1.725 do CC que permite mudar o regime da Comunhão Parcial, imputado para as uniões estáveis, por meio de contrato escrito, pois isso poderia se caracterizar uma burla sucessória, já que o STJ decidiu que o referido contrato produz efeito *ex nunc* na meação, mas na sucessão prevaleceria o último escolhido, incluindo ou excluindo o companheiro da sucessão, caracterizando um verdadeiro *pacta corvina* vedado pelo artigo 426 do CC, que proíbe que seja objeto de contrato a herança de pessoa viva.

Por isso é que defendemos que a existência da união estável deve ser averbada no termo de nascimento dos conviventes, para que não se tenha mais de uma união estável, e também para que se tenha notícia da existência do contrato escrito entre as partes, pois qualquer mudança de regra patrimonial só poderia ocorrer com autorização judicial.

Outra forma de mudar a regra da união estável sem autorização judicial, seria a conversão da união estável em casamento, hipótese em que um outro regime poderia ser escolhido.

Muitos serão os problemas, e o tempo nos convidará a se manifestar sobre eles.

Abaixo, veremos a posição do Conselho Nacional de Justiça sobre a possibilidade de se fazer escritura de inventário no caso de união estável.

O INVENTÁRIO EXTRAJUDICIAL POR ESCRITURA PÚBLICA NO CASO DE UNIÃO ESTÁVEL	
Resolução n. 35 do Conselho Nacional de Justiça	Art. 18. O(A) companheiro(a) que tenha direito à sucessão é parte, observada a necessidade de ação judicial se o autor da herança não deixar outro sucessor ou não houver consenso de todos os herdeiros, inclusive quanto ao reconhecimento da união estável.
Resolução n. 35 do Conselho Nacional de Justiça	Art. 19. A meação de companheiro(a) pode ser reconhecida na escritura pública, desde que todos os herdeiros e interessados na herança, absolutamente capazes, estejam de acordo.

18. A POSSIBILIDADE DE SE FAZER INVENTÁRIO DE PESSOAS QUE VIVIAM EM UNIÕES HOMOAFETIVAS E EM CASAMENTO HOMOAFETIVO

Em razão de, no dia 5 de maio de 2011, o Supremo Tribunal Federal ter julgado a **ADPF 132/RJ** e a **ADI 4.277**, reconhecendo, de forma unânime, a aplicação analógica das normas da união estável heterossexual para a união estável homossexual ou homoafetiva, poderão os tabeliães lavrarem escrituras de inventário extrajudicial de pessoas que viviam em união homoafetiva.

Essa decisão do STF faz que todos os direitos dados aos companheiros em nosso sistema legislativo sejam estendidos para as pessoas que vivem em união estável homoafetiva.

A existência da união estável homoafetiva exige o preenchimento dos mesmos requisitos para se constituir a união estável heterossexual, ou seja, a convivência pública, duradoura e contínua, com o objetivo de constituir família, conforme o **art. 1.723 do Código Civil**, que foi amplamente discutido pela Suprema Corte nesse julgamento histórico.

Para reforçar que a decisão deveria ser cumprida amplamente por todos, o Presidente do STF, Ministro Cézar Peluso, enviou, em 9 de maio de 2011, a todos os Tribunais de Justiça do País, o Ofício 81/P-MC, em que noticiava o julgamento que deu ao art. 1.723 do Código Civil interpretação conforme a Constituição, para dele excluir qualquer significado que impeça o reconhecimento da união pública, duradoura e contínua entre pessoas do mesmo sexo como "entidade familiar", entendida esta como sinônimo perfeito de família. Ainda, no mesmo ofício, o Ministro expressou que **o reconhecimento da união homoafetiva deve ser feito segundo as mesmas regras e com as mesmas consequências da união estável heteroafetiva**.

Assim, se uma pessoa que vivia em união homoafetiva falece, e os requisitos do art. 610 do Código de Processo Civil são preenchidos, deverá o tabelião de notas acatar o pedido dos herdeiros e lavrar a escritura de inventário, que deverá, também, ser objeto de registro.

Ademais, com o julgamento do **STJ** no **Recurso Especial 1.183.378/RS**, em **20.10.2011**, que reconheceu a possibilidade do casamento homoafetivo sem prévia união estável, temos que, também nesses casos, se o falecido tivesse contraído matrimônio homossexual em vida, deverá o tabelião lavrar a escritura de inventário.

Cumpre salientar que o casamento homoafetivo pode decorrer de conversão de união estável, consoante autoriza o **art. 1.726 do Código Civil**, ou não, pois como dito acima, o STJ chancelou o casamento entre pessoas do mesmo sexo, sem prévia união estável.

O art. 610 do **Código de Processo Civil** autoriza ao tabelião lavrar escritura de inventário. O citado artigo determina que:

> "**Art. 610**. Havendo testamento ou interessado incapaz, proceder-se-á ao inventário judicial.
>
> § 1º Se todos forem capazes e concordes, o inventário e a partilha poderão ser feitos por escritura pública, a qual constituirá documento hábil para qualquer ato de registro, bem como para levantamento de importância depositada em instituições financeiras.
>
> § 2º O tabelião somente lavrará a escritura pública se todas as partes interessadas estiverem assistidas por advogado ou por defensor público, cuja qualificação e assinatura constarão do ato notarial".

A referida norma é aplicada para qualquer estado civil do falecido, ou seja, solteiro, casado, viúvo ou que viva em união estável.

Aliás, o art. 18 da **Resolução 35 do Conselho Nacional de Justiça** há muito tempo já permite a lavratura da escritura de inventário no caso do falecido ter vivido em união estável, conforme veremos abaixo:

> "**Art. 18**. O(A) companheiro(a) que tenha direito à sucessão é parte, observada a necessidade de ação judicial se o autor da herança não deixar outro sucessor ou não houver consenso de todos os herdeiros, inclusive quanto ao reconhecimento da união estável."

Assim sendo, se o julgamento do STF estendeu às uniões homoafetivas os mesmos direitos dados às uniões heterossexuais, o tabelião **deverá** lavrar a citada escritura e o registrador imobiliário **deverá** registrá-la, sem medo de alguma penalidade ou de estar cometendo alguma ilegalidade.

Com isso, se existir casamento homoafetivo, com ou sem prévia união estável, não há impedimento para a lavratura de escritura de inventário em tabelionato de notas.

19. A CESSÃO DOS DIREITOS HEREDITÁRIOS

O **art. 1.793 do Código Civil** estabelece a possibilidade de o herdeiro fazer a cessão dos seus direitos hereditários por meio de uma escritura pública. A cessão poderá ser gratuita ou onerosa, dependendo da existência, ou não, de alguma vantagem para o cedente.

Entretanto, cumpre salientar que o **art. 1.791 do Código Civil** estabelece que a herança se defere como um todo unitário, ainda que vários sejam os seus herdeiros. No citado artigo, o parágrafo único consagra o **princípio da indivisibilidade da herança**, ao estabelecer que até a partilha, o direito dos coerdeiros, quanto à propriedade e posse da herança, seja indivisível.

Isso se dá porque quando uma pessoa falece, todo o seu conjunto de direitos e deveres adquiridos em vida se "fecha" num "pacote" chamado herança, monte-mor, monte-partível, espólio, acervo hereditário, que permanecerá intocável até a partilha. O inventário, seja ele extrajudicial ou judicial, tem por objetivo provocar a partilha, que significa dividir entre os coerdeiros o que existe dentro do citado "pacote".

Assim, impossível será fazer cessão de direitos hereditários de bens considerados singularmente, haja vista que os herdeiros, antes da partilha, não são proprietários da casa, carro, apartamento, sítio, dinheiro em banco, que eram do *de cujus*, mas são donos de uma parcela do acervo hereditário por ele deixado.

Se fosse possível fazer cessão de direitos hereditários de bens individuais, como um imóvel, por exemplo, não haveria necessidade de se fazer inventário, e isso seria perigoso, já que não haveria o recolhimento do ITCMD, exigido pela legislação tributária neste caso, tampouco se obteria a concordância da Fazenda Estadual sobre o seu recolhimento.

A proibição de se realizar cessão de direitos hereditários de bens singulares da herança, antes da partilha, consta dos §§ 2.º e 3.º do art. 1.793 do **Código Civil**, da seguinte forma:

> "**Art. 1.793.** O direito à sucessão aberta, bem como o quinhão de que disponha o coerdeiro, pode ser objeto de cessão por escritura pública.
>
> (...)
>
> § 2.º É ineficaz a cessão, pelo coerdeiro, de seu direito hereditário sobre qualquer bem da herança considerado singularmente.
>
> § 3.º Ineficaz é a disposição, sem prévia autorização do juiz da sucessão, por qualquer herdeiro, de bem componente do acervo hereditário, pendente a indivisibilidade".

Para o citado artigo, a cessão de direitos hereditários, que tem por objeto bens considerados singularmente, é **ineficaz**, ou seja, não produz efeito. Se houver interesse em negociar um bem singular do acervo, antes da partilha, para pagar tributos, por exemplo, será necessária autorização judicial por meio de alvará, consoante a redação do § 3.º do citado artigo.

Ademais, cumpre salientar que o cedente transfere **todos** os direitos que ele possui na sucessão, podendo ser de forma integral (100% dos direitos) ou parcial (menos que 100% dos direitos). Isto quer dizer que o cessionário entrará na sucessão como se herdeiro fosse, o que lhe dará responsabilidades pelo pagamento de dívidas do falecido até o limite da quota parte recebida (100% ou menos dos direitos que o cedente tinha).

Para exemplificar, imaginemos que um coerdeiro tenha recebido 30% da herança de "X". Esse coerdeiro poderá transferir os 30% da herança (que corresponde a 100% dos direitos que ele possuía), ou um percentual menor (15% da herança, por exemplo, que corresponde à metade dos direitos que ele possuía) para alguém. Se, neste caso, o citado coerdeiro transferir 30% da herança para um determinado cessionário, este entrará na sucessão como se herdeiro fosse, já que será responsabilizado por 30% das dívidas do morto (caso elas existam) até o limite do valor do percentual recebido.

Por esse motivo é que entendemos ser dever do tabelião orientar o cessionário, principalmente o que paga para entrar na sucessão, que ele pode ser responsabilizado por dívidas do morto, vindo a perder a cota sucessória recebida, mesmo tendo pago para que isto ocorresse no momento da realização da cessão.

Assim, a cessão de direitos hereditários deve ser feita de forma genérica, em que se aponta qual será o percentual da cota hereditária que será transferido ao cessionário (100% ou menos). E com esta escritura em mãos, o cessionário terá legitimidade para abrir o inventário, seja ele extrajudicial – se preenchidos os requisitos do art. 610 do Código de Processo Civil – ou judicial, para se realizar a partilha.

Esse é o posicionamento do STJ, vejamos:

"Invalidação. Cessão gratuita. Direitos hereditários. Decadência. Ação pauliana. Cuida-se de definir o termo inicial do prazo decadencial para terceiro-credor ajuizar ação pauliana, objetivando a anulação de cessão de direitos hereditários avençada entre herdeiro e genitor paterno a título gratuito. No caso, discute-se a invalidação de cessão gratuita de direitos hereditários, questão ainda não definida por este Superior Tribunal. Na hipótese, como não há elementos que indiquem o momento efetivo do conhecimento pelo recorrido da celebração do negócio, deve ser considerado, por presunção, que, com o registro da cessão no cartório imobiliário, foi dada ciência do contrato ao terceiro-credor, devendo, portanto, ser contado, a partir desse momento, o prazo decadencial para o recorrido ajuizar a ação pauliana em exame. *Quanto à alegação dos recorrentes de ser inviável o registro da cessão de direitos hereditários, de fato, enquanto não ultimada a partilha, o referido negócio não podia ser levado a registro, pois só no momento da partilha é que se determina e especifica o quinhão de cada herdeiro e, automaticamente, o objeto da cessão. Enquanto não houver partilha dos bens, o cessionário detém apenas direito expectativo, que só irá se concretizar efetivamente após a especificação do quinhão destinado ao herdeiro cedente.* Ressalte-se que entender de outra forma, definindo a data da celebração do contrato como termo inicial do prazo decadencial para terceiro ajuizar ação pauliana, implica facilitar a ocorrência da fraude contra credores e privilegiar a conduta fraudulenta, pois estaríamos extinguindo o direito do credor de obter a anulação do contrato fraudulento sem que fosse oportunizado o conhecimento prévio da celebração do negócio, o que, em última análise, significaria inobservância do princípio da boa-fé na celebração dos contratos, princípio que deve ser aplicado não só entre os contratantes, mas também na relação entre esses e terceiros que possam ser afetados pelo pacto. Na hipótese, foi reconhecido pelo juiz, na decisão interlocutória, que o registro da cessão de direitos hereditários ocorreu em maio de 1999 e que a ação pauliana foi ajuizada pelo recorrido em agosto de 1999, não sendo, portanto, possível reconhecer a ocorrência da decadência. A Turma, ao prosseguir o julgamento, por maioria, não conheceu do recurso especial" (**STJ, REsp 546.077-SP, Rel. Min. Nancy Andrighi, j. 02.02.2006**).

Está em itálico e sublinhada a parte mais importante do julgado que conclui:

> 1 – Quanto à alegação dos recorrentes de ser inviável o registro da cessão de direitos hereditários, de fato, enquanto não ultimada a partilha, o referido negócio não podia ser levado a registro;

> 2 – Só no momento da partilha é que se determina e especifica o quinhão de cada herdeiro e, automaticamente, o objeto da cessão;
> 3 – Enquanto não houver partilha dos bens, o cessionário detém apenas direito expectativo, que só irá se concretizar efetivamente após a especificação do quinhão destinado ao herdeiro cedente.

Assim, claro e cristalino está que bens singularizados não podem ser objeto de cessão, pois esta deve ser feita de forma genérica.

A legitimidade do cessionário para realizar a escritura de inventário vem descrita no art. 16 da **Resolução 35 do Conselho Nacional de Justiça**, nos seguintes termos:

> "Art. 16. É possível a promoção de inventário extrajudicial por cessionário de direitos hereditários, mesmo na hipótese de cessão de parte do acervo, desde que todos os herdeiros estejam presentes e concordes".

Como aponta o citado dispositivo, se a cessão for total, o cessionário poderá fazer a escritura sozinho, mas se a cessão for parcial, haverá a necessidade de comparecimento dos outros herdeiros, que, a exemplo dele, devem ser capazes e concordes.

A Corregedoria-Geral de Justiça do Estado de São Paulo também entende que a presença do cedente na escritura de inventário é dispensável quando a cessão que ele realizou foi integral, vejamos:

> "Registro de imóveis. Dúvida. Inventário extrajudicial. Cessão integral do acervo hereditário por escritura. Desnecessidade da presença dos herdeiros cedentes no inventário extrajudicial promovido pelo cessionário. Recurso provido". (**CGJSP, Apelação Cível nº 0027720-30.2012.8.26.0451, Rel. Des. Elliot Akel, j. 07.10.2015**)

Cumpre, porém, salientar que o STJ já decidiu que é necessária a vênia conjugal para a realização da escritura de cessão de direito hereditários, quando o herdeiro for casado, como interpretação dos **arts. 1.647, I,** (art. 235, I, do CC/1916), e **80, II** (art. 44, III, do CC/1916), **ambos do Código Civil de 2002**, exceto se o regime de bens for o da separação absoluta.

> "Inventário. Cessão de direitos. Herdeiros. Imóvel. Ausência. Outorga uxória. Nulidade. Trata-se de ação declaratória de nulidade de cessão de direitos hereditários movida por esposas de herdeiros contra os maridos, a sogra e os terceiros adquirentes, que também os cederam à ora recorrente. Alegam as autoras que são casadas em regime de comunhão universal de bens, o inventário de seu sogro dependia de suas participações e as cessões de direitos não poderiam ter sido celebradas sem a outorga uxória. Isso posto, ressalta o Min. Relator que parece não haver dúvidas, diante do art. 235, I, do CC/1916, quanto à vedação à alienação de imóveis pelo marido sem o consentimento da esposa se estender à cessão de direitos hereditários quando esses se refiram a bem dessa natureza. Lembrou, ainda de acordo com a disposição do art. 1.572 do referido diploma legal, que as autoras casadas em regime da comunhão universal de bens, com a abertura da sucessão de seu falecido sogro, tornaram-se cotitulares dos bens deixados por ele e, consequentemente, *deveriam dar sua outorga uxória às cessões de direitos hereditários realizadas pelos maridos*. Entretanto, a cessão feita pela viúva meeira não é atingida, por ser ela livre para alienar seu patrimônio. Logo, afasta-se a nulidade decretada no Tribunal *a quo* sobre a cessão da parte da viúva meeira. O mesmo, todavia, não ocorre em relação à cessão realizada pelos maridos por serem inválidas pela ausência de outorga uxória das esposas. Outrossim, no tocante aos efeitos econômicos

da desconstituição da cessão dos herdeiros, confirma o Min. Relator que, somente em ação própria da ora recorrente, é que se poderia determinar a restituição de valores e de que forma, uma vez que ela adquiriu os direitos não diretamente dos herdeiros e da viúva, mas dos primeiros cessionários. Com esse entendimento, a Turma deu parcial provimento ao recurso para julgar improcedente a ação com relação à viúva meeira, declarando a higidez da sua cessão e determinando que as autoras pagarão custas proporcionais e honorários advocatícios de 15% sobre o valor atualizado da causa. Precedente citado: REsp 60.820-RJ, *DJ* 14.08.1995." (**STJ, REsp 274.432-PR, Rel. Min. Aldir Passarinho Junior, j. 07.12.2006**)

Esse é um ponto importante, que não pode deixar de ser observado.

20. A INCIDÊNCIA DE TRIBUTO NA HIPÓTESE DE CESSÃO DOS DIREITOS HEREDITÁRIOS

Como já vimos anteriormente, o **art. 1.793 do Código Civil** estabelece a possibilidade de o herdeiro fazer a cessão dos seus direitos hereditários por meio de uma escritura pública.

Nesta escritura, o herdeiro pode transferir, gratuita ou onerosamente, a alguém, herdeiro ou não, parte ou todos os direitos que a sucessão lhe transferiu.

Ocorre, porém, que, se a cessão for gratuita, incidirá o ITCMD (Imposto de Transmissão *Causa Mortis* e Doação) duas vezes, já que os dois fatos geradores do citado tributo irão se dar em razão da transmissão *causa mortis* e da transmissão por doação a alguém estranho à sucessão. Mas, caso a cessão seja onerosa, incidirá o ITBI (Imposto de Transmissão de Bens Imóveis), imposto de competência municipal.

Entendemos que o conteúdo do **art. 1.805, § 1.º, do Código Civil** influenciou no fato gerador do ITCMD. No citado artigo, o legislador estabeleceu que a cessão gratuita, pura e simples, não importa aceitação aos demais coerdeiros.

Assim, acreditamos que o citado dispositivo impede que ocorra o fato gerador do ITCMD, a transmissão *Mortis Causa*, na hipótese de a cessão ser feita gratuitamente a algum coerdeiro.

Neste caso, não haverá doação para o coerdeiro cessionário, mas somente a transmissão *Causa Mortis*, quando este aceitar, ou seja, o ITCMD incidirá uma única vez.

Todavia, o questionamento que será feito é se o Código Civil teve intenção de influenciar na interpretação das normas tributárias. Nesta ocasião, consideramos afirmativa a resposta, dado que uma das hipóteses de incidência do ITCMD é a transmissão *causa mortis*, regida pelo Código Civil.

Entretanto, este é o nosso entendimento sobre o assunto, que nos causa ansiedade em saber como os tribunais se pronunciarão sobre este fato, se favorável ou contrariamente ao que defendemos.

21. A POSSIBILIDADE DE INVENTÁRIO EXTRAJUDICIAL CONJUNTO

Neste tópico iremos analisar a possibilidade de os herdeiros fazerem, conjuntamente, o inventário de bens de um casal, cujos integrantes faleceram em momentos diferentes.

O inventário conjunto é aquele em que se realiza a inventariança de certos bens que foram objeto de várias sucessões. Como exemplo podemos citar o caso de uma casa que pertencia ao avô do herdeiro que abriu o inventário, em razão da morte do seu pai.

Carlos Alberto Dabus Maluf e Adriana Caldas do Rego Freitas Dabus Maluf[13] exemplificam da seguinte forma o inventário conjunto:

> "Assim, falecendo o cônjuge meeiro antes da partilha dos bens do cônjuge premorto, inicia-se novo processo de inventário, mas ambos podem ter tramitação conjunta. E, desta forma, as duas heranças serão inventariadas e partilhadas cumulativamente, desde que os herdeiros do casal sejam os mesmos. Processar-se-á da mesma forma, quando se tratar de união estável."

Esta modalidade é comum ocorrer no Judiciário, motivo pelo qual se faz necessário saber se tal procedimento poderia, ou não, também ser feito extrajudicialmente.

Entendemos que não há problema nenhum na realização do inventário conjunto extrajudicial se tal modalidade pode ser feita judicialmente. Defendemos que a interpretação que deve ser dada ao art. 610 do CPC é a de que não se podem afastar as consequências do inventário judicial da modalidade extrajudicial, sob pena de esvaziar o conteúdo da norma e de impedir a sua aplicação prática.

Assim sendo, é lícita a cumulação de inventários para a partilha de heranças de pessoas diversas, denominado inventário conjunto, que pode ser feito extrajudicialmente, nas seguintes hipóteses previstas no **art. 672 do Código de Processo Civil**:

I – identidade de pessoas entre as quais devam ser repartidos os bens;

II – heranças deixadas pelos dois cônjuges ou companheiros;

III – dependência de uma das partilhas em relação à outra, seja total ou parcial.

Portanto, verifica-se que não há nenhum problema de o inventário conjunto também ser feito por escritura pública.

22. RECUSA DO TABELIÃO DE REALIZAR A ESCRITURA DE INVENTÁRIO

Se o tabelião se recusar a fazer a escritura pública de inventário extrajudicial, este deverá formalizar, por escrito, os motivos da recusa, para que a parte, se entender necessário, possa procurar uma proteção judicial.

A possibilidade de o tabelião se recusar a lavrar a escritura e a sua obrigatoriedade de fundamentá-la por escrito estão descritas no art. 32 da **Resolução 35 do Conselho Nacional de Justiça**, nos seguintes termos:

> "**Art. 32.** O tabelião poderá se negar a lavrar a escritura de inventário ou partilha se houver fundados indícios de fraude ou em caso de dúvidas sobre a declaração de vontade de algum dos herdeiros, fundamentando a recusa por escrito".

---

13. MALUF, Carlos Alberto Dabus e MALUF, Adriana Caldas do Rego Freitas Dabus. *Curso de Direito das Sucessões*. São Paulo: Saraiva, 2013, p. 508.

Do ato do tabelião que se recusa a lavrar a escritura, desde que o motivo seja injustificado, caberá Mandado de Segurança, *writ* constitucional que tem por objetivo proteger direito líquido e certo.

O mandado de segurança é um instituto jurídico que serve, segundo o **art. 5.º, LXIX, da Constituição Federal**, para resguardar direito líquido e certo, não amparado por *Habeas Corpus* ou *Habeas Data*, que seja negado, ou mesmo ameaçado, em face de ato de quaisquer dos órgãos do Estado Brasileiro, seja da Administração direta, indireta, bem como dos entes despersonalizados e dos agentes particulares no exercício de atribuições do poder público.

Segundo a **Lei 12.016, de 7 de agosto de 2009**, já no seu art. 1.º, *conceder-se-á mandado de segurança para proteger direito líquido e certo, não amparado por habeas corpus ou* habeas data, *sempre que, ilegalmente ou com abuso de poder, qualquer pessoa, física ou jurídica, sofrer violação ou houver justo receio de sofrê-la por parte de autoridade, seja de que categoria for e sejam quais forem as funções que exerça.*

As partes do mandado de segurança são o impetrante, que é o titular do direito líquido e certo que se pede proteção, e o impetrado, que é a autoridade coatora que feriu direito líquido e certo, sendo, no caso do inventário extrajudicial, tabelião de notas.

O prazo para impetrar o mandado de segurança é de 120 dias, contados da data em que o interessado tiver conhecimento oficial do ato a ser impugnado, conforme o art. 23 da Lei 12.016, de 7 de agosto de 2009.

A fixação do juízo competente se dá em razão da sede da autoridade coatora, já que o foro competente será o da respectiva comarca de onde está localizado o cartório, lembrando que, neste caso, o *mandamus* deve ser impetrado na justiça estadual.

23. DO SEGREDO DE JUSTIÇA DAS INFORMAÇÕES CONSTANTES NA ESCRITURA

Como já dissemos no capítulo anterior, ao tratarmos da escritura de divórcio, entendemos ser necessária a existência de sigilo para essa escritura, uma vez que ela irá expor a intimidade do casal, bem como, em muitas situações, realizar a descrição pormenorizada dos bens a serem partilhados, informação essa que poderia estar ao alcance de qualquer pessoa, inclusive criminosos interessados no sequestro de algum deles.

Não foi essa a conclusão da **Corregedoria-Geral de Justiça do Estado de São Paulo**, que, na **conclusão 5.11**, entendeu não haver sigilo para as escrituras públicas de separação e divórcio consensuais, não sendo aplicado a elas o disposto no **art. 189, II, do Código de Processo Civil**, que incide apenas nos processos judiciais.

Infelizmente, esse posicionamento foi reproduzido no art. 42 da **Resolução 35 do Conselho Nacional de Justiça**, com o qual não concordamos, vejamos:

> "**Art. 42.** Não há sigilo nas escrituras públicas de separação e divórcio consensuais".

O motivo de discordar desse entendimento é que o fato de a escritura ser pública não significa conferir publicidade a qualquer pessoa. A escritura é chamada de *pública* em veneração à forma solene nela adotada e pelo tabelião de notas ter sido chamado por muito tempo em nosso país como *Oficial Público* (vide art. 1.642 do Código Civil de 1916).

Zeno Veloso[14] já nos alertava para isso quanto ao testamento público, que apresenta o mesmo problema. Para o citado autor, a qualificação de *público* não significa que o testamento fique exposto e disponível a terceiros, dado que não há bom propósito na atitude de uma pessoa em requerer a certidão com o seu conteúdo antes da morte do *de cujus*, que, em sua grande maioria, está enraizada na cupidez, na imoralidade, em planos inconfessáveis.

Acreditamos que essa justificativa aplica-se, analogicamente, à escritura de divórcio. Qual seria o interesse em permitir que terceiros tenham acesso a ela? Quem precisar do documento para alguma finalidade, como credores do casal, pode requerer em juízo o fornecimento da certidão, como, aliás, teria que fazer se o meio escolhido pelas partes fosse o judicial.

Assim, recomendamos que as escrituras de divórcio sejam protegidas pelo sigilo, podendo ser solicitadas somente com autorização judicial, por terceiros, ou pelas próprias partes para a manutenção da segurança e proteção do bem comum, o que reforça a tese, com a qual concordamos, da necessidade de criação de uma central especializada.

Comungamos do entendimento da **OAB/MG** que na uniformização de procedimentos estabeleceu no **art. 3.º, VI**, que *a publicidade de tais atos deve ser restrita, em virtude da sua natureza, assim como é a do testamento.*

Esse entendimento foi adotado pela **Corregedoria-Geral de Justiça do Estado do Paraná**, no **item 11.11.8.6 do Código de Normas**, que possui os seguintes termos:

> "11.11.8.6 – É permitida a expedição de certidão sobre a existência de escritura de separação e divórcio. O acesso ao ato lavrado e a expedição de certidão do conteúdo da referida escritura é restrita às partes e aos seus procuradores. Os terceiros interessados poderão requerê-la ao Juiz da Vara de Registros Públicos".

Rendemos nossas homenagens à Corregedoria-Geral de Justiça do Estado do Paraná e esperamos que tal providência se espalhe por todo o país.

Acreditamos que esse mesmo raciocínio deve ser aplicado às escrituras de inventário, pois, se não houver sigilo, cremos que a maioria das partes irá optar pela via judicial, em vez da extrajudicial.

Por esse motivo, entendemos que os tabeliães devem dificultar ao máximo o fornecimento dessas certidões, exigindo, por exemplo, o preenchimento de uma ficha com todos os dados pessoais, para que isso fique arquivado no sistema do cartório, a fim de que seja possível se inibir o fornecimento dessas certidões para terceiras pessoas.

Rogamos aos estados que já possuem central de informações da realização dessas escrituras para que adotem o mesmo procedimento do TJ-PR, visando proteger as pessoas que fazem escrituras no tabelionato de notas de pessoas que, com uma simples pesquisa

---

14. VELOSO, Zeno. *Comentários ao Código Civil*. São Paulo: Saraiva, 2003. v. 21, p. 58-59.

via internet, queiram saber onde foi lavrado o citado ato, o que permitiria solicitar uma certidão contendo toda a informação patrimonial e financeira do casal.

Esse procedimento também deve ser adotado pelos estados em que não há as centrais que disponibilizam essas informações na internet, pois ao averbar a escritura no registro civil haverá indicação do cartório, livro, folhas e datas em que foi lavrada, permitindo que qualquer pessoa tenha acesso a essa informação visando se dirigir ao tabelionato de notas e requerer uma certidão com as informações completas.

O sigilo das escrituras de inventário é dever não apenas dos tabeliães, mas também dos registradores imobiliários.

Isso é importante debater porque a referida escritura deve ser registrada no registro de imóveis, pois quando o registrador procede à anotação relativa aos bens imóveis, a cópia também fica arquivada no cartório ou em microfilme.

Assim, qualquer pessoa que se dirija à serventia de registro de imóveis, poderá retirar uma cópia desse documento, o que não pode acontecer.

Por esse motivo, entendemos que não basta a proibição ao tabelião de fornecer a certidão da escritura, mas ela deve ser estendida aos registradores para que isso não ocorra no registro de imóveis.

Enquanto isso não ocorre, uma saída seria solicitar ao tabelião, depois da lavratura da escritura, uma certidão de breve relato, que contenha somente as informações que interessam ao registro de imóveis, relativas a cada imóvel. Assim, a certidão de breve relato teria apenas a informação da partilha do bem que possui matrícula naquela serventia, e se fosse dada a sua cópia para terceiros pelo registro imobiliário, não divulgaria o restante do patrimônio inventariado.

Esse procedimento pode ser seguido também para o DETRAN, Junta Comercial, bancos etc.

A **Lei 12.527, de 18.11.2011**, que regulamenta o acesso a informações previsto no **inciso XXXIII do** *caput* **do art. 5.º da Constituição Federal** e dá outras providências, determina no art. 31 que:

> "**Art. 31.** O tratamento das informações pessoais deve ser feito de forma transparente e com respeito à intimidade, vida privada, honra e imagem das pessoas, bem como às liberdades e garantias individuais."

O § 1.º do referido artigo dispõe que as informações pessoais nele referidas, relativas à intimidade, vida privada, honra e imagem:

> "I – terão seu acesso restrito, independentemente de classificação de sigilo e pelo prazo máximo de 100 (cem) anos a contar da sua data de produção, a agentes públicos legalmente autorizados e à pessoa a que elas se referirem; e
>
> II – poderão ter autorizada sua divulgação ou acesso por terceiros diante de previsão legal ou consentimento expresso da pessoa a que elas se referirem".

Infelizmente essa conduta não é adotada por muitos registradores e tabeliães ao fornecerem certidões e cópias de documentos arquivados no registro imobiliário.

O art. 5.º, X, da **Constituição Federal**, citado no dispositivo acima, estabelece:

"**Art. 5.º** Todos são iguais perante a lei, sem distinção de qualquer natureza, garantindo-se aos brasileiros e aos estrangeiros residentes no País a inviolabilidade do direito à vida, à liberdade, à igualdade, à segurança e à propriedade, nos termos seguintes:

(...)

X – são invioláveis a intimidade, a vida privada, a honra e a imagem das pessoas, assegurado o direito a indenização pelo dano material ou moral decorrente de sua violação;"

O citado artigo é o que dá fundamento aos direitos da personalidade (descritos nos **arts. 11 e seguintes do Código Civil**), tais como a intimidade e a vida privada.

Com a leitura dos §§ 1.º e 3.º do **art. 31 da referida Lei**, verifica-se que o fornecimento de documentos que tratam de assuntos que expõem a intimidade e a vida privada de alguém só pode ser feito a própria pessoa, ou a alguém por ela autorizado ou que tenha em mãos uma autorização judicial que a permita ter acesso a ele.

Quem não tiver vínculo de direito de família com as partes deve provar em juízo por que deve ter acesso ao documento. Esse entendimento encontra amparo na Constituição Federal, já que os direitos da personalidade encontram proteção em cláusula pétrea.

Entendemos também que a conclusão que acabamos de apresentar em nada compromete os **arts. 16 a 20 da Lei 6.015, de 31.12.1973** (Lei de Registros Públicos).

O art. 16 da Lei de Registros Públicos determina que os oficiais e os encarregados das repartições em que se façam os registros são obrigados a lavrar certidão do que lhes for requerido e a fornecer às partes as informações solicitadas. O presente dispositivo não prevê que os registradores de imóveis e civis são obrigados a fornecer cópia de documentos arquivados ou digitalizados para comprovar a expressão da verdade do registro ou da averbação realizada.

Notem que o artigo fala em fornecer certidões do que está no registro (e não em outro documento relacionado ao seu conteúdo) e informações referentes ao registro (e não, novamente, o que está arquivado na serventia).

O **art. 17 da mesma lei** determina que qualquer pessoa pode requerer certidão do registro sem informar ao oficial ou ao funcionário o motivo ou interesse do pedido. Novamente, verifica-se que está clara a obrigatoriedade do fornecimento da certidão do registro e não de documentos de outros locais nele arquivados. Ademais, apesar de o citado dispositivo determinar que o requerente de uma certidão não tem obrigatoriedade em informar o motivo do pedido, isso não impede o oficial de identificá-lo para armazenar a informação em seu sistema, caso esse dado seja requerido em juízo.

Cumpre novamente lembrar que o Código de Normas da Corregedoria-Geral de Justiça do Estado do Paraná, no item 11.11.8.6, já traz regra no sentido de que a certidão da escritura de inventário não pode ser fornecida para terceiros (somente as partes, seus advogados ou procuradores), motivo pelo qual não há a mínima possibilidade de aplicação, *in casu*, do art. 20 da Lei de Registros Públicos, que determina, no caso de recusa ou retardamento na expedição da certidão, a permissão ao interessado de reclamar à autoridade competente, que aplicará, se for o caso, a pena disciplinar cabível.

Primeiro, queremos esclarecer ao tabelião que o **art. 20 da Lei de Registros Públicos** é inconstitucional no caso das escrituras de divórcio e inventário, por macular uma garantia fundamental que é o direito à intimidade e à vida privada.

Segundo, se os tribunais, por meio de provimentos, adotassem a mesma posição do Paraná, não haveria possibilidade de sanção na hipótese de negativa em fornecer tal documento. É necessário, ainda, que o estado do Paraná inclua também na proibição citada as escrituras de inventário, e que os outros estados adotem a mesma postura, para que não haja receio do tabelião em negar tal certidão.

Nos autos do **Processo n.º 0000349-38.2016.8.26.0100**, que tramitou na **2.ª Vara de Registros Públicos da Comarca da Capital do Estado de São Paulo**, foi analisado um ofício da Egrégia Corregedoria-Geral da Justiça (Of. n. 4050/MMAL/DICOGE 5.1, Proc. n. 2015/189848) solicitando manifestação acerca de sugestão apresentada pelo Sr. C d S G acerca da imposição de sigilo ou exigência de mais informações pessoais para pedido de certidão do ato notarial por terceiros.

Na decisão, o magistrado afirmou que, como é cediço, a regra dos atos notariais é a publicidade, o sigilo encerra exceção imposta por determinação legal e, segundo ele, no caso do inventário extrajudicial a legislação não prevê sigilo algum, portanto, a par das nobres razões invocadas, respeitosamente, não cabe limitação à publicidade. Ele ainda afirmou que parece ser contrário aos implementos da sociedade da informação a limitação da solicitação de certidões pela internet, bem como a exigência de dados pessoais do solicitante para além do mínimo necessário.

Por esses motivos, nos autos do processo em epígrafe, o entendimento do magistrado foi no sentido do não acolhimento das sugestões apresentadas. Essa decisão foi publicada no DJe/SP em 29.01.2016.

Data maxima venia, com todo o respeito lamentamos profundamente esta posição, pois com ela não concordamos, já que, como foi afirmado acima, na sociedade em que vivemos o sigilo nessas escrituras se impõe.

Assim, para resumir, entendemos que o tabelião deve se negar a fornecer não só as certidões de escrituras de divórcio, mas também as de inventário, mesmo que em seu estado, no código de normas, não exista regra nesse sentido, sob pena de serem responsabilizados civilmente por atentar contra direitos da personalidade garantidos por cláusula pétrea (intimidade e vida privada), já que o dano decorrente da sua violação deverá ser indenizado (art. 12 do Código Civil).

24. DA ATRIBUIÇÃO DE VALORES PARA CERTOS DIREITOS NA ESCRITURA DE INVENTÁRIO, PRINCIPALMENTE O QUE DECORRE DE CONTA BANCÁRIA DO FALECIDO

Na hora de se lavrar a escritura de inventário, muitas dúvidas surgem com relação à atribuição de valores para certos direitos.

Se o bem for imóvel, atribui-se o valor venal no mínimo, ou o valor de referência (criado pelo Estado) para se ter a base de cálculo do ITCMD.

Em se tratando de cotas de pessoa jurídica, o valor atribuído para compor a base de cálculo do ITCMD não será do capital social, mas sim do balanço na data do óbito, pois há empresas que possuem patrimônio maior do que o capital social.

Mas ocorre que, se o bem for móvel, haverá uma grande dificuldade, em certos casos, de estabelecer o seu valor.

Como exemplo, citamos o caso de ter que se inventariar uma licença para instalação de banca de jornal em local público, ou um alvará de táxi que permita exercer a profissão de taxista.

Ante a dificuldade dos exemplos acima, recomenda-se que seja atribuído um valor qualquer apenas para fins fiscais, como, por exemplo, R$ 1.000,00, a menos que seja possível verificar no mercado qual é o valor correto do bem para fins de transferência. O problema é que nos exemplos acima se trata de bens que não podem ser comercializados, motivo pelo qual não têm valor comercial. Apesar de poderem ser transferidos para terceiros, os alvarás de taxistas não podem ser objeto de cessão onerosa, sob pena de serem cassados pela administração pública municipal.

Cumpre noticiar que no caso de se fazer o inventário de cotas de pessoa jurídica há estados que estão exigindo o balanço patrimonial desta (como é o caso de São Paulo) para se verificar se o montante de patrimônio que ela possui condiz com o valor do capital social, para que não se faça o inventário de uma empresa que tem como capital R$ 100.000,00 e patrimônio de R$ 10.000.000,00, pois nesse caso há mudança na base de cálculo do ITCMD.

Se a empresa não estiver obrigada a fazer balanço, será exigido que o contador prepare e assine o "balanço de determinação", que conterá essas informações necessárias.

Conforme pesquisa de jurisprudência realizada junto ao STJ, Superior Tribunal de Justiça do Brasil, constata-se um avanço e consolidação de um conceito de avaliação de sociedades em funcionamento, chamado Balanço de Determinação.

Apesar de ainda não normatizado pelo Conselho Federal de Contabilidade ou qualquer órgão de perícia técnica contábil, o Balanço de Determinação vem sendo indicado pelos magistrados como metodologia de apuração de valor de empresas e de haveres judiciais junto aos seus acionistas e quotistas em processos de cisão ou dissolução parcial de sociedades.

A elaboração deste texto justifica-se, portanto, por apresentar, segundo as teorias de finanças, as principais metodologias de avaliação de empresas e compará-las em seus conceitos com o Balanço de Determinação, explorando as diferenças conceituais e suas dificuldades de aplicação, sempre em busca de uma maior proximidade entre a teoria e a prática.

Na hipótese de se inventariar ações comercializadas em bolsa, a CVM é quem deverá providenciar um relatório sobre o valor dessas ações na data do óbito. Em São Paulo, a BOVESPA oferece esse serviço de informação, que pode ser solicitado no *site* www.bmfbovespa.com.br.

No caso de ações judiciais em curso, como, por exemplo, uma ação de indenização ou de execução, deve-se atribuir o valor da causa para fins de ITCMD, ou esperar o seu desfecho, momento em que deve ser feita uma escritura de sobrepartilha.

Mas o grande problema que se tem encontrado quanto à determinação de valores é com o saldo bancário do falecido na data do óbito.

Com o advento da internet é muito difícil o cliente guardar extratos bancários atualizados de suas contas, principalmente porque muitos bancos nem mandam os extratos com tanta frequência. Dessa forma, a única saída para se obter o saldo atualizado no momento do óbito em conta-corrente, poupança ou em aplicação financeira é obter um extrato atualizado, que depende de requerimento dos herdeiros.

Em razão do sigilo que envolve tais informações, que fazem com que os bancos neguem esse extrato para qualquer pessoa que não o correntista, no inventário judicial costuma-se pedir um ofício ao magistrado para que o banco preste tais informações, pois cumpre salientar que o extrato bancário é documento que deve ser apresentado à fazenda estadual para se obter a homologação do ITCMD.

Dessa forma, quando o inventário é realizado por escritura pública, muitos bancos têm se negado a fornecer tal documento aos herdeiros, munidos da cópia da certidão de óbito do cliente.

Por esse motivo, alternativa não há senão a do tabelião providenciar um ofício, em papel timbrado do cartório, solicitando ao banco que forneça tal informação, indicando que naquele tabelionato será lavrada a escritura. Por isso é que se torna muito importante aos tabelionatos manter uma numeração de inventário, como a que o registrador imobiliário faz no livro protocolo quando realiza a prenotação, do título que será futuramente registrado. Esse procedimento mostraria ao banco que foi iniciado um procedimento administrativo de abertura do inventário, o que daria maior credibilidade ao documento.

Nesse ofício o tabelião pode pedir que o extrato seja enviado diretamente ao tabelionato, o que acreditamos ser o mais correto, ou indicar que o inventariante irá retirá-lo, hipótese em que o nome dessa pessoa deve ser descrito no ofício e este assinado também por ele. Há várias notícias de que os bancos estão aceitando esse tipo de procedimento.

25. DA NÃO INCIDÊNCIA DO ITCMD E DA DESNECESSIDADE DE SE INVENTARIAR VALORES RECEBIDOS A TÍTULO DE SEGURO DE VIDA

O contrato de seguro de vida, normatizado pelo **art. 789 e seguintes do Código Civil**, é exemplo de uma estipulação em favor de terceiro (**art. 436 do Código Civil**), em que uma pessoa contrata com a seguradora o pagamento de uma indenização para certa pessoa quando da ocorrência da sua morte.

Assim sendo, a dúvida que surge é se esse valor deve ser inventariado e se sobre ele incide o ITCMD.

Negativa é a resposta. O seguro de vida é um contrato que está condicionado a um evento futuro que é a morte do segurado. Porém, o valor indenizável não é de propriedade do segurado, motivo pelo qual não será inventariado já que não teremos transferência de titularidade do seu direito, que sempre pertenceu ao beneficiário desde que ocorrido o falecimento.

Por esse motivo é que não irá incidir o ITCMD no caso em tela, já que não se deve inventariar a indenização decorrente do seguro de vida, que será paga diretamente ao beneficiário, após apresentar a certidão de óbito do segurado.

Em resposta à **consulta tributária**[15] **395/2004** (de 24 de agosto de 2004), a **Fazenda do Estado de São Paulo** posicionou-se da seguinte maneira:

> "Seguro de Vida. Não incidência do imposto sobre valores recebidos a título de seguro de vida contratado em vida pelo 'de cujus' e tendo por beneficiários seu cônjuge e filhos".

A Consulente questionou dúvida quanto à incidência do ITCMD sobre os "valores recebidos de seguro de vida", tendo em vista "o silêncio da Lei Estadual (SP) 10.705 no seu artigo 3.º, incisos I, II e III, bem como em suas alterações", solicitando orientação, no caso de haver incidência, "de como proceder ao recolhimento do mesmo, bem como o valor, se houver, a ser recolhido".

Como a transmissão de bens e direitos por sucessão, prevista no art. 2.º, I, da Lei Estadual (SP) 10.705/2000 como hipótese de incidência do ITCMD, se concretiza justamente com a transmissão da herança, cumpre salientar que o "capital estipulado" no seguro de vida, que corresponde ao valor a ser pago ao beneficiário pelo segurador em caso de sinistro, não se considera herança, conforme disposto no art. 794 do Código Civil, motivo pelo qual o recebimento de valores a título de seguro de vida não se constitui em hipótese de incidência do imposto, o que foi respondido na consulta formulada.

Os planos de previdência privada, tanto o Plano Gerador de Benefício Livre (PGBL) quanto o Vida Gerador de Benefício Livre (VGBL), diferentemente de outras aplicações financeiras, não entram no inventário, em caso de morte do titular, motivo pelo qual constitui hoje uma das formas mais simples e eficazes de planejamento sucessório.

Os argumentos são os mesmos utilizados acima para o contrato de seguro, pois se trata de um contrato atípico que prevê o pagamento dos depósitos e rendimentos a um beneficiário, ou seja, trata-se de um contrato híbrido que possui um pouco das regras do seguro de vida.

Se tais valores não entram no inventário, isso significa que também, a exemplo do que já foi dito, não incide o ITCMD.

Nesse contrato, o dinheiro depositado em um plano de previdência é disponibilizado em uma semana, no máximo, depois de apresentada a documentação exigida pela seguradora (normalmente, certidão de óbito e documento de identificação dos beneficiários). Vale lembrar, ainda, que a flexibilidade de PGBLs e VGBLs, a exemplo do que ocorre com o contrato de seguro de vida, permite que os beneficiários sejam alterados, em vida, a qualquer momento.

---

15. Disponível em: <http://www.apet.org.br/consulta_tributaria/pdf/consu.esta24.8.doc>. Acesso em: 22 abr. 2010.

26. DA NECESSIDADE DE SE REGISTRAR O DIREITO REAL DE HABITAÇÃO DO CÔNJUGE E DO COMPANHEIRO DESCRITO NA ESCRITURA PÚBLICA E INVENTÁRIO EXTRAJUDICIAL

O direito real de habitação, segundo o **art. 1.414 do Código Civil**, consiste no seguinte:

> "**Art. 1.414.** Quando o uso consistir no direito de habitar gratuitamente casa alheia, o titular deste direito não a pode alugar, nem emprestar, mas simplesmente ocupá-la com sua família".

Com a leitura do citado dispositivo, verifica-se que o direito real de habitação é aquele que permite a alguém morar gratuitamente em imóvel alheio. Este direito pode ser convencional, por força de acordo de vontade em escritura pública, ou legal, se conferido por lei.

Como exemplo de direito real de habitação conferido por lei temos o que é dado ao cônjuge, consoante **o art. 1.831 do Código Civil**, que determina:

> "**Art. 1.831.** Ao cônjuge sobrevivente, qualquer que seja o regime de bens, será assegurado, sem prejuízo da participação que lhe caiba na herança, o direito real de habitação relativamente ao imóvel destinado à residência da família, desde que seja o único daquela natureza a inventariar".

O requisito para a concessão do direito real de habitação ao cônjuge viúvo é que só haja um imóvel destinado à moradia a ser inventariado, independentemente do regime de bens.

Com o reconhecimento da inconstitucionalidade do art. 1.790 do CC pelo **STF**, que determinou a aplicação ao companheiro de todas as regras sucessórias do cônjuge, o direito concedido no art. 1.831 do CC se estende a quem vivia em união estável e ficou viúvo (a), colocando fim às discussões que antes existiam sobre isso.

Assim sendo, por se tratar de direito real sobre bem imóvel, que será oponível *erga omnes* e irá gerar direito de sequela, pergunta-se se é necessário registrar tal direito na matrícula do imóvel.

Para a **Lei de Registros Públicos**, negativa é a resposta, por força do **art. 167, I, item 7**, que determina:

> "**Art. 167.** No Registro de imóveis, além da matrícula, serão feitos:
> I – o registro:
> (...)
> 7) do usufruto e do uso sobre imóveis e da habitação, quando não resultarem do direito de família;"

Da leitura do citado artigo verifica-se que não se registra direito real de habitação e nem usufruto, quando provenientes do direito de família.

O usufruto mencionado na lei é o que possuem os pais com relação aos bens dos filhos menores, e que está descrito no art. 1.689 do **Código Civil**, que disciplina:

> "**Art. 1.689.** O pai e a mãe, enquanto no exercício do poder familiar:
> I – são usufrutuários dos bens dos filhos;
> II – têm a administração dos bens dos filhos menores sob sua autoridade".

Entendemos que isso é um verdadeiro absurdo, pois não pode existir direito real sobre imóvel sem registro, pois isso causa imensa insegurança jurídica, haja vista que o adquirente de imóvel só retira certidão imobiliária para saber se o imóvel tem algum ônus e, certamente, nunca irá se preocupar em pegar o formal de partilha ou a escritura de inventário, se o alienante recebeu o imóvel a título de sucessão, para saber se há direito real de habitação do cônjuge ou companheiro.

Dessa forma, orientamos que os tabeliães façam constar tal direito na escritura, e que os registradores imobiliários façam constar do extrato que será registrado na matrícula do imóvel, menção ao direito real de habitação, que pode ser feito em apenas uma linha, apenas para dar segurança jurídica para terceiros.

27. DA DECLARAÇÃO DE RENDA DO ESPÓLIO

Lavrada a escritura de inventário, surge uma obrigação para o inventariante que é de entregar a Declaração de Imposto de Renda do espólio.

Segundo o § 4.º do art. 7.º da Lei 9.250/1995, homologada a partilha ou feita a adjudicação de bens, deverá ser apresentada pelo inventariante, no **prazo de 30 dias, contados da data** em que transitar a sentença respectiva ou **da lavratura da escritura de inventário**, a declaração dos rendimentos **correspondentes ao período de 1.º de janeiro até a data da partilha ou adjudicação**.

Urge lembrar que o § 5.º do art. 7.º da Lei 9.250/1995 estabelece que, se a homologação ou adjudicação ocorrer antes do prazo anualmente fixado para a entrega das declarações de rendimentos, juntamente com a declaração mencionada no parágrafo anterior, deverá ser entregue, também, a declaração dos rendimentos correspondentes ao ano-calendário anterior.

Assim sendo, recomendamos aos tabeliães que **façam constar da escritura** que as partes foram avisadas sobre o prazo para entrega da citada declaração.

Por esse motivo, deve ser verificado se há diferença entre o valor do bem que consta da declaração de renda do falecido e o que foi indicado na escritura de inventário, pois, se existir, haverá o chamado ganho de capital, que gera imposto sobre esse montante que será considerado como renda.

O **art. 23 da Lei 9.532/1997** estabelece que na transferência do direito de propriedade por sucessão, nos casos de herança, legado ou por doação (em adiantamento de legítima), os bens e direitos poderão ser avaliados pelo valor de mercado ou pelo constante da declaração de bens (IRPF) do *cujos* ou do doador. Por esse motivo é que, se o valor da avaliação ou de referência (quando houver na localidade), for maior que o constante da declaração do falecido, é melhor que se peça ao tabelião para atribuir na escritura esse último, pois assim impede-se o ganho de capital. Nesse caso, o valor da avaliação ou de referência serviria para a base de cálculo do ITCMD, das custas da escritura e dos emolumentos de registro imobiliário, até porque nem sempre ele representa a realidade, e o valor atribuído ao bem na escritura (IRPF), para fazer constar na declaração de renda do espólio e depois na do herdeiro, evitando-se, dessa forma, a referida tributação.

Agora, se a transferência for feita pelo valor de mercado, segundo o § 1.º do art. 23 da Lei 9.532/1997, da diferença entre esse valor e o que constava da declaração de renda do falecido será tributada a **alíquota de 15%**. Esse imposto deve ser pago, segundo o § 2.º do mesmo artigo:

> "I – pelo inventariante, até a data prevista para entrega da declaração final de espólio, nas transmissões **mortis causa,** observado o disposto no art. 7.º, § 4.º, da Lei n.º 9.250, de 26 de dezembro de 1995;
>
> II – pelo doador, até o último dia útil do mês-calendário subsequente ao da doação, no caso de doação em adiantamento da legítima;
>
> III – pelo ex-cônjuge a quem for atribuído o bem ou direito, até o último dia útil do mês subsequente à data da sentença homologatória do formal de partilha, no caso de dissolução da sociedade conjugal ou da unidade familiar".

Segundo o art. 7.º, § 4.º, da Lei n.º 9.250, de 26 de dezembro de 1995, citada no item I acima, homologada a partilha ou feita a adjudicação dos bens, deverá ser apresentada pelo inventariante, dentro de trinta dias contados da data em que transitar em julgado a sentença respectiva, declaração dos rendimentos correspondentes ao período de 1.º de janeiro até a data da homologação ou adjudicação.

6
DOS MODELOS DE ESCRITURAS[1]

1. DIVÓRCIO COM BENS – COM CESSÃO GRATUITA – DÍVIDAS E CÃES

I – Local: República Federativa do Brasil, SP, São Paulo, Praça João Mendes, n. 42, 1º andar, no 26º Tabelionato de Notas de São Paulo.

II – Data: _____.

III – Partes:

1) _____ (qualificação do divorciando) _____

2) _____ (qualificação da divorcianda) _____

3) **advogado(a):** _____ (qualificação do advogado) _____

IV – Declarações iniciais: Então, pelas partes, acompanhadas de seu(sua) advogado(a) constituído(a), me foi dito que desejam realizar o seu divórcio consensual e partilha dos bens.

V – Casamento: Contraíram matrimônio no dia _____, conforme assento feito sob matrícula nº _____, nos termos da certidão emitida em _____, do Registro Civil das Pessoas Naturais do _____ º Subdistrito – _____, sob o regime patrimonial da _____, a qual fica arquivada nestas notas na pasta própria.

VI – Filhos: Os outorgantes não possuem filhos comuns.

VII – Requisitos do divórcio: Por motivos pessoais não desejam mais permanecerem casados e declaram, de sua espontânea vontade, livre de qualquer coação, sugestão ou induzimento, que desejam realizar o seu divórcio consensual. Declaram ainda que o divórcio que ora requerem e realizam preserva os interesses dos cônjuges e não prejudica o interesse de terceiros.

VIII – Aconselhamento e assistência jurídica: Pelo(a) advogado(a) constituído(a) pelos dois outorgantes, foi dito que, tendo ouvido ambas as partes, aconselhou e advertiu das consequências do divórcio. As partes declararam perante o(a) advogado(a) e este tabelião estarem convictas de que a dissolução do casamento é a melhor solução para ambos.

IX – Divórcio: Assim, em cumprimento ao pedido e vontade dos outorgantes, atendidos os requisitos legais, pela presente escritura, nos termos do artigo 733 do Código de Processo Civil e da Emenda Constitucional nº 66, de 13 de julho de 2010, fica dissolvido o vínculo conjugal entre eles, que passam a ter o estado civil de divorciados.

---

1. Todos os modelos de escrituras constantes nesse capítulo, foram elaboradas e gentilmente cedidas pela competente escrevente do 26.º Tabelionato de Notas da Cidade de São Paulo, Patrícia Rosa, minha dileta amiga, a quem agradeço publicamente a generosidade em dividir com meus leitores sua experiência notarial, fruto de muitos anos de dedicação às escrituras. Por isso peço que façam as necessárias adaptações ao texto, quando forem usá-las.

X – Efeitos do divórcio: Em decorrência deste divórcio ficam extintos todos os deveres do casamento, exceto os deveres em relação aos filhos.

XI – Nome das partes: Inalterados. **OU** A esposa volta a adotar o seu nome de solteira, qual seja: _____.

XII – Pensão alimentícia: O direito a alimentos não será exercido por nenhum dos outorgantes em razão de terem meios próprios suficientes para se manterem.

XIII – Bens: Adquiriram, durante seu casamento, os seguintes bens comuns, que totalizam o valor de **R$ 82.189,00** (oitenta e dois mil e cento e oitenta e nove reais):

A) **Automóvel:** _____, combustível _____, cor _____, placa _____, categoria particular, ano de fabricação _____, modelo _____, chassis _____, inscrito no RENAVAM sob número _____, licenciado pelo Detran (Ciretran – Demutran etc.) de _____, no Município de _____, avaliado pela FIPE – Fundação Instituto de Pesquisas Econômicas pelo valor de **R$ 52.189,00** (cinquenta e dois mil e cento e oitenta e nove reais).

B) **Quotas de Capital Social: 20.000** (vinte mil) quotas de capital social da empresa denominada "_____", situada nesta Capital, na _____ nº ____, _____, CEP _____, inscrita no CNPJ sob nº _____, no valor de **R$ 20.000,00** (vinte mil reais), sendo optante do simples nacional e não possui escrituração contábil referente ao ano fiscal de 2020. As partes atribuem a este bem, para efeitos fiscais, o valor de **R$ 20.000,00** (vinte mil reais).

C) **Quotas de Capital Social: 10.000** (dez mil) quotas de capital social da empresa denominada "_____", situada nesta Capital, na _____ nº ____, _____, CEP _____, inscrita no CNPJ sob nº _____, no valor de **R$ 10.000,00** (dez mil reais), e patrimônio líquido no valor *negativo* de *R$ 151.426,81 (cento e cinquenta e um mil e quatrocentos e vinte e seis reais e oitenta e um centavos)*. As partes atribuem a este bem, para efeitos fiscais, o valor de **R$ 10.000,00** (dez mil reais).

XIV – Cessão de Direitos: Possuindo o outorgante _____, outros bens e meios necessários à sua sobrevivência, **CEDE E TRANSFERE** a título de doação, parte do quinhão que lhe cabe de seu patrimônio líquido dos bens adquiridos na constância do casamento, à outorgante _____, pelo valor de **R$ 21.094,50** (vinte e um mil e noventa e quatro reais e cinquenta centavos), transferindo-lhe desta forma toda a posse, domínio, direitos e ações sobre os direitos mencionados. A donatária declara não ter recebido do doador outro bem, móvel ou imóvel, e, portanto, a doação, neste ano, não ultrapassa o limite legal de 2.500 UFESPS, ou seja, _____. O cedente declara que não sendo empregador, não está sujeito às exigências da Lei 8.212/91, bem como nos dispositivos do Regulamento da Previdência Social, aprovado pelo Decreto nº 3.048/99, e posteriores alterações. O doador declara que a doação é feita da parte disponível (arts. 2005 e 2006 do Código Civil) e respeitada a legítima (art. 549 do Código Civil).

XV – Partilha: Os outorgantes resolvem partilhar seus bens comuns, da seguinte forma:

(1) Ao primeiro outorgante, _____, caberá o seguinte bem: a totalidade (100%) das quotas de capital social da empresa mencionadas no item XIII, letra B, no valor de **R$ 20.000,00** (vinte mil reais).

(2) À segunda outorgante, _____, caberão os seguintes bens: a totalidade (100%) do automóvel mencionado no item XIII, letra A, no valor de ***R$ 52.189,00*** *(cinquenta* *e dois mil e cento e oitenta e nove reais)* e a totalidade (100%) das quotas de capital social da empresa mencionadas no item XIII, letra C, no valor de **R$ 10.000,00** *(dez mil reais)*, totalizando o valor de **R$ 62.189,00** (sessenta e dois mil e cento e oitenta e nove reais).

(3) Pela partilha dos bens, as partes se outorgam mútua e reciprocamente a irrevogável e plena quitação.

XVI – Tributos:

(1) ITCMD (IMPOSTO DE TRANSMISSÃO CAUSA MORTIS E DOAÇÃO) – As partes apresentaram a declaração de bens isentos e tributáveis do imposto de doação, sob n° _____, conforme disciplina da Secretaria da Fazenda do Estado de São Paulo e o respectivo imposto de transmissão foi recolhido no dia _____, na rede Bancária, conforme guias no valor total de _____. Este Tabelião atesta a veracidade dos valores dos bens e dos direitos informados nas respectivas declarações, como determinam as normas administrativas da Secretaria da Fazenda Estadual (Decreto Estadual nº 56.693/2011 e posterior regulamentação).

(2) DOI – Declaração Sobre Operações Imobiliárias: emitida.

XVII – Certidões e documentos apresentados e arquivados: Os documentos apresentados ficam arquivados nestas notas em cópia digital:

(1) Documentos de identidade das partes e estado civil dos divorciandos; **(2)** Certificado de propriedade do veículo mencionado no item XIII, letra A; **(3)** Cópia autenticada dos contratos sociais da empresas mencionadas no item XIII, letras B e C; **(4)** Certidão Negativa de Débitos Relativos aos Tributos Federais e à Dívida Ativa da União: _____; **(5)** Declaração de ITCMD; **(6)** Certidão Negativa de Débitos Trabalhistas em nome de todas as partes, emitidas dentro do prazo legal (Consolidação das Leis do Trabalho, art. 642-A e Resolução Administrativa nº 1470/2011 do TST, de 24 de agosto de 2011); **(7)** Central de Indisponibilidades: Negativa – _____

XVIII – Declarações das partes:

(1) As partes recusaram a reconciliação.

(2) As partes declaram que o cônjuge virago não se encontra em estado gravídico, ao que saibam.

(3) Dívidas: 3.1) O outorgante _____ ficará responsável pelo pagamento integral de todas as dívidas firmadas em seu nome, dentre elas, o empréstimo pessoal no valor de **R$ 161.793,04** *(cento e sessenta e um mil e setecentos e noventa e três reais e quatro centavos)*, realizado junto ao Banco Santander. **3.2)** A outorgante _____ ficará responsável pelo pagamento integral de todas as dívidas firmadas em seu nome, dentre elas, o valor de **R$ 3.735,92** (três mil e setecentos e trinta e cinco reais e noventa e dois centavos), junto ao Banco Santander, **R$ 2.050,30** (dois mil e cinquenta reais e trinta centavos), junto à Caixa Econômica Federal e **R$ 2.992,24** (dois mil e novecentos e noventa e dois reais e vinte e quatro centavos), junto à Caixa Econômica Federal.

(4) Cães: os cães Branca (raça poodle, cor branca), Nina (raça não definida, cor marrom) e Tobby (raça poodle, cor cinza), permanecerão com a outorgante _____.

(5) Não existem feitos ajuizados fundados em ações reais ou pessoais reipersecutórias que afetem os bens e direitos partilhados.

(6) Não são empregadores rurais ou urbanos e não estão sujeitos às prescrições da lei previdenciária em vigor.

(7) Afirmam **sob responsabilidade civil e criminal** que os fatos aqui relatados e declarações feitas são a exata expressão da verdade.

(8) Requerem e autorizam o Oficial de Registro Civil das Pessoas Naturais e de Interdições e Tutelas do Município e Comarca de _____, deste Estado, a efetuar a averbação necessária para que conste o presente divórcio consensual, passando as partes ao estado civil de divorciadas.

(9) Requerem, como previsto na Lei 8.935/94, art. 30, inciso VI, confidencialidade a respeito desta escritura.

(10) A escritura foi lida e compreendida, sem que restassem dúvidas sobre o ato e seus efeitos. Concordam integralmente com o teor deste ato, autorizando a sua redação, outorgando e assinando-a.

XIX – Declarações do tabelião:

(1) Autenticação: Reconheço a identidade e estado civil dos presentes, a vista dos respectivos documentos de identidade e do registro civil apresentados, bem como suas capacidades para o ato.

(2) O tabelião informou às partes que, segundo a lei 7.433/85, com a redação dada pela Lei 13.097, de 19.01.2015, não poderão ser opostas situações jurídicas não constantes da matrícula no cartório do registro de imóveis, inclusive para fins de evicção, ao terceiro de boa-fé que adquirir ou receber em garantia direitos reais sobre o imóvel, ressalvados o disposto nos art. 129 e art. 130 da Lei nº 11.101, de 9 de fevereiro de 2005, e as hipóteses de aquisição e extinção da propriedade que independam de registro de título de imóvel. Por este motivo, não se apresentam as certidões de feitos ajuizados.

(3) Foram cumpridas as exigências documentais constantes da Lei Federal nº 7.433, de 18 de dezembro de 1985, tal como regulamentada pelo citado Decreto nº 93.240/86 e pelas normas de Serviço da Corregedoria Geral de Justiça do Estado de São Paulo.

(4) Cientificou as partes de que podiam obter a prévia Certidão Negativa de Débitos Trabalhistas (CNDT), nos termos do art. 642-A da CLT, com a redação dada pela Lei nº 12.440/2011, o que foi feito.

(5) Orientou sobre a necessidade de apresentação do traslado desta escritura no registro civil do assento de casamento para a necessária averbação.

(6) Informou às partes que o ato e esta escritura não têm sigilo (CNJ, Resolução 35, art. 42).

(7) Esclareceu sobre as normas legais e os efeitos atinentes a este negócio, em especial sobre os artigos citados nesta escritura.

(8) Escrevente: Na lavratura desta escritura, participa a escrevente abaixo indicada praticando as seguintes ações: recepção e aconselhamento das partes, identificação e verificação da capacidade, qualificação legal, elaboração do ato e sua redação, diligências indispensáveis ou convenientes ao ato, coleta de assinaturas.

(9) Fé notarial: Dou fé das declarações contidas neste instrumento, dos documentos apresentados e arquivados, ou não, das autenticações feitas e de que a escritura foi lida e assinada pelas partes presentes.

Escrevente: _____
Tabeliã Substituta: _____

2. DIVÓRCIO COM BENS – COM CESSÃO ONEROSA

I – Local: República Federativa do Brasil, SP, São Paulo, Praça João Mendes, n. 42, 1º andar, no 26º Tabelionato de Notas de São Paulo.

II – Data: _____.

III – Partes:

1) _____ (qualificação do divorciando) _____

2) _____ (qualificação da divorcianda) _____

3) **advogado(a):** _____ (qualificação do advogado) _____

IV – Declarações iniciais: Então, pelas partes, acompanhadas de seu(sua) advogado(a) constituído(a), me foi dito que desejam realizar o seu divórcio consensual e partilha dos bens.

V – Casamento: Contraíram matrimônio no dia _____, conforme assento feito sob matrícula nº _____, nos termos da certidão emitida em _____, do Registro Civil das Pessoas Naturais do _____ Subdistrito – _____, sob o regime patrimonial da _____, a qual fica arquivada nestas notas na pasta própria.

VI – Filhos: Os outorgantes não possuem filhos comuns.

VII – Requisitos do divórcio: Por motivos pessoais não desejam mais permanecerem casados e declaram, de sua espontânea vontade, livre de qualquer coação, sugestão ou induzimento, que desejam realizar o seu divórcio consensual. Declaram ainda que o divórcio que ora requerem e realizam preserva os interesses dos cônjuges e não prejudica o interesse de terceiros.

VIII – Aconselhamento e assistência jurídica: Pelo(a) advogado(a) constituído(a) pelos dois outorgantes, foi dito que, tendo ouvido ambas as partes, aconselhou e advertiu das consequências do divórcio. As partes declararam perante o(a) advogado(a) e este tabelião estarem convictas de que a dissolução do casamento é a melhor solução para ambos.

IX – Divórcio: Assim, em cumprimento ao pedido e vontade dos outorgantes, atendidos os requisitos legais, pela presente escritura, nos termos do artigo 733 do Código de Processo Civil e da Emenda Constitucional nº 66, de 13 de julho de 2010, fica dissolvido o vínculo conjugal entre eles, que passam a ter o estado civil de divorciados.

X – Efeitos do divórcio: Em decorrência deste divórcio ficam extintos todos os deveres do casamento, exceto os deveres em relação aos filhos.

XI – Nome das partes: Inalterados. **OU** A esposa volta a adotar o seu nome de solteira, qual seja: _____.

XII – Pensão alimentícia: O direito a alimentos não será exercido por nenhum dos outorgantes em razão de terem meios próprios suficientes para se manterem.

XIII – Bens: Adquiriram, durante seu casamento, o seguinte bem comum, que totaliza o valor de **R$ 48.000,00** (quarenta e oito mil reais): **A)** _____ descrição do imóvel _____, CEP _____, no _____º Subdistrito – _____, no município de _____, SP, inscrito no _____º Oficial de Registro de Imóveis desta Capital, descrito e caracterizado na matrícula nº _____. **A.1 – AQUISIÇÃO:** O imóvel foi adquirido pelas partes em _____, pelo valor de _____, conforme consta no _____ da matrícula nº _____ do _____ Oficial de Registro de Imóveis _____. **A.2 – CADASTRO E VALOR:** O imóvel acha-se cadastrado na Prefeitura do Município de _____, sob nº _____, com valor venal atribuído para o exercício de 2021 de **R$ 88.168,37** (oitenta e oito mil e cento e sessenta e oito reais e trinta e sete centavos). As partes atribuem a este imóvel, para fins fiscais, o valor de **R$ 48.000,00** (quarenta e oito mil reais).

XIV – Cessão de Direitos: 14.1) Neste ato, a segunda outorgante _____, **CEDE E TRANSFERE** a título oneroso, a totalidade da parte que lhe cabe do imóvel mencionado no item XIII, letra A, ou seja, 1/2 (metade) ideal do bem, ao primeiro outorgante _____, pelo valor de **R$ 24.000,00** (vinte e quatro mil reais), pagos em 40 (quarenta) parcelas mensais, através de 40 (quarenta) notas promissórias, no valor de **R$ 600,00** (seiscentos reais), cada uma, com vencimento da primeira parcela no dia 05/05/2021 e as demais parcelas todo dia 5 (cinco) dos meses subsequentes, até o seu término. **14.2)** As referidas notas promissórias foram emitidas por _____ a favor de _____, conferidas e achadas conforme, entregues em caráter *pro soluto*, não incidindo sobre as mesmas, juros ou correção de qualquer natureza, motivo por que lhe é dada plena quitação, transferindo-lhe desta forma toda a posse, domínio, direitos e ações sobre os direitos mencionados.

XV – Partilha: Os outorgantes resolvem partilhar seus bens comuns, da seguinte forma:

(1) Em razão da cessão mencionado no item XIV, caberá ao primeiro outorgante, _____, a totalidade (100%) do imóvel mencionado no item XIII, letra A, no valor de **R$ 48.000,00** (quarenta e oito mil reais).

(2) Pela partilha do bem, as partes se outorgam mútua e reciprocamente a irrevogável e plena quitação.

XVI – Tributos:

(1) O imposto sobre transmissão de bens imóveis e de direitos a eles relativos **(ITBI)**, devido pela presente, no valor de **R$ 1.102,10** (um mil e cento e dois reais e dez centavos), foi recolhido na agência bancária, em _____.

(2) DOI – Declaração Sobre Operações Imobiliárias: emitida.

XVII – Certidões e documentos apresentados e arquivados: Os documentos apresentados ficam arquivados nestas notas em cópia digital:

(1) Documentos de identidade das partes e estado civil dos divorciandos;

(2) Certidão de propriedade do imóvel, expedida no prazo legal;

(3) Certidão negativa de tributos municipais: emitida pela Prefeitura de Praia Grande, deste Estado, através de processo informatizado – "Internet", expedida no prazo legal;

(4) Guia de ITBI;

(5) Certidão Negativa de Débitos Trabalhistas em nome de todas as partes, emitidas dentro do prazo legal, com base no art. 642-A da Consolidação das Leis do Trabalho, acrescentado pela Lei nº 12.440, de 7 de julho de 2011, e na Resolução Administrativa nº 1470/2011 do Tribunal Superior do Trabalho, de 24 de agosto de 2011;

(6) Central de Indisponibilidades: Negativa – _____.

XVIII – Declarações das partes:

(1) As partes recusaram a reconciliação.

(2) As partes declaram que o cônjuge virago não se encontra em estado gravídico, ao que saibam.

(3) O imóvel ora partilhado se encontra livre e desembaraçado de quaisquer ônus, dívidas, tributos de quaisquer naturezas e débito condominial, exceto com relação à alienação fiduciária mencionada no item XIII, letra A.1.

(4) Declaram terem ciência de que o registro da presente escritura dependerá do prévio cancelamento da alienação fiduciária mencionada no item XIII, letra A.1, junto ao Oficial de Registro de Imóveis competente, se responsabilizando por eventuais exigências registrais.

(5) Não existem feitos ajuizados fundados em ações reais ou pessoais reipersecutórias que afetem os bens e direitos partilhados.

(6) Não são empregadores rurais ou urbanos e não estão sujeitas às prescrições da lei previdenciária em vigor.

(7) Acordam que a segunda outorgante _____, permanecerá como dependente do primeiro outorgante _____ na Caixa de Assistência ao Servidor Público Municipal de Santos – CAPEP-SAÚDE, nos mesmos moldes em que se encontrava durante a constância do casamento, enquanto este se mantiver vinculado à Prefeitura Municipal na condição de servidor ou aposentado.

(8) Afirmam **sob responsabilidade civil e criminal** que os fatos aqui relatados e declarações feitas são a exata expressão da verdade.

(9) Requerem e autorizam o Oficial de Registro Civil das Pessoas Naturais do ____ Subdistrito – _____, desta Capital, a efetuar a averbação necessária para que conste o presente divórcio consensual, passando as partes ao estado civil de divorciadas.

(10) Requerem ainda aos Oficiais de Registro de imóveis competentes a efetuarem os registros e as averbações necessárias.

(11) Requerem, como previsto na Lei 8.935/94, art. 30, inciso VI, confidencialidade a respeito desta escritura.

(12) A escritura foi lida e compreendida, sem que restassem dúvidas sobre o ato e seus efeitos. Concordam integralmente com o teor deste ato, autorizando a sua redação, outorgando e assinando-a.

XIX – Declarações do tabelião:

(1) Autenticação: Reconheço a identidade e estado civil dos presentes, a vista dos respectivos documentos de identidade e do registro civil apresentados, bem como suas capacidades para o ato.

(2) O tabelião informou às partes que, segundo a lei 7.433/85, com a redação dada pela Lei 13.097, de 19.01.2015, não poderão ser opostas situações jurídicas não constantes da matrícula no cartório do registro de imóveis, inclusive para fins de evicção, ao terceiro de boa-fé que adquirir ou receber em garantia direitos reais sobre o imóvel, ressalvados o disposto nos art. 129 e art. 130 da Lei nº 11.101, de 9 de fevereiro de 2005, e as hipóteses de aquisição e extinção da propriedade que independam de registro de título de imóvel. Por este motivo, não se apresentam as certidões de feitos ajuizados.

(3) Foram cumpridas as exigências documentais constantes da Lei Federal nº 7.433, de 18 de dezembro de 1985, tal como regulamentada pelo citado Decreto nº 93.240/86 e pelas normas de Serviço da Corregedoria Geral de Justiça do Estado de São Paulo.

(4) Cientificou as partes de que podiam obter a prévia Certidão Negativa de Débitos Trabalhistas (CNDT), nos termos do art. 642-A da CLT, com a redação dada pela Lei nº 12.440/2011, o que foi feito.

(5) Orientou sobre a necessidade de apresentação do traslado desta escritura no registro civil do assento de casamento para a necessária averbação.

(6) Informou às partes que o ato e esta escritura não têm sigilo (CNJ, Resolução 35, art. 42).

(7) Esclareceu sobre as normas legais e os efeitos atinentes a este negócio, em especial sobre os artigos citados nesta escritura.

(8) Escrevente: Na lavratura desta escritura, participa a escrevente abaixo indicada praticando as seguintes ações: recepção e aconselhamento das partes, identificação e verificação da capacidade, qualificação legal, elaboração do ato e sua redação, diligências indispensáveis ou convenientes ao ato, coleta de assinaturas.

(9) Fé notarial: Dou fé das declarações contidas neste instrumento, dos documentos apresentados e arquivados, ou não, das autenticações feitas e de que a escritura foi lida e assinada pelas partes presentes.

Escrevente: _____

Tabeliã Substituta: _____

3. DIVÓRCIO COM BENS – PARTILHA IGUALITÁRIA

I – Local: República Federativa do Brasil, SP, São Paulo, Praça João Mendes, n. 42, 1º andar, no 26º Tabelionato de Notas de São Paulo.

II – Data: _____.

III – Partes:

1) _____ (qualificação do divorciando) _____

2) _____ (qualificação da divorcianda) _____

3) **advogado(a):** _____ (qualificação do advogado) _____

IV – Declarações iniciais: Então, pelas partes, acompanhadas de seu(sua) advogado(a) constituído(a), me foi dito que desejam realizar o seu divórcio consensual e partilha dos bens.

V – Casamento: Contraíram matrimônio no dia _____, conforme assento feito sob matrícula nº _____, nos termos da certidão emitida em _____, do Registro Civil das Pessoas Naturais do _____ Subdistrito – _____, sob o regime patrimonial da _____, a qual fica arquivada nestas notas na pasta própria.

VI – Filhos: Os outorgantes não possuem filhos comuns.

VII – Requisitos do divórcio: Por motivos pessoais não desejam mais permanecerem casados e declaram, de sua espontânea vontade, livre de qualquer coação, sugestão ou induzimento, que desejam realizar o seu divórcio consensual. Declaram ainda que o divórcio que ora requerem e realizam preserva os interesses dos cônjuges e não prejudica o interesse de terceiros.

VIII – Aconselhamento e assistência jurídica: Pelo(a) advogado(a) constituído(a) pelos dois outorgantes, foi dito que, tendo ouvido ambas as partes, aconselhou e advertiu das consequências do divórcio. As partes declararam perante o(a) advogado(a) e este tabelião estarem convictas de que a dissolução do casamento é a melhor solução para ambos.

IX – Divórcio: Assim, em cumprimento ao pedido e vontade dos outorgantes, atendidos os requisitos legais, pela presente escritura, nos termos do artigo 733 do Código de Processo Civil e da Emenda Constitucional nº 66, de 13 de julho de 2010, fica dissolvido o vínculo conjugal entre eles, que passam a ter o estado civil de divorciados.

X – Efeitos do divórcio: Em decorrência deste divórcio ficam extintos todos os deveres do casamento, exceto os deveres em relação aos filhos.

XI – Nome das partes: Inalterados. **OU** A esposa volta a adotar o seu nome de solteira, qual seja: _____.

XII – Pensão alimentícia: O direito a alimentos não será exercido por nenhum dos outorgantes em razão de terem meios próprios suficientes para se manterem.

XIII – Bens: Adquiriram, durante seu casamento, os seguintes bens comuns, que totalizam o valor de _____:

A) _____ descrição do imóvel _____, CEP _____, no _____º Subdistrito – _____, no município de _____, SP, inscrito no _____º Oficial de Registro de Imóveis desta Capital, descrito e caracterizado na matrícula nº _____. **A.1 – AQUISI-**

ÇÃO: O imóvel foi adquirido pelas partes em _____, pelo valor de _____, conforme consta no _____ da matrícula nº _____ do _____ Oficial de Registro de Imóveis _____. **A.2 – CADASTRO E VALOR:** O imóvel acha-se cadastrado na Prefeitura do Município de _____, sob nº _____, com valor venal atribuído para o exercício de _____ de _____. As partes atribuem a este imóvel, para fins fiscais, o valor de _____.

B) _____ descrição do imóvel _____, CEP _____, no _____º Subdistrito – _____, no município de _____, SP, inscrito no _____º Oficial de Registro de Imóveis desta Capital, descrito e caracterizado na matrícula nº _____. **B.1 – AQUISIÇÃO:** O imóvel foi adquirido pelas partes em _____, pelo valor de _____, conforme consta no _____ da matrícula nº _____ do _____ Oficial de Registro de Imóveis _____. **B.2 – CADASTRO E VALOR:** O imóvel acha-se cadastrado na Prefeitura do Município de _____, sob nº _____, com valor venal atribuído para o exercício de _____ de _____. As partes atribuem a este imóvel, para fins fiscais, o valor de _____.

C) Automóvel: _____, combustível _____, cor _____, placa _____, categoria particular, ano de fabricação _____, modelo _____, chassis _____, inscrito no RENAVAM sob número _____, licenciado pelo Detran (Ciretran – Demutran etc.) de _____, no Município de _____, avaliado pela FIPE – Fundação Instituto de Pesquisas Econômicas pelo valor de _____.

D) Saldo Bancário e Aplicações Financeiras: Saldo de aplicações financeiras no Banco _____, agência _____, no valor de _____.

XIV – Partilha: Os outorgantes resolvem partilhar seus bens comuns, da seguinte forma:

(1) Ao primeiro outorgante, _____, caberão os seguintes bens: a ½ (metade) ideal dos imóveis mencionados no item XIII, letras A e B, nos valores de _____ e _____, a ½ (metade) ideal do automóvel mencionado no item XIII, letra C, no valor de _____ e a ½ (metade) ideal do saldo bancário mencionado no item XIII, letra D, no valor de _____, totalizando seu quinhão, o valor de _____.

(2) À segunda outorgante, _____, caberão os seguintes bens: a ½ (metade) ideal dos imóveis mencionados no item XIII, letras A e B, nos valores de _____ e _____, a ½ (metade) ideal do automóvel mencionado no item XIII, letra C, no valor de _____ e a ½ (metade) ideal do saldo bancário mencionado no item XIII, letra D, no valor de _____, totalizando seu quinhão, o valor de _____.

(3) Tendo em vista que os valores dos quinhões atribuídos importam na totalidade do patrimônio e são idênticos, não haverá reposições. Pela partilha dos bens, as partes se outorgam mútua e reciprocamente a irrevogável e plena quitação.

XV – Tributos:

(1) Em virtude dos quinhões serem idênticos, não havendo reposição gratuita ou onerosa, não há incidência de ITBI ou ITCMD.

(2) DOI – Declaração Sobre Operações Imobiliárias: emitida.

XVI – Certidões e documentos apresentados e arquivados: Os documentos apresentados ficam arquivados nestas notas em cópia digital:

(1) Documentos de identidade e estado civil das partes; (2) Certidão de propriedade dos imóveis mencionados no item XIII, letras A e B, expedidas no prazo legal; (3) Certificado de propriedade do veículo mencionado no item XIII, letra C; (4) Extrato bancários da conta bancária mencionada no item XIII, letra D; (5) Certidão Conjunta de Débitos de Tributos Imobiliários: **Imóvel Letra A:** emitida pela Prefeitura do Município de São Paulo, SP, através de processo informatizado – *"Internet"*, com base na Portaria Conjunta SF/PGM nº 4, de 12 de abril de 2017, Decreto 50.691, de 29 de junho de 2009, Decreto 51.714, de 13 de agosto de 2010 e Portaria SF nº 4, de 05 de janeiro de 2012 e Portaria SF nº 268, de 11 de outubro de 2019, expedida no prazo legal; **Imóvel Letra B:** emitida pela Prefeitura do Município de São Paulo, SP, através de processo informatizado – *"Internet"*, com base na Portaria Conjunta SF/PGM nº 4, de 12 de abril de 2017, Decreto 50.691, de 29 de junho de 2009, Decreto 51.714, de 13 de agosto de 2010 e Portaria SF nº 4, de 05 de janeiro de 2012 e Portaria SF nº 268, de 11 de outubro de 2019, expedida no prazo legal; (6) Certidão Negativa de Débitos Relativos aos Tributos Federais e à Dívida Ativa da União – _____; (7) Certidão Negativa de Débitos Trabalhistas em nome de todas as partes, emitidas dentro do prazo legal, com base no art. 642-A da Consolidação das Leis do Trabalho, acrescentado pela Lei nº 12.440, de 7 de julho de 2011, e na Resolução Administrativa nº 1470/2011 do Tribunal Superior do Trabalho, de 24 de agosto de 2011; (8) Central de Indisponibilidades: Negativa – _____.

XVII – Declarações das partes:

(1) As partes recusaram a reconciliação.

(2) As partes declaram que o cônjuge virago não se encontra em estado gravídico, ao que saibam.

(3) Os imóveis ora partilhados se encontram livres e desembaraçados de quaisquer ônus, dívidas, tributos de quaisquer naturezas e débito condominial.

(4) Não existem feitos ajuizados fundados em ações reais ou pessoais reipersecutórias que afetem os bens e direitos partilhados.

(5) Não são empregadores rurais ou urbanos e não estão sujeitas às prescrições da lei previdenciária em vigor.

(6) Afirmam **sob responsabilidade civil e criminal** que os fatos aqui relatados e declarações feitas são a exata expressão da verdade.

(7) Requerem e autorizam o Oficial de Registro Civil das Pessoas Naturais do ____º Subdistrito – _____, desta Capital, a efetuar a averbação necessária para que conste o presente divórcio consensual, passando as partes ao estado civil de divorciadas.

(8) Requerem ainda aos Oficiais de Registro de imóveis, DETRAN, instituições bancárias e demais órgãos competentes a efetuarem os registros e as averbações necessárias.

(9) Requerem, como previsto na Lei 8.935/94, art. 30, inciso VI, confidencialidade a respeito desta escritura.

(10) A escritura foi lida e compreendida, sem que restassem dúvidas sobre o ato e seus efeitos. Concordam integralmente com o teor deste ato, autorizando a sua redação, outorgando e assinando-a.

XVIII – Declarações do tabelião:

(1) Autenticação: Reconheço a identidade e estado civil dos presentes, a vista dos respectivos documentos de identidade e do registro civil apresentados, bem como suas capacidades para o ato.

(2) O tabelião informou às partes que, segundo a lei 7.433/85, com a redação dada pela Lei 13.097, de 19.01.2015, não poderão ser opostas situações jurídicas não constantes da matrícula no cartório do registro de imóveis, inclusive para fins de evicção, ao terceiro de boa-fé que adquirir ou receber em garantia direitos reais sobre o imóvel, ressalvados o disposto nos art. 129 e art. 130 da Lei nº 11.101, de 9 de fevereiro de 2005, e as hipóteses de aquisição e extinção da propriedade que independam de registro de título de imóvel. Por este motivo, não se apresentam as certidões de feitos ajuizados.

(3) Foram cumpridas as exigências documentais constantes da Lei Federal nº 7.433, de 18 de dezembro de 1985, tal como regulamentada pelo citado Decreto nº 93.240/86 e pelas normas de Serviço da Corregedoria Geral de Justiça do Estado de São Paulo.

(4) Cientificou as partes de que podiam obter a prévia Certidão Negativa de Débitos Trabalhistas (CNDT), nos termos do art. 642-A da CLT, com a redação dada pela Lei nº 12.440/2011, o que foi feito.

(5) Orientou sobre a necessidade de apresentação do traslado desta escritura no registro civil do assento de casamento para a necessária averbação.

(6) Informou às partes que o ato e esta escritura não têm sigilo (CNJ, Resolução 35, art. 42).

(7) Esclareceu sobre as normas legais e os efeitos atinentes a este negócio, em especial sobre os artigos citados nesta escritura.

(8) Escrevente: Na lavratura desta escritura, participou a escrevente abaixo indicada praticando as seguintes ações: recepção e aconselhamento das partes, identificação e verificação da capacidade, qualificação legal, elaboração do ato e sua redação, diligências indispensáveis ou convenientes ao ato, coleta de assinaturas.

(9) Fé notarial: Dou fé das declarações contidas neste instrumento, dos documentos apresentados e arquivados, ou não, das autenticações feitas e de que a escritura foi lida e assinada pelas partes presentes.

Escrevente: _____

Tabeliã Substituta: _____

4. DIVÓRCIO SEM BENS

I – Local: República Federativa do Brasil, SP, São Paulo, Praça João Mendes, n. 42, 1º andar, no 26º Tabelionato de Notas de São Paulo.

II – Data: _____.

III – Partes:

1) _____ (qualificação do divorciando) _____

2) _____ (qualificação da divorcianda) _____

3) **advogado(a):** _____ (qualificação do advogado) _____

IV – Declarações iniciais: Então, pelas partes, acompanhadas de seu(sua) advogado(a) constituído(a), me foi dito que desejam realizar o seu divórcio consensual e partilha dos bens.

V – Casamento: Contraíram matrimônio no dia _____, conforme assento feito sob matrícula nº _____, nos termos da certidão emitida em _____, do Registro Civil das Pessoas Naturais do _____ Subdistrito – _____, sob o regime patrimonial da _____, a qual fica arquivada nestas notas na pasta própria.

VI – Filhos: Os outorgantes não possuem filhos comuns.

VII – Requisitos do divórcio: Por motivos pessoais não desejam mais permanecerem casados e declaram, de sua espontânea vontade, livre de qualquer coação, sugestão ou induzimento, que desejam realizar o seu divórcio consensual. Declaram ainda que o divórcio que ora requerem e realizam preserva os interesses dos cônjuges e não prejudica o interesse de terceiros.

VIII – Aconselhamento e assistência jurídica: Pelo(a) advogado(a) constituído(a) pelos dois outorgantes, foi dito que, tendo ouvido ambas as partes, aconselhou e advertiu das consequências do divórcio. As partes declararam perante o(a) advogado(a) e este tabelião estarem convictas de que a dissolução do casamento é a melhor solução para ambos.

IX – Divórcio: Assim, em cumprimento ao pedido e vontade dos outorgantes, atendidos os requisitos legais, pela presente escritura, nos termos do artigo 733 do Código de Processo Civil e da Emenda Constitucional nº 66, de 13 de julho de 2010, fica dissolvido o vínculo conjugal entre eles, que passam a ter o estado civil de divorciados.

X – Efeitos do divórcio: Em decorrência deste divórcio ficam extintos todos os deveres do casamento, exceto os deveres em relação aos filhos.

XI – Nome das partes: Inalterados. **OU** A esposa volta a adotar o seu nome de solteira, qual seja: _____.

XII – Pensão alimentícia: O direito a alimentos não será exercido por nenhum dos outorgantes em razão de terem meios próprios suficientes para se manterem.

XIII – Bens: As partes declaram não possuírem bens a serem partilhados.

XIV – Certidões e documentos apresentados e arquivados: Os documentos apresentados ficam arquivados nestas notas em cópia digital:

(1) Documentos de identidade das partes; **(2)** Certidão de casamento dos divorciandos.

XV – Declarações das partes:

(1) As partes recusaram a reconciliação.

(2) As partes declaram que o cônjuge virago não se encontra em estado gravídico, ao que saibam.

(3) Afirmam **sob responsabilidade civil e criminal** que os fatos aqui relatados e declarações feitas são a exata expressão da verdade.

(4) Requerem e autorizam o Oficial de Registro Civil das Pessoas Naturais do _____º Subdistrito – _____, desta Capital, a efetuar a averbação necessária para que conste o presente divórcio consensual, passando as partes ao estado civil de divorciadas.

(5) Requerem, como previsto na Lei 8.935/94, art. 30, inciso VI, confidencialidade a respeito desta escritura.

(6) A escritura foi lida e compreendida, sem que restassem dúvidas sobre o ato e seus efeitos. Concordam integralmente com o teor deste ato, autorizando a sua redação, outorgando e assinando-a.

XVI – Declarações do tabelião:

(1) **Autenticação:** Reconheço a identidade e estado civil dos presentes, a vista dos respectivos documentos de identidade e do registro civil apresentados, bem como suas capacidades para o ato.

(2) Foram cumpridas as exigências documentais constantes da Lei Federal nº 7.433, de 18 de dezembro de 1985, tal como regulamentada pelo citado Decreto nº 93.240/86 e pelas normas de Serviço da Corregedoria Geral de Justiça do Estado de São Paulo.

(3) Orientou sobre a necessidade de apresentação do traslado desta escritura no registro civil do assento de casamento para a necessária averbação.

(4) Informou às partes que o ato e esta escritura não têm sigilo (CNJ, Resolução 35, art. 42).

(5) Esclareceu sobre as normas legais e os efeitos atinentes a este negócio, em especial sobre os artigos citados nesta escritura.

(6) **Escrevente:** Na lavratura desta escritura, participa a escrevente abaixo indicada praticando as seguintes ações: recepção e aconselhamento das partes, identificação e verificação da capacidade, qualificação legal, elaboração do ato e sua redação, diligências indispensáveis ou convenientes ao ato, coleta de assinaturas.

(7) **Fé notarial:** Dou fé das declarações contidas neste instrumento, dos documentos apresentados e arquivados, ou não, das autenticações feitas e de que a escritura foi lida e assinada pelas partes presentes.

Escrevente: _____

Tabeliã Substituta: _____

5. PROCURAÇÃO PÚBLICA – PARA DIVÓRCIO COM BENS

I – Local: República Federativa do Brasil, SP, São Paulo, _____

II – Data: _____

III – Mandante: _____

IV – Procurador: _____

V – Finalidade: Divórcio.

VI – Validade: Prazo indeterminado.

VII – Onerosidade: Não.

VIII – Área de representação: Brasil.

IX – Poderes: Amplos, gerais e ilimitados poderes para o fim especial de representá-lo em todos os atos necessários para realizar o seu divórcio consensual com _____.

(1) Assinar e outorgar a escritura pública, realizar a necessária partilha de bens, concordar ou não com cálculos, avaliações e a respectiva partilha, bem como com a alteração ou não dos nomes dos cônjuges, prestar, sob responsabilidade civil e penal do mandante e procurador, quaisquer declarações necessárias ao respectivo divórcio consensual, especialmente declarando que o mandante voltará a assinar o nome de solteiro *(se for manter o nome de casada, informar na procuração)*, que o direito a alimentos não será exercido em razão de ter meios próprios suficientes para se manter *(se houver, informar valores e prazos)*, que não possui filhos menores ou incapazes com a(o) sua(seu) esposa(marido) *(se houver, mencionar o nome e data de nascimento)*, que a cônjuge virago não se encontra em estado gravídico, ao que saiba, que não há possibilidade de reconciliação, que os divorciandos possuem bens a serem partilhados, a saber: _____, devendo ser partilhado na proporção de 50% (cinquenta por cento) para cada um, podendo receber, passar recibos e dar quitações, estipular cláusulas e condições, estabelecer preços, forma e local de pagamento, assinar recibos de sinal e princípio de pagamento, transmitir posse, domínio, direitos e ações, dar característicos, metragens e confrontações, autorizar registros averbações; retificar, ratificar, rescindir, responder pela evicção legal, representá-lo perante quaisquer repartições públicas federais, estaduais ou municipais, autarquias, prefeituras, serviços notariais e registrais, inclusive perante o competente registro civil, e onde mais for preciso, tudo assinando, promovendo ou requerendo, juntar e desentranhar documentos, assinar formulários e requerimentos, prestar informações e esclarecimentos, acompanhar os processos administrativos, pagar os tributos e emolumentos devidos, aceitar recibos e quitações. Poderá, enfim, praticar todos os demais atos necessários ao fiel cumprimento do presente mandato.

(2) ***Ad Judicia***: representá-lo em juízo ou fora dele, podendo constituir advogado(s), bem como destituí-lo(s), com amplos poderes para o foro em geral, com a cláusula "AD JUDICIA", para exercê-los em qualquer juízo, instância ou tribunal, mesmo administrativas, podendo propor contra quem de direito as ações competentes e defendê-lo nas contrárias, seguindo umas e outras até final decisão, usando dos recursos legais cabíveis e acompanhando-os, inclusive para cumprimento da sentença; além da representação geral, o(s) advogado(s) constituído(s) poderá(ão) optar por arbitragem, mediação ou conciliação, receber citação

inicial, reconhecer a procedência do pedido, renunciar a direitos, transigir, desistir, confessar, acordar, firmar compromisso, dar e receber quitação, assinar declaração de hipossuficiência econômica.

(3) Substabelecimento: Podem substabelecer, no todo ou em parte, com ou sem reserva de iguais poderes. Se o procurador substabelecer sem reserva de poderes, tal ato configurará a renúncia por este procurador, dos poderes aqui indicados, permanecendo responsável perante o mandante, pelos atos praticados pelo novo procurador.

X – Documentos: São apresentados e ficam arquivados em cópia digital os seguintes documentos: **(1)** Documentos de identidade e estado civil do mandante; **(2)** Central de Indisponibilidades: Negativa – _____

XI – Declaração do mandante: A escritura foi lida e compreendida por mim (nós). Concordo(amos) integralmente com o teor deste ato, autorizando a sua redação, outorgando e assinando-a.

XII – Declaração dos mandatários: O mandatário não está presente.

XIII – Declarações do Tabelião:

(1) Autenticação: Reconheço a identidade e estado civil do(s) presente(s), a vista dos respectivos documentos de identidade e do registro civil apresentados, bem como sua(s) capacidade(s) para o ato.

(2) Foram cumpridas as exigências documentais constantes da Lei Federal nº 7.433, de 18 de dezembro de 1985, tal como regulamentada pelo Decreto nº 93.240/86 e pelas normas de Serviço da Corregedoria Geral de Justiça do Estado de São Paulo.

(3) Aconselhamento notarial: As partes foram esclarecidas sobre as normas legais e os efeitos atinentes a este negócio, em especial sobre os artigos citados nesta escritura, declarando que as compreenderam e dando-se por satisfeitas com este serviço notarial.

(4) Escreventes: Na lavratura desta escritura, participaram os escreventes abaixo indicados praticando as seguintes ações: recepção e aconselhamento das partes, identificação e verificação da capacidade, qualificação legal, elaboração do ato e sua redação, diligências indispensáveis ou convenientes ao ato, coleta de assinaturas.

(5) Fé notarial: Dou fé das declarações contidas neste instrumento, dos documentos apresentados e arquivados, ou não, das autenticações feitas e de que a escritura foi assinada pelas partes presentes.

Escreventes: _____

Tabeliã Substituta: _____

6. PROCURAÇÃO PÚBLICA – PARA DIVÓRCIO SEM BENS

I – **Local:** República Federativa do Brasil, SP, São Paulo, _____.

II – **Data:** _____.

III – **Mandante:** _____.

IV – **Procurador:** _____.

V – **Finalidade:** Divórcio.

VI – **Validade:** Prazo indeterminado.

VII – **Onerosidade:** Não.

VIII – **Área de representação:** Brasil.

IX – **Poderes:** Amplos, gerais e ilimitados poderes para o fim especial de representá-lo em todos os atos necessários para realizar o seu divórcio consensual com _____.

(1) Assinar e outorgar a escritura pública, concordar com a alteração ou não dos nomes dos cônjuges, prestar, sob responsabilidade civil e penal do mandante e procurador, quaisquer declarações necessárias ao respectivo divórcio consensual, especialmente declarando que a mandante voltará a assinar o nome de solteira *(se for manter o nome de casada, informar na procuração)*, que o direito a alimentos não será exercido em razão de ter meios próprios suficientes para se manter *(se houver, informar valores, prazos e condições)*, que não possui filhos menores ou incapazes com a(o) sua(seu) esposa(marido) *(se houver, mencionar o nome e data de nascimento)*, que a cônjuge virago não se encontra em estado gravídico, ao que saiba, que não há possibilidade de reconciliação, que os divorciandos não possuem bens a serem partilhados, podendo estipular cláusulas e condições, representá-lo perante quaisquer repartições públicas federais, estaduais ou municipais, autarquias, prefeituras, serviços notariais e registrais, inclusive perante o competente registro civil, e onde mais for preciso, tudo assinando, promovendo ou requerendo, juntar e desentranhar documentos, assinar formulários e requerimentos, prestar informações e esclarecimentos, acompanhar os processos administrativos, pagar os tributos e emolumentos devidos, aceitar recibos e quitações. Poderá, enfim, praticar todos os demais atos necessários ao fiel cumprimento do presente mandato.

(2) **Ad Judicia:** representá-lo em juízo ou fora dele, podendo constituir advogado(s), bem como destituí-lo(s), com amplos poderes para o foro em geral, com a cláusula "AD JUDICIA", para exercê-los em qualquer juízo, instância ou tribunal, mesmo administrativas, podendo propor contra quem de direito as ações competentes e defendê-lo nas contrárias, seguindo umas e outras até final decisão, usando dos recursos legais cabíveis e acompanhando-os, inclusive para cumprimento da sentença; além da representação geral, o(s) advogado(s) constituído(s) poderá(ão) optar por arbitragem, mediação ou conciliação, receber citação inicial, reconhecer a procedência do pedido, renunciar a direitos, transigir, desistir, confessar, acordar, firmar compromisso, dar e receber quitação, assinar declaração de hipossuficiência econômica.

(3) **Substabelecimento:** Podem substabelecer, no todo ou em parte, com ou sem reserva de iguais poderes. Se o procurador substabelecer sem reserva de poderes, tal ato configurará

a renúncia por este procurador, dos poderes aqui indicados, permanecendo responsável perante o mandante, pelos atos praticados pelo novo procurador.

X – Documentos: São apresentados e ficam arquivados em cópia digital os seguintes documentos: **(1)** Documentos de identidade e estado civil do mandante; **(2)** Central de Indisponibilidades: Negativa – ....

XI – Declaração do mandante: A escritura foi lida e compreendida por mim (nós). Concordo(amos) integralmente com o teor deste ato, autorizando a sua redação, outorgando e assinando-a.

XII – Declaração dos mandatários: O mandatário não está presente.

XIII – Declarações do Tabelião:

(1) Autenticação: Reconheço a identidade e estado civil do(s) presente(s), a vista dos respectivos documentos de identidade e do registro civil apresentados, bem como sua(s) capacidade(s) para o ato.

(2) Foram cumpridas as exigências documentais constantes da Lei Federal nº 7.433, de 18 de dezembro de 1985, tal como regulamentada pelo Decreto nº 93.240/86 e pelas normas de Serviço da Corregedoria Geral de Justiça do Estado de São Paulo.

(3) Aconselhamento notarial: As partes foram esclarecidas sobre as normas legais e os efeitos atinentes a este negócio, em especial sobre os artigos citados nesta escritura, declarando que as compreenderam e dando-se por satisfeitas com este serviço notarial.

(4) Escreventes: Na lavratura desta escritura, participaram os escreventes abaixo indicados praticando as seguintes ações: recepção e aconselhamento das partes, identificação e verificação da capacidade, qualificação legal, elaboração do ato e sua redação, diligências indispensáveis ou convenientes ao ato, coleta de assinaturas.

(5) Fé notarial: Dou fé das declarações contidas neste instrumento, dos documentos apresentados e arquivados, ou não, das autenticações feitas e de que a escritura foi assinada pelas partes presentes.

Escreventes: _____

Tabeliã Substituta: _____

7. DISSOLUÇÃO DE UNIÃO ESTÁVEL – COM CESSÃO GRATUITA – COM ITCMD E ITBI – COM INDENIZAÇÃO E CÃES

I –Local: República Federativa do Brasil, SP, São Paulo, Praça João Mendes, n. 42, 1º andar, no 26º Tabelionato de Notas de São Paulo.

II – Data: _____.

III – Partes:

1) _____ (qualificação do convivente) _____

2) _____ (qualificação da convivente) _____

3) **advogado(a):** _____ (qualificação do advogado) _____

IV – Declarações iniciais: Então, pelas partes, acompanhadas de seu advogado constituído, me foi dito que desejam realizar a dissolução de sua união estável.

V – União estável: Em 31 de março de 2018 iniciaram uma união estável de convivência pública, contínua e duradoura, nos termos da escritura lavrada no _____º Tabelionato de Notas, desta Capital, em _____, livro _____, fls. _____, a qual fica arquivada nestas Notas na pasta própria.

VI – Filhos: Os outorgantes não possuem filhos comuns.

VII – Requisitos da dissolução: Por motivos pessoais não desejam mais esta união e declaram, de sua espontânea vontade, livre de qualquer coação, sugestão ou induzimento, que desejam realizar a dissolução de sua união estável. Declaram ainda que esta dissolução que ora requerem e realizam preserva os interesses dos companheiros e não prejudica o interesse de terceiros.

VIII – Aconselhamento e assistência jurídica: Pelo advogado constituído pelos dois outorgantes, foi dito que, tendo ouvido ambas as partes, aconselhou e advertiu das consequências da dissolução. As partes declararam perante o advogado e este tabelião estarem convictas de que a dissolução da união estável é a melhor solução para ambos.

IX – Dissolução: Assim, em cumprimento ao pedido e vontade dos outorgantes, atendidos os requisitos legais, pela presente escritura, nos termos do artigo 733 do Código de Processo Civil, fica dissolvida a união estável existente entre eles.

X – Efeitos da dissolução: Em decorrência desta dissolução ficam extintos todos os deveres da união.

XI – Nome das partes: Inalterados.

XII – Pensão alimentícia: O direito a alimentos não será exercido por nenhum dos outorgantes em razão de terem meios próprios suficientes para se manterem.

XIII – Bens: Adquiriram, durante sua união, os seguintes bens comuns, que totalizam o valor de **R$ 611.186,81** (seiscentos e onze mil e cento e oitenta e seis reais e oitenta e um centavos):

13.1 – Bem Imóvel: A) _____ descrição do imóvel _____, CEP _____, no _____º Subdistrito – _____, no município de _____, SP, inscrito no _____º Oficial de Registro de Imóveis desta Capital, descrito e caracterizado na matrícula nº _____. **A.1 – AQUISIÇÃO:** O imóvel foi adquirido pelas partes em _____, pelo valor de _____, conforme consta no _____ da matrícula nº _____ do _____ Oficial de Registro de Imóveis _____. **A.2 – CADASTRO E VALOR:** O imóvel acha-se cadastrado na Prefeitura do Município de _____, sob nº _____, com valor venal atribuído para o exercício de 2021 de **R$ 293.117,00** (duzentos e noventa e três mil e cento e dezessete reais). As partes atribuem a este imóvel, para fins fiscais, o valor de **R$ 350.000,00** (trezentos e cinquenta mil reais).

13.2 – Bens móveis: B) Saldo Bancário e Aplicações Financeiras: B.1) No Banco _____, agência _____, no valor de **R$ 3.416,65** (três mil e quatrocentos e dezesseis reais e sessenta e cinco centavos). **B.2** – No Banco _____, agência _____, no valor de **R$ 6.570,16** (seis mil e quinhentos e setenta reais e dezesseis centavos).

C) Capital Social: Capital social no valor de **R$ 110.000,00** (cento e dez mil reais) referente à empresa denominada "_____", com sede nesta Capital, na _____, nº _____, Planalto Paulista, CEP _____, inscrita no CNPJ sob nº _____. As partes atribuem a este bem, para efeitos fiscais, o valor de **R$ 251.200,00** (duzentos e cinquenta e um mil e duzentos reais). Em razão da empresa ser optante pelo Simples Nacional, a mesma está dispensada da apresentação do balanço patrimonial.

XIV – Cessão de Direitos: Possuindo a convivente _____, outros bens e meios necessários à sua sobrevivência, **CEDE E TRANSFERE** a título de doação, parte do quinhão que lhe cabe de seu patrimônio líquido, ao convivente _____, pelo valor de **R$ 54.393,41** (cinquenta e quatro mil e trezentos e noventa e três reais e quarenta e um centavos), transferindo-lhe desta forma toda a posse, domínio, direitos e ações sobre os direitos mencionados. O donatário declara não ter recebido do doador outro bem, móvel ou imóvel, e, portanto, a doação, neste ano, não ultrapassa o limite legal de 2.500 UFESPS, ou seja, _____. A cedente declara que não sendo empregadora, não está sujeita às exigências da Lei 8.212/91, bem como nos dispositivos do Regulamento da Previdência Social, aprovado pelo Decreto nº 3.048/99, e posteriores alterações. A doadora declara que a doação é feita da parte disponível (arts. 2005 e 2006 do Código Civil) e respeitada a legítima (art. 549 do Código Civil).

XV – Partilha: Os outorgantes resolvem partilhar seus bens comuns, da seguinte forma:

(1) Ao primeiro outorgante, _____, caberão os seguintes bens: 100% (cem por cento) do imóvel mencionado no item 13.1, letra A, no valor de **R$ 350.000,00** *(trezentos e cinquenta mil reais)* e 100% (cem por cento) dos saldos bancários mencionados no item 13.2, letras B.1 e B.2, nos valores de **R$ 3.416,65** *(três mil e quatrocentos e dezesseis reais e sessenta e cinco centavos)* e **R$ 6.570,16** *(seis mil e quinhentos e setenta reais e dezesseis centavos)*, totalizando o valor de **R$ 359.986,81** (trezentos e cinquenta e nove mil e novecentos e oitenta e seis reais e oitenta e um centavos).

(2) À segunda outorgante, _____, caberá 100% (cem por cento) do capital social mencionado no item 13.2, letra C, no valor de **R$ 251.200,00** (duzentos e cinquenta e um mil e duzentos reais).

(3) Pela partilha dos bens, as partes se outorgam mútua e reciprocamente a irrevogável e plena quitação.

XVI – Tributos:

(1) ITCMD (IMPOSTO DE TRANSMISSÃO CAUSA MORTIS E DOAÇÃO) – As partes apresentaram a declaração de bens isentos do imposto de doação, conforme disciplina da Secretaria da Fazenda do Estado de São Paulo, sob n° _____. Este Tabelião atesta a veracidade dos valores dos bens e dos direitos informados na respectiva declaração, como determinam as normas administrativas da Secretaria da Fazenda Estadual (Decreto Estadual nº 56.693/2011 e posterior regulamentação).

(2) ITBI (IMPOSTO SOBRE TRANSMISSÃO DE BENS IMÓVEIS) – As partes apresentaram a declaração e guia de pagamento do ITBI, no valor de _____, recolhida em _____.

(3) DOI – Declaração Sobre Operações Imobiliárias: emitida.

XVII – Certidões e documentos apresentados e arquivados: Os documentos apresentados ficam arquivados nestas notas em cópia digital:

(1) Documentos de identidade e estado civil das partes;

(2) Escritura de união estável;

(3) Certidão de propriedade do imóvel mencionado, expedida no prazo legal;

(4) Extratos bancários das contas mencionadas;

(5) Cópia autenticada do contrato social da empresa mencionada;

(6) Certidão Conjunta de Débitos de Tributos Imobiliários: **Imóvel Letra A:** emitida pela Prefeitura do Município de São Paulo, SP, através de processo informatizado – *"Internet"*, com base na Portaria Conjunta SF/PGM nº 4, de 12 de abril de 2017, Decreto 50.691, de 29 de junho de 2009, Decreto 51.714, de 13 de agosto de 2010 e Portaria SF nº 4, de 05 de janeiro de 2012 e Portaria SF nº 268, de 11 de outubro de 2019, expedida no prazo legal;

(7) Certidão Negativa de Débitos Relativos aos Tributos Federais e à Dívida Ativa da União – _____

(8) Declaração de ITCMD e guia paga do ITBI;

(9) Certidão Negativa de Débitos Trabalhistas em nome de todas as partes, emitidas dentro do prazo legal, com base no art. 642-A da Consolidação das Leis do Trabalho, acrescentado pela Lei nº 12.440, de 7 de julho de 2011, e na Resolução Administrativa nº 1470/2011 do Tribunal Superior do Trabalho, de 24 de agosto de 2011;

(10) Central de Indisponibilidades: Negativa – _____.

XVIII – Declarações das partes:

(1) Adquiriram durante a união estável o animal de estimação (cachorro) de raça: Spitz alemão, com 11 meses de idade, cor pérola, sexo macho. As partes ajustam que o cão ficará com a convivente _____, sob seus cuidados, se responsabilizando por todas as despesas necessárias que o cachorro demandar.

(2) **Indenização:** Acordam que o convivente _____ pagará à convivente _____ a quantia de **R$ 125.000,00** (cento e vinte e cinco mil reais) a título de indenização, pagos da seguinte forma: a) **R$ 85.000,00** (oitenta e cinco mil reais) até esta data, mediante transferência PIX (chave PIX – CPF nº _____) e b) **R$ 40.000,00** (quarenta mil reais) em 7 (sete) parcelas iguais de **R$ 5.714,59** (cinco mil e setecentos e quatorze reais e cinquenta e nove centavos) cada uma, mediante transferência bancária

(chave PIX – CPF nº _____), todo o dia 22 de cada mês, iniciando-se a primeira parcela no dia 22/07/2021.

(3) Ajustam que: **3.1** – Todas as despesas relativas ao imóvel mencionado no item 13.1, letra A, de qualquer natureza, tanto relativas ao financiamento bancário, quanto IPTU, condomínio, água, luz e outras taxas, serão arcadas exclusivamente pelo convivente _____, a partir desta data. **3.2** – Todas as despesas relativas à empresa mencionada no item 13.2, letra C, de qualquer natureza, serão arcadas exclusivamente pela convivente _____, a partir desta data.

(4) As partes recusaram a reconciliação.

(5) As partes declaram que a convivente não se encontra em estado gravídico, ao que saibam.

(6) O imóvel ora partilhado se encontra livre e desembaraçado de quaisquer ônus, dívidas, tributos de quaisquer naturezas e débito condominial, exceto pela alienação fiduciária mencionada no item A.1.3.

(7) Tem ciência de que o registro da presente escritura dependerá do prévio cancelamento da alienação fiduciária mencionada no item A.1.3, se responsabilizando por eventuais exigências registrais.

(8) Não existem feitos ajuizados fundados em ações reais ou pessoais reipersecutórias que afetem os bens e direitos partilhados.

(9) Não são empregadores rurais ou urbanos e não estão sujeitas às prescrições da lei previdenciária em vigor.

(10) Afirmam **sob responsabilidade civil e criminal** que os fatos aqui relatados e declarações feitas são a exata expressão da verdade.

(11) Requerem e autorizam o Oficial de Registro Civil das Pessoas Naturais competente a efetuar a averbação necessária para que conste a presente dissolução de união estável.

(12) Requerem ainda aos Oficiais de Registro de Imóveis, instituições bancárias, Juntas Comerciais e demais órgãos competentes a efetuarem os registros e as averbações necessárias.

(13) Requerem, como previsto na Lei 8.935/94, art. 30, inciso VI, confidencialidade a respeito desta escritura.

(14) A escritura foi lida e compreendida, sem que restassem dúvidas sobre o ato e seus efeitos. Concordam integralmente com o teor deste ato, autorizando a sua redação, outorgando e assinando-a.

XIX – Declarações do tabelião:

(1) Autenticação: Reconheço a identidade e estado civil dos presentes, a vista dos respectivos documentos de identidade e do registro civil apresentados, bem como suas capacidades para o ato.

(2) O tabelião informou às partes que, segundo a lei 7.433/85, com a redação dada pela Lei 13.097, de 19.01.2015, não poderão ser opostas situações jurídicas não constantes da matrícula no cartório do registro de imóveis, inclusive para fins de evicção, ao terceiro de boa-fé que adquirir ou receber em garantia direitos reais sobre o imóvel, ressalvados o disposto nos art. 129 e art. 130 da Lei nº 11.101, de 9 de fevereiro de 2005, e as hipóteses de aquisição e extinção da propriedade que independam de registro de título de imóvel. Por este motivo, não se apresentam as certidões de feitos ajuizados.

(3) Foram cumpridas as exigências documentais constantes da Lei Federal nº 7.433, de 18 de dezembro de 1985, tal como regulamentada pelo citado Decreto nº 93.240/86 e pelas normas de Serviço da Corregedoria Geral de Justiça do Estado de São Paulo.

(4) Cientificou as partes de que podiam obter a prévia Certidão Negativa de Débitos Trabalhistas (CNDT), nos termos do art. 642-A da CLT, com a redação dada pela Lei nº 12.440/2011, o que foi feito.

(5) Orientou sobre a apresentação do traslado desta escritura no registro civil para a averbação que se fizer necessária.

(6) Informou às partes que o ato e esta escritura não têm sigilo (CNJ, Resolução 35, art. 42).

(7) Esclareceu sobre as normas legais e os efeitos atinentes a este negócio, em especial sobre os artigos citados nesta escritura.

(8) Escrevente: Na lavratura desta escritura, participa a escrevente abaixo indicada praticando as seguintes ações: recepção e aconselhamento das partes, identificação e verificação da capacidade, qualificação legal, elaboração do ato e sua redação, diligências indispensáveis ou convenientes ao ato, coleta de assinaturas.

(9) Fé notarial: Dou fé das declarações contidas neste instrumento, dos documentos apresentados e arquivados, ou não, das autenticações feitas e de que a escritura foi lida e assinada pelas partes presentes.

Escrevente: _____

Tabeliã Substituta: _____

8. DISSOLUÇÃO DE UNIÃO ESTÁVEL – SEM BENS – COM PENSÃO E CÃES

I – Local: República Federativa do Brasil, SP, São Paulo, Praça João Mendes, n. 42, 1º andar, no 26º Tabelionato de Notas de São Paulo.

II – Data: _____.

III – Partes:

1) _____ (qualificação do convivente) _____

2) _____ (qualificação da convivente) _____

3) **advogado(a):** _____ (qualificação do advogado) _____

IV – Declarações iniciais: Então, pelas partes, acompanhadas de seu advogado constituído, me foi dito que desejam realizar a dissolução de sua união estável.

V – União estável: Em 6 de maio de 1999 iniciaram uma união estável de convivência pública, contínua e duradoura, tendo separado-se de fato em 27 de julho de 2021, conforme declaração das partes.

VI – Filhos: Os outorgantes possuem um filho comum, maior e capaz: _____, nascido aos 23 de outubro de 2001, com 19 (dezenove) anos de idade.

VII – Requisitos da dissolução: Por motivos pessoais não desejam mais esta união e declararam, de sua espontânea vontade, livre de qualquer coação, sugestão ou induzimento, que desejam realizar a dissolução de sua união estável. Declaram ainda que esta dissolução que ora requerem e realizam preserva os interesses dos companheiros e não prejudica o interesse de terceiros.

VIII – Aconselhamento e assistência jurídica: Pelo advogado constituído pelos dois outorgantes, foi dito que, tendo ouvido ambas as partes, aconselhou e advertiu das consequências da dissolução. As partes declararam perante o advogado e este tabelião estarem convictas de que a dissolução da união estável é a melhor solução para ambos.

IX – Dissolução: Assim, em cumprimento ao pedido e vontade dos outorgantes, atendidos os requisitos legais, pela presente escritura, nos termos do artigo 733 do Código de Processo Civil, fica dissolvida a união estável existente entre eles.

X – Efeitos da dissolução: Em decorrência desta dissolução ficam extintos todos os deveres da união, exceto os deveres em relação ao filho.

XI – Nome das partes: Inalterados.

XII – Pensão alimentícia: 12.1) O declarante _____ pagará à declarante _____, o valor de **R$ 10.000,00** (dez mil reais) mensais, a título de pensão alimentícia, a serem depositados no Banco Itaú, agência _____, conta corrente _____, em nome da declarante _____, todo dia 30 (trinta) de cada mês, com o primeiro pagamento a ser realizado no dia 30 de setembro de 2021, pelo prazo mínimo de 3 (três) anos, corrigidos pelo índice de correção IPCA. **12.2)** Tal importância poderá ser revista nesse período, ou seja, a cada 3 (três) anos, caso o declarante _____ perca seu emprego atual. **12.3)** Acordam que se houver a diminuição da renda após os 3 (três) anos iniciais (desde que devidamente comprovada), cessará o benefício do valor de **R$ 10.000,00** (dez mil reais). Se mantida a renda, o benefício se manterá até findar o prazo inicial de 3 (três) anos. **12.4)** Após o prazo de 3 (três) anos, o pagamento ficará condicionado às seguintes situações: **a)** a declarante _____ não contrair nova união ou casamento, **b)** a declarante _____ não constituir renda similar ou equivalente à pensão aqui pactuada e **c)** se não existir fatos novos que possam alterar o aqui celebrado de comum acordo.

XIII – Bens: As partes declaram não possuírem bens a serem partilhados.

XIV – Certidões e documentos apresentados e arquivados: Os documentos apresentados ficam arquivados nestas notas em cópia digital:

(1) Documentos de identidade e estado civil das partes. **(2)** Indisponibilidade – negativa: _____

XV – Declarações das partes:

(1) As partes recusaram a reconciliação.

(2) As partes declaram que a outorgante não se encontra em estado gravídico, ao que saibam.

(3) Inexistem dívidas do casal, quer ativas, quer passivas, do conhecimento dos conviventes. Surgindo alguma, contraída a tempo anterior à data da presente escritura, será ela suportada por quem a contraiu.

(4) Os bens móveis e utensílios que guarneciam a residência comum do casal já foram devidamente partilhados entre os declarantes, estando cada qual na posse plena do que lhe pertence.

(5) O declarante _____ compromete-se, ainda, a pagar mensalmente o plano de saúde atual da declarante _____, condicionado, no entanto, à manutenção de seu emprego atual. Caso seja demitido e a empresa mantiver as condições de pagamento do plano de saúde na data da sua saída, _____ se compromete a continuar pagando mensalmente o valor do plano de saúde à declarante _____.

(6) O declarante _____, assume o compromisso de pagar as despesas do filho maior, _____, até que o mesmo tenha condições de manter o seu próprio sustento. Compromete-se, ainda, a pagar os eventuais custos dos 3 (três) cachorros de seu filho _____.

(7) O declarante _____ assume o compromisso de pagar à _____ 7 (sete) parcelas no valor de **R$ 6.000,00** (seis mil reais) cada uma, referentes à quitação dos cartões de crédito dela, _____, iniciando o pagamento da primeira parcela em 2 de setembro de 2021, com término em 2 de março de 2022. Se compromete também a pagar 3 (três) parcelas no valor de **R$ 50.000,00** (cinquenta mil reais) cada uma, nos dias 1° de março de 2022, 1° de março de 2023 e 1° de março de 2024, a serem depositados no Banco Itaú, agência _____, conta corrente _____, em nome da declarante _____, para que a mesma se reestabeleça financeiramente.

(8) Afirmam **sob responsabilidade civil e criminal** que os fatos aqui relatados e declarações feitas são a exata expressão da verdade.

(9) Requerem e autorizam o Oficial de Registro Civil das Pessoas Naturais competente a efetuar a averbação necessária para que conste a presente dissolução de união estável.

(10) Requerem, como previsto na Lei 8.935/94, art. 30, inciso VI, confidencialidade a respeito desta escritura.

(11) A escritura foi lida e compreendida, sem que restassem dúvidas sobre o ato e seus efeitos. Concordam integralmente com o teor deste ato, autorizando a sua redação, outorgando e assinando-a.

XVI – Declarações do tabelião:

(1) Autenticação: Reconheço a identidade e estado civil dos presentes, a vista dos respectivos documentos de identidade e do registro civil apresentados, bem como suas capacidades para o ato.

(2) Foram cumpridas as exigências documentais constantes da Lei Federal nº 7.433, de 18 de dezembro de 1985, tal como regulamentada pelo citado Decreto nº 93.240/86 e pelas normas de Serviço da Corregedoria Geral de Justiça do Estado de São Paulo.

(3) Orientou sobre a apresentação do traslado desta escritura no registro civil para a averbação que se fizer necessária.

(4) Informou às partes que o ato e esta escritura não têm sigilo (CNJ, Resolução 35, art. 42).

(5) Esclareceu sobre as normas legais e os efeitos atinentes a este negócio, em especial sobre os artigos citados nesta escritura.

(6) Escrevente: Na lavratura desta escritura, participa a escrevente abaixo indicada praticando as seguintes ações: recepção e aconselhamento das partes, identificação e verificação da capacidade, qualificação legal, elaboração do ato e sua redação, diligências indispensáveis ou convenientes ao ato, coleta de assinaturas.

(7) Fé notarial: Dou fé das declarações contidas neste instrumento, dos documentos apresentados e arquivados, ou não, das autenticações feitas e de que a escritura foi lida e assinada pelas partes presentes.

Escrevente: _____

Tabeliã Substituta: _____

9. INVENTÁRIO – COM CESSÃO GRATUITA

I – Local: República Federativa do Brasil, SP, São Paulo, Praça João Mendes, nº 42, 1º andar, no 26º Tabelionato de Notas de São Paulo.

II – Data: _____.

III – Partes:

1) **Viúva meeira:** _____

2) **Herdeiros filhos:** _____, neste ato representada por seu procurador **A**_____, adiante qualificado, conforme procuração do Consulado Geral do Brasil em Vancouver, datada de _____, livro ____, fls. _____, termo ____, e _____.

3) **Advogada:** _____

IV – Declarações Iniciais: Então, pelas partes, acompanhadas de sua advogada constituída, me foi requerido sejam feitos o inventário e a partilha dos bens deixados pelo falecimento de _____ e declaram o que segue.

V – Do Autor da Herança: 5.1 – Qualificação: _____, era brasileiro, médico, portador da cédula de identidade RG nº _____, inscrito no CPF/MF sob nº _____, era filho de _____ e _____, e nasceu em São Paulo, SP, no dia 19 de agosto de 1952. **5.2 – Estado Civil:** O autor da herança era casado em únicas núpcias, sob o regime da comunhão parcial de bens, com _____, acima qualificada, em 22 de janeiro de 1980, conforme certidão de casamento matrícula nº _____, do Oficial de Registro Civil das Pessoas Naturais do 24º Subdistrito – Indianópolis, desta Capital, razão pela qual é meeira dos bens comuns e herdeira dos bens particulares. **5.3 – Falecimento:** Faleceu no dia _____, em São Paulo, SP, e residia nesta Capital, na Rua _____, conforme certidão de óbito expedida aos 30/03/2021, do Oficial do Registro Civil das Pessoas Naturais do 2º Subdistrito – Liberdade, desta Capital, registrado sob matrícula nº _____.

VI – Da Inexistência de Testamento: O autor da herança não deixou testamento, tendo sido apresentada a informação negativa de existência de testamento expedida pelo Colégio Notarial do Brasil – seção de São Paulo, responsável pelo Registro Central de Testamentos do Estado de São Paulo emitida aos _____. As partes declaram desconhecer a existência de qualquer testamento do autor da herança.

VII – Herdeiros: De seu casamento com _____, o autor da herança possuía dois filhos, _____ e _____, que são seus únicos herdeiros.

VIII – Nomeação de Inventariante: De comum acordo, os herdeiros nomeiam inventariante do espólio de _____, a viúva _____, nos termos do art. 617 do Código de Processo Civil, conferindo-lhe todos os poderes que se fizerem necessários para representar o espólio em juízo ou fora dele, podendo praticar todos os atos de administração dos bens que possam eventualmente estar fora deste inventário e que serão objeto de futura sobrepartilha, nomear advogado em nome do espólio, ingressar em juízo, ativa ou passivamente, constituir mandato com poderes gerais e especiais, podendo enfim praticar todos os atos que se fizerem necessários à defesa do espólio e do cumprimento de suas eventuais obrigações formais, tais como outorga de escrituras de imóveis já vendidos e quitados, inclusive receber e dar quitação. A nomeada declara que aceita este encargo, prestando compromisso de cumprir eficazmente seu mister, comprometendo-se desde já, a prestar contas aos herdeiros, se por eles solicitadas. A inventariante declara estar ciente da responsabilidade civil e criminal pela declaração de bens e herdeiros e pela veracidade de todos os fatos aqui relatados.

IX – Bens: No momento da sucessão, o autor da herança tinha os bens a seguir descritos.

9.1 – Bens do Casal: O autor da herança possuía, em comum com sua esposa, os seguintes bens:

9.1.1 – Bens Imóveis: A) _____ descrição do imóvel _____, CEP _____, no _____º Subdistrito – _____, no município de _____, SP, inscrito no _____º Oficial de Registro de Imóveis desta Capital, descrito e caracterizado na matrícula nº _____. **A.1 – AQUISIÇÃO:** O imóvel foi adquirido pela autora da herança _____, conforme consta no _____ da matrícula nº _____ do _____ Oficial de Registro de Imóveis _____. **A.2 – CADASTRO E VALOR:** O imóvel acha-se cadastrado na Prefeitura do Município de _____, sob nº _____, com valor venal atribuído para o exercício de 2021 de **R$ 1.435.500,00** (um milhão, quatrocentos e trinta e cinco mil e quinhentos reais). As partes atribuem a este imóvel, para fins fiscais, o valor de **R$ 340.559,49** (trezentos e quarenta mil e quinhentos e cinquenta e nove reais e quarenta e nove centavos). **B)** _____ descrição do imóvel _____, CEP _____, no _____º Subdistrito – _____, no município de _____, SP, inscrito no _____º Oficial de Registro de Imóveis desta Capital, descrito e caracterizado na matrícula nº _____. **B.1 – AQUISIÇÃO:** O imóvel foi adquirido pela autora da herança _____, conforme consta no _____ da matrícula nº _____ do _____ Oficial de Registro de Imóveis _____. **B.2 – CADASTRO E VALOR:** O imóvel acha-se cadastrado na Prefeitura do Município de _____, sob nºs _____, com os valores venais de referência para o exercício de 2021 de *R$ 1.038.939,00 (um milhão, trinta e oito mil e novecentos e trinta e nove reais), R$ 772.156,00 (setecentos e setenta e dois mil e cento e cinquenta e seis reais), R$ 772.156,00 (setecentos e setenta e dois mil e cento e cinquenta e seis reais), R$ 598.598,00 (quinhentos e noventa e oito mil e quinhentos e noventa e oito reais)* e *R$ 10.401.674,00 (dez milhões, quatrocentos e um mil e seiscentos e setenta e quatro reais)*, respectivamente, correspondendo à fração ideal de 0,001059, os valores de **R$ 1.100,24** *(um mil e cem reais e vinte e quatro centavos)*, **R$ 817,71** *(oitocentos e dezessete reais e setenta e um centavos)*, **R$ 817,71** *(oitocentos e dezessete reais e setenta e um centavos)*, **R$ 633,92** *(seiscentos e trinta e três reais e noventa e dois centavos)* e **R$ 11.015,37** *(onze mil e quinze reais e trinta e sete centavos)*, totalizando o valor de **R$ 14.384,95** (quatorze mil e trezentos e oitenta e quatro reais e noventa e cinco centavos). As partes atribuem a este imóvel, para fins fiscais, o valor de **R$ 329.592,25** (trezentos e vinte e nove mil e quinhentos e noventa e dois reais e vinte e cinco centavos).

9.1.2 – Bens Móveis: C) Automóvel: _____, combustível _____, cor _____, placa _____, categoria particular, ano de fabricação _____, modelo _____, chassis _____, inscrito no RENAVAM sob número _____, licenciado pelo Detran (Ciretran – Demutran etc.) de _____, no Município de _____, avaliado pela FIPE – Fundação Instituto de Pesquisas Econômicas pelo valor de **R$ 82.769,00** (oitenta e dois mil e setecentos e sessenta e nove reais). **D) Saldo Bancário e Aplicações Financeiras:** No

Banco do Brasil, agência _____, na conta nº _____, o saldo de **R$ 7.197,44** *(sete mil e cento e noventa e sete reais e quarenta e quatro centavos)* para a conta corrente e **R$ 15.340,62** *(quinze mil e trezentos e quarenta reais e sessenta e dois centavos)* para o fundo RF Ref DI Plus, totalizando o valor de **R$ 22.538,06** (vinte e dois mil e quinhentos e trinta e oito reais e seis centavos).

X – Débitos e obrigações: O autor da herança, na ocasião da abertura de sua sucessão, não possuía débitos e obrigações.

XI – Monte mor: O total do monte-mor é de **R$ 775.458,80** (setecentos e setenta e cinco mil e quatrocentos e cinquenta e oito reais e oitenta centavos).

XII – Colação: A cônjuge supérstite e os demais herdeiros perguntados pelo tabelião sobre a existência de doações anteriores que devam ser trazidas a colação declararam não haver.

XIII – Partilha Legal: O total dos bens e haveres do espólio monta em **R$ 775.458,80** (setecentos e setenta e cinco mil e quatrocentos e cinquenta e oito reais e oitenta centavos). A viúva e os demais herdeiros, todos concordes, ajustam a partilha assim: **13.1 – Bens do Casal:** Os bens do casal são partilhados assim: **13.1.1 – Meação da Viúva:** À viúva meeira caberá uma quota parte ideal de metade (1/2) do patrimônio líquido, correspondente ao valor de **R$ 387.729,40** (trezentos e oitenta e sete mil e setecentos e vinte e nove reais e quarenta centavos). **13.1.2 – Herança dos filhos:** A cada um dos dois filhos caberá 1/4 (um quarto) do patrimônio líquido, correspondente ao valor de **R$ 193.864,70** (cento e noventa e três mil e oitocentos e sessenta e quatro reais e setenta centavos), para cada um.

XIV – Cessão de Direitos: Possuindo os herdeiros filhos _____ e _____, outros bens e meios necessários à sua sobrevivência, **CEDEM E TRANSFEREM** a título de doação, parte do quinhão que lhes cabe de seu patrimônio líquido, à viúva meeira _____, pelo valor total de **R$ 41.384,50** (quarenta e um mil e trezentos e oitenta e quatro reais e cinquenta centavos), correspondendo **R$ 20.692,25** *(vinte mil e seiscentos e noventa e dois reais e vinte e cinco centavos)*, para cada cedente, transferindo-lhe desta forma toda a posse, domínio, direitos e ações sobre os direitos hereditários mencionados. A donatária declara não ter recebido dos doadores outro bem, móvel ou imóvel, e, portanto, a doação, neste ano, não ultrapassa o limite legal de 2.500 UFESPS, ou seja, _____. Os cedentes declaram que não sendo empregadores, não estão sujeitos às exigências da Lei 8.212/91, bem como nos dispositivos do Regulamento da Previdência Social, aprovado pelo Decreto nº 3.048/99, e posteriores alterações. Os doadores declaram que a doação é feita da parte disponível (arts. 2005 e 2006 do Código Civil) e respeitada a legítima (art. 549 do Código Civil).

XV – Do pagamento dos quinhões: A viúva e os demais herdeiros, todos concordes, ajustam o pagamento dos quinhões assim:

15.1 – A viúva, _____, receberá a metade ideal (1/2) do imóvel mencionado no item 9.1.1, letra A, no valor de **R$ 170.279,75** (cento e setenta mil e duzentos e setenta e nove reais e setenta e cinco centavos), a metade ideal (1/2) dos direitos sobre o imóvel mencionado no item 9.1.1, letra B, no valor de **R$ 164.796,12** (cento e sessenta e quatro mil e setecentos e noventa e seis reais e doze centavos), 100% (cem por cento) do automóvel mencionado no item 9.1.2, letra C, no valor de **R$ 82.769,00** (oitenta e dois mil e setecentos e sessenta e nove reais) e a metade ideal (1/2) do saldo bancário mencionado no item 9.1.2, letra D, no valor de **R$ 11.269,03** (onze mil e duzentos e sessenta e nove reais e três centavos), totalizando o valor de **R$ 429.113,90** *(quatrocentos e vinte e nove mil e cento e treze reais e noventa centavos)*;

15.2 – A herdeira _____ receberá um quarto (1/4) do imóvel mencionado no item 9.1.1, letra A, no valor de **R$ 85.139,87** (oitenta e cinco mil e cento e trinta e nove reais e oitenta e sete centavos), um quarto (1/4) dos direitos sobre o imóvel mencionado no item 9.1.1, letra B, no valor de **R$ 82.398,07** (oitenta e dois mil e trezentos e noventa e oito reais e sete centavos) e um quarto (1/4) do saldo bancário mencionado no item 9.1.2, letra D, no valor de **R$ 5.634,51** (cinco mil e seiscentos e trinta e quatro reais e cinquenta e um centavos), totalizando o valor de **R$ 173.172,45** *(cento e setenta e três mil e cento e setenta e dois reais e quarenta e cinco centavos)*;

15.3 – O herdeiro _____ receberá um quarto (1/4) do imóvel mencionado no item 9.1.1, letra A, no valor de **R$ 85.139,87** (oitenta e cinco mil e cento e trinta e nove reais e oitenta e sete centavos), um quarto (1/4) dos direitos sobre o imóvel mencionado no item 9.1.1, letra B, no valor de **R$ 82.398,06** (oitenta e dois mil e trezentos e noventa e oito reais e seis centavos) e um quarto (1/4) do saldo bancário mencionado no item 9.1.2, letra D, no valor de **R$ 5.634,52** (cinco mil e seiscentos e trinta e quatro reais e cinquenta e dois centavos), totalizando o valor de **R$ 173.172,45** *(cento e setenta e três mil e cento e setenta e dois reais e quarenta e cinco centavos)*.

XVI – Tributos: ITCMD (IMPOSTO DE TRANSMISSÃO CAUSA MORTIS E DOAÇÃO) – As partes apresentaram a declaração de bens dos seguintes impostos: **A)** Bens isentos e tributáveis do imposto "causa mortis", sob n° _____, conforme disciplina da Secretaria da Fazenda do Estado de São Paulo e o respectivo imposto de transmissão foi recolhido no dia 26/05/2021, na rede Bancária, conforme guias no valor total de **R$ 35.109,36** (trinta e cinco mil e cento e nove reais e trinta e seis centavos). **B)** Bens isentos do imposto "doação", sob n° _____, conforme disciplina da Secretaria da Fazenda do Estado de São Paulo. Este Tabelião atesta a veracidade dos valores dos bens e dos direitos informados nas respectivas declarações, como determinam as normas administrativas da Secretaria da Fazenda Estadual (Decreto Estadual n° 56.693/2011 e posterior regulamentação).

XVII – Certidões e documentos apresentados e arquivados: Os documentos apresentados ficam arquivados nestas notas em cópia digital. Recebi, conferi e dou fé da apresentação dos documentos de identificação, estado civil e representação das partes, que ficam arquivados neste Tabelionato juntamente com os seguintes documentos:

17.1 – Documentos de identidade das partes e estado civil do autor da herança e herdeiros;

17.2 – Certidão de propriedade dos imóveis mencionados no item 9.1.1, letras A e B, expedidas no prazo legal;

17.3 – Certificado de propriedade do veículo mencionado no item 9.1.2, letra C;

17.4 – Extratos bancários da conta mencionada no item 9.1.2, letra D;

17.5 – Certidão Conjunta de Débitos de Tributos Imobiliários: **Imóvel Letra A:** emitida pela Prefeitura do Município de São Paulo, SP, através de processo informatizado – *"Internet"*, com base na Portaria Conjunta SF/PGM n° 4, de 12 de abril de 2017, Decreto 50.691, de 29 de junho de 2009, Decreto 51.714, de 13 de agosto de 2010 e Portaria SF n° 4, de 05 de janeiro de 2012 e Portaria SF n° 268, de 11 de outubro de 2019, expedida no prazo legal; **Imóvel Letra B:** emitidas pela Prefeitura do Município de São Paulo, SP, através de processo informatizado – *"Internet"*, com base na Portaria Conjunta SF/PGM nº 4, de 12 de abril de 2017, Decreto 50.691, de 29 de junho de 2009, Decreto 51.714, de 13 de agosto de 2010 e Portaria SF nº 4, de 05 de janeiro de 2012 e Portaria SF nº 268, de 11 de outubro de 2019, expedidas no prazo legal.

17.6 – Certidão Positiva com Efeitos de Negativa de Débitos Relativos aos Tributos Federais e à Dívida Ativa da União – _____;

17.7 – Certidão negativa de testamento;

17.8 – Guias de ITCMD e declarações do imposto causa mortis e de doação;

17.9 – Certidão Negativa de Débitos Trabalhistas em nome de todas as partes, emitidas dentro do prazo legal, com base no art. 642-A da Consolidação das Leis do Trabalho, acrescentado pela Lei nº 12.440, de 7 de julho de 2011, e na Resolução Administrativa nº 1470/2011 do Tribunal Superior do Trabalho, de 24 de agosto de 2011;

17.10 – Certidões positivas dos distribuidores judiciais cível (ações cíveis, família e sucessões, execuções fiscais e juizados especiais cíveis), da Comarca de SP, em nome do autor da herança, exclusivamente para seu RG e CPF;

17.11 – Certidões negativas dos distribuidores judiciais cível (inventários, arrolamentos e testamentos / falência, concordatas, recuperações judiciais e extrajudiciais), execuções criminais, ação trabalhista, justiça federal em 1º grau e tribunal regional federal da 3ª Região, todas da Comarca de SP, em nome do autor da herança, exclusivamente para seu RG e CPF;

17.12 – Procuração anteriormente mencionada;

17.13 – Central de Indisponibilidades: Negativa – _____.

XVIII – DOI: Emitida a DOI – Declaração Sobre Operações Imobiliárias – conforme previsão legal.

XIX – Declaração das partes:

(1) Esta escritura foi lida e compreendida por nós. Concordamos integralmente com o teor deste ato, autorizamos a sua redação, outorgamos e assinamos.

(2) Inexistência de inventário judicial: Declaram que não existe processo judicial de inventário do autor da herança, sendo este procedimento extrajudicial o único por eles realizado.

(3) Autorizam o tabelião, os oficiais dos registros de imóveis, DETRAN, instituições bancárias demais órgãos competentes a procederem a todos e quaisquer atos, registros ou averbações necessárias.

(4) Os imóveis ora partilhados se encontram livres e desembaraçados de quaisquer ônus, dívidas, tributos de quaisquer naturezas e débito condominial, exceto pelas restrições constantes na matrícula nº _____ do ____º Oficial de Registro de Imóveis desta Capital, mencionadas no item B.1.

(5) Tem ciência de que o registro da presente escritura dependerá do prévio cancelamento das restrições averbadas na matrícula nº _____ do ____º Oficial de Registro de Imóveis desta Capital, inclusive as mencionadas no item B.1, se responsabilizando por eventuais exigências registrais.

(6) Não existem feitos ajuizados fundados em ações reais ou pessoais reipersecutórias que afetem os bens e direitos partilhados.

(7) O autor da herança não era, e eles próprios não são, empregadores rurais ou urbanos e não estão sujeitos às prescrições da lei previdenciária em vigor.

(8) Variação de aplicações financeiras, contas bancárias, parcelas de devolução do imposto de renda e outros quaisquer valores: se houver variação no rendimento de aplicações financeiras, contas bancárias, devolução do imposto de renda, ou crédito de outros quaisquer valores do autor da herança nas contas bancárias mencionadas neste inventário, as partes autorizam a inventariante a fazer a indispensável redução ou majoração dos valores partilhados em idêntica proporção da partilha realizada. A inventariante é investida nos poderes necessários a este fim, podendo sacar os títulos ou valores eventualmente existentes em instituições financeiras ou não e nos bancos autorizados pela Secretaria da Receita Federal. A inventariante fica ainda autorizada a fazer o encerramento das contas bancárias de titularidade do falecido em qualquer agência bancária, inclusive perante o Banco Itaú, agência _____, conta _____.

(9) Fundo de Garantia Por Tempo de Serviço (FGTS): A viúva e os herdeiros declaram ser os únicos herdeiros do autor da herança, sendo, portanto, aptos a sacar os valores depositados em contas vinculadas de PIS/PASEP e FGTS existentes em favor de _____ e não percebidas por ele em vida.

XX – Declarações da advogada: Pela advogada, _____, me foi dito, sob responsabilidade profissional, civil e criminal que assessorou e aconselhou seus constituintes, tendo conferido a correção da partilha e seus valores de acordo com a Lei.

XXI – Declarações do Tabelião:

(1) Autenticação: Reconheço a identidade e estado civil dos presentes, a vista dos respectivos documentos de identidade e do registro civil apresentados, bem como suas capacidades para o ato.

(2) Este tabelião esclareceu os herdeiros sobre o artigo 1992 do código civil que diz o seguinte: "**O herdeiro que sonegar bens da herança**, não os descrevendo no inventário quando estejam em seu poder, ou, com o seu conhecimento, no de outrem, ou que os omitir na colação, a que os deva levar, ou que deixar de restituí-los, **perderá o direito que sobre eles lhe cabia.**"

(3) Informou às partes que, segundo a lei 7.433/85, com a redação dada pela Lei 13.097, de 19.01.2015, não poderão ser opostas situações jurídicas não constantes da matrícula no cartório do registro de imóveis, inclusive para fins de evicção, ao terceiro de boa-fé que adquirir ou receber em garantia direitos reais sobre o imóvel, ressalvados o disposto nos art. 129 e art. 130 da Lei nº 11.101, de 9 de fevereiro de 2005, e as hipóteses de aquisição e extinção da propriedade que independam de registro de título de imóvel. Ainda assim, o tabelião recomenda que as partes obtenham as certidões de feitos ajuizados, o que foi apresentado pelas partes.

(4) Ficam ressalvados os eventuais erros, omissões ou direitos de terceiros.

(5) As partes receberam juntamente com o traslado desta escritura os documentos necessários para a lavratura deste ato, exceto aqueles cujo arquivamento é exigido por lei.

(6) Foram cumpridas as exigências documentais constantes da Lei Federal nº 7.433, de 18 de dezembro de 1985, tal como regulamentada pelo citado Decreto nº 93.240/86 e pelas normas de Serviço da Corregedoria Geral de Justiça do Estado de São Paulo.

(7) As partes foram cientificadas que podiam obter a prévia Certidão Negativa de Débitos Trabalhistas (CNDT), nos termos do art. 642-A da CLT, com a redação dada pela Lei nº 12.440/2011, o que foi feito.

(8) Informou às partes que a propriedade decorre do registro no ofício exclusivo, orientando-as a registrarem esta escritura.

(9) Informou às partes que a dúvida registral somente poderá ser suscitada por elas próprias.

(10) Aconselhamento notarial: As partes foram esclarecidas sobre as normas legais e os efeitos atinentes a este negócio, em especial sobre os artigos citados nesta escritura, declarando que as compreenderam e dando-se por satisfeitas com este serviço notarial.

(11) Escrevente: Na lavratura desta escritura, participa a escrevente abaixo indicada praticando as seguintes ações: recepção e aconselhamento das partes, identificação e verificação da capacidade, qualificação legal, elaboração do ato e sua redação, diligências indispensáveis ou convenientes ao ato, coleta de assinaturas.

(12) Fé notarial: Dou fé das declarações contidas neste instrumento, dos documentos apresentados e arquivados, ou não, das autenticações feitas e de que a escritura foi lida e assinada pelas partes presentes.

Escrevente: _____.
Tabeliã Substituta: _____.

10. INVENTÁRIO – PARTILHA IGUALITÁRIA

I – Local: República Federativa do Brasil, SP, São Paulo, Praça João Mendes, nº 42, 1º andar, no 26º Tabelionato de Notas de São Paulo.

II – Data: _____.

III – Partes:

1) **Herdeiros filhos:** _____ e _____

2) **Advogada:** _____

IV – Declarações Iniciais: Então, pelas partes, acompanhadas de sua advogada constituída, me foi requerido sejam feitos o inventário e a partilha dos bens deixados pelo falecimento de _____ e declaram o que segue.

V – Autora da Herança: 5.1 – Qualificação: _____ era brasileira, do lar, portadora da cédula de identidade RG nº _____, inscrita no CPF/MF sob nº _____, era filha de _____ e _____, e nasceu em Assis, SP, no dia _____. **5.2 – Estado Civil:** A autora da herança era viúva de _____, conforme certidão de casamento matrícula nº _____, do Oficial de Registro Civil das Pessoas Naturais do 14º Subdistrito – Lapa, desta Capital, e certidão de óbito matrícula nº _____, do Oficial de Registro Civil das Pessoas Naturais do 2º Subdistrito – Liberdade, desta Capital. **5.3 – Falecimento:** Faleceu no dia _____, em São Paulo, SP, e residia nesta Capital, na Rua _____, conforme certidão de óbito expedida aos 21 de junho de 2021, do Oficial de Registro Civil das Pessoas Naturais do 14º Subdistrito – Lapa, desta Capital, registrado sob matrícula nº _____

VI – Da Inexistência de Testamento: A autora da herança não deixou testamento, tendo sido apresentada a informação negativa de existência de testamento expedida pelo Colégio Notarial do Brasil – seção de São Paulo, responsável pelo Registro Central de Testamentos do Estado de São Paulo emitida aos _____. As partes declaram desconhecer a existência de qualquer testamento da autora da herança.

VII – Herdeiros: De seu casamento com _____, a autora da herança possuía 2 (dois) filhos, _____ e _____, que são seus únicos herdeiros.

VIII – Nomeação de Inventariante: De comum acordo, os herdeiros nomeiam inventariante do espólio de _____, o herdeiro _____, nos termos do art. 617 do Código de Processo Civil, conferindo-lhe todos os poderes que se fizerem necessários para representar o espólio em juízo ou fora dele, podendo praticar todos os atos de administração dos bens que possam eventualmente estar fora deste inventário e que serão objeto de futura sobrepartilha, nomear advogado em nome do espólio, ingressar em juízo, ativa ou passivamente, constituir mandato com poderes gerais e especiais, podendo enfim praticar todos os atos que se fizerem necessários à defesa do espólio e do cumprimento de suas eventuais obrigações formais, tais como outorga de escrituras de imóveis já vendidos e quitados, inclusive receber e dar quitação. O nomeado declara que aceita este encargo, prestando compromisso de cumprir eficazmente seu mister, comprometendo-se desde já, a prestar contas aos herdeiros, se por eles solicitadas. O inventariante declara estar ciente da responsabilidade civil e criminal pela declaração de bens e herdeiros e pela veracidade de todos os fatos aqui relatados.

IX – Bens: No momento da sucessão, a autora da herança tinha o bem a seguir descrito.

9.1 – Bem Imóvel: A) _____ descrição do imóvel _____, CEP _____, no _____º Subdistrito – _____, no município de _____, SP, inscrito no _____º Oficial de Registro de Imóveis desta Capital, descrito e caracterizado na matrícula nº _____. **A.1 – AQUISIÇÃO:** O imóvel foi adquirido pela autora da herança _____, conforme consta no _____ da matrícula nº _____ do _____ Oficial de Registro de Imóveis _____. **A.2 – CADASTRO E VALOR:** O imóvel acha-se cadastrado na Prefeitura do Município de _____, sob nº _____, com valor venal atribuído para o exercício de 2021 de *R$ 328.430,00 (trezentos e vinte e oito mil e quatrocentos e trinta reais)*, correspondendo à proporção de 1/2 (metade) ideal, o valor de **R$ 164.215,00** (cento e sessenta e quatro mil e duzentos e quinze reais). As partes atribuem a este imóvel, para fins fiscais, o valor de **R$ 164.215,00** (cento e sessenta e quatro mil e duzentos e quinze reais).

X – Débitos e obrigações: A autora da herança, na ocasião da abertura de sua sucessão, não possuía débitos e obrigações.

XI – Monte mor: O total do monte-mor é de **R$ 164.215,00** (cento e sessenta e quatro mil e duzentos e quinze reais).

XII – Colação: Os herdeiros perguntados pelo tabelião sobre a existência de doações anteriores que devam ser trazidas a colação declararam não haver.

XIII – Partilha: O total dos bens e haveres do espólio monta em **R$ 164.215,00** (cento e sessenta e quatro mil e duzentos e quinze reais). Os herdeiros, todos concordes, ajustam a partilha assim: A cada um dos 2 (dois) filhos caberá a 1/2 (metade) do patrimônio líquido, correspondente ao valor de **R$ 82.107,50** (oitenta e dois mil e cento e sete reais e cinquenta centavos), para cada um.

XIV – Do pagamento dos quinhões: Os herdeiros, todos concordes, ajustam o pagamento dos quinhões assim:

14.1 – A herdeira, _____, receberá a 1/2 (metade) ideal da proporção do imóvel mencionado no item 9.1, letra A, ou seja, 1/4 (um quarto) do bem, no valor de **R$ 82.107,50** (oitenta e dois mil e cento e sete reais e cinquenta centavos).

14.2 – O herdeiro, _____, receberá a 1/2 (metade) ideal da proporção do imóvel mencionado no item 9.1, letra A, ou seja, 1/4 (um quarto) do bem, no valor de **R$ 82.107,50** (oitenta e dois mil e cento e sete reais e cinquenta centavos).

XV – Tributos: ITCMD (IMPOSTO DE TRANSMISSÃO CAUSA MORTIS E DOAÇÃO) – As partes apresentaram a declaração de bens isentos e tributáveis do imposto "causa mortis" sob nº _____, retificadora da declaração nº _____, conforme disciplina da Secretaria da Fazenda do Estado de São Paulo e o respectivo imposto de transmissão foi recolhido no dia 16 de agosto de 2021, na rede Bancária, conforme guias no valor total de **R$ 6.240,16** (seis mil e duzentos e quarenta reais e dezesseis centavos). Este Tabelião atesta a veracidade dos valores dos bens e dos direitos informados na respectiva declaração, como determinam as normas administrativas da Secretaria da Fazenda Estadual (Decreto Estadual nº 56.693/2011 e posterior regulamentação).

XVI – Certidões e documentos apresentados e arquivados: Os documentos apresentados ficam arquivados nestas notas em cópia digital. Recebi, conferi e dou fé da apresentação dos documentos de identificação, estado civil e representação da parte, que ficam arquivados neste Tabelionato juntamente com os seguintes documentos: **16.1** – Documentos de identidade das partes e estado civil da autora da herança e herdeiros; **16.2** – Certidão de propriedade do imóvel mencionado no item 9.1, letra A, expedida no prazo legal; **16.3** – Certidão Conjunta de Débitos de Tributos Imobiliários: **Imóvel Letra A:** emitida pela Prefeitura do Município de São Paulo, SP, através de processo informatizado – "Internet", com base na Portaria Conjunta SF/PGM nº 4, de 12 de abril de 2017, Decreto 50.691, de 29 de junho de 2009, Decreto 51.714, de 13 de agosto de 2010 e Portaria SF nº 4, de 05 de janeiro de 2012 e Portaria SF nº 268, de 11 de outubro de 2019, expedida no prazo legal; **16.4** – Certidão Negativa de Débitos Relativos aos Tributos Federais e à Dívida Ativa da União – _____; **16.5** – Guias de ITCMD; **16.6** – Certidão Negativa de Débitos Trabalhistas em nome de todas as partes, emitidas dentro do prazo legal, com base no art. 642-A da Consolidação das Leis do Trabalho, acrescentado pela Lei nº 12.440, de 7 de julho de 2011, e na Resolução Administrativa nº 1470/2011 do Tribunal Superior do Trabalho, de 24 de agosto de 2011; **16.7** – Certidões negativas dos distribuidores judiciais cível (ações cíveis, família e sucessões, falências, concordatas, recuperações judiciais e extrajudiciais, execuções fiscais e juizados especiais cíveis / inventários, arrolamentos e testamentos / falência, concordatas, recuperações judiciais e extrajudiciais), execuções criminais e tribunal regional federal da 3ª Região, todas da Comarca de SP, em nome da autora da herança, exclusivamente para seu RG e CPF; **16.8** – Central de Indisponibilidades: Negativa – _____.

XVII – DOI: Emitida a DOI – Declaração Sobre Operações Imobiliárias – conforme previsão legal.

XVIII – Declaração das partes:

(1) Esta escritura foi lida e compreendida por nós. Concordamos integralmente com o teor deste ato, autorizamos a sua redação, outorgamos e assinamos.

(2) Inexistência de inventário judicial: Declaram que não existe processo judicial de inventário da autora da herança, sendo este procedimento extrajudicial o único por eles realizado.

(3) Autorizam o tabelião e os oficiais dos registros de imóveis competentes a procederem a todos e quaisquer atos, registros ou averbações necessárias.

(4) O imóvel ora partilhado se encontra livre e desembaraçado de quaisquer ônus, dívidas, tributos de quaisquer naturezas e débito condominial.

(5) Não existem feitos ajuizados fundados em ações reais ou pessoais reipersecutórias que afetem o bem e direitos partilhados.

(6) A autora da herança não era, e eles próprios não são, empregadores rurais ou urbanos e não estão sujeitos às prescrições da lei previdenciária em vigor.

(7) Variação de aplicações financeiras, contas bancárias, parcelas de devolução do imposto de renda e outros quaisquer valores: se houver variação no rendimento de aplicações financeiras, contas bancárias, devolução do imposto de renda, ou crédito de outros quaisquer valores da autora da herança em contas bancárias, o inventariante está autorizado a fazer a indispensável redução ou majoração dos valores partilhados em idêntica proporção da partilha realizada. O inventariante é investido nos poderes necessários a este fim, podendo sacar os títulos ou valores eventualmente existentes em instituições financeiras ou não e nos bancos autorizados pela Secretaria da Receita Federal.

(8) Fundo de Garantia Por Tempo de Serviço (FGTS): Os herdeiros declaram ser os únicos herdeiros da autora da herança, sendo, portanto, aptos a sacar os valores depositados em contas vinculadas de PIS/PASEP e FGTS existentes em favor de _____ e não percebidas por ela em vida.

XIX – Declarações da advogada: Pela advogada, _____, me foi dito, sob responsabilidade profissional, civil e criminal que assessorou e aconselhou seus constituintes, tendo conferido a correção da partilha e seus valores de acordo com a Lei.

XX – Declarações do Tabelião:

(1) Autenticação: Reconheço a identidade e estado civil dos presentes, a vista dos respectivos documentos de identidade e do registro civil apresentados, bem como suas capacidades para o ato.

(2) Este tabelião esclareceu os herdeiros sobre o artigo 1992 do código civil que diz o seguinte: "**O herdeiro que sonegar bens da herança**, não os descrevendo no inventário quando estejam em seu poder, ou, com o seu conhecimento, no de outrem, ou que os omitir na colação, a que os deva levar, ou que deixar de restituí-los, **perderá o direito que sobre eles lhe cabia.**"

(3) Informou às partes que, segundo a lei 7.433/85, com a redação dada pela Lei 13.097, de 19.01.2015, não poderão ser opostas situações jurídicas não constantes da matrícula no cartório do registro de imóveis, inclusive para fins de evicção, ao terceiro de boa-fé que adquirir ou receber em garantia direitos reais sobre o imóvel, ressalvados o disposto nos art. 129 e art. 130 da Lei nº 11.101, de 9 de fevereiro de 2005, e as hipóteses de aquisição e extinção da propriedade que independam de registro de título de imóvel. Ainda assim, o tabelião recomenda que obtenham as certidões de feitos ajuizados, o que foi apresentado pelas partes.

(4) Ficam ressalvados os eventuais erros, omissões ou direitos de terceiros.

(5) As partes receberam juntamente com o traslado desta escritura os documentos necessários para a lavratura deste ato, exceto aqueles cujo o arquivamento é exigido por lei.

(6) Normas legais: Foram cumpridas as exigências documentais constantes da Lei Federal nº 7.433, de 18 de dezembro de 1985, tal como regulamentada pelo citado Decreto nº 93.240/86 e pelas normas de Serviço da Corregedoria Geral de Justiça do Estado de São Paulo.

(7) CNDT: As partes foram cientificadas que podiam obter a prévia Certidão Negativa de Débitos Trabalhistas (CNDT), nos termos do art. 642-A da CLT, com a redação dada pela Lei nº 12.440/2011, o que foi feito.

(8) Informou às partes que a propriedade decorre do registro no ofício exclusivo, orientando-as a registrarem esta escritura.

(9) Informou às partes que a dúvida registral somente poderá ser suscitada por elas próprias.

(10) Aconselhamento notarial: As partes foram esclarecidas sobre as normas legais e os efeitos atinentes a este negócio, em especial sobre os artigos citados nesta escritura, declarando que as compreenderam e dando-se por satisfeitas com este serviço notarial.

(11) Escrevente: Na lavratura desta escritura, participa a escrevente abaixo indicada praticando as seguintes ações: recepção e aconselhamento das partes, identificação e verificação da capacidade, qualificação legal, elaboração do ato e sua redação, diligências indispensáveis ou convenientes ao ato, coleta de assinaturas.

(12) Fé notarial: Dou fé das declarações contidas neste instrumento, dos documentos apresentados e arquivados, ou não, das autenticações feitas e de que a escritura foi lida e assinada pelas partes presentes.

Escrevente: _____

Tabeliã Substituta: _____

11. INVENTÁRIO NEGATIVO

I – Local: República Federativa do Brasil, SP, São Paulo, Praça João Mendes, nº 42, 1º andar, no 26º Tabelionato de Notas de São Paulo.

II – Data: _____

III – Partes:

1) **Viúva(o) meeira(o):** _____.

2) **Herdeiros filhos:** _____.

3) **Advogado(a):** _____.

IV – Declarações Iniciais: Então, pelas partes, acompanhadas de seu(sua) advogado(a) constituído(a), me foi requerido seja feito o inventário negativo de e declaram o que segue.

V – *De cujus*: 1.1 – Qualificação: era _____, portador da cédula de identidade RG nº _____, inscrito no CPF/MF sob nº _____, era filho de _____ e _____ e nasceu em _____, _____, no dia _____. **5.2 – Estado Civil:** O falecido era casado em _____ núpcias, sob o regime da _____ com _____, acima qualificada(o), em _____, conforme certidão de casamento matrícula nº _____, do Oficial de Registro Civil das Pessoas Naturais do ____ Subdistrito – _____, desta Capital. **5.3 – Falecimento:** Faleceu no dia _____, em _____, e residia em _____, conforme certidão de óbito expedida aos _____, do Oficial do Registro Civil das Pessoas Naturais do ____º Subdistrito – _____, registrado sob matrícula nº _____.

VII – Da Inexistência de Testamento: O falecido não deixou testamento, tendo sido apresentada a informação negativa de existência de testamento expedida pelo Colégio Notarial do Brasil – seção de São Paulo, responsável pelo Registro Central de Testamentos do Estado de São Paulo emitida à matrícula nº _____. As partes declaram desconhecer a existência de qualquer testamento do falecido.

VIII – Herdeiros: De seu casamento com _____, o autor da herança possuía _____ filhos, _____ e _____, que são seus únicos herdeiros.

IX – Nomeação de Inventariante: De comum acordo, os herdeiros nomeiam inventariante do espólio de _____, a(o) viúva(o) meeira(o) _____, nos termos do art. 617 do Código de Processo Civil, conferindo-lhe todos os poderes que se fizerem necessários para representar o espólio em juízo ou fora dele, podendo praticar todos os atos de administração dos bens que possam eventualmente estar fora deste inventário e que serão objeto de futura sobrepartilha, nomear advogado em nome do espólio, ingressar em juízo, ativa ou passivamente, constituir mandato com poderes gerais e especiais, podendo enfim praticar todos os atos que se fizerem necessários à defesa do espólio e do cumprimento de suas eventuais obrigações formais, tais como outorga de escrituras de imóveis já vendidos e quitados, inclusive receber e dar quitação. A(O) nomeada(o) declara que aceita este encargo, prestando compromisso de cumprir eficazmente seu mister, comprometendo-se desde já, a prestar contas aos herdeiros, se por eles solicitadas. A(O) inventariante declara estar ciente da responsabilidade civil e criminal pela declaração de bens e herdeiros e pela veracidade de todos os fatos aqui relatados.

X – Inexistência de Bens: O(A) viúvo(a) meeiro(a) e o herdeiras declaram, sob responsabilidade civil e penal, que no momento da abertura da sucessão, o "de cujus" não possuía bens.

XI – Débitos e Obrigações: O "de cujus", na ocasião da abertura de sua sucessão, não possuía débitos e obrigações.

XII – Colação: As herdeiras perguntadas pelo tabelião sobre a existência de doações anteriores que devam ser trazidas a colação declararam não haver.

XIII – Certidões e documentos apresentados e arquivados: Os documentos apresentados ficam arquivados nestas notas em cópia digital. Recebi, conferi e dou fé da apresentação dos documentos de identificação, estado civil e representação das partes, que ficam arquivados neste Tabelionato juntamente com os seguintes documentos: **(1)** Documentos de identidade das partes e estado civil do(a) autor(a) da herança e herdeiros; **(2)** Certidão Conjunta Negativa de Débitos Relativos a Tributos Federais e à Dívida Ativa da União: _____; **(3)** Certidão negativa de testamento; **(4)** Certidão Negativa de Débitos Trabalhistas em nome de todas as partes, emitidas dentro do prazo legal, com base no art. 642-A da Consolidação das Leis do Trabalho, acrescentado pela Lei nº 12.440, de 7 de julho de 2011, e na Resolução Administrativa nº 1470/2011 do Tribunal Superior do Trabalho, de 24 de agosto de 2011; **(5)** Certidões positivas dos distribuidores judiciais cível (ações cíveis, família e sucessões, execuções fiscais e juizados especiais cíveis), da Comarca de SP, em nome do autor da herança, exclusivamente para seu RG e CPF; **(6)** Certidões negativas dos distribuidores judiciais cível (inventários, arrolamentos e testamentos / falência, concordatas, recuperações judiciais e extrajudiciais), execuções criminais, ação trabalhista, justiça federal em 1º grau e tribunal regional federal da 3ª Região, todas da Comarca de SP, em nome do autor da herança, exclusivamente para seu RG e CPF; **(7)** Central de Indisponibilidades: Negativa – _____.

XIV – Declaração das partes:

(1) Esta escritura foi lida e compreendida por nós. Concordamos integralmente com o teor deste ato, autorizamos a sua redação, outorgamos e assinamos.

(2) Inexistência de inventário judicial: Declaram que não existe processo judicial de inventário do autor da herança, sendo este procedimento extrajudicial o único por eles realizado.

(3) Autorizam o tabelião e os oficiais dos registros de imóveis competentes a procederem a todos e quaisquer atos, registros ou averbações necessárias.

(4) O autor da herança não era, e eles(as) próprios(as) não são, empregadores(as) rurais ou urbanos(as) e não estão sujeitos(as) às prescrições da lei previdenciária em vigor.

XV – Declarações do advogado: Pelo(a) advogado(a), , me foi dito, sob responsabilidade profissional, civil e criminal que assessorou e aconselhou seus constituintes, tendo conferido o presente inventário negativo.

XVI – Declarações do Tabelião:

(1) Autenticação: Reconheço a identidade e estado civil dos presentes, a vista dos respectivos documentos de identidade e do registro civil apresentados, bem como suas capacidades para o ato.

(2) Este tabelião esclareceu os herdeiros sobre o artigo 1992 do código civil que diz o seguinte: "**O herdeiro que sonegar bens da herança**, não os descrevendo no inventário quando estejam em seu poder, ou, com o seu conhecimento, no de outrem, ou que os omitir na colação, a que os deva levar, ou que deixar de restituí-los, **perderá o direito que sobre eles lhe cabia.**"

(3) Ficam ressalvados os eventuais erros, omissões ou direitos de terceiros.

(4) As partes receberam juntamente com o traslado desta escritura os documentos necessários para a lavratura deste ato, exceto aqueles cujo o arquivamento é exigido por lei.

(5) Foram cumpridas as exigências documentais constantes da Lei Federal nº 7.433, de 18 de dezembro de 1985, tal como regulamentada pelo citado Decreto nº 93.240/86 e pelas normas de Serviço da Corregedoria Geral de Justiça do Estado de São Paulo.

(6) As partes foram cientificadas que podiam obter a prévia Certidão Negativa de Débitos Trabalhistas (CNDT), nos termos do art. 642-A da CLT, com a redação dada pela Lei nº 12.440/2011, o que foi feito.

(7) Aconselhamento notarial: As partes foram esclarecidas sobre as normas legais e os efeitos atinentes a este negócio, em especial sobre os artigos citados nesta escritura, declarando que as compreenderam e dando-se por satisfeitas com este serviço notarial.

(8) Escreventes: Na lavratura desta escritura, participaram os escreventes abaixo indicados praticando as seguintes ações: recepção e aconselhamento das partes, identificação e verificação da capacidade, qualificação legal, elaboração do ato e sua redação, diligências indispensáveis ou convenientes ao ato, coleta de assinaturas.

(9) Fé notarial: Dou fé das declarações contidas neste instrumento, dos documentos apresentados e arquivados, ou não, das autenticações feitas e de que a escritura foi lida e assinada pelas partes presentes.

Escreventes: _____.
Tabeliã Substituta: _____.

12. PROCURAÇÃO PÚBLICA – MODELO INVENTÁRIO + VENDA DE IMÓVEL

I – **Local:** República Federativa do Brasil, SP, São Paulo, ... endereço ...., nº ...., ...º andar, no ....º Tabelionato de Notas de São Paulo.

II – **Data:**..

III – **Mandantes:** .... (nome e qualificação completa)....................

IV – **Procuradora:**.................... (nome e qualificação completa)....................

V – **Finalidade:** Inventário e Venda de Imóvel.

VI – **Validade:** Prazo indeterminado.

VII – **Onerosidade:** Não.

VIII – **Área de representação:** Brasil.

IX – **Poderes:** Amplos, gerais e ilimitados poderes para o fim especial de representá-los em todos os atos necessários no inventário de ...., falecida em ...., conforme certidão de óbito expedida pelo........................, podendo vender o imóvel recebido por herança.

(1) Assinar a competente escritura pública de inventário, adjudicação e eventual sobrepartilha, fazer a declaração de bens e herdeiros, nomear inventariante e/ou aceitar a inventariança com seus respectivos encargos, realizar a necessária partilha de bens, concordar ou não com cálculos, avaliações e a respectiva partilha, prestar, sob responsabilidade civil e penal dos mandantes e da procuradora, quaisquer declarações necessárias ao respectivo inventário, renunciar, ceder, receber, passar recibos e dar quitações, representá-los perante bancos e quaisquer instituições financeiras, estipular cláusulas e condições, estabelecer preços, forma e local de pagamento, assinar recibos de sinal e princípio de pagamento, autorizar registros e averbações; transmitir posse, domínio, direitos e ações sobre quaisquer bens móveis ou imóveis, dar característicos, metragens e confrontações, autorizar registros e averbações, retificar e ratificar a escritura de inventário, adjudicação ou sobrepartilha, rescindir, representá-los perante quaisquer entidades civis, associativas ou empresariais, e repartições públicas federais, estaduais ou municipais, autarquias, prefeituras, serviços notariais e registrais, e onde mais for preciso, tudo assinando, promovendo ou requerendo, juntar e desentranhar documentos, assinar formulários e requerimentos, prestar informações e esclarecimentos, acompanhar os processos administrativos, pagar os tributos e emolumentos devidos, aceitar recibos e quitações, constituir advogados, se necessário com a cláusula *ad judicia*, e estipular honorários, bem como destituí-los.

(2) Vender, compromissar a venda, permutar, ceder e transferir direitos ou obrigações, anuir ou de qualquer outra forma alienar, a quem convier, pelo preço e condições que convencionar o imóvel recebido por herança em razão dos bens deixados pelo falecimento de ...., podendo assinar e outorgar as escrituras que forem necessárias, públicas ou particulares, provisórias ou definitivas, receber, passar recibos e dar quitações, estipular cláusulas e condições, estabelecer preços, forma e local de pagamento, assinar recibos de sinal e princípio de pagamento, transmitir posse, domínio, direitos e ações, dar característicos, metragens e confrontações, autorizar registros e averbações, responder pela evicção legal, retificar, ratificar, rescindir, representá-lo perante quaisquer repartições públicas federais, estaduais e municipais, autarquias, concessionários de serviços públicos, serviços notariais e registrais, permissionários de serviços públicos, de serviços de água, esgoto, luz, gás e onde mais for preciso, tudo

assinando, promovendo ou requerendo, juntando e desentranhando documentos, assinar formulários e requerimentos, prestar informações e esclarecimentos, acompanhar processos administrativos, pagar os tributos, taxas e emolumentos devidos, aceitar recibos e quitações, enfim, praticar todos os atos necessários ao fiel cumprimento do presente mandato.

(3) Ad Judicia: representá-los em juízo ou fora dele em causas conexas com este inventário, constituir advogados e estipular honorários, bem como destituí-los com os poderes da cláusula "ad-judicia" para o foro em geral, em qualquer Juízo, instância ou tribunal, mesmo administrativas, propor contra quem de direito as ações competentes e defendê-los nas contrárias, seguindo umas e outras até final decisão, usar dos recursos legais cabíveis e acompanhando-os, podendo para tanto, transigir, desistir, confessar, acordar, firmar termos e compromissos, dar e receber quitação, reivindicar, notificar e o demais necessário, receber citação, intimação ou notificação judicial ou extrajudicial, mesmo inicial, suscitar dúvida registral.

(4) Substabelecimento: Pode substabelecer, no todo ou em parte, com ou sem reserva de iguais poderes. Se a procuradora substabelecer sem reserva de poderes, tal ato configurará a renúncia por esta procuradora, dos poderes aqui indicados, permanecendo responsável perante os mandantes, pelos atos praticados pelo novo procurador.

X – Documentos: São apresentados e ficam arquivados em cópia digital os seguintes documentos: **(1)** Documentos de identidade e estado civil dos mandantes; **(2)** Central de Indisponibilidades: Negativa – ....

XI – Declaração dos mandantes: A escritura foi lida e compreendida por nós. Concordamos integralmente com o teor deste ato, autorizando a sua redação, outorgando e assinando-a.

XII – Declaração da mandatária: A mandatária não está presente.

XIII – Declarações do Tabelião:

(1) Autenticação: Reconheço a identidade e estado civil dos presentes, a vista dos respectivos documentos de identidade e do registro civil apresentados, bem como suas capacidades para o ato.

(2) Foram cumpridas as exigências documentais constantes da Lei Federal nº 7.433, de 18 de dezembro de 1985, tal como regulamentada pelo Decreto nº 93.240/86 e pelas normas de Serviço da Corregedoria Geral de Justiça do Estado de São Paulo.

(3) Aconselhamento notarial: As partes foram esclarecidas sobre as normas legais e os efeitos atinentes a este negócio, em especial sobre os artigos citados nesta escritura, declarando que as compreenderam e dando-se por satisfeitas com este serviço notarial.

(4) Escrevente: Na lavratura desta escritura, participou a escrevente abaixo indicada praticando as seguintes ações: recepção e aconselhamento das partes, identificação e verificação da capacidade, qualificação legal, elaboração do ato e sua redação, diligências indispensáveis ou convenientes ao ato, coleta de assinaturas.

(5) Fé notarial: Dou fé das declarações contidas neste instrumento, dos documentos apresentados e arquivados, ou não, das autenticações feitas e de que a escritura foi assinada pelas partes presentes.

Escreventes: _____.
Tabeliã Substituta: _____.

13. PROCURAÇÃO PÚBLICA – MODELO INVENTÁRIO E CESSÃO (CEDER E RECEBER)

I – Local: República Federativa do Brasil, SP, São Paulo, ... endereço ...., nº ...., ...º andar, no ....º Tabelionato de Notas de São Paulo.

II – Data:..

III – Mandantes: .... (nome e qualificação completa)....................

IV – Procurador:..................... (nome e qualificação completa)....................

V – Finalidade: Inventário e Cessão de Direitos Hereditários.

VI – Validade: Prazo indeterminado.

VII – Onerosidade: Não.

VIII – Área de representação: Brasil.

IX – Poderes: Amplos, gerais e ilimitados poderes para o fim especial de representá-lo em todos os atos necessários no inventário, adjudicação e eventual sobrepartilha de ...., falecida em ...., conforme certidão de óbito do Oficial de Registro Civil das Pessoas Naturais do ...., registrado sob matrícula nº ...., podendo ceder ou receber, a título gratuito, os quinhões hereditários objetos do inventário.

(1) Assinar a competente escritura pública de inventário, adjudicação, eventual sobrepartilha e nomeação de inventariante, dos bens deixados pelo falecimento de ...., fazer a declaração de bens e herdeiros, nomear inventariante e/ou aceitar a inventariança com seus respectivos encargos, realizar a necessária partilha de bens, concordar ou não com cálculos, avaliações e a respectiva partilha, prestar, sob responsabilidade civil e penal dos mandantes e da procuradora, quaisquer declarações necessárias ao respectivo inventário, renunciar, ceder, receber, passar recibos e dar quitações, representá-los perante bancos e quaisquer instituições financeiras, estipular cláusulas e condições, estabelecer preços, forma e local de pagamento, assinar recibos de sinal e princípio de pagamento, autorizar registros e averbações; transmitir posse, domínio, direitos e ações sobre quaisquer bens móveis ou imóveis, dar característicos, metragens e confrontações, autorizar registros e averbações, retificar e ratificar a escritura de inventário, adjudicação ou sobrepartilha, rescindir, representá-los perante quaisquer entidades civis, associativas ou empresariais, e repartições públicas federais, estaduais ou municipais, autarquias, prefeituras, serviços notariais e registrais, e onde mais for preciso, tudo assinando, promovendo ou requerendo, juntar e desentranhar documentos, assinar formulários e requerimentos, prestar informações e esclarecimentos, acompanhar os processos administrativos, pagar os tributos e emolumentos devidos, aceitar recibos e quitações, constituir advogados, se necessário com a cláusula *ad judicia*, e estipular honorários, bem como destituí-los.

(2) Cessão de Direitos: Assinar a competente escritura pública de cessão gratuita de direitos, podendo ceder os bens recebidos através do falecimento de ...., que será cedido e/ou doado para um ou mais herdeiros, podendo também receber por cessão, a título gratuito, os quinhões objetos do inventário, nos termos do artigos 538 e seguintes do Código Civil, podendo, para tanto, assinar e outorgar as escrituras, estipular ou não cláusulas e condições, atribuir valor, transmitir posse, domínio, direitos e ações, dar característicos, metragens e confrontações, autorizar registros e averbações; retificar, ratificar, responder pela evicção legal, intervir, anuir, representá-los perante quaisquer repartições públicas federais, estaduais ou municipais, autarquias, prefeituras, serviços notariais e registrais, e onde mais for preciso, tudo assinando, promovendo ou requerendo, juntar e desentranhar documentos, assinar formulários e requerimentos, prestar informações e esclarecimentos, acompanhar os processos administrativos, pagar os tributos e emolumentos devidos, aceitar recibos e quitações.

(3) **Ad Judicia:** representá-los em juízo ou fora dele em causas conexas com este inventário, constituir advogados e estipular honorários, bem como destituí-los com os poderes da cláusula "ad-judicia" para o foro em geral, em qualquer Juízo, instância ou tribunal, mesmo administrativas, propor contra quem de direito as ações competentes e defendê-los nas contrárias, seguindo umas e outras até final decisão, usar dos recursos legais cabíveis e acompanhando-os, podendo para tanto, transigir, desistir, confessar, acordar, firmar termos e compromissos, dar e receber quitação, reivindicar, notificar e o demais necessário, receber citação, intimação ou notificação judicial ou extrajudicial, mesmo inicial, suscitar dúvida registral.

(4) **Substabelecimento:** Pode substabelecer, no todo ou em parte, com ou sem reserva de iguais poderes. Se a procuradora substabelecer sem reserva de poderes, tal ato configurará a renúncia por esta procuradora, dos poderes aqui indicados, permanecendo responsável perante os mandantes, pelos atos praticados pelo novo procurador.

X – Documentos: São apresentados e ficam arquivados em cópia digital os seguintes documentos: **(1)** Documentos de identidade e estado civil dos mandantes; **(2)** Central de Indisponibilidades: Negativa – ....

XI – Declaração dos mandantes: A escritura foi lida e compreendida por nós. Concordamos integralmente com o teor deste ato, autorizando a sua redação, outorgando e assinando-a.

XII – Declaração do mandatário: O mandatário não está presente.

XIII – Declarações do Tabelião:

(1) Autenticação: Reconheço a identidade e estado civil dos presentes, a vista dos respectivos documentos de identidade e do registro civil apresentados, bem como suas capacidades para o ato.

(2) Foram cumpridas as exigências documentais constantes da Lei Federal nº 7.433, de 18 de dezembro de 1985, tal como regulamentada pelo Decreto nº 93.240/86 e pelas normas de Serviço da Corregedoria Geral de Justiça do Estado de São Paulo.

(3) Aconselhamento notarial: As partes foram esclarecidas sobre as normas legais e os efeitos atinentes a este negócio, em especial sobre os artigos citados nesta escritura, declarando que as compreenderam e dando-se por satisfeitas com este serviço notarial.

(4) Escrevente: Na lavratura desta escritura, participou a escrevente abaixo indicada praticando as seguintes ações: recepção e aconselhamento das partes, identificação e verificação da capacidade, qualificação legal, elaboração do ato e sua redação, diligências indispensáveis ou convenientes ao ato, coleta de assinaturas.

(5) Fé notarial: Dou fé das declarações contidas neste instrumento, dos documentos apresentados e arquivados, ou não, das autenticações feitas e de que a escritura foi assinada pelas partes presentes.

Escrevente:_____
Tabelião Substituto:_____.

14. PROCURAÇÃO PÚBLICA – MODELO INVENTÁRIO E CESSÃO (RECEBIMENTO – CESSIONÁRIO)

I – Local: República Federativa do Brasil, SP, São Paulo, ... endereço ...., nº ...., ...º andar, no ....º Tabelionato de Notas de São Paulo.

II – Data:..

III – Mandantes: .... (nome e qualificação completa)...................

IV – Procurador:................... (nome e qualificação completa)...................

V – Finalidade: Inventário e Cessão de Direitos Hereditários.

VI – Validade: Prazo indeterminado.

VII – Onerosidade: Não.

VIII – Área de representação: Brasil.

IX – Poderes: Amplos, gerais e ilimitados poderes para o fim especial de representá-lo em todos os atos necessários no inventário, adjudicação e eventual sobrepartilha de ...., falecida em ...., conforme certidão de óbito do Oficial de Registro Civil das Pessoas Naturais do ...., registrado sob matrícula nº ...., podendo receber, a título gratuito, os quinhões hereditários objetos do inventário.

(1) Assinar a competente escritura pública de inventário, adjudicação, eventual sobrepartilha e nomeação de inventariante, dos bens deixados pelo falecimento de ...., fazer a declaração de bens e herdeiros, nomear inventariante e/ou aceitar a inventariança com seus respectivos encargos, realizar a necessária partilha de bens, concordar ou não com cálculos, avaliações e a respectiva partilha, prestar, sob responsabilidade civil e penal dos mandantes e da procuradora, quaisquer declarações necessárias ao respectivo inventário, renunciar, ceder, receber, passar recibos e dar quitações, representá-los perante bancos e quaisquer instituições financeiras, estipular cláusulas e condições, estabelecer preços, forma e local de pagamento, assinar recibos de sinal e princípio de pagamento, autorizar registros e averbações; transmitir posse, domínio, direitos e ações sobre quaisquer bens móveis ou imóveis, dar característicos, metragens e confrontações, autorizar registros e averbações, retificar e ratificar a escritura de inventário, adjudicação ou sobrepartilha, rescindir, representá-los perante quaisquer entidades civis, associativas ou empresariais, e repartições públicas federais, estaduais ou municipais, autarquias, prefeituras, serviços notariais e registrais, e onde mais for preciso, tudo assinando, promovendo ou requerendo, juntar e desentranhar documentos, assinar formulários e requerimentos, prestar informações e esclarecimentos, acompanhar os processos administrativos, pagar os tributos e emolumentos devidos, aceitar recibos e quitações, constituir advogados, se necessário com a cláusula *ad judicia*, e estipular honorários, bem como destituí-los.

(2) Cessão de Direitos: Assinar a competente escritura pública de cessão gratuita de direitos, podendo receber os bens advindos através do falecimento de ...., que será cedido pela viúva à mandante, nos termos do artigos 538 e seguintes do Código Civil, podendo, para tanto, assinar e outorgar as escrituras, estipular ou não cláusulas e condições, atribuir valor, receber posse, domínio, direitos e ações, dar característicos, metragens e confrontações, autorizar registros e averbações; retificar, ratificar, responder pela evicção legal, intervir, anuir, representá-la perante quaisquer repartições públicas federais, estaduais ou municipais, autarquias, prefeituras, serviços notariais e registrais, e onde mais for preciso, tudo assinando, promovendo ou requerendo, juntar e desentranhar documentos, assinar formulários e requerimentos, prestar informações e esclarecimentos, acompanhar os processos administrativos, pagar os tributos e emolumentos devidos, aceitar recibos e quitações.

(3) **Ad Judicia:** representá-los em juízo ou fora dele em causas conexas com este inventário, constituir advogados e estipular honorários, bem como destituí-los com os poderes da cláusula "ad-judicia" para o foro em geral, em qualquer Juízo, instância ou tribunal, mesmo administrativas, propor contra quem de direito as ações competentes e defendê-los nas contrárias, seguindo umas e outras até final decisão, usar dos recursos legais cabíveis e acompanhando-os, podendo para tanto, transigir, desistir, confessar, acordar, firmar termos e compromissos, dar e receber quitação, reivindicar, notificar e o demais necessário, receber citação, intimação ou notificação judicial ou extrajudicial, mesmo inicial, suscitar dúvida registral.

(4) **Substabelecimento:** Pode substabelecer, no todo ou em parte, com ou sem reserva de iguais poderes. Se a procuradora substabelecer sem reserva de poderes, tal ato configurará a renúncia por esta procuradora, dos poderes aqui indicados, permanecendo responsável perante os mandantes, pelos atos praticados pelo novo procurador.

X – **Documentos:** São apresentados e ficam arquivados em cópia digital os seguintes documentos: (1) Documentos de identidade e estado civil dos mandantes; (2) Central de Indisponibilidades: Negativa – ....

XI – **Declaração dos mandantes:** A escritura foi lida e compreendida por nós. Concordamos integralmente com o teor deste ato, autorizando a sua redação, outorgando e assinando-a.

XII – **Declaração do mandatário:** O mandatário não está presente.

XIII – **Declarações do Tabelião:**

(1) **Autenticação:** Reconheço a identidade e estado civil dos presentes, a vista dos respectivos documentos de identidade e do registro civil apresentados, bem como suas capacidades para o ato.

(2) Foram cumpridas as exigências documentais constantes da Lei Federal nº 7.433, de 18 de dezembro de 1985, tal como regulamentada pelo Decreto nº 93.240/86 e pelas normas de Serviço da Corregedoria Geral de Justiça do Estado de São Paulo.

(3) **Aconselhamento notarial:** As partes foram esclarecidas sobre as normas legais e os efeitos atinentes a este negócio, em especial sobre os artigos citados nesta escritura, declarando que as compreenderam e dando-se por satisfeitas com este serviço notarial.

(4) **Escrevente:** Na lavratura desta escritura, participou a escrevente abaixo indicada praticando as seguintes ações: recepção e aconselhamento das partes, identificação e verificação da capacidade, qualificação legal, elaboração do ato e sua redação, diligências indispensáveis ou convenientes ao ato, coleta de assinaturas.

(5) **Fé notarial:** Dou fé das declarações contidas neste instrumento, dos documentos apresentados e arquivados, ou não, das autenticações feitas e de que a escritura foi assinada pelas partes presentes.

Escrevente:_____

Tabelião Substituto:_____.

15. PROCURAÇÃO PÚBLICA – MODELO INVENTÁRIO E CESSÃO DE DIREITOS GRATUITA (CEDENTE)

I – Local: ....

II – Data: ....

III – Mandantes: .... (nome e qualificação completa) ....

IV – Procurador: .... (nome e qualificação completa) ....

V – **Finalidade:** Inventário e Cessão de Direitos Hereditários.

VI – **Validade:** Prazo indeterminado.

VII – **Onerosidade:** Não.

VIII – **Área de representação:** Brasil.

IX – **Poderes:** Amplos, gerais e ilimitados poderes para o fim especial de representá-los em todos os atos necessários no inventário, adjudicação e eventual sobrepartilha de ...., falecida em ...., conforme certidão de óbito do Oficial de Registro Civil das Pessoas Naturais do ...., registrado sob matrícula nº ...., podendo ceder a título gratuito os quinhões objetos do inventário.

(1) Assinar a competente escritura pública de inventário, adjudicação e eventual sobrepartilha de ...., fazer a declaração de bens e herdeiros, nomear inventariante e/ou aceitar a inventariança com seus respectivos encargos, realizar a necessária partilha de bens, concordar ou não com cálculos, avaliações e a respectiva partilha, prestar, sob responsabilidade civil e penal dos mandantes e da procuradora, quaisquer declarações necessárias ao respectivo inventário, renunciar, ceder, receber, passar recibos e dar quitações, representá-los perante bancos e quaisquer instituições financeiras, estipular cláusulas e condições, estabelecer preços, forma e local de pagamento, assinar recibos de sinal e princípio de pagamento, autorizar registros e averbações; transmitir posse, domínio, direitos e ações sobre quaisquer bens móveis ou imóveis, dar característicos, metragens e confrontações, autorizar registros e averbações, retificar e ratificar a escritura de inventário, adjudicação ou sobrepartilha, rescindir, representá-los perante quaisquer entidades civis, associativas ou empresariais, e repartições públicas federais, estaduais ou municipais, autarquias, prefeituras, serviços notariais e registrais, e onde mais for preciso, tudo assinando, promovendo ou requerendo, juntar e desentranhar documentos, assinar formulários e requerimentos, prestar informações e esclarecimentos, acompanhar os processos administrativos, pagar os tributos e emolumentos devidos, aceitar recibos e quitações, constituir advogados, se necessário com a cláusula *ad judicia*, e estipular honorários, bem como destituí-los.

(2) **Cessão de Direitos:** Assinar a competente escritura pública de cessão gratuita de direitos hereditários dos bens recebidos pelos mandantes através do falecimento de ...., que será cedido e/ou doado **para o procurador OU para terceiros OU para os herdeiros (filhos, netos, sobrinhos, irmãos) – INFORMAR O NOME DA PESSOA QUE VAI RECEBER A DOAÇÃO**, nos termos do artigos 538 e seguintes do Código Civil, podendo, para tanto, assinar e outorgar as escrituras, estipular ou não cláusulas e condições, atribuir valor, transmitir posse, domínio, direitos e ações, dar característicos, metragens e confrontações, autorizar registros e averbações; retificar, ratificar, responder pela evicção legal, intervir, anuir, representá-los

perante quaisquer repartições públicas federais, estaduais ou municipais, autarquias, prefeituras, serviços notariais e registrais, e onde mais for preciso, tudo assinando, promovendo ou requerendo, juntar e desentranhar documentos, assinar formulários e requerimentos, prestar informações e esclarecimentos, acompanhar os processos administrativos, pagar os tributos e emolumentos devidos, aceitar recibos e quitações.

(3) Ad Judicia: representá-los em juízo ou fora dele em causas conexas com este inventário, constituir advogados e estipular honorários, bem como destituí-los com os poderes da cláusula "ad-judicia" para o foro em geral, em qualquer Juízo, instância ou tribunal, mesmo administrativas, propor contra quem de direito as ações competentes e defendê-los nas contrárias, seguindo umas e outras até final decisão, usar dos recursos legais cabíveis e acompanhando-os, podendo para tanto, transigir, desistir, confessar, acordar, firmar termos e compromissos, dar e receber quitação, reivindicar, notificar e o demais necessário, receber citação, intimação ou notificação judicial ou extrajudicial, mesmo inicial, suscitar dúvida registral.

(4) Substabelecimento: Pode substabelecer, no todo ou em parte, com ou sem reserva de iguais poderes. Se a procuradora substabelecer sem reserva de poderes, tal ato configurará a renúncia por esta procuradora, dos poderes aqui indicados, permanecendo responsável perante os mandantes, pelos atos praticados pelo novo procurador.

X – Documentos: São apresentados e ficam arquivados em cópia digital os seguintes documentos: **(1)** Documentos de identidade e estado civil dos mandantes; **(2)** Central de Indisponibilidades: Negativa – ....

XI – Declaração dos mandantes: A escritura foi lida e compreendida por nós. Concordamos integralmente com o teor deste ato, autorizando a sua redação, outorgando e assinando-a.

XII – Declaração da mandatária: A mandatária não está presente.

XIII – Declarações do Tabelião:

(1) Autenticação: Reconheço a identidade e estado civil dos presentes, a vista dos respectivos documentos de identidade e do registro civil apresentados, bem como suas capacidades para o ato.

(2) Foram cumpridas as exigências documentais constantes da Lei Federal nº 7.433, de 18 de dezembro de 1985, tal como regulamentada pelo Decreto nº 93.240/86 e pelas normas de Serviço da Corregedoria Geral de Justiça do Estado de São Paulo.

(3) Aconselhamento notarial: As partes foram esclarecidas sobre as normas legais e os efeitos atinentes a este negócio, em especial sobre os artigos citados nesta escritura, declarando que as compreenderam e dando-se por satisfeitas com este serviço notarial.

(4) Escrevente: Na lavratura desta escritura, participou a escrevente abaixo indicada praticando as seguintes ações: recepção e aconselhamento das partes, identificação e verificação da capacidade, qualificação legal, elaboração do ato e sua redação, diligências indispensáveis ou convenientes ao ato, coleta de assinaturas.

(5) Fé notarial: Dou fé das declarações contidas neste instrumento, dos documentos apresentados e arquivados, ou não, das autenticações feitas e de que a escritura foi assinada pelas partes presentes.

Escrevente:_____

Tabelião Substituto:_____.

16. PROCURAÇÃO PÚBLICA – MODELO INVENTÁRIO E CESSÃO DE DIREITOS ONEROSA (CEDENTE)

I – Local: República Federativa do Brasil, SP, São Paulo, ... endereço ...., nº ...., ...º andar, no ....º Tabelionato de Notas de São Paulo.

II – Data:_____

III – Mandantes:_____ (nome e qualificação completa) _____

IV – Procuradora:_____ (nome e qualificação completa) _____

V – Finalidade: Inventário e Cessão de Direitos.

VI – Validade: Prazo indeterminado.

VII – Onerosidade: Não.

VIII – Área de representação: Brasil.

IX – Poderes: Amplos, gerais e ilimitados poderes para o fim especial de representá-los em todos os atos necessários no inventário, adjudicação e eventual sobrepartilha de _____, falecido em _____, conforme certidão de óbito expedida pelo Oficial de Registro Civil das Pessoas Naturais do ___º Subdistrito – _____, São Paulo, SP, registrado sob matrícula nº_____ e de_____, falecida aos_____, conforme certidão de óbito sob matrícula nº_____, do Oficial de Registro Civil das Pessoas Naturais e Anexo de Tabelionato de Notas do Distrito de_____, São Paulo, SP, podendo ceder a título oneroso os quinhões objetos dos inventários.

(1) Assinar a competente escritura pública de inventário/adjudicação e eventual sobrepartilha de_____, fazer a declaração de bens e herdeiros, nomear inventariante e/ou aceitar a inventariança com seus respectivos encargos, realizar a necessária partilha de bens, concordar ou não com cálculos, avaliações e a respectiva partilha, prestar, sob responsabilidade civil e penal dos mandantes e da procuradora, quaisquer declarações necessárias ao respectivo inventário, renunciar, ceder, receber, passar recibos e dar quitações, representá-los perante bancos e quaisquer instituições financeiras, estipular cláusulas e condições, estabelecer preços, forma e local de pagamento, assinar recibos de sinal e princípio de pagamento, autorizar registros e averbações; transmitir posse, domínio, direitos e ações sobre quaisquer bens móveis ou imóveis, dar característicos, metragens e confrontações, autorizar registros e averbações, retificar e ratificar a escritura de inventário, adjudicação ou sobrepartilha, rescindir, representá-los perante quaisquer entidades civis, associativas ou empresariais, e repartições públicas federais, estaduais ou municipais, autarquias, prefeituras, serviços notariais e registrais, e onde mais for preciso, tudo assinando, promovendo ou requerendo, juntar e desentranhar documentos, assinar formulários e requerimentos, prestar informações e esclarecimentos, acompanhar os processos administrativos, pagar os tributos e emolumentos devidos, aceitar recibos e quitações, constituir advogados, se necessário com a cláusula *ad judicia*, e estipular honorários, bem como destituí-los.

(2) Cessão de Direitos: Assinar a competente escritura pública de cessão gratuita de direitos hereditários e/ou escritura pública de doação dos bens móveis e imóveis recebidos pelo mandante através do falecimento de_____, que será cedido e/ou doado **para o procurador OU para terceiros OU para os herdeiros (filhos, netos, sobrinhos, irmãos)**, nos termos do artigos 538 e seguintes do Código Civil, podendo, para tanto, assinar e outorgar as escrituras, estipular ou não cláusulas e condições, atribuir valor, transmitir posse, domínio, direitos e ações, dar característicos, metragens e confrontações, autorizar registros e averbações; retificar, ratificar, responder pela evicção legal, intervir, anuir, representá-los perante quaisquer repartições públicas federais, estaduais ou municipais, autarquias, prefeituras, serviços notariais e registrais, e onde mais for preciso, tudo assinando, promovendo ou requerendo, juntar e desentranhar documentos, assinar formulários e requerimentos, prestar informações e esclarecimentos, acompanhar os processos administrativos, pagar os tributos e emolumentos devidos, aceitar recibos e quitações.

(3) Ad Judicia: representá-los em juízo ou fora dele em causas conexas com este inventário, constituir advogados e estipular honorários, bem como destituí-los com os poderes da cláusula "ad-judicia" para o foro em geral, em qualquer Juízo, instância ou tribunal, mesmo administrativas, propor contra quem de direito as ações competentes e defendê-los nas contrárias, seguindo umas e outras até final decisão, usar dos recursos legais cabíveis e acompanhando-os, podendo para tanto, transigir, desistir, confessar, acordar, firmar termos e compromissos, dar e receber quitação, reivindicar, notificar e o demais necessário, receber citação, intimação ou notificação judicial ou extrajudicial, mesmo inicial, suscitar dúvida registral.

(4) Substabelecimento: Pode substabelecer, no todo ou em parte, com ou sem reserva de iguais poderes. Se a procuradora substabelecer sem reserva de poderes, tal ato configurará a renúncia por esta procuradora, dos poderes aqui indicados, permanecendo responsável perante os mandantes, pelos atos praticados pelo novo procurador.

X – Documentos: São apresentados e ficam arquivados em cópia digital os seguintes documentos: **(1)** Documentos de identidade e estado civil dos mandantes; **(2)** Central de Indisponibilidades: Negativa – _____.

XI – Declaração dos mandantes: A escritura foi lida e compreendida por nós. Concordamos integralmente com o teor deste ato, autorizando a sua redação, outorgando e assinando-a.

XII – Declaração da mandatária: A mandatária não está presente.

XIII – Declarações do Tabelião:

(1) Autenticação: Reconheço a identidade e estado civil dos presentes, a vista dos respectivos documentos de identidade e do registro civil apresentados, bem como suas capacidades para o ato.

(2) Foram cumpridas as exigências documentais constantes da Lei Federal nº 7.433, de 18 de dezembro de 1985, tal como regulamentada pelo Decreto nº 93.240/86 e pelas normas de Serviço da Corregedoria Geral de Justiça do Estado de São Paulo.

(3) Aconselhamento notarial: As partes foram esclarecidas sobre as normas legais e os efeitos atinentes a este negócio, em especial sobre os artigos citados nesta escritura, declarando que as compreenderam e dando-se por satisfeitas com este serviço notarial.

(4) Escrevente: Na lavratura desta escritura, participou a escrevente abaixo indicada praticando as seguintes ações: recepção e aconselhamento das partes, identificação e verificação da capacidade, qualificação legal, elaboração do ato e sua redação, diligências indispensáveis ou convenientes ao ato, coleta de assinaturas.

(5) Fé notarial: Dou fé das declarações contidas neste instrumento, dos documentos apresentados e arquivados, ou não, das autenticações feitas e de que a escritura foi assinada pelas partes presentes.

Escrevente:_____

Tabelião Substituto:_____.

7
ANEXOS

1. **CONSELHO NACIONAL DE JUSTIÇA (CNJ) – RESOLUÇÃO 35, DE 24 DE ABRIL DE 2007**

   (atualizada até a Resolução 326 de 2020 do CNJ)

   Disciplina a lavratura dos atos notariais relacionados a inventário, partilha, separação consensual, divórcio consensual e extinção consensual de união estável por via administrativa. (Redação dada pela Resolução 326, de 26.6.2020)

A PRESIDENTE DO CONSELHO NACIONAL DE JUSTIÇA, no uso de suas atribuições constitucionais e regimentais, e tendo em vista o disposto no art. 19, I, do Regimento Interno deste Conselho, e

CONSIDERANDO que a aplicação da Lei 11.441/2007 tem gerado muitas divergências;

CONSIDERANDO que a finalidade da referida lei foi tornar mais ágeis e menos onerosos os atos a que se refere e, ao mesmo tempo, descongestionar o Poder Judiciário;

CONSIDERANDO a necessidade de adoção de medidas uniformes quanto à aplicação da Lei nº 11.441/2007 em todo o território nacional, com vistas a prevenir e evitar conflitos;

CONSIDERANDO as sugestões apresentadas pelos Corregedores-Gerais de Justiça dos Estados e do Distrito Federal em reunião promovida pela Corregedoria Nacional de Justiça;

CONSIDERANDO que, sobre o tema, foram ouvidos o Conselho Federal da Ordem dos Advogados do Brasil e a Associação dos Notários e Registradores do Brasil,

RESOLVE:

Seção I

DISPOSIÇÕES DE CARÁTER GERAL

Art. 1º Para a lavratura dos atos notariais relacionados a inventário, partilha, separação consensual, divórcio consensual e extinção consensual de união estável por via administrativa, é livre a escolha do tabelião de notas, não se aplicando as regras de competência do Código de Processo Civil. (Redação dada pela Resolução 326, de 26.6.2020)

Art. 2º É facultada aos interessados a opção pela via judicial ou extrajudicial; podendo ser solicitada, a qualquer momento, a suspensão, pelo prazo de 30 dias, ou a desistência da via judicial, para promoção da via extrajudicial.

Art. 3º As escrituras públicas de inventário e partilha, separação e divórcio consensuais não dependem de homologação judicial e são títulos hábeis para o registro civil e o registro imobiliário, para a transferência de bens e direitos, bem como para promoção de todos os atos necessários à materialização das transferências de bens e levantamento de valores (DETRAN, Junta Comercial, Registro Civil de Pessoas Jurídicas, instituições financeiras, companhias telefônicas etc.)

Art. 4º O valor dos emolumentos deverá corresponder ao efetivo custo e à adequada e suficiente remuneração dos serviços prestados, conforme estabelecido no parágrafo único do art. 1º da Lei nº 10.169/2000, observando-se, quanto a sua fixação, as regras previstas no art. 2º da citada lei.

Art. 5º É vedada a fixação de emolumentos em percentual incidente sobre o valor do negócio jurídico objeto dos serviços notariais e de registro (Lei nº 10.169, de 2000, art. 3º, inciso II).

Art. 6º A gratuidade prevista na norma adjetiva compreende as escrituras de inventário, partilha, separação e divórcio consensuais. (Redação dada pela Resolução 326, de 26.6.2020)

Art. 7º Para a obtenção da gratuidade pontuada nesta norma, basta a simples declaração dos interessados de que não possuem condições de arcar com os emolumentos, ainda que as partes estejam assistidas por advogado constituído. (Redação dada pela Resolução 326, de 26.6.2020)

Art. 8º É necessária a presença do advogado, dispensada a procuração, ou do defensor público, na lavratura das escrituras aqui referidas, nelas constando seu nome e registro na OAB. (Redação dada pela Resolução 326, de 26.6.2020)

Art. 9º É vedada ao tabelião a indicação de advogado às partes, que deverão comparecer para o ato notarial acompanhadas de profissional de sua confiança. Se as partes não dispuserem de condições econômicas para contratar advogado, o tabelião deverá recomendar-lhes a Defensoria Pública, onde houver, ou, na sua falta, a Seccional da Ordem dos Advogados do Brasil.

Art. 10. É desnecessário o registro de escritura pública nas hipóteses aqui abordadas no Livro "E" de Ofício de Registro Civil das Pessoas Naturais, entretanto, o Tribunal de Justiça deverá promover, no prazo de 180 dias, medidas adequadas para a unificação dos dados que concentrem as informações dessas escrituras no âmbito estadual, possibilitando as buscas, preferencialmente, sem ônus para o interessado. (Redação dada pela Resolução 326, de 26.6.2020)

Seção II
DISPOSIÇÕES REFERENTES AO INVENTÁRIO E À PARTILHA

Art. 11. É obrigatória a nomeação de interessado, na escritura pública de inventário e partilha, para representar o espólio, com poderes de inventariante, no cumprimento de obrigações ativas ou passivas pendentes, sem necessidade de seguir a ordem prevista no art. 617 do Código de Processo Civil.(Redação dada pela Resolução 326, de 26.6.2020)

Art. 12. Admitem-se inventário e partilha extrajudiciais com viúvo(a) ou herdeiro(s) capazes, inclusive por emancipação, representado(s) por procuração formalizada por instrumento público com poderes especiais. (Redação dada pela Resolução 179, de 03.10.13)

Art. 13. A escritura pública pode ser retificada desde que haja o consentimento de todos os interessados. Os erros materiais poderão ser corrigidos, de ofício ou mediante requerimento de qualquer das partes, ou de seuprocurador, por averbação à margem do ato notarial ou, não havendo espaço, por escrituração própria lançada no livro das escrituras públicas e anotação remissiva.

Art. 14. Para as verbas previstas na Lei n° 6.858/80, é também admissível a escritura pública de inventário e partilha.

Art. 15. O recolhimento dos tributos incidentes deve anteceder a lavratura da escritura.

Art. 16. É possível a promoção de inventário extrajudicial por cessionário de direitos hereditários, mesmo na hipótese de cessão de parte do acervo, desde que todos os herdeiros estejam presentes e concordes.

Art. 17. Os cônjuges dos herdeiros deverão comparecer ao ato de lavratura da escritura pública de inventário e partilha quando houver renúncia ou algum tipo de partilha que importe em transmissão, exceto se o casamento se der sob o regime da separação absoluta.

Art. 18. O(A) companheiro(a) que tenha direito à sucessão é parte, observada a necessidade de ação judicial se o autor da herança não deixar outro sucessor ou não houver consenso de todos os herdeiros, inclusive quanto ao reconhecimento da união estável.

Art. 19. A meação de companheiro(a) pode ser reconhecida na escritura pública, desde que todos os herdeiros e interessados na herança, absolutamente capazes, estejam de acordo.

Art. 20. As partes e respectivos cônjuges devem estar, na escritura, nomeados e qualificados (nacionalidade; profissão; idade; estado civil; regime de bens; data do casamento; pacto antenupcial e seu registro imobiliário, se houver; número do documento de identidade; número de inscrição no CPF/MF; domicílio e residência).

Art. 21. A escritura pública de inventário e partilha conterá a qualificação completa do autor da herança; o regime de bens do casamento; pacto antenupcial e seu registro imobiliário, se houver; dia e lugar em que faleceu o autor da herança; data da expedição da certidão de óbito; livro, folha, número do termo e unidade de serviço em que consta o registro do óbito; e a menção ou declaração dos herdeiros de que o autor da herança não deixou testamento e outros herdeiros, sob as penas da lei.

Art. 22. Na lavratura da escritura deverão ser apresentados os seguintes documentos: a) certidão de óbito do autor da herança; b) documento de identidade oficial e CPF das partes e do autor da herança; c) certidão comprobatória do vínculo de parentesco dos herdeiros; d) certidão de casamento do cônjuge sobrevivente e dos herdeiros casados e pacto antenupcial, se houver;

e) certidão de propriedade de bens imóveis e direitos a eles relativos; f) documentos necessários à comprovação da titularidade dos bens móveis e direitos, se houver; g) certidão negativa de tributos; e h) Certificado de Cadastro de Imóvel Rural – CCIR, se houver imóvel rural a ser partilhado.

Art. 23. Os documentos apresentados no ato da lavratura da escritura devem ser originais ou em cópias autenticadas, salvo os de identidade das partes, que sempre serão originais.

Art. 24. A escritura pública deverá fazer menção aos documentos apresentados.

Art. 25. É admissível a sobrepartilha por escritura pública, ainda que referente a inventário e partilha judiciais já findos, mesmo que o herdeiro, hoje maior e capaz, fosse menor ou incapaz ao tempo do óbito ou do processo judicial.

Art. 26. Havendo um só herdeiro, maior e capaz, com direito àtotalidade da herança, não haverá partilha, lavrando-se a escritura de inventário e adjudicação dos bens.

Art. 27. A existência de credores do espólio não impedirá a realização do inventário e partilha, ou adjudicação, por escritura pública.

Art. 28. É admissível inventário negativo por escritura pública.

Art. 29. É vedada a lavratura de escritura pública de inventário e partilha referente a bens localizados no exterior.

Art. 30. Aplica-se a Lei 11.441/07 aos casos de óbitos ocorridos antes de sua vigência.

Art. 31. A escritura pública de inventário e partilha pode ser lavrada a qualquer tempo, cabendo ao tabelião fiscalizar o recolhimento de eventual multa, conforme previsão em legislação tributária estadual e distrital específicas.

Art. 32. O tabelião poderá se negar a lavrar a escritura de inventário ou partilha se houver fundados indícios de fraude ou em caso de dúvidas sobre a declaração de vontade de algum dos herdeiros, fundamentando a recusa por escrito.

Seção III
DISPOSIÇÕES COMUNS À SEPARAÇÃO E DIVÓRCIO CONSENSUAIS

Art. 33. Para a lavratura da escritura pública de separação e de divórcio consensuais, deverão ser apresentados: a) certidão de casamento; b) documento de identidade oficial e CPF/MF; c) pacto antenupcial, se houver; d) certidão de nascimento ou outro documento de identidade oficial dos filhos absolutamente capazes, se houver; e) certidão de propriedade de bens imóveis e direitos a eles relativos; e f) documentos necessários à comprovação da titularidade dos bens móveis e direitos, se houver.

Art. 34. As partes devem declarar ao tabelião, no ato da lavratura da escritura, que não têm filhos comuns ou, havendo, que são absolutamente capazes, indicando seus nomes e as datas de nascimento.

Parágrafo único. As partes devem, ainda, declarar ao tabelião, na mesma ocasião, que o cônjuge virago não se encontra em estado gravídico, ou ao menos, que não tenha conhecimento sobre esta condição. (Incluído pela Resolução 220, de 26.04.2016)

Art. 35. Da escritura, deve constar declaração das partes de que estão cientes das consequências da separação e do divórcio, firmes no propósito de pôr fim à sociedade conjugal ou ao vínculo matrimonial, respectivamente, sem hesitação, com recusa de reconciliação.

Art. 36. O comparecimento pessoal das partes é dispensável à lavratura de escritura pública de separação e divórcio consensuais, sendo admissível ao(s) separando(s) ou ao(s) divorciando(s) se fazer representar por mandatário constituído, desde que por instrumento público com poderes especiais, descrição das cláusulas essenciais e prazo de validade de trinta dias.

Art. 37. Havendo bens a serem partilhados na escritura, distinguir-se-á o que é do patrimônio individual de cada cônjuge, se houver, do que é do patrimônio comum do casal, conforme o regime de bens, constando isso do corpo da escritura.

Art. 38. Na partilha em que houver transmissão de propriedade do patrimônio individual de um cônjuge ao outro, ou a partilha desigual do patrimônio comum, deverá ser comprovado o recolhimento do tributo devido sobre a fração transferida.

Art. 39. A partilha em escritura pública de separação e divórcio consensuais far-se-á conforme as regras da partilha em inventário extrajudicial, no que couber.

Art. 40. O traslado da escritura pública de separação e divórcio consensuais será apresentado ao Oficial de Registro Civil do respectivo assento de casamento, para a averbação necessária, independente de autorização judicial e de audiência do Ministério Público.

Art. 41. Havendo alteração do nome de algum cônjuge em razão de escritura de separação, restabelecimento da sociedade conjugal ou divórcio consensuais, o Oficial de Registro Civil que averbar o ato no assento de casamento também anotará a alteração no respectivo assento de nascimento, se de sua unidade, ou, se de outra, comunicará ao Oficial competente para a necessária anotação.

Art. 42. Não há sigilo nas escrituras públicas de separação e divórcio consensuais.

Art. 43. Na escritura pública deve constar que as partes foram orientadas sobre a necessidade de apresentação de seu traslado no registro civil do assento de casamento, para a averbação devida.

Art. 44. É admissível, por consenso das partes, escritura pública de retificação das cláusulas de obrigações alimentares ajustadas na separação e no divórcio consensuais.

Art. 45. A escritura pública de separação ou divórcio consensuais, quanto ao ajuste do uso do nome de casado, pode ser retificada mediante declaração unilateral do interessado na volta ao uso do nome de solteiro, em nova escritura pública, com assistência de advogado.

Art. 46. O tabelião poderá se negar a lavrar a escritura de separação ou divórcio se houver fundados indícios de prejuízo a um dos cônjuges ou em caso de dúvidas sobre a declaração de vontade, fundamentando a recusa por escrito.

Seção IV
DISPOSIÇÕES REFERENTES À SEPARAÇÃO CONSENSUAL

Art. 47. São requisitos para lavratura da escritura pública de separação consensual: a) um ano de casamento; b) manifestação de vontade espontânea e isenta de vícios em não mais manter a sociedade conjugal e desejar a separação conforme as cláusulas ajustadas; c) ausência de filhos menores não emancipados ou incapazes do casal; d) inexistência de gravidez do cônjuge virago ou desconhecimento acerca desta circunstância; e e) assistência das partes por advogado, que poderá ser comum. (Redação dada pela Resolução 220, de 26.04.2016)

Art. 48. O restabelecimento de sociedade conjugal pode ser feito por escritura pública, ainda que a separação tenha sido judicial. Neste caso, é necessária e suficiente a apresentação de certidão da sentença de separação ou da averbação da separação no assento de casamento.

Art. 49. Em escritura pública de restabelecimento de sociedade conjugal, o tabelião deve: a) fazer constar que as partes foram orientadas sobre a necessidade de apresentação de seu traslado no registro civil do assento de casamento, para a averbação devida; b) anotar o restabelecimento à margem da escritura pública de separação consensual, quando esta for de sua serventia, ou, quando de outra, comunicar o restabelecimento, para a anotação necessária na serventia competente; e c) comunicar o restabelecimento ao juízo da separação judicial, se for o caso.

Art. 50. A sociedade conjugal não pode ser restabelecida com modificações.

Art. 51. A averbação do restabelecimento da sociedade conjugal somente poderá ser efetivada depois da averbação da separação no registro civil, podendo ser simultâneas.

Seção V

DISPOSIÇÕES REFERENTES AO DIVÓRCIO CONSENSUAL

Art. 52. Os cônjuges separados judicialmente, podem, mediante escritura pública, converter a separação judicial ou extrajudicial em divórcio, mantendo as mesmas condições ou alterando-as. Nesse caso, é dispensável a apresentação de certidão atualizada do processo judicial, bastando a certidão da averbação da separação no assento do casamento. (Redação dada pela Resolução 120, de 30.09.2010)

Art. 53. (Revogado pela Resolução 120, de 30.09.2010)

Art. 54. Esta Resolução entra em vigor na data de sua publicação.

Ministra Ellen Gracie
Presidente

2. RECOMENDAÇÕES GERAIS DO COLÉGIO NOTARIAL DO BRASIL

Escrituras de separação, divórcio, inventário e partilha – Manual Preliminar de instruções gerais – Lei 11.441/2007.

A possibilidade de lavrar escrituras de separação, divórcio, inventário e partilha não impede que os atos sejam também feitos judicialmente. Um destes atos pode começar judicialmente e as partes desistirem, optando pela via notarial. Também, ao inverso, iniciados os procedimentos para a escritura, as partes podem desistir e optarem pela via judicial.

A partilha feita por escritura pública não necessita homologação e deverá ser levada aos órgãos de registro diretamente, sem qualquer outro procedimento judicial.

A escritura de separação ou divórcio deverá ser levada ao Ofício de Registro Civil das Pessoas Naturais para averbação e, posteriormente, aos Ofícios de Registro Imobiliário também para as averbações.

Inicialmente, sugere-se que o tabelião não lavre escrituras de reconciliação de separados judicialmente ou tampouco converta separações judiciais em divórcio.

Não há competência territorial. É livre a escolha do tabelião de notas para a lavratura destas escrituras. Há competência territorial para os atos averbatórios do registro civil.

Em todas as escrituras em que houver partilha, o tabelião deverá, por cautela, acrescentar a declaração: "Ficam ressalvados eventuais erros, omissões ou os direitos de terceiros".

Recomenda-se disponibilizar uma sala ou um ambiente reservado e discreto para o atendimento das partes.

Se as partes comparecerem sem advogado, o tabelião não deverá indicar um profissional. Deve recomendar às partes que procurem um advogado de sua confiança ou, se não tiverem, recorram à OAB.

Se ademais, as partes alegarem não terem condições econômicas para contratar advogado, o tabelião deverá recomendar a Defensoria Pública, onde houver, ou a OAB.

A Secretária Estadual da Fazenda ainda não possui dispositivo de emissão da guia de ITCMD compatível com a nova lei. Assim, enquanto tal não ocorrer, o tabelião, o advogado ou as partes deverão dirigir-se ao posto fiscal mais próximo para a emissão.

Para o cálculo do ITCMD, vá em http://pfe.fazenda.sp.gov.br e acesse a guia ITCMD.

Cobrança de Emolumentos: Para a escritura de separação ou divórcio sem partilha, cobrar como escritura sem valor declarado, ou seja, R$ 218,49.

Nas escrituras em que houver partilha, cobrar como escritura com valor declarado, cobrando como um ato só pelo valor total do monte-mor, aplicando-se a tabela com valor.

I) **Separação Consensual**

1 – Certidão de casamento: adotar a cautela de solicitar certidão de casamento atualizada (até 90 dias).

2 – Filhos: se não tiverem filhos, declarar. Se tiverem, informar o nome, data de nascimento e declaração das partes que todos os filhos são maiores e capazes. Se as partes tiverem filhos comuns menores ou incapazes, o tabelião deverá recusar lavrar o ato, recomendando às partes a via judicial. Casais com filhos emancipados podem separar-se por escritura pública.

3 – Requisitos: O tabelião deverá lembrar que as partes podem ter a intenção de fraudar credores. Assim, além de investigar esta situação, o tabelião deve consignar na escritura a declaração das partes de que a separação não prejudica o interesse de terceiros.

4 – Nome das partes: As partes podem concordar em manter os nomes de casados. A minuta proposta contempla o retorno ao nome de solteira da esposa. Lembre-se que também é possível ao marido adotar os sobrenomes da família da esposa. Se tal caso ocorrer, é o marido que deve declarar a opção do nome. Se as partes discordarem sobre a mantença ou troca do nome, não há consenso e, portanto, o tabelião não pode lavrar a escritura.

5 – Pensão alimentícia: As partes podem fixar, ou não, uma pensão. Caso positivo, o tabelião deverá indicar a quem (ou a quê) se destina a pensão alimentícia. Podem ser destinados também aos filhos maiores. Não esqueça de indicar o prazo, condições e critérios de correção.

6 – Bens: As partes devem declarar não serem proprietárias em comum de bens. Ou, se tiverem bens, as partes assim declaram. Neste caso, o tabelião pode optar entre descrever os bens, inclusive direitos e as partes declararão que farão a partilha dos bens em outro momento.

7 – Emolumentos e traslados: A minuta proposta já contempla os preços da tabela 2007 do Estado de São Paulo. Recomenda-se a expedição de três traslados, cobrando por dois excedentes. Estes traslados destinam-se às partes (um para cada uma) e um para o oficial de registro civil de casamento.

Documentos necessários:

1) Carteira de identidade e número do CPF das partes;
2) Certidão de casamento (90 dias);
3) Certidão do pacto antenupcial, se houver;
4) Carteira da OAB do assistente.

II) Separação consensual e partilha de bens

Aplicam-se as disposições sobre separação consensual, mais as seguintes:

1 – Incidência de Tributos: ITBI (prefeitura): incide o ITBI quando houver transmissão de propriedade **imóvel** de um cônjuge para outro, considerada a totalidade do patrimônio do casal (dinheiro, joias, ações, imóveis, créditos etc.), recebendo um cônjuge qualquer fração maior do que meação e **pagando** o outro cônjuge por esta diferença. Ex.: Esposa fica com 200 mil do patrimônio e o marido com um **imóvel** no valor de R$ 400 mil. O marido paga 100 mil à esposa. Incide o ITBI sobre 100 mil. Note que a lei tributária do ITBI é municipal, portanto, o tabelião deverá consultar a lei tributária das cidades onde as partes tenham imóvel.

Na cidade de São Paulo, o Decreto 46.228/2005, art. 2.º, inciso VI, determina que o cálculo deve envolver apenas os bens imóveis, excluídos os demais bens. Assim, o tabelião deverá calcular a partilha em dois montes, um para os bens imóveis, outro para os móveis. Os bens imóveis podem ser de outros municípios e, se a partilha deles (imóveis) for igual, não há incidência tributária. Se exceder à meação, há imposto.

ITCMD: incide o ITCMD na transmissão a título gratuito da parte excedente da meação (TJSP, CSM, Ap. 20897-0, TJSP, de 1994, 7.ª Câmara Cível, AI 183711-1/5, de 1992), ou seja, quando há transmissão de propriedade de **móveis ou imóveis** de um cônjuge para outro, considerada a totalidade do patrimônio do casal (imóveis, dinheiro, joias, ações, créditos etc.), recebendo um cônjuge qualquer fração maior do que a meação sem que haja torna do outro cônjuge pela diferença. Há, portanto, doação de uma parte à outra. Ex: Marido fica com 200 mil do patrimônio e a esposa com 400 mil. O marido abre mão (doa) 100 mil à esposa. Incide o ITCMD sobre 100 mil.

Para o cálculo do ITCMD, vá em http://pfe.fazenda.sp.gov.br.

2 – Sobrepartilha ou partilha parcial: É possível.

3 – Emolumentos e traslados: Os emolumentos devem ser calculados como um ato só, sobre o total do patrimônio partilhado (não se trata da divisão prevista nas notas explicativas). Sugere-se a expedição de 3 traslados mais tantas quantas circunscrições imobiliárias necessitem receber o título para registro. Somente o primeiro traslado está incluído no preço, devendo haver cobrança dos traslados adicionais.

Documentos necessários:

1) Carteira de identidade e número do CPF das partes;
2) Certidão de casamento (90 dias);
3) Certidão do pacto antenupcial, se houver;
4) Certidão de propriedade dos imóveis;
5) Documentos que comprovem o domínio e preço de bens móveis, se houver;
6) Carteira da OAB do assistente.

III) Divórcio Consensual Direto

1 – Prova do prazo: o divórcio consensual direto exige a prova de dois anos de separação de fato dos cônjuges. A prova do prazo deve ser feita por ao menos uma testemunha. Não devem ser testemunhas as elencadas no art. 228 do CC. Testemunha que seja parente de uma das partes, somente se não houver outra (art. 228 CC, cumulado com o art. 405 CPC, par. 2.º, I e par. 4.º). Neste caso, as partes devem declarar que não há outra testemunha disponível. Somente documentos, não bastam para provar a separação de fato, mas podem ser indicados na escritura para corroborar a prova.

IV) Reconciliação (Lei 6.515, art. 46)

A escritura de reconciliação somente deverá ser feita em caso de separação feita por escritura pública. Se a separação tiver sido judicial, a reconciliação também judicial deverá ser.

V) Inventário

1 – Partes: O *de cujus* não é parte. A escritura deverá mencionar o nome do falecido no título. São partes: 1.1) A viúva; 1.2) Herdeiros descendentes ou, na falta destes, os ascendentes; 1.3) Na falta de descendentes, ascendentes e cônjuge viúvo, os colaterais até o quarto grau (primeiro, irmãos, depois sobrinhos, depois tios e, finalmente, se não houver nenhum destes, os primos e tio-avô). 1.4) Cônjuges dos herdeiros que compareçam para anuir com a partilha: os cônjuges casados na comunhão universal de bens também partilham e os da comunhão parcial.

A **companheira ou companheiro** (art. 1790 CC) é titular de metade dos bens adquiridos onerosamente durante a relação (aquestos).

Todas as partes devem ser maiores e capazes, sob condição do inventário dever ser judicial.

As partes podem estar representadas por procuração, podendo ser o mesmo procurador para todos.

Se houver filhos pré-mortos, os filhos deste sucedem por representação.

2 – Herdeiros renunciantes: o tabelião deve atentar para a possibilidade de que haja fraude a credores. Quando a renúncia for pura e simples, os direitos transmitem-se ao monte, exceto se todos os herdeiros renunciarem, quando se transmitirá aos herdeiros da próxima classe, por direito próprio (descendentes dos renunciantes).

O tabelião deve atentar para uma fórmula consagrada, **mas errada,** em que todos os filhos renunciam para favorecer a mãe ou pai viúvo. Neste caso, se os filhos renunciantes têm filhos, estes é que adquirem a herança no caso da renúncia de todos. Esta fórmula somente pode ser feita se a renúncia for translativa a favor do ascendente (com pagamento do respectivo Imposto Intervivos, ITCMD ou ITBI).

3 – Autor da herança: Identificar e qualificar o morto (*de cujus*).

4 – Falecimento: Indicar, a vista da certidão de óbito, a data e local do falecimento. O falecimento pode ter sido em outro local, inclusive no exterior.

5 – Inexistência de testamento: Certidão do CNB que comprove a inexistência de testamento.

6 – Indicação do cônjuge e dos herdeiros: somente o nome e parentesco. Se houver filhos pré-falecidos, estes devem ser nomeados com a indicação de terem deixado filhos (netos do morto) ou de não terem filhos.

7 – Inventariante: A indicação do inventariante deve ser feita segundo a ordem estabelecida pelo CPC, art. 990. Esta ordem somente pode ser alterada pelo tabelião se houver unanimidade dos herdeiros e do cônjuge viúvo.

8 – Bens: o tabelião deverá distinguir bens particulares e bens do casal. Todos devem ser listados com a indicação do título aquisitivo e do valor de avaliação.

9 – Dívidas e obrigações: o inventário deverá indicar todas as dívidas e obrigações pendentes para que a partilha seja feita sobre o saldo.

10 – Partilha e seus tributos: O ITCMD (*Causa Mortis*) incide sobre o total bruto dos bens do espólio. Isto significa que a base de cálculo do tributo é o valor total dos bens, deduzida a meação do viúvo ou viúva. Mesmo que haja dívidas, estas não podem ser deduzidas da base de cálculo (Lei 10.705/2000, art. 12). Alíquota: Até 12 mil UFESPs (R$ 170.760,00) a alíquota é de 2,5%. Acima deste valor, a alíquota é de 4%. Para facilitar o cálculo, neste caso, utiliza-se o valor total da herança (base de cálculo tributária) vezes 4% menos R$ 2.561,40.

Para verificar as hipóteses de isenção do ITCMD, verifique a Lei 10.705/2000, art. 6.º.

Se houver torna de um herdeiro para outro, há incidência do ITBI sobre o valor da torna.

11 – Documentos e certidões: as cópias devem ser autenticadas.

12 – Declarações das partes: a existência de ônus incidentes sobre os imóveis não constitui impedimento para a lavratura. Eventuais certidões positivas fiscais municipais ou da Receita Federal impedem a lavratura do ato.

13 – Sobrepartilha ou partilha parcial: É possível.

14 – Emolumentos: se houver renúncia, o tabelião deverá cobrar como um outro ato, aplicando-se a tabela com valor declarado pelo valor do quinhão renunciado.

Documentos necessários:

1) Carteira de identidade e número de CPF das partes e do morto;

2) Certidão de óbito do morto;

3) Certidão de casamento (90 dias);

4) Certidão do pacto antenupcial, se houver;

5) Certidão de propriedade dos imóveis;

6) Documentos que comprovem o domínio e preço de bens móveis, se houver;

7) Certidão comprobatória da inexistência de testamento (CNB S. Paulo);

8) Certidão negativa de tributos fiscais municipais pendentes sobre os imóveis;

9) Certidão negativa conjunta da Receita Federal e PGFN.

3. CONCLUSÕES DA CORREGEDORIA-GERAL DE JUSTIÇA DO ESTADO DE SÃO PAULO, PUBLICADAS EM 5 DE FEVEREIRO DE 2007, REFERENTES À LEI 11.441/2007

Por ordem do Exmo. Sr. Desembargador GILBERTO PASSOS DE FREITAS, Corregedor-Geral da Justiça, publicam-se a manifestação do Grupo de Estudos instruído pela Portaria CG 01/2007 e a decisão proferida ao cabo dos trabalhos.

Excelentíssimo Senhor Corregedor-Geral da Justiça, Desembargador GILBERTO PASSOS DE FREITAS:

Findos os trabalhos do Grupo de Estudos instituído por Vossa Excelência – Portaria CG n. 01/2007, publicada no Diário Oficial de 11.01.2007 –, apresentamos, respeitosamente, a presente manifestação, acompanhada das conclusões aprovadas.

Destaca-se, de início, que, atento aos fins expressos na referida Portaria CG n. 01/2007, o Grupo de Estudos limitou-se ao exame de implementação da Lei Federal n.

11.441, de 04 de janeiro de 2007, no âmbito notarial e suas implicações no Registro Civil das Pessoas Naturais, sem avançar em matéria jurídica de ordem diversa, expressando, pois, as conclusões aprovadas quanto à prática dos atos notariais correspondentes.

Outrossim, por ora, entendem os integrantes do Grupo de Estudo não ser conveniente a imediata edição de ato normativo a respeito, aguardando-se sejam decantadas as principais questões e eventuais dúvidas emergentes da novidade legislativa, sem prejuízo de publicação das conclusões aqui apontadas, não só para divulgação do resultado dos trabalhos, como também para, provisoriamente, servir de orientação geral.

Esperando, deste modo, ter atendido à honrosa deferência, aproveitamos a oportunidade para renovar nossos protestos de elevada estima e respeito.

São Paulo, 05 de fevereiro de 2007.

(a) JOSÉ ROBERTO BEDRAN – Desembargador

(a) JOSÉ RENATO NALINI – Desembargador

(a) MARCELO MARTINS BERTHE – Juiz de Direito da 1.ª Vara de Registros Públicos da Capital

(a) MÁRCIO MARTINS BONILHA FILHO – Juiz de Direito da 2.ª Vara de Registros Públicos da Capital

(a) VICENTE DE ABREU AMADEI – Juiz Auxiliar da Corregedoria-Geral da Justiça

(a) VITORE ANDRÉ ZILIO MAXIMIANO – Defensor Público

(a) MÁRCIA REGINA MACHADO MELARÉ – Advogada

(a) PAULO TUPINAMBÁ VAMPRÉ – Tabelião de Notas

4. CONCLUSÕES APROVADAS PELO GRUPO DE ESTUDOS INSTITUÍDO PELA PORTARIA CG N. 01/2007, QUANTO À PRÁTICA DOS ATOS NOTARIAIS RELATIVOS À LEI FEDERAL N. 11.441/2007

1. Conclusões de caráter geral

1.1. Ao criar inventário e partilha extrajudiciais, separações e divórcios também extrajudiciais, ou seja, por escrituras públicas, mediante alteração e acréscimo de artigos do Código de Processo Civil, a Lei n. 11.441, de 04 de janeiro de 2007, não obsta a utilização da via judicial correspondente.

1.2. Pela disciplina da Lei n. 11.441/07, é facultado aos interessados a opção pela via judicial ou extrajudicial. A qualquer momento, podem desistir de uma, para promoção da outra; não podem, porém, seguir com ambas simultaneamente.

1.3. As escrituras públicas de inventário e partilha, bem como de hábeis para o registro civil e o registro imobiliário, não dependem de homologação judicial.

1.4. Para a lavratura dos atos notariais de que trata a Lei n. 11.441/07 (artigo 8.º da Lei n. 8.935/94), é livre a escolha do tabelião de notas, não se aplicando as regras de competência do Código de Processo Civil.

1.5. Recomenda-se a criação de um Registro Central de Inventários e de outro de Separações e Divórcios, para concentrar dados e informações dos atos notariais lavrados, prevenir duplicidade de escrituras e facilitar as buscas.

2. Conclusões referentes aos emolumentos

2.1. Enquanto não houver previsão específica dos novos atos notariais na Tabela anexa à Lei Estadual n. 11.331/02, a cobrança dos emolumentos dar-se-á mediante classificação nas atuais categorias gerais da Tabela, pelo critério "escritura com valor declarado", quando houver partilha de bens, considerado o valor total do acervo, e pelo critério "escritura sem valor declarado", quando não houver partilha de bens.

2.2. Recomenda-se alteração legislativa, para previsão específica dos novos atos notariais na Tabela, sugerindo-se estudos pela Secretaria da Justiça e da Defesa da Cidadania, com vista a eventual projeto de lei de iniciativa do Poder Executivo, neste sentido, considerando, inclusive, discrepâncias entre o valor dos emolumentos extrajudiciais e o das custas judiciais, as peculiaridades dos novos atos em relação à cobrança de emolumentos quando houver outros atos correlatos na mesma escritura (v.g. renúncia, cessão entre partes, procuração ao advogado, inventário conjunto, doação de bens aos filhos do casal), bem como a gratuidade por assistência judiciária e eventual sistema de compensação dos atos gratuitos com o recolhimento da parte dos emolumentos que cabe ao Estado.

2.3. Para a obtenção da gratuidade de que trata o § 3.º do artigo 1.124-A, basta, sob as penas da lei e ainda que estejam as partes assistidas por advogado constituído, a declaração de pobreza.

2.4. A gratuidade prevista na Lei n. 11.441/07 (§ 3.º do artigo 1.124-A do CPC – cujo caput disciplina as escrituras públicas de separação e divórcio consensuais), também compreende as escrituras de inventário e partilha consensuais.

2.5. Havendo partilha, prevalecerá como base para o cálculo dos emolumentos, o maior valor dentre aquele atribuído pelas partes e o venal. Nesse caso, em inventário e partilha, excluir-se-á da base de cálculo o valor da meação do cônjuge sobrevivente (APROVADA POR MAIORIA DE VOTOS, VENCIDO O TABELIÃO DE NOTAS PAULO TUPINAMBÁ VAMPRÉ).

3. Conclusões referentes ao advogado

3.1. O Advogado comparece e subscreve como assistente das partes, não havendo necessidade de exibição de procuração, podendo, no mesmo instrumento, ser constituído procurador para eventuais rerratificações necessárias, salvo em matéria de direito personalíssimo e indisponível.

3.2. É vedado aos Tabeliães a indicação de advogado às partes, que deverão comparecer, para o ato notarial, acompanhadas de profissional de sua confiança.

3.3. Se não dispuserem de condições econômicas para contratar advogado, o Tabelião deverá recomendar-lhes a Defensoria Pública, onde houver, ou, na sua falta, a OAB.

3.4. Em caso de nomeação de advogado dativo, decorrente do convênio Defensoria Pública-OAB, o Tabelião deverá, após a lavratura do ato notarial, emitir a correspondente certidão de verba honorária, nos termos do referido convênio.

3.5. Nas escrituras públicas de inventário e partilha, separação e divórcio consensuais, devem constar a nomeação e qualificação completa do(s) advogado(s) assistente(s), com menção ao número de registro e da secção da OAB.

4. Conclusões referentes ao inventário e à partilha

4.1. Quando houver necessidade, pode ocorrer, na escritura pública, a nomeação de um (ou alguns) herdeiro(s), com os mesmos poderes de um inventariante, para representação do espólio no cumprimento de obrigações ativas ou passivas pendentes (v.g., levantamento de FGTS, de restituição de IR ou de valores depositados em bancos; comparecimento para a lavratura de outras escrituras etc.). Uma vez que há consenso das partes, inexiste a necessidade de se seguir a "ordem de nomeação" do art. 990 do CPC.

4.2. Como quase sempre decorre algum tempo para reunir todos os documentos e recolher os tributos, viabilizando a lavratura da escritura, até então o espólio será representado pelo administrador provisório (artigos 1.797 do CC e 985/986 do CPC). Ou, se necessário, caberá o socorro à via judicial, para a obtenção de alvarás (v.g., para levantamento de valores depositados em banco etc.).

4.3. Admitem-se inventário e partilha extrajudiciais, com viúva(o) ou herdeiro(s) representado(s) por procuração, desde que formalizada por instrumento público (art. 657 do CC) e contenha poderes especiais, ainda que o procurador seja advogado. quinta-feira, 8 de fevereiro de 2007 Diário Oficial Poder Judiciário – Caderno 1 – Parte I – São Paulo, 77 (27) – 3.

4.4. Erros de tomadas de dados na escritura (v.g., RG, CPF, descrição de bens, número da matrícula etc.) serão retificados mediante outra escritura pública. O advogado pode ser constituído procurador para representar as partes em eventuais escrituras de rerratificação, evitando o novo comparecimento de todos na serventia.

4.5. Para o levantamento das verbas previstas na Lei n. 6.858/80, é também admissível a escritura pública, desde que presentes os demais requisitos para inventário e partilha referidos nos artigos 982 e 983 do CPC, com a redação dada pela Lei n. 11.441/07.

4.6. O recolhimento do ITCMD deve ser antecedente à lavratura da escritura (art. 192 do CTN) e, quanto ao cumprimento das obrigações acessórias, devem ser observadas as Portarias do CAT e demais normas emanadas da Fazenda Estadual sobre a matéria. Deve haver arquivamento de cópia do imposto recolhido em pasta própria, com expressa indicação na escritura pública da guia recolhida e do arquivamento de sua cópia no tabelionato. A gratuidade por assistência judiciária em escritura pública não isenta a parte do recolhimento de imposto de transmissão, que tem legislação própria a respeito do tema.

4.7. A promoção de inventário por cessionário, em caso de cessão de direitos hereditários, é possível, mesmo para a hipótese de cessionário de bem específico do espólio e não de toda a massa. Nessa hipótese, todos os herdeiros devem estar presentes e concordes.

4.8. Partes na escritura:

4.8.1. As partes devem ser plenamente capazes, inclusos os referidos no artigo 5.º, parágrafo único, incisos I a V, do Código Civil.

4.8.2. Cônjuge sobrevivente e herdeiros, com expressa menção ao grau de parentesco.

4.8.3. Cônjuges dos herdeiros não são partes, mas devem comparecer ao ato como anuentes, salvo se casados no regime da comunhão universal de bens (quando, então, serão partes) ou no regime da separação absoluta (art. 1.647 CC), quando houver renúncia ou algum tipo de partilha que importe em transmissão (v.g., torna em dinheiro).

4.8.4. Companheiro(a) que tenha direito a participar da sucessão (art. 1.790 CC) é parte, observada a necessidade de ação judicial se não houver consenso de todos herdeiros, inclusive quanto ao reconhecimento da união estável. A meação de companheiro(a) poder ser reconhecida na escritura pública, desde que todos herdeiros e interessados na herança, absolutamente capazes, estejam de acordo.

4.8.5. As partes e respectivos cônjuges (ainda que não comparecentes) devem estar, na escritura, nomeadas e com qualificação completa (nacionalidade, profissão, idade, estado civil, regime de bens, data do casamento, pacto antenupcial e seu registro imobiliário [se houver], número do documento de identidade, número de inscrição no CPF/MF, domicílio, residência).

4.9. Quanto aos bens, recomenda-se:

4.9.1. Se imóveis, prova de domínio por certidão de propriedade atualizada.

4.9.2. Se imóvel urbano, basta menção a sua localização e ao número da matrícula (art. 2.º da Lei n. 7.433/85).

4.9.3. Se imóvel rural, descrever e caracterizar tal como constar no registro imobiliário, havendo, ainda, necessidade de apresentação e menção na escritura do Certificado de Cadastro do INCRA e da prova de quitação do imposto territorial rural, relativo aos últimos cinco anos (art. 22, §§ 2.º e 3.º, da Lei 4947/66).

4.9.4. Em caso de imóvel descaracterizado na matrícula, por desmembramento ou expropriação parcial, o Tabelião deve recomendar a prévia apuração do remanescente antes da realização da partilha.

4.9.5. Imóvel com construção – ou aumento de área construída – sem prévia averbação no registro imobiliário: é recomendável a apresentação de documento comprobatório expedido pela Prefeitura e, se o caso, CND-INSS, para inventário e partilha.

4.9.6. Imóvel demolido, com alteração de cadastro de contribuinte, de número do prédio, de nome de rua, mencionar no título a situação antiga e a atual, mediante apresentação do respectivo comprovante.

4.9.7. Se móvel, apresentar documento comprobatório de domínio e valor, se houver. Descrevê-los com os sinais característicos.

4.9.8. Direitos e posse são suscetíveis de inventário e partilha e deve haver precisa indicação quanto à sua natureza, além de determinados e especificados.

4.9.9. Semoventes serão indicados em número, espécies, marcas e sinais distintivos.

4.9.10. Dinheiro, joias, objetos de ouro e prata e pedras preciosas serão indicados com especificação da qualidade, peso e importância.

4.9.11. Ações e títulos também devem ter as devidas especificações.

4.9.12. Dívidas ativas especificadas, inclusive com menção às datas, títulos, origem da obrigação, nomes dos credores e devedores.

4.9.13. Ônus incidentes sobre os imóveis não constituem impedimento para lavratura da escritura pública.

4.9.14. Débitos tributários municipais e da receita federal (certidões positivas fiscais municipais ou federais) impedem a lavratura da escritura pública.

4.9.15. A cada bem do espólio deverá constar o respectivo valor atribuído pelas partes, além do valor venal, quando imóveis ou veículos automotores.

4.10. O autor da herança não é parte, mas a escritura pública deve indicar seu nome, qualificação completa (nacionalidade, profissão, idade, estado civil, regime de bens, data do casamento, pacto antenupcial e seu registro imobiliário [se houver], número do documento de identidade, número de inscrição no CPF/MF, domicílio, residência), dia e lugar em que faleceu; livro, folhas, número do termo e unidade de serviço em que consta o registro do óbito; data da expedição da certidão de óbito apresentada; menção que não deixou testamento.

4.11. Documentos a serem apresentados para lavratura da escritura:

4.11.1. Certidão de óbito do autor da herança.

4.11.2. Documento de identidade oficial com número de RG e CPF das partes e do autor da herança.

4.11.3. Certidões comprobatórias do vínculo de parentesco dos herdeiros (v.g., certidões de nascimento).

4.11.4. Certidão de casamento do cônjuge sobrevivente e dos herdeiros casados, atualizada (90 dias).

4.11.5. Pacto antenupcial, se houver.

4.11.6. Certidão de propriedade, ônus e alienações dos imóveis, atualizada (30 dias) e não anterior à data do óbito.

4.11.7. Certidão ou documento oficial comprobatório do valor venal dos imóveis, relativo ao exercício do ano do óbito ou ao ano imediatamente seguinte deste.

4.11.8. Documentos comprobatórios do domínio e valor dos bens móveis, se houver.

4.11.9. Certidão negativa de tributos municipais que incidam sobre os bens imóveis do espólio.

4.11.10. Certidão negativa conjunta da Receita Federal e PGFN.

4.11.11. Certidão comprobatória da inexistência de testamento (Registro Central de Testamentos mantido pelo CNB/SP).

4.11.12. CCIR e prova de quitação do imposto territorial rural, relativo aos últimos cinco anos, para bens imóveis rurais do espólio.

4.12. Os documentos acima referidos devem ser originais ou em cópias autenticadas, salvo documentos de identidade das partes, que sempre serão originais.

4.13. Os documentos apresentados, sem previsão de arquivamento em classificador específico, serão arquivados em classificador próprio de documentos de escrituras públicas de inventário e partilha, com índice. Quando microfilmados ou gravados por processo eletrônico de imagens, não subsiste a obrigatoriedade de conservação no tabelionato.

4.14. A escritura pública deverá fazer menção aos documentos apresentados e ao seu arquivamento, microfilmagem ou gravação por processo eletrônico.

4.15. Traslado da escritura pública deverá ser instruído com a guia do ITCMD recolhida, com eventuais outras guias de recolhimentos de tributos de outros atos constante no mesmo instrumento, se houver, bem como de cópias dos documentos referidos no item "4.11" supra, quando os originais não o acompanharem em virtude de serem microfilmados ou gravados por processo eletrônico de imagens.

4.16. É admissível, por escritura pública, inventário com partilha parcial e sobrepartilha.

4.17. Não há restrição na aquisição, por sucessão legítima, de imóvel rural por estrangeiro (artigo 2.º da Lei n. 5.709/71) e, portanto, desnecessária autorização do INCRA para lavratura de escritura pública de inventário e partilha, salvo quando o imóvel estiver situado em área considerada indispensável à segurança nacional, que depende do assentimento prévio da Secretaria-Geral do Conselho de Segurança Nacional (artigo 7.º da Lei n. 5.709/71).

4.18. Há necessidade de emissão da DOI (Declaração de Operação Imobiliária).

4.19. No corpo da escritura deve haver menção de que "ficam ressalvados eventuais erros, omissões ou os direitos de terceiros".

4.20. Havendo um só herdeiro, maior e capaz, com direito à totalidade da herança, não haverá partilha, lavrando-se, assim, escritura de inventário e adjudicação dos bens.

4.21. A escritura pública de inventário e partilha é título hábil para formalizar a transmissão de domínio, conforme os termos nela expressos, não só para o registro imobiliário, como também para promoção dos demais atos subsequentes que se fizerem necessários à materialização das transferências (DETRAN, Junta Comercial, Registro Civil de Pessoas Jurídicas, Bancos, companhias telefônicas etc.).

4.22. A existência de credores do espólio não impedirá a escritura de inventário e partilha ou adjudicação.

4.23. É admissível escritura pública de sobrepartilha referente a inventário e partilha judiciais já findos. Isto ainda que o herdeiro, hoje maior e capaz, fosse menor ou incapaz ao tempo do óbito e do processo judicial.

4.24. É admissível inventário negativo por escritura pública.

4.25. É vedada lavratura de escritura pública de inventário e partilha referente a bens localizados no estrangeiro.

4.26. A Lei n. 11.441/07, de caráter procedimental, aplica-se também em caso de óbitos ocorridos antes de sua vigência.

4.27. Escritura pública de inventário e partilha pode ser lavrada a qualquer tempo, fiscalizando o Tabelião o recolhimento de eventual multa, conforme previsão em legislação tributária estadual específica.

5. Conclusões comuns à separação e ao divórcio consensuais

5.1. Recomenda-se que o Tabelião disponibilize uma sala ou um ambiente reservado e discreto para atendimento das partes em escrituras de separação e divórcio consensuais.

5.2. Documentos a serem apresentados para lavratura da escritura:

5.2.1. Certidão de casamento atualizada (90 dias).

5.2.2. Documento de identidade e documento oficial com o número do CPF/MF.

5.2.3. Pacto antenupcial, se houver.

5.2.4. Certidão de nascimento ou outro documento de identidade oficial dos filhos absolutamente capazes, se houver.

5.3. As partes devem declarar ao tabelião, que consignará a declaração no corpo da escritura, que não têm filhos comuns ou, havendo, que são absolutamente capazes, indicando seus nomes e a data de nascimento, conforme respectivos documentos apresentados.

5.4. Da escritura, deve constar declaração das partes de que estão cientes das consequências da separação e do divórcio, firmes no propósito de pôr fim à sociedade conjugal ou ao vínculo matrimonial, respectivamente, sem hesitação, com recusa de reconciliação.

5.5. O comparecimento pessoal das partes não é indispensável à lavratura de escritura pública de separação e divórcio consensuais, sendo admissível ao(s) separando(s) ou ao(s) divorciando(s) se fazer representar por mandatário constituído, desde que por instrumento público (artigo 657 do CC), com poderes especiais e prazo de validade de 30 (trinta) dias. Segue-se o mesmo raciocínio da habilitação (artigo 1.525, *caput*, do CC) e da celebração (artigo do 1.535 do CC) do casamento, que admite procuração *ad nupcias*. Não poderão as duas partes, entretanto, ser representadas no ato pelo mesmo procurador.

Aprovada por maioria de votos – 5 votos contra 3 votos vencedores:

1. desembargador José Roberto Bedran
2. desembargador José Renato Nalini
3. defensor público Vitore André Z. Maximiano
4. advogada Márcia Regina Machado Melaré
5. tabelião de notas Paulo Tupinambá Vampré

votos vencidos:

1. juiz de direito Marcelo Martins Berthe
2. juiz de direito Márcio Martins Bonilha Filho
3. juiz de direito Vicente de Abreu Amadei

Quanto à locução final ("Não poderão as duas partes, entretanto, ser representadas no ato pelo mesmo procurador"), foi ela mantida por maioria, vencida a ADVOGADA MÁRCIA REGINA MACHADO MELARÉ, que votou pela sua exclusão.

5.6. Havendo bens a serem partilhados na escritura:

5.6.1. Distinguir o que é do patrimônio separado de cada cônjuge (se houver) do que é do patrimônio comum do casal, conforme o regime de bens, constando isso no corpo da escritura.

5.6.2. Havendo transmissão de propriedade entre cônjuges de bem(ns) do patrimônio separado, ou partilha de modo desigual do patrimônio comum, o Tabelião deverá observar a necessidade de recolhimento do tributo devido: ITBI (se onerosa), conforme a lei municipal da localidade do imóvel, ou ITCMD (se gratuita), conforme a legislação estadual.

5.6.3. A partilha em escritura pública de separação e divórcio consensual far-se-á conforme as regras da partilha em inventário extrajudicial, no que couber, com as adaptações necessárias, especialmente com atenção ao que consta nos subitens "4.9", "4.11.6", "4.11.7" e "4.11.8", do item "4" ("Inventário e Partilha") retro.

5.7. Aplicar, no que couber, com as adaptações necessárias, o que consta nos subitens "4.4", "4.8.1", "4.12", "4.13", "4.14", "4.16".

5.8. Tanto em separação consensual, como em divórcio consensual, por escritura pública, as partes podem optar em partilhar os bens, ou resolver sobre a pensão alimentícia, *a posteriori*.

5.9. Traslado de escritura pública de separação e divórcio consensuais será apresentado ao Oficial de Registro Civil do respectivo assento de casamento, para a averbação necessária, independentemente de "visto" ou "cumpra-se" do seu Juízo Corregedor Permanente, ainda que diversa a Comarca, promovendo, o Oficial, a devida conferência de sinal público.

5.10. Havendo alteração do nome de algum cônjuge em razão de escritura de separação ou divórcio consensual, o Oficial de Registro Civil que averbar o ato no assento de casamento também anotará a alteração no respectivo assento de nascimento, se de sua unidade, ou, se de outra, comunicará ao Oficial competente para a necessária anotação.

5.11. Não há sigilo para as escrituras públicas de separação e divórcio consensuais. Não se aplica, para elas, o disposto no artigo 155, II, do Código de Processo Civil, que incide apenas nos processos judiciais.

5.12. Na escritura pública deve constar que as partes foram orientadas sobre a necessidade de apresentação de seu traslado no registro civil do assento de casamento, para a averbação necessária.

5.13. Ainda que resolvidas prévia e judicialmente todas as questões referentes aos filhos menores (v.g. guarda, visitas, alimentos), não poderá ser lavrada escritura pública de separação ou divórcio consensuais.

5.14. É admissível, por consenso das partes, escritura pública de retificação das cláusulas de obrigações alimentares ajustadas na separação e no divórcio consensuais.

5.15. Escritura pública de separação ou divórcio consensual, quanto ao ajuste do uso do nome de casado, pode ser retificada mediante declaração unilateral do interessado na volta ao uso do nome de solteiro, em nova escritura pública, também mediante assistência de advogado.

6. Conclusões referentes à separação consensual

6.1. São requisitos para lavratura da escritura pública de separação consensual:

6.1.1. prova de um ano de casamento.

6.1.2. manifestação da vontade espontânea e isenta de vícios em não mais manter a sociedade conjugal e desejar a separação conforme as cláusulas ajustadas que expressam.

6.1.3. declaração de impossibilidade de reconciliação por convivência matrimonial que se tornou intolerável.

6.1.4. ausência de filhos menores ou incapazes do casal.

6.1.5. assistência das partes por advogado, que poderá ser comum.

6.2. Não se admite separação de corpos consensual por escritura pública.

6.3. Restabelecimento de sociedade conjugal:

6.3.1. Pode ser feita por escritura pública.

6.3.2. Ainda que a separação tenha sido judicial.

6.3.3. Nesse caso (6.3.2), necessária e suficiente a apresentação de certidão da sentença de separação ou da averbação da separação no assento de casamento.

6.3.4. Nesse caso (6.3.2), o Tabelião deve comunicar o Juízo e as partes apresentar a escritura ao Oficial de Registro Civil em que constar o assento de casamento, para a averbação necessária.

6.3.5. Havendo, com o restabelecimento, alteração de nome (voltando algum cônjuge a usar o nome de casado), a comunicação ao Oficial de Registro Civil em que constar o assento de nascimento, para a anotação necessária, far-se-á pelo Oficial de Registro Civil que averbar o restabelecimento no assento de casamento.

6.3.6. Para a hipótese de separação consensual por escritura pública, é necessário prever a anotação do restabelecimento nesse ato notarial. Se a separação ocorreu em tabelionato diverso daquele que fizer o restabelecimento, o Tabelião que o lavrar deve comunicar aquele, para a referida anotação (tal como já ocorre com as procurações, seus substabelecimentos e suas revogações).

6.3.7. A sociedade conjugal não pode ser restabelecida com modificações, salvo no que se refere ao uso do nome.

6.3.8. Em escritura pública de restabelecimento deve constar expressamente que em nada prejudicará o direito de terceiros, adquirido antes e durante o estado de separado, seja qual for o regime de bens (artigo 1.577, parágrafo único, do CC).

6.3.9. A averbação do restabelecimento da sociedade conjugal depende da averbação da separação no registro civil, podendo os dois atos ser averbados simultaneamente.

6.3.10. É admissível restabelecimento por procuração, se por instrumento público e com poderes especiais.

7. Conclusões referentes ao divórcio consensual

7.1. A Lei n. 11.441/07 permite, na forma extrajudicial, tanto o divórcio direto, como o indireto (conversão de separação em divórcio). **Vencido o Desembargador José Roberto Bedran, em relação ao divórcio direto.**

7.2. Quanto ao divórcio consensual indireto extrajudicial:

7.2.1. Separação judicial pode ser convertida em divórcio por escritura pública.

7.2.2. Nesse caso, não é indispensável apresentar certidão atualizada do processo judicial, bastando a certidão da averbação da separação no assento de casamento.

7.3. Quanto ao divórcio consensual direto extrajudicial (VENCIDO O DESEMBARGADOR JOSÉ ROBERTO BEDRAN):

7.3.1. Há necessidade de prova de dois anos de separação de fato. Para tal, não bastam apenas documentos. Deve o tabelião colher as declarações de pelo menos uma pessoa que conheça os fatos, na qualidade de terceiro interveniente. Em caráter excepcional, na falta de outra pessoa (o que deve ser consignado pelo Tabelião), é aceitável o plenamente capaz que tenha parentesco com os divorciandos.

7.3.2. O Tabelião deve se certificar da presença de todos os requisitos necessários à lavratura do ato notarial antes do seu início, inclusive quanto à prova do lapso temporal de separação fática.

7.3.3. Caso não comprovado o lapso temporal necessário, o Tabelião não lavrará a escritura. Deve formalizar tal recusa, lavrando a respectiva nota, desde que haja pedido das partes neste sentido.

7.3.4. As declarações do terceiro interveniente serão colhidas no próprio corpo da escritura pública de divórcio.

São Paulo, 05 de fevereiro de 2007.

(a) José Roberto Bedran – Desembargador
(a) José Renato Nalini – Desembargador
(a) Marcelo Martins Berthe – Juiz de Direito da 1.ª Vara de Registros Públicos da Capital
(a) Márcio Martins Bonilha Filho – Juiz de Direito da 2.ª Vara de Registros Públicos da Capital
(a) Vicente de Abreu Amadei – Juiz Auxiliar da Corregedoria-Geral da Justiça
(a) Vitore André Zilio Maximiano – Defensor Público
(a) Márcia Regina Machado Melaré – Advogada
(a) Paulo Tupinambá Vampré – Tabelião de Notas

1. Acolho a manifestação e aprovo as conclusões apresentadas pelo Grupo de Estudos instituído pela Portaria CG n. 01/2007 (DOE) de nos limites da função administrativa de direção da Corregedoria-Geral da Justiça, considerando não oportuna, por ora, a edição de provimento referente ao novo serviço extrajudicial emergente da Lei Federal n. 11.441, de 04 de janeiro de 2007, determino a publicação das conclusões apresentadas, para divulgação do resultado dos trabalhos do Grupo de Estudos e para, provisoriamente, servir de orientação geral, salvo a do mencionado subitem "5.5".

2. Forme-se expediente próprio para as medidas necessárias em vista da implantação de um Registro Central de Inventários e de outro de Separações e Divórcios, nos moldes do Registro Central de Testamentos, já existente.

3. Nos termos da sugestão inserta no subitem "2.2" das conclusões apresentadas pelo Grupo de Estudos, e, ainda, atento ao § 3.º do artigo 29 da Lei Estadual n. 11.331, de 26 de dezembro de 2002, oficie-se à Secretária da Justiça e da Defesa da Cidadania, encaminhando-se cópia das manifestações e conclusões mencionadas, bem como desta decisão, para acompanhamento e aprimoramento da legislação relativa aos emolumentos, especialmente com vista aos estudos para eventual projeto de lei de disciplina específica dos emolumentos referentes aos novos atos notariais.

4. Oficie-se aos integrantes do Grupo de Estudo, em agradecimento à colaboração com esta Corregedoria-Geral da Justiça, pelos relevantes estudos e trabalhos realizados.

São Paulo, 05 de fevereiro de 2007.

Desembargador GILBERTO PASSOS DE FREITAS

5. DECRETO 56.686, DE 21 DE JANEIRO DE 2011, DO GOVERNO DO ESTADO DE SÃO PAULO

Regulamenta a fiscalização tributária e institui obrigações acessórias, relativamente aos serviços notariais e de registro de que trata a Lei 11.331/2002

GERALDO ALCKMIN, Governador do Estado de São Paulo, no uso de suas atribuições legais e tendo em vista o disposto nos artigos 3º, 12 a 20 e 33 a 36 da Lei 11.331, de 26 de dezembro de 2002,

Decreta:

Artigo 1.º – O notário e o registrador que realizam serviços notariais e de registro neste Estado, responsáveis pelo recolhimento da parcela dos emolumentos referente à receita pública, sujeitam-se às disposições deste decreto, sem prejuízo do cumprimento das demais obrigações previstas na legislação (Lei 11.331/2002, arts. 3º e 36).

Do Cadastro

Artigo 2.º – O notário, o registrador ou qualquer outra pessoa responsável pelo serviço público de notas ou de registro deverão inscrever-se no Cadastro de Notários e Registradores da Secretaria da Fazenda, conforme disciplina por ela estabelecida (Lei 11.331/2002, art. 36).

§ 1.º – Sempre que houver alteração dos dados constantes do cadastro, a pessoa responsável pelo serviço de notas ou de registro deverá promover a atualização, sendo as informações de exclusiva responsabilidade da declarante.

§ 2.º – A inscrição no cadastro, bem como a alteração da situação cadastral, poderão ser efetuadas de ofício, segundo interesse da Secretaria da Fazenda.

§ 3.º – Na hipótese de a Secretaria da Fazenda utilizar informações constantes de cadastros de outros órgãos públicos, poderá ser dispensada a inscrição no cadastro de que trata este artigo.

Da Emissão do Recibo de Pagamento de Emolumentos

Artigo 3.º – O notário e o registrador, sempre que receberem do usuário do serviço o valor relativo aos emolumentos, deverão emitir Recibo de Pagamentos de Emolumentos (Lei 11.331/2002, arts. 14 e 19).

§ 1.º – O Recibo de Pagamentos de Emolumentos deverá: **1** – ser entregue ao usuário do serviço, no momento em que realizar o pagamento; **2** – ser emitido, impresso, armazenado e transmitido eletronicamente à Secretaria da Fazenda, conforme disciplina por ela estabelecida;

3 – indicar o usuário do serviço, o serviço prestado, o valor total recebido a título de emolumentos, e a parcela correspondente à receita pública.

§ 2.º – A Secretaria da Fazenda poderá determinar a utilização de equipamento apropriado para emissão do Recibo de Pagamentos de Emolumentos.

Da Declaração de Receitas

Artigo 4.º – O notário e o registrador deverão enviar, periodicamente, para a Secretaria da Fazenda, a Declaração de Receitas do serviço de notas ou de registro, conforme disciplina por ela estabelecida (Lei 11.331/2002, art. 36).

§ 1.º – A declaração conterá os atos notariais e de registro, com ou sem conteúdo financeiro, indicando a receita total de emolumentos do período a que se refere e a distribuição dessa receita, conforme disposto no artigo 19 da Lei 11.331, de 26 de dezembro de 2002, e as informações sobre os recolhimentos efetuados à Secretaria da Fazenda (Lei 11.331/2002, art. 12).

§ 2.º – O valor constante da declaração não recolhido no prazo previsto na legislação poderá ser exigido independentemente da lavratura de Auto de Infração e Imposição de Multa, acrescido de juros de mora e multa moratória (Lei 11.331/2002, arts. 15 a 17).

Artigo 5º – As informações recebidas pela Secretaria da Fazenda, nos termos do artigo 4.º, serão disponibilizadas à Corregedoria-Geral da Justiça (Lei 11.331/2002, art. 31).

Da Fiscalização Tributária

Artigo 6.º A Secretaria da Fazenda fiscalizará o recolhimento dos emolumentos e da Contribuição de Solidariedade (Lei 11.331/2002, art. 33).

§ 1.º – Mediante notificação escrita, o notário, o registrador, ou qualquer outra pessoa responsável pelo serviço de notas ou de registro deverão apresentar os livros, os documentos, os programas e os arquivos eletrônicos relacionados com os emolumentos, e prestar informações solicitadas pelo Fisco.

§ 2.º – Em caso de recusa, ou embaraço à ação fiscal, o Fisco solicitará ao Juiz Corregedor Permanente as providências cabíveis.

Artigo 7.º – Quando houver omissão na prestação das informações ou quando os dados apresentados pelo notário ou registrador não puderem ser considerados corretos, seja por falta de documentos ou pela existência de contradições nas informações, a receita relativa aos emolumentos poderá ser arbitrada no decorrer do procedimento de fiscalização.

Artigo 8.º – Notificações, intimações e avisos sobre matéria tributária serão feitos ao notário ou ao registrador por um dos seguintes modos:

I – por comunicação eletrônica mediante uso do Domicílio Eletrônico do Contribuinte – DEC;

II – mediante "ciente" em processo ou expediente administrativo com a aposição de data e assinatura do interessado, seu representante ou preposto;

III – mediante comunicação expedida sob registro postal ou entregue pessoalmente, contra recibo, ao interessado, seu representante, preposto ou empregado;

IV – por publicação no Diário Oficial do Estado. Das Infrações e Penalidades.

Artigo 9.º – Constituem infrações relativas aos emolumentos e à Contribuição de Solidariedade, apuradas de ofício pela autoridade fiscal, sem prejuízo das medidas administrativas e a aplicação de outras sanções (Lei 11.331/2002, art. 34):

I – a adulteração ou falsificação dos documentos relativos aos emolumentos e à Contribuição de Solidariedade ou da autenticação mecânica, para propiciar, ainda que a terceiro, qualquer vantagem indevida, sujeitando o infrator, ou aquele que de qualquer forma contribuir para a prática desses atos, à multa igual a 100 (cem) vezes a diferença entre o valor total devido e o recolhido, nunca inferior a 20 (vinte) Unidades Fiscais do Estado de São Paulo – UFESPs;

II – a falta ou insuficiência de recolhimento relativo aos emolumentos e à Contribuição de Solidariedade, quando não há adulteração ou falsificação de documentos ou da autenticação mecânica, sujeitando o infrator à multa de valor igual à metade do valor devido;

III – a recusa de exibição de documentos, de livros ou de prestação de informações solicitadas pelo Fisco, relacionados com os emolumentos e à Contribuição de Solidariedade, sujeitando o infrator à multa de 15 (quinze) UFESPs por documento, livro ou informação.

Parágrafo único – A aplicação das penalidades previstas neste artigo deve ser feita sem prejuízo da exigência da parcela dos emolumentos, que não seja considerada receita própria do notário ou registrador, e da Contribuição de Solidariedade em auto de infração.

Artigo 10 – Verificadas quaisquer infrações previstas no artigo 9.º, será lavrado Auto de Infração e Imposição de Multa, visando à constituição do crédito tributário e aplicação de penalidade, observado o seguinte (Lei 11.331/2002, art. 35):

I – a lavratura é de competência privativa dos Agentes Fiscais de Rendas;

II – uma das vias do auto de infração será entregue ou remetida ao notário ou registrador autuado;

III – não invalida a ação fiscal a recusa do notário ou registrador em receber uma das vias do auto de infração, ou o seu recebimento na ausência de testemunhas.

§ 1.º – As multas baseadas em UFESPs – Unidades Fiscais do Estado de São Paulo, referidas no inciso III do artigo 9.º:

1 – devem ser calculadas considerando-se o valor da UFESP vigente na data da lavratura do auto de infração;

2 – devem ser convertidas em reais na data da lavratura do auto de infração;

3 – se não recolhidas no prazo estabelecido na legislação, sobre o valor em reais incidirão juros de mora.

§ 2.º – As multas referidas nos incisos I e II do artigo 9.º devem ser calculadas sobre os respectivos valores dos emolumentos atualizados, observado o artigo 12.

§ 3.º – O valor das multas deve ser arredondado, com desprezo de importância correspondente a fração da unidade monetária.

§ 4.º – Aplica-se ao Auto de Infração e Imposição de Multa a disciplina processual estabelecida na Lei n.º 13.457, de 18 de março de 2009.

Artigo 11 – O Fisco comunicará a lavratura do Auto de Infração e Imposição de Multa à Corregedoria-Geral da Justiça para tomar as providências necessárias no que lhe couber (Lei 11.331/2002, arts. 15, 31 e 32).

Disposições Gerais

Artigo 12 – A atualização do débito relativo aos emolumentos será calculada mediante a incidência de juros de mora, aplicáveis a partir do primeiro dia após o vencimento (Lei 11.331/2002, arts. 12 e 16).

§ 1º – A taxa de juros de mora é equivalente:

1 – por mês, à taxa referencial do Sistema Especial de Liquidação e de Custódia (SELIC) para títulos federais, acumulada mensalmente;

2 – por fração, a 1% (um por cento).

§ 2º – Considera-se, para efeito deste artigo:

1- mês, o período iniciado no dia 1.º e findo no último dia útil;

2- fração, qualquer período de tempo inferior a um mês, ainda que igual a um dia.

§ 3º – Em nenhuma hipótese, a taxa de juros prevista neste artigo poderá ser inferior a 1% (um por cento) ao mês.

Artigo 13 – O procedimento administrativo de consulta sobre interpretação da legislação tributária observará, no que couber, as normas pertinentes ao Imposto sobre Operações Relativas à Circulação de Mercadorias e sobre Prestação de Serviços de Transporte Interestadual e Intermunicipal e de Comunicação – ICMS.

Artigo 14 – Este decreto entra em vigor na data de sua publicação.

Palácio dos Bandeirantes, 21 de janeiro de 2011.

GERALDO ALCKMIN

Andrea Sandro Calabi

Secretário da Fazenda

Sidney Estanislau Beraldo

Secretário-Chefe da Casa Civil

Publicado na Casa Civil, aos 21 de janeiro de 2011.

OFÍCIO GS-CAT Nº 10-2011

Senhor Governador,

Tenho a honra de encaminhar a Vossa Excelência a inclusa minuta de decreto, que institui obrigações acessórias e regulamenta a fiscalização tributária, relativamente aos serviços notariais e de registro de que trata a Lei estadual n.º 11.331, de 26 de dezembro de 2002.

A minuta:

a) fundamenta-se no artigo 36 da citada lei, que faculta ao Poder Executivo a edição de normas regulamentares relacionadas ao cumprimento das obrigações principal e acessórias;

b) propõe, principalmente, medidas para facilitar a verificação dos recolhimentos a cargo dos notários e registradores;

c) regulamenta, também, a fiscalização tributária nos casos de infrações previstas no artigo 34 da citada lei, dispondo sobre a apuração da infração e a forma pela qual o débito será atualizado e exigido pelo Fisco.

Com essas justificativas e propondo a edição de decreto conforme a minuta aproveito o ensejo para reiterar-lhe meus protestos de estima e alta consideração.

Andrea Sandro Calabi

Secretário da Fazenda

A Sua Excelência o Senhor

GERALDO ALCKMIN

Governador do Estado de São Paulo

Palácio dos Bandeirantes

REFERÊNCIAS BIBLIOGRÁFICAS

ALMEIDA, Silmara Juny de Abreu Chinelato e. *Do nome da mulher casada*: direito de família e direitos da personalidade. Rio de Janeiro: Forense Universitária, 2001.

AMARAL, Francisco. *Direito civil*: introdução. 6. ed. Rio de Janeiro: Renovar, 2006.

CAHALI, Francisco José; HIRONAKA, Giselda Maria Fernandes Novaes. *Direito das sucessões*. 4. ed. São Paulo: RT, 2012.

_____; ROSA, Karin Regina Rick. In: CAHALI, Francisco José et al. *Escrituras públicas*: separação, divórcio, inventário e partilha consensuais. São Paulo: RT, 2007.

CÂMARA, Alexandre Freitas. *Lições de direito processual civil*. 6. ed. Rio de Janeiro: Lumen Juris, 2004. v. III.

CASSETTARI, Christiano. A abrangência da expressão "ser consensual" como requisito para a separação e para o divórcio extrajudiciais: a possibilidade de realizar escritura pública somente para dissolver o casamento e discutir judicialmente outras questões. *Revista Brasileira de Direito de Família*, Porto Alegre, n. 41, p. 15-24, abr.-maio 2007.

_____. *Direito agrário*. 2. ed. São Paulo: Atlas, 2015.

_____. *Elementos de direito civil*. 10. ed. São Paulo: Saraiva, 2021.

_____. *Multiparentalidade e parentalidade socioafetiva*: efeitos jurídicos. 3. ed. São Paulo: Atlas, 2017.

COELHO, Fábio Ulhoa. *Curso de direito civil*. São Paulo: Saraiva, 2006. v. 5.

DIAS, Maria Berenice. *Manual de direito das famílias*. 4. ed. São Paulo: RT, 2007.

_____. *Manual das sucessões*. 2. ed. São Paulo: RT, 2011.

FARIAS, Cristiano Chaves; ROSENVALD, Nelson. *Curso de Direito Civil: Famílias*. 13 ed. Salvador: Juspodium, 2021. v. 6

FERREIRA, Paulo Roberto Gaiger e RODRIGUES, Felipe Leonardo. *Tabelionato de Notas*. 4 ed. Indaiatuba: Ed. Foco, 2021.

HERANCE FILHO, Antonio. A responsabilidade de terceiros no contexto da Lei 11.441/2007. In: CAHALI, Francisco et al. *Escrituras públicas*: separação, divórcio, inventário e partilha consensuais. 2. ed. São Paulo: RT, 2008.

GAGLIANO, Pablo Stolze; PAMPLONA FILHO, Rodolfo. *Novo curso de direito civil*. Direito de família. São Paulo: Saraiva, 2011. v. VI.

LÔBO, Paulo Luiz Netto. *Direito civil* – Famílias. São Paulo: Saraiva, 2008.

_____. Divórcio e separação consensuais extrajudiciais. Disponível em: <http://www.cnj.gov.br/index.php?option=com_content&task=view&id=2724&Itemid=129>. Acesso em: 18 jun. 2007.

MADALENO, Rolf. *Curso de direito de família*. 5. ed. Rio de Janeiro: Forense, 2013.

_____. Do regime de bens entre os cônjuges. In: DIAS, Maria Berenice; PEREIRA, Rodrigo da Cunha (Coord.). *Direito de família e o novo Código Civil*. 4. ed. Belo Horizonte: Del Rey, 2005.

MALUF, Carlos Alberto Dabus; MALUF, Adriana Caldas do Rego Freitas Dabus. *Curso de direito de família*. São Paulo, Saraiva, 2013.

_____; _____. *Curso de direito das sucessões*. São Paulo, Saraiva, 2013.

NAMUR, Cássio S. É possível praticar o ato mediante procuração? In: COLTRO, Antônio Carlos Mathias; DELGADO, Mário Luiz (Coord.). *Separação, divórcio, partilhas e inventários extrajudiciais:* questionamentos sobre a Lei 11.441/07. São Paulo: Método, 2007. p. 132-133.

NEVES, Daniel Amorim Assumpção. *Competência no processo civil*. São Paulo: Método, 2005.

OLIVEIRA, Euclides de; AMORIM, Sebastião. *Inventários e partilhas*. Direito das sucessões teoria e prática. 18. ed. São Paulo: Leud, 2005.

RODRIGUES, Silvio. *O divórcio e a lei que o regulamenta*. São Paulo: Saraiva, 1978.

TARTUCE, Flávio. *Direito civil*. Direito de família. 9. ed. São Paulo: Método, 2014. v. 5.

VELOSO, Zeno. *Comentários ao Código Civil*. São Paulo: Saraiva, 2003. v. 21.

_____. *Lei nº 11.441 de 04.01.2007 – Aspectos práticos das separação, divórcio, inventário e partilha consensuais*. Belém: Anoreg-PA, 2008.

OBRAS DO AUTOR

Elementos de direito civil. 10. ed. São Paulo: Saraiva, 2021.

Multiparentalidade e parentalidade socioafetiva: efeitos jurídicos. 3. ed. São Paulo: Atlas, 2017.

Multa contratual. 5. ed. São Paulo: Saraiva, 2017.

Direito agrário. 2. ed. São Paulo: Atlas, 2015.

Coordenação da Coleção Cartórios, desde 2013, publicada pela Editora Foco, composta de vários livros que tratam de todas as especialidades registrais e notariais, tais como: registro de imóveis, registro civil de pessoa natural e jurídica, registro de títulos e documentos, tabelionato de notas, protestos e o de minutas para a 2 fase do concurso de cartório.

Código de Normas da Corregedoria-Geral de Justiça de São Paulo: legislação estadual e municipal para cartórios. São Paulo: Atlas, 2012.

Código de Normas da Corregedoria-Geral de Justiça do Rio de Janeiro: legislação extravagante para notários e registradores. São Paulo: Atlas, 2012.

Direito das sucessões. Em cocoordenação com Márcia Maria Menin. São Paulo: RT, 2008 (Direito civil, v. 8).

Considerações sobre as cláusulas de inalienabilidade, incomunicabilidade e impenhorabilidade. In: CASSETTARI, Christiano (Org.) *10 anos de vigência do Código Civil brasileiro de 2002*: estudos em homenagem ao Professor Carlos Alberto Dabus Maluf. São Paulo: Saraiva, 2013.

A importância de Zeno Veloso para o direito. In: LEAL, Pastora do Socorro Teixeira (Org.). *Direito civil constitucional e outros estudos em homenagem ao Prof. Zeno Veloso*. São Paulo: Método, 2014.

Planejamento matrimonial: as consequências da modificação do regime de bens no casamento. In: BRUSCHI, Gilberto Gomes; COUTO, Mônica Bonetti; SILVA, Ruth Maria Junqueira de A. Pereira e; PEREIRA, Thomaz Henrique Junqueira de A. Pereira (Org.). *Direito processual empresarial*: estudos em homenagem a Manoel de Queiroz Pereira Calças. Rio de Janeiro: Elsevier, 2012.

O contrato de convivência na união estável homossexual após o julgamento pelo STF da ADI 4.277 e ADPF 132. In: VENOSA, Silvio de Salvo; GAGLIARDI, Rafael Villar; NASSER, Paulo Magalhães (Org.). *10 anos do Código Civil*: desafios e perspectivas. São Paulo: Atlas, 2012.

As consequências materiais, processuais, notariais e registrais da EC 66 de 2010 na separação e no divórcio. In: COLTRO, Antonio Carlos Mathias; DELGADO, Mário Luiz (Org.). *Separação, divórcio, partilhas e inventários extrajudiciais*: Questionamentos sobre a Lei 11.441/2007. 2. ed. São Paulo: Método, 2011.

Aspectos notariais e registrais do contrato de convivência homossexual. In: DIAS, Maria Berenice (Org.). *Diversidade sexual e direito homoafetivo*. São Paulo: RT, 2011.

Comentários aos artigos 1.517 a 1.524 do Código Civil. In: ALVES, Leonardo Barreto Moreira (Org.). *Código das Famílias comentado*. 2 ed. Belo Horizonte: Del Rey, 2011.

As consequências da modificação do regime de bens no casamento. *Famílias no direito contemporâneo*: estudos em homenagem a Paulo Luiz Netto Lôbo (vários autores). Salvador: JusPodivm, 2010.

O abandono afetivo dos filhos como fato gerador da responsabilidade civil dos seus pais – uma visão constitucional. *Leituras complementares de direito civil*: direito das famílias (vários autores). Salvador: JusPodivm, 2010.

A abrangência da expressão "ser consensual" como requisito para a separação e o divórcio extrajudiciais: a possibilidade de realizar escritura pública somente para dissolver o casamento e discutir judicialmente outras questões. *Família e sucessões*: reflexões atuais (vários autores). Curitiba: Juruá, 2009.

Aspectos notariais e registrais do contrato de convivência homossexual. *Direito das famílias* – Contributo do IBDFAM em homenagem a Rodrigo da Cunha Pereira (vários autores). São Paulo: RT, 2009.

Guarda compartilhada: uma análise da Lei 11.698/2008. *Guarda compartilhada*. (vários autores). São Paulo: Método, 2009.

Uma análise do instituto descrito no art. 1.228, §§ 4.º e 5.º, do Código Civil: pontos divergentes e convergentes. *Questões controvertidas*: direito das coisas (vários autores). São Paulo: Método, 2008. v. 8.

As consequências do processo judicial de modificação do regime de bens no casamento. *Direito civil e processo*: estudos em homenagem ao Professor Arruda Alvim (vários autores). São Paulo: RT, 2008. v. 1.

Aspectos práticos da responsabilidade civil contratual: uma análise da aplicação dos enunciados da IV Jornada do Conselho da Justiça Federal sobre a função social da cláusula penal. *Direito contratual*: temas atuais (vários autores). São Paulo: Método, 2007. v. 1.

As novas regras de prescrição após a Lei 11.280/2006: uma análise das dicotomias existentes em decorrência da revogação do artigo 194 do Código Civil. *Questões controvertidas*: Parte Geral do Código Civil (vários autores). São Paulo: Método, 2007. v. 6.

Aspectos controvertidos na sucessão decorrente da união estável: uma evolução histórica. *Introdução Crítica ao Código Civil* (vários autores). Rio de Janeiro: Forense, 2006. v. 1.

Direitos da personalidade: questões controvertidas acerca das técnicas de reprodução assistida e o problema da clonagem humana. *Arte jurídica* (vários autores). Curitiba: Juruá, 2006 (Biblioteca científica do direito civil e processo civil, v. 3).

A função social da obrigação: uma aproximação na perspectiva civil constitucional. *Direito civil: direito patrimonial e existencial* – Estudos em homenagem à professora Giselda Maria Fernandes Novaes Hironaka (vários autores). São Paulo: Método, 2006. v. 1.

A influência da principiologia da nova teoria geral dos contratos na análise dos efeitos do contrato de fiança locatícia. *Questões controvertidas no Código Civil no direito das obrigações e dos contratos* (vários autores). São Paulo: Método, 2005. v. 4.

Responsabilidade civil dos pais por abandono afetivo de seus filhos: dos deveres constitucionais. *A outra face do Poder Judiciário* (vários autores). Belo Horizonte: Del Rey, 2005. v. 1.